财经易文
www.ewinbook.com

MBA宏观经济学

模型与故事

Macroeconomic Patterns and Stories:

A Guide for MBAs

[美] 爱德华·里默　著
何　华　谢志龙　蒋　青　译
刘尚希　译校

中国财政经济出版社

图书在版编目(CIP)数据

MBA 宏观经济学:模型与故事/(美)里默(Leamer, E. E.)著;何华,谢志龙,蒋青译. 刘尚希译校. —北京:中国财政经济出版社,2010. 3

书名原文:Macroeconomic Patterns and Stories: A Guide for MBAs

ISBN 978-7-5095-1485-6

Ⅰ. M… Ⅱ. ①里… ②何… ③谢… ④蒋… Ⅲ. 宏观经济学 Ⅳ. F015

中国版本图书馆 CIP 数据核字(2010)第 040804 号

著作权合同登记号:图字 01-2009-5486 号

责任编辑:刘占彬　　封面设计:华乐功

版式设计:孙志云　　责任校对:孙志敏

Edward E. Leamer

Macroeconomic Patterns and Stories: A Guide for MBAs

ISBN: 978-3-540-46388-7

中国财政经济出版社出版

URL: http://www.cfeph.cn

E-mail: webmaster@ewinbook.com

社址:北京海淀区阜成路甲 28 号　邮政编码: 100142

发行电话: 010-88191017

三河市祥达印装厂印刷　各地新华书店经销

787×1092 毫米　16 开　24 印张　380 千字

2010 年 8 月第 1 版　2010 年 8 月北京第 1 次印刷

定价:55.00 元

ISBN 978-7-5095-1485-6/F·1280

(图书出现印装问题,本社负责调换)

MBA 宏观经济学：模型与故事

中文版序

《MBA 宏观经济学：模型与故事》一书能够被翻译成中文出版，我感到非常高兴。我希望这本书可以影响成千上万中国学生的思维方式。

我要预先提醒中国的读者，这是一本非常独特的书。许多教科书在写作时基于下面的假设：已有的知识库（knowledge base）已经非常完备，而教室就是教师将知识传授给学生的地方。有时候人们会开玩笑说："教室就是老师假装教而学生假装学的地方。"

本书则非常不同。我写这本书是基于这样一种观点：宏观经济学的知识库太有限了，因而无法证明对公认智慧的传统教学（traditional teaching of received wisdom）是正确的。为了理解这一学科中存在的模棱两可，学生们不能只记住老师们的观点。他们需要体验创造知识的过程。他们可以通过对数据进行探索并提出自己的解释来做到这一点——这就是本书副标题（模型与故事）的含义。

让我们换一种说法来说明这一问题。本书致力于教育，而不是训练。训练是俄国生理学家伊万·巴甫洛夫（Ivan Pavlov）对他的狗做的事，即在特定的时间向狗提供食物奖励以影响它们的行为。教室中大部分时间都在进行巴甫洛夫式的训练，用一句表扬或一个高分来影响学生们的行为。教育则完全不同。教育首先是学生而不是教师的责任。教师提出要学习的问题，鼓励学生们学习，但并不指定答案。这就像学走路一样。父母们并不是训练他们的孩子走路，为他们讲课，并进行书面测验。父母们只是创造出一个安全的环境，在孩子跌倒的时候不会受到伤害，其他的事情则交给孩子去做。而令人惊讶的是，孩子们学会了走路，事后看来这似乎非常简单，但实际上却十分复杂，要经过几个月的反复练习才能掌握。就像父母帮助你学习走路一样，本书为你搭建了一个对宏观经济学数据进行分析的平台，使你能够形成自己的关于宏观经济为什么时涨时跌的观点。

美国的学生在听到我说这些话时，最初也有些担忧，但到课程结束时，许多人都成为了满腔热情的知识创造者。看到这些转变，我感到非常荣幸，而且我也希望本书的中文版能够点燃学习宏观经济学的中国学生创造性解决问题的热情。

2008 年/2009 年的全球衰退：美国的就业

自从本书的书稿在 2008 年春季交给出版方以来，全球经济遭受了灾难性的衰退，这场灾难动摇了经济学家们一直在讲授的宏观经济学的基础，使人们一窝蜂似的回到了注重政府财政刺激的凯恩斯主义思想上，而这种思想在很大程度已经被人们抛弃了。但是，本书中的材料经受住了这次冲击。尽管里面的数据需要更新，但最近这次衰退的模型与以前基本上是一样的，本书中的基本故事也没有受到影响。

2008 年/2009 年美国的衰退比第二次世界大战以来美国的其他衰退都更加严重，但就工作减少的构成来说，这次衰退却与众不同①。制造业等周期性部门与经济中其他部门的就业情况如图 1 所示。与以往美国的衰退一样，最近这次衰退受打击最严重的部门也是建筑业和制造业。从本序言表 1 的数据及图 1 显示的情况看，这些部门的工作减少加在一起占工作减少总数的 43%。

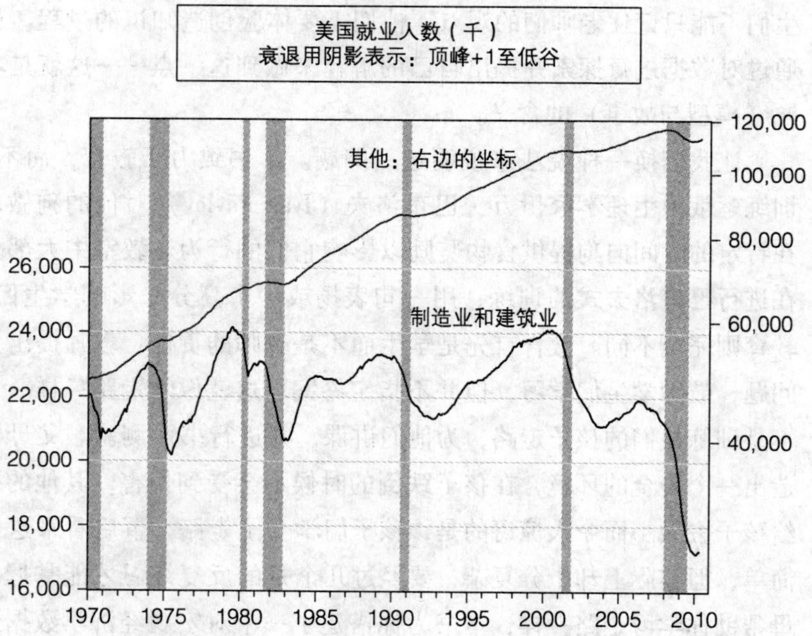

图 1

表 1 第一列中的数据是美国 2007 年 12 月扩张结束时美国领固定工资

① 将图 1 和本序言中的表 1 与本书正文中的表 9.2 和图 9.1、图 9.2、图 9.3 进行对照。

的人数。后面三列显示出了后续月份的最低工作数、达到最低点的时间和总的工作减少量。最后两列显示出2007年12月部门工作减少量占总工作减少量的比例和占部门总工作数量的比例。例如，2007年12月，建筑业减少的190.6万份工作占工作减少总量（836.3万份）的23%，占建筑业工作总量749.1万份的25%。

表1　2008年/2009年衰退对美国就业的影响（单位：千）

	工作数（2007年12月）	衰退的影响			减少量占工作总量的比例（%）	减少量占部门总量的比例（%）
		最低工作数	日期	减少量		
商品部门						
建筑业	7491	5585	2010.2	(1906)	23%	25%
耐用品制造业	8692	7036	2009.12	(1656)	20%	19%
非耐用品制造业	5034	4494	2009.12	(540)	6%	11%
自然资源与采矿业	739	669	2009.10	(70)	1%	9%
批发业	6038	5556	2010.2	(481)	6%	8%
公用事业	5105	4687	2010.2	(418)	5%	8%
零售业	15566	14360	2009.12	(1206)	14%	8%
知识服务部门						
专业与商业服务业	18051	16349	2009.9	(1702)	20%	9%
金融活动	8227	7599	2010.2	(628)	8%	8%
信息服务业	3023	2728	2010.2	(295)	4%	10%
其他服务部门						
休闲与食宿业	13535	12991	2009.12	(544)	7%	4%
其他服务	5514	5310	2010.2	(204)	2%	4%
政府	22377	22379	2008.1			
教育与医疗服务	18559	18597	2008.1			
非农就业总计	137951	129588	2010.2	(8363)	100%	6%

考虑到金融部门过于庞大而引发了2008年/2009年的衰退，金融、保险和房地产中工作数量受到的影响远远大于以往的衰退也就不足为奇了，这可以从图2中看出来。金融、保险和房地产（Finance，Insurance and Real Estate，FIRE）中工作数量的减少占这些部门工作总量的8%，占总工作减少量的8%。从图2还可以看出，另一个受到严重影响的行业是零售业，其工作数量的减少占这一行业工作总量的8%，占总工作减少量的14%。这两个部门正在进行结构调整，其衰退不是一种V形的消费驱动的衰退。随着消费者渐渐勒紧自己的裤带，可能要经过一个相当长的时期，零售业的工作数量才能得以恢复。由于证券化进程基本上停顿下来，抵押贷款市场不温不火，金融领域的工作恢复也可能需要一个相当长的时期。

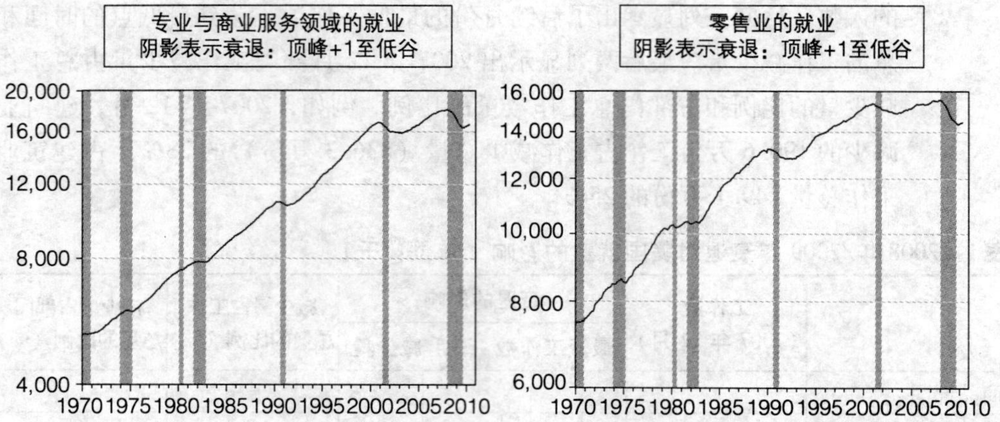

图 2

这些数据的另一个异乎寻常的特征是专业与商业服务领域的工作数量严重减少。如图 3 所示，专业与商业服务领域工作数量周期性的增加是“外包”的工作不断增加的一种症状，这些工作不是外包给中国，而是外包给了美国本地的供应商。这些工作主要是外包给本地临时职业介绍所（temporary-help agency）的行政性工作。以这种方式压缩行政工作使企业在劳动力方面具有了更大的灵活性，并且可以减少工资与福利开支。更大的灵活性意味着在应对衰退过程中的需求下降时减少更多的工作数量，这在最近的三次衰退中表现得越来越明确。

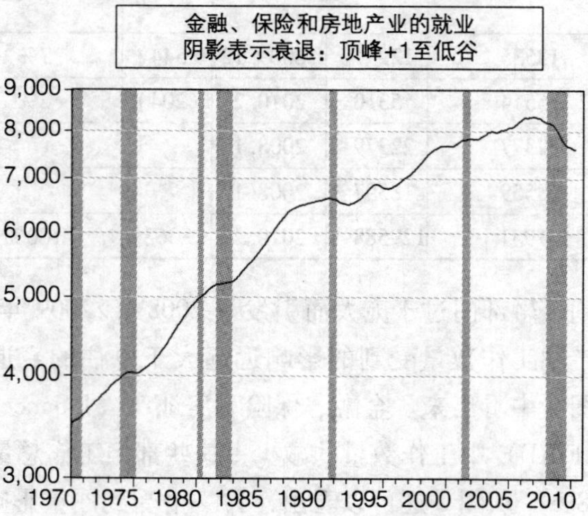

图 3

总之，所谓的大衰退（Great Recession）在某种程度上比美国自第二次世界大战以来的 10 次衰退更加极端，但就工作数量减少的部门构成来看，它们是非常相似的，而其独有的特征已经在上面讨论过了。

2008 年/2009 年的全球衰退：美国的国际贸易

本次衰退的另一个不同之处是它对美国的进出口造成了空前的影响。本书第 19 章利用事实说明，美国经济与中国经济的联系比以往任何时候都更加紧密，双方都需要对方才能繁荣。美国依赖于中国的贷款和便宜的产品，而中国则将美国当成是其不断增长的制造业出口的市场。尽管两国都希望降低这种依赖性，但现在我们“在一条船上”，因此应该尽最大的努力保证两国的增长与繁荣。

图 4 显示出了自 1970 年以来进出口对美国 GDP 增长的累积贡献。我们从 GDP 中减掉了进口，但为了和出口进行比较，图中的进口贡献前有一个负号。1995 年进口线与出口线相交意味着从 1970 年到 1995 年，出口对 GDP 增长的贡献几乎完全被不断增长的进口所抵消。1995 年之后进口大幅增长，但没有同样大幅的出口增长与其相匹配，结果造成了美国的对外赤字。但是，2008 年/2009 年的衰退使进口巨幅下降，而美国的出口也出现了大幅下降，但幅度比不上进口下降的幅度。这是自第二次世界大占以来美国出现的 11 次衰退中对外贸易受影响最严重的一次。

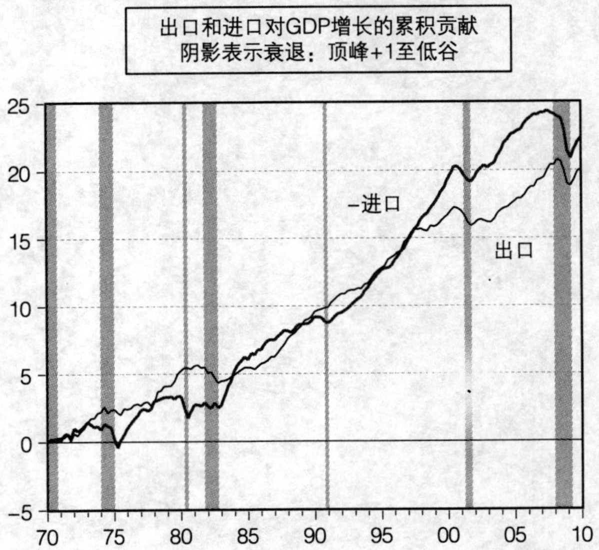

图 4

未来会是什么样子

将近 20 年来，美国和全球经济一直受到大方的美国消费者的推动，他们既花未来的钱，也用光了现在的钱。随着美国消费者因为在住宅和证券上遭受重大损失而进行调整后，过度的支出很可能已经成为过去。节俭的美国消费者会继续购买商品，但已经不足以充当推动全球经济向前发展的火车头。世界的目光将转向亚洲，在那里，消费的增长有助于抵消其他地方消费支出的下降。在未来几年中，我们很有可能要忍受产能过剩和疲弱的定价能力、居高不下的失业率和低通货膨胀率。但一如既往，我们很难看清未来。

作　者

于 2010 年 7 月

推荐序

美国金融危机及其引发的对经济衰退的担忧，成为最近两年报章杂志和电视台财经栏目的热门话题，CPI、PPI、GDP 等已成为人们耳熟能详的词语，昔日高高在上的宏观经济变量开始进入寻常百姓的视野。什么时候购房？何时抛掉手中的股票最划算？今年该买车吗？由此可见，国家的宏观经济形势已经开始影响我们的日常生活，左右家庭的经济决策。众所周知，宏观经济学产生于20 世纪 30 年代的大萧条时期，正是对大萧条引发的大量失业的思考和总结，凯恩斯在1936 年出版了《就业、利息和货币通论》，标志着宏观经济学的诞生。

但是，宏观经济学的发展总是充满着矛盾和冲突，经济学家对经济现实的理解和开出的政策处方大相径庭。宏观经济学这个大家族中流派林立，从20 世纪六七十年代的新古典综合、货币主义，到20 世纪 80 年代以来的理性预期学说、真实经济周期理论、新凯恩斯主义，它们各自都对宏观经济理论提出了自己的假设前提和理论命题，使得宏观经济学的理论研究各执一词，歧异纷呈。但从某种意义上说，它们又都是对传统凯恩斯主义的修正，宏观经济学因此而得到了发展。目前，新古典主义和新凯恩斯主义是宏观经济学的两个主要阵营，新古典主义宏观经济学的发展大有取代新凯恩斯主义的趋势，有望成为宏观经济学新的正统，而强调价格刚性、工资刚性和不完全竞争的新凯恩斯主义（特别是有关经济周期的理论部分），将成为新古典主义宏观经济学的有益补充。

撇开这些深奥的理论纷争不谈，宏观经济学在研究方法上呈现出几个特征。一是宏观经济学研究经济运行总的趋势或经济整体的行为，而不是个体的行为特征。换句话说，它是研究“被加总”的个体的行为，而不是个体行为达到最优的边际条件（那是微观经济学的研究对象）。这里，“加总”一词在很多情况下可理解为一种加权平均值，如一般物价水平、工资率等。二是重视对事实和数据的分析。所谓事实，这里是指某个经济变量在一定时期内呈现出的趋势性，如卡尔多总结了关于经济增长的六个程式化事实（stylized facts），成为经济学家观察和思考长期增长过程的基础。数据的变化反映了宏观经济的变化趋势，而系统的数据主要来自与国民收入变化有关的各种统计报表，如国民收入账户、资金流量表、国际收支平衡表等。宏观经济学的发展从来没有离开过国民收入核算理论和方法的完善，定量分析变得越来越重要。在当今宏观经济学的专业研究领域，计量经济分析已成为必要的手段。三是理论的模型化和高度数学化的趋势越来越明显，多数宏观经济模型需要复杂的方程才能完整地表达出来。但这是就专业研究而言的，并不代表宏观经济学不能变得通俗易懂。许多经济学大师既能写出高水平的专业论文，又能将经济学的故事讲得深入浅出。如国内曾经出版过茅于轼的《生活中的经济学》、张五常的《卖桔者言》，就影响了一代又一代的经济学子。因为经济模型从本质上说是表示经济变量之间的因果关系，在许多情况下使用图形、案例分析也能很好地展示这种因果关系。摆在我们面前的《MBA 宏观经济学：模型与故事》就是一个很好的例子。

目前，国内图书市场引进了多种版本的宏观经济学教科书，有许多教材堪称经典，如格里高利·曼昆（N. Gregory Mankiw）、罗伯特·巴罗（Robert J. Barro）等所著的宏观经济学教材在国内各大学就很流行。但其中多数是为经济学或金融学专业的学生而写的，以模型分析和计量方法为基础的实证检验为主要内容，着重于宏观经济理论的训练。但商学院学生的“禀赋”和“偏好”是不一样的，与前者相比，其教学内容和教学方式具有很大的差异。正如本书作者爱德华·里默所言，商学院学生需要的是如何将宏观经济数据转变成知识和分析技巧的能力，而对知识的系统性和建立完整模型的要求则次要得多。如何从发生在我们身边的一些现象中找到适用的理论模型，并通过初步的数据处理（主要是图形和各种表格）得到宏观经济变量之间非常清晰的逻辑关系和更多的有用信息，无疑是 MBA 教学所期望的。爱德华·里默的《MBA 宏观经济学：模型与故事》正好满足了这种需求，他本人的教学也非常成功，获得了 EMBA 教学奖。

宏观经济学的研究范围可以说包罗万象，涵盖了一国宏观经济的各个主要变量，如 GDP、就业率、失业率、通货膨胀、利率以及汇率等。我的学生们经常向我抱怨宏观经济学太难学了，因为这些概念对初涉宏观经济学的人来说非常抽象，难于理解，而且现在的经济学教学（尤其是研究生层次）又主要使用数学模型和逻辑推导的方法。如何直观而又比较准确地将这些概念及其之间的逻辑关系展示出来，对任何一位教授宏观经济学的老师来说都是一个难题，也是一种挑战。本书没有过多地讲述宏观经济理论，而是通过一个个鲜活的案例对那些深奥的概念进行条分缕析，既能弄清概念的细节，又能从总体上加以把握。作者是一位讲故事的高手，善于通过对案例的分析来挖掘故事背后所蕴藏的宏观经济理论。换句话说，本书主要讲述的是宏观经济理论背后的“事实”，而不是理论本身。另外，在书中材料的选取上，作者也是经过精心设计的，主要从读者群非常广泛的著名财经杂志如《华尔街日报》、《纽约时报》和《金融时报》中选取，这些事实和现象都发生在读者身边，与日常生活密切相关，非常便于观察和思考。因此，本书读起来饶有兴趣，而不枯燥乏味。

本书避免了使用高深的数学推导和数学模型来讲述宏观经济理论，而是采用更直观的图形和表格的方式，并结合具体的案例来讲述。但需要说明的是，为了能够获得更多的信息和对问题更透切的理解，建议读者还是应该学习和掌握一些最基本的统计分析方法，以便能够对手头的数据进行及时处理，何况现在获取数据资源也非常方便，尤其是通过互联网和各种报章杂志。作者在附录和一些注释中介绍了一些常用的统计方法，为阅读本书提供了极大的方便。

最后，本书的内容安排充分体现了宏观经济学的应用性。在许多人的心目中，宏观经济学主要研究经济总量，与家庭和企业的决策关系不大，主要涉及政府的宏观经济政策的选择。这其实是一种误解。家庭的消费和储蓄决策与宏观经济的走向和趋势密切相关，作为理性的家庭在做出决策时必须同时考虑利率、未来预期收入、通货膨胀、资产价格等多种因素，其中经济的周期性波动是最直接的“约束条件”。本书在解释了主要宏观经济变量的含义及其度量指标后，将关注的重点将转向了对经济衰退的理解。比如为什么会发生经济衰退？如何度量经济衰退？经济衰退的特征和发生的频率是怎么样的？哪些企业会深受其害而哪些企业又会将从中获益？对这些问题的分析和回答无疑是广大企业家们迫切需要的。宏观经济学历来有两个主题：一是短期的经济波动；二是长期的经济增长。本书以商业周期理论为核心的体系结构，紧扣宏观经济学的核心内容，又突出了理论的应用价值。作者还利用详实的数据资料总结出美国商业周期的主要特征，提出了美国的商业周期实际上是一种消费者周期的观点。

当然，作为一本引进的教科书，因为其讲述的案例和所用的数据资料来自国外，因此与本土的实际情况存在一定差异，发现并找出产生差异的原因也是非常重要的。另外，对中国读者来讲，随着经济全球化的加快，宏观经济中的国外部门变量，尤其是汇率、贸易余额、对外债务及对外投资等，对国内经济的影响越来越显著。适当添加与汇率和贸易理论相关的一些知识，对于学好宏观经济学是非常必要的。

西南财经大学经济学院　刘书祥

2010 年春　于光华园

前　言

笔者原本在哈佛大学和加州大学洛杉矶分校（UCLA）为经济学博士生们讲授国际经济学和计量经济学，后来转到UCLA安德森管理学院（Anderson School）为MBA学员授课，本书的故事即始于这一艰难的过渡。在20年的博士生教育中，我的教学一直非常成功，带着明星教师的光环，我于1990年来到了安德森管理学院，但迎接我的是令人十分烦恼的中等教学评级。面对与实际情况大不相同的评级数据，我像分析家们常做的那样，构建了一套理论，说明数据为什么具有误导性。

我是这样认为的。对课程的数值评分取决于两个方面——课程内容与趣味性。如果你根据内容得分和趣味性得分的平均分对课程进行评级，那么能够最准确衡量的因素将决定排名。你知道为什么吗？这就是平均值的作用：它消除了噪音。例如，假设学生不能区分课程内容的好坏，而内容评分只不过是一个随机数，各个学生给出的评分各不相同。不同学生给出的这些随机数的平均值基本上是相同的。由于各门课程的平均内容得分基本相同，所以趣味性得分将决定排名。因此，我在经济学教学中的成功与在商学院的失败之间的差别体现了学生之间的差别——博士生能够发现不同课程之间的差别，而商学院的学生却没有这种能力。这些想法让我的感觉好了一些，但并没有维持多久。除非你想当一名让别人看不起的教师，否则我想象不出还有什么事比成为一名不被认可的教师更令人沮丧。这是一座很难翻越的高山，但经过9次讲授这一门课并不断改进后，我终于获得了2001年和2002年的EMBA教学奖。太让人高兴了！

在此，我并非是在写自传，那么为什么要讲这件事情呢？因为首先，它引出了本书的核心理念：模型与故事（教学评估数据和我讲述的故事）。其次，它告诉了我们一个好消息和一个坏消息。坏消息是：我不是所谓的宏观经济学家，因此不能声称懂得这一领域中的专业理论知识。好消息是：正因为不是宏观经济学家，所以我没有那些拖累了大多数宏观经济学家的沉重的知识包袱。

我最初从事计量经济学方法论的研究，后来进入国际宏观经济数据分析领域。当我于1990年转入UCLA安德森管理学院后，我努力寻找这样一门课程来教授：它能让我和学生们都满意。这种双重满意的愿望太难实现了。我觉得我可以用宏观经济数据作为例子，向学生们讲解如何将数字转变成知识。

在讲授了 10 年的宏观数据课程后，当院长打电话请我担任 UCLA 安德森预测部主任时，我已经做好了准备。它是历史最悠久、最杰出的宏观经济预测机构之一，与《华尔街日报》的预测小组（panel of forecasters）、利文斯顿调研公司（Livingston Survey，由已故专栏作家约瑟夫·利文斯顿于 1946 年创立——译者注）、蓝筹预测公司（Blue Chip Forecasts）等机构齐名。应该承认，经济预测是一项在学院派经济学家中声誉不太好的工作。但我不这样看。进行季度性预测，讲述其背后的故事，并看一看何时正确、何时错误，这是学习什么重要、什么不重要的一种有力的手段。我认为我已经学到了很多，并努力将这些经验教训融入本书中。它们是否有用由读者来判断。

在教学和预测的过程中，我在国家公共电台（NPR）听到这样一种说法：人类是一种寻求模型、讲故事的动物，这句话十分准确地归纳了经济学家所做的工作。我将向读者展示一些模型，然后针对模型讲述“具有因果关系的故事”（causal story）。

“有因果关系的故事”是一种恰当的表述方法。在我们根据即将进行分析的非实验性宏观经济数据得出具有因果关系的结论时，我们应该特别小心。我很清楚，相互关系（correlation）体现在数据中，而因果关系（causation）则存在于观察者的头脑中。我知道，时间顺序（temporal ordering）（首先划着火柴，然后再点燃火焰）本身并不会揭示出因果关系（天气预报是提前做出的，但它并不会“引发”这种天气），尽管克里夫·格兰杰（Clive Granger）将“它发生在后，故而它是由前者引起的”（post hoc ergo propter hoc）这一错误的见解命名为“格兰杰因果性”（Granger Causality）。我知道，利用科学的方法找到一种将货币政策和住房以及宏观经济联系起来的因果链（causal chain）是不可能的。但这并不会阻止我和其他经济学家根据在头脑中进行的严格的思想实验（thought experiment）而得出可靠的、具有因果关系的结论。与大多数人不同的是，我将不遗余力地收集美国经济的基本事实，并利用这些事实来影响我的观点。

尽管如此，我仍然提供了我看到的一些令人吃惊的模型和我想到的有趣故事。我想你会对这些模型感到惊讶，并从故事中得到乐趣。

教学目标

本书有两个教学目标。一个目标是用一种易读、有条理且能令人增长知识的方式描述宏观经济最重要的特征；另一个目标是通过寻找模型和讲故事的方式来说明人们如何从数字中了解更多的信息。

由于以下原因，这两个目标应该成为任何一个 MBA 项目的核心教学任务的组成部分：

1. **MBA 毕业生不能凭空说大话**：大多数商业企业的最高层经理对于商业周期都非常了解——销售增长多少是可能的，利率将如何变动，住房市场将出现哪些变化，等等。如果我们希望我们的 MBA 毕业生也能爬到最高管理层，那么他们就需要拥有真知灼见，而这些见解是建立在对商业周期本质的真正理解之上的。如果我们能够让他们产生兴趣，并为他们提供工具，以解读商业出版物中有关最新宏观经济数据的无数文献，我们就应该能够抓住他们的兴趣，并引导他们走上一条终身学习之路。

   如果我们决定不当宏观经济学的教师，那么下一个最重要的技能是打高尔夫球。
2. **MBA 毕业生需要获得真知灼见的方法**：个人计算机和互联网使经理们能够获取近乎无限的文字与数字数据。除非通过某种形式的筛选将这一巨大的数据集转化为知识，否则它们将毫无价值。将互联网上的数据首先转化为知识进而转化为深刻见解的能力应该是 MBA 教学提供的核心能力之一。研究宏观经济数据和商业周期是实现这一点的有效方法。那些实际上没有任何宏观经济学知识、难为情的(self-conscious)、不自信的学生，在学习过 10 周寻找模型、讲述故事的课程后，将成为一名自信的“专家”，能够做出自己的发现，并信心十足地在阅读过程中找出《华尔街日报》、《纽约时报》和《金融时报》上其他人的观点中的错误之处。

本书特点

本书各章涵盖了美国宏观经济的各个主要变量，包括 GDP、就业率、失业率、通货膨胀、利率、汇率。在解释了这些变量的含义以及度量后，我们的注意力将转向对衰退的理解：衰退的症状是什么？它们发生的频率如何？哪些企业会深受其害？哪些企业将从中获益？哪些因素有助于我们预测下一次衰退的发生？接着，我们将讨论长期问题，包括储蓄和投资、联邦赤字（federal deficit）和对外赤字（external deficit），以及住宅（这是一种在我们退休后为我们提供支持的资产）。

我描述了美国的商业周期：它根本就不是商业周期，实际上它是一个消费周期，在一次衰退出现之前，最先下降的支出项目通常是在住宅上的支出，然后是耐用消费品，只有当衰退完全笼罩我们时，企业在设备和软件上的支出才会下降，最后是寿命最长的企业资产：工厂和办公大楼。并非总是如此，但十有八九是这样。

在本书中，我以我所希望的具有煽动性的和有趣的方式讲述了这些事实。

本书没有过多地讲述高深的传统宏观经济理论，而是通过一些“故事”讲述了失业率和商业周期。传统宏观经济理论对于经济学专业的学生是非常重要的，但它不会在大多数学生的头脑中留下长久的印象，甚至连经济学专业的学生也不会记住多少。（在《华尔街日报》的读者中，有多少人能够记起大学里学过的 IS-LM 模型？写那些文章的记者中，有谁知道 IS-LM 模型或其他宏观经济学模型？）我更多的是依靠数据来协助学生们建立起他们自己的观点。在通向理解的旅途中，我希望读者和我一起上路。由于视觉展示比任何数据表格更容易让人记住，因此我们的讨论将大量借助图形，并使用了最少的数值统计分析。

练　习

我们可以在 http://www. anderson. ucla. edu/faculty/edward. leamer/这一网址找到更新的图形、练习和家庭作业。

家庭作业与本书的内容是相对应的。

- 什么是 GDP？
- 四个主要的宏观变量（增长率、利率、通货膨胀率和失业率）如何变化？
- 在衰退中，你的工作受到威胁了吗？
- 哪些因素有助于预测即将到来的衰退？
- 如何应对衰退？
- 存在住宅泡沫吗？
- 美国出现新一轮生产力增长趋势了吗？

爱德华·里默

UCLA 安德森管理学院

2007 年 2 月

目　　录

第一部分　导言

第二部分　四个关键变量：增长率、失业率、通货膨胀率和利率

第三部分 A　衰退的症状

第三部分B　衰退的故事

第三部分C　衰退的早期预警

第三部分 D　衰退的原因

第四部分　扩张：加速与停滞

第五部分　长期中的储蓄、投资、政府借款、外国贷款和你的住房

第一部分

导　言

1 CHAPTER 第1章 导言：我们是寻找模型、讲述故事的动物

几年前，我在上班的路上收听国家公共电台，一位评论员说：“人类是寻找模型、讲述故事的动物。”这些简单的词句令我兴奋不已，因为这正是我一直努力在我的课程中试图传达的信息，但从来没有能够表达得如此清晰，而且可能永远也不会真正理解它。有了这些强有力的词语后，我保证能够带领读者在宏观经济数据中进行漫游，寻找清晰的模型并讲述令人信服的故事。在这一旅程中，我们将共同创造知识。到达终点后，我们将更加了解宏观经济是如何运转的，以及为什么会有繁荣与衰退。一旦我们理解了历史，我们就可以更清晰地预见未来。

你也许想用更熟悉的科学语言“理论与证据”（theory and evidence）来代替“模型与故事”（patterns and stories）。别这样做。“理论与证据”这个短语将会隐藏我们如何学习以及我们能够学到多少。“模型与故事”表示我们将不断前进以达到某种程度的科学必然性（scientific certitude），而这无法通过研究我们称之为“经济”的这个复杂的人类自组织系统（self-organizing human system）来达到。“模型与故事”更准确地表达出了我们当前以及未来的知识层次。它是文学上的字眼，而不是科学术语①。

① “理论与证据”这种说法也会导致对这一过程的误解。这些词语支持“科学神话”（scientific myth）：构建假设。收集实验数据并进行测试，否定，构建新的假设，等等。在实验科学中，实证主义的方法有助于组织学习过程，但在非实验性的经济学中，它却是有害的。经济学家们接受的教育是：一个理论要么是正确的，要么是错误的。而实际上，理论有时候有价值，有时候却会产生误导作用。经济学家们认为，检验理论的正确性是经济科学（economic science）的职能，而我们真正的目的是找出理论适用的领域（理论无所谓正确与错误，它们有时候会帮助我们，而有时候会误导我们）。当一些经济学家“成功地”否定了一个理论时，其他经济学家却在继续努力地理解是哪些因素令经济正常运行，而对形式上的否定（formal rejection）毫无兴趣。一旦接受了研究生院的灌输，那么经济学专业的博士生将要花很长时间才能明白：我们所做的只不过是寻找模型、讲述故事。除非他们明白了这一点，否则他们将在“理论与证据”上浪费大量的时间和雄辩的言辞来赞美他们的 t - 值。

有理论但没有证据

《纽约时报》，2003 年 5 月 5 日

在“9·11 恐怖袭击”发生一周年后，美国国务院发表的一份报告声称：发展援助应该建立在“贫困为恐怖主义提供了滋生地”这一信念基础之上。尽管“贫困滋生恐怖主义”的论点看起来似乎很符合逻辑，但一次又一次的研究表明，自杀式袭击者和他们的支持者很少是愚昧的或贫困的。

尽管我们对语言微妙而显著的影响感到担忧，但请注意一下本书的书名：“寻求模型”在先，“讲述故事”在后。这一顺序是有意安排的。我并不是说创造知识的必要活动存在着特定的时间顺序，把“寻求模型”放在前面是为了纠正一个错误：经济学家们相信的大部分东西都来自于我们相互之间讲述的故事。经济学家是讲故事的动物。我们并不太关心模型。

以“看不见的手”（invisible hand）为例。从前有一个世界，在那里人们通过“自利”而做有益于他人的事。亚当·斯密（Adam Smith）是这样说的：

> 每一个人……既不打算促进公共的利益，也不知道自己是在什么程度上促进那种利益……他所盘算的也只是他自己的利益。在这种场合下，像在其他许多场合一样，他受着一只看不见的手的指导，去尽力达到一个并非他本意想要达到的目的。也并不因为事非出于本意，就对社会有害。他追求自己的利益，往往使他能比在真正出于本意的情况下更有效地促进社会的利益。
>
> ——亚当·斯密，《国富论》（*An Inquiry into the Nature and Causes of the Wealth of Nations*），1776 年

这一十分激进的观点已经为人们广泛接受，影响深远，但并非因为有令人信服的证据支持它。它是一个能够自圆其说的故事，是一个没有模型的故事。在经济学中，这是一种常见的情况：有许多理论，但没有多少证据。

与此形成鲜明对比的是，对经济周期的研究传统上主要是在寻找模型，讲故事则很少。利用宏观经济数据寻找模型的先驱是前苏联经济学家尼古拉·康德拉季耶夫（Nikolai D. Kondratieff），他于20 世纪20 年代在数据中发现了长波（long wave），并努力寻找一个故事来解释为什么会这样。另外，他在寻找令人信服的模型时遇到了很多困难，因为数据太少了。但在第二次世界大战后，美国和英国政府开始迫切地收集宏观经济数据，这引

发了寻求模型的狂潮。最重要的发现之一是英国经济学家菲利普斯（A. W. H. Phillips）做出的，他在 20 世纪 50 年代发现了失业率与通货膨胀率之间的负相关关系，鉴于其重要性，这一发现被称为“菲利普斯曲线”（The Phillips Curve）。在图 1.1 左面的图中，你可以清楚地看到菲利普斯曲线，它明确地显示出失业率与通货膨胀率之间的关系。

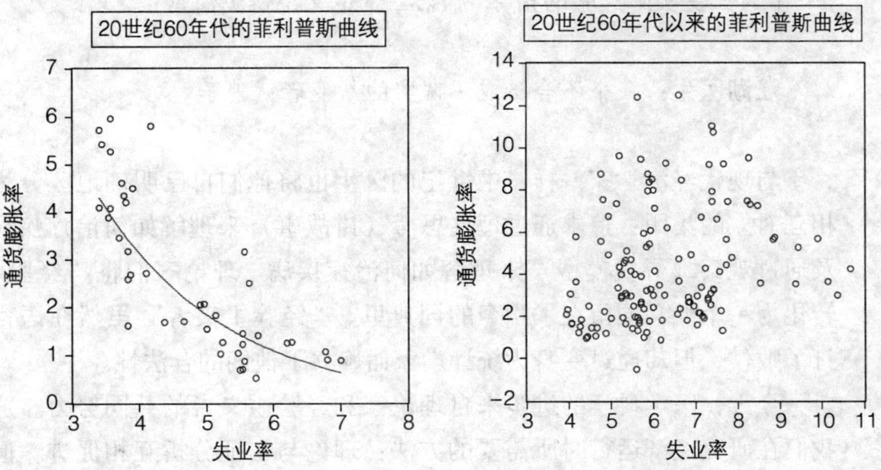

图 1.1　菲利普斯曲线

菲利普斯曲线为政府提供了治疗不受欢迎的通货膨胀的一剂十分恶毒的药方：增加失业。对于世界各地的工人来说，好消息是，菲利普斯曲线从来没有引起人们的兴趣，而且美国通货膨胀率和失业率数据后来的变动使得我们很难看出这条曲线（如图 1.1 右图所示）。这令许多学院派经济学家质疑失业是否是治疗不受欢迎的通货膨胀的一剂良方。对工人们来说，坏消息是，一旦放任不管，即使没有具有说服力的故事支持它，一个好的模型也会变得非常难以控制。实际上，在你读到这段文字时，美联储公开市场委员（Federal Reserve Open Market Committee）可能正在召开一次会议，讨论失业率是否太低了，一次突发性的通货膨胀即将来临。

1.1　建议：既要寻找模型也要讲述故事

经济学家们都喜欢说“这是一个经验主义（empiric）的问题”，意思是它“超出了经济理论的范畴”，这就明确地确立了寻求模型工作的重要性。但是，实际上“empiric”一词的意思发生了很多变化。《美国传统词典》（*The American Heritage Dictionary of the English Language*）给出了下面的第一个定义：

经验主义者：一个受实际经验而不是规定或理论指导的人。

这似乎是一个很好的解释，但仔细读一读这个定义。它的意思可能是"一个人只受实际经验的指导"。第二个定义说得更清楚：

江湖医生：一个不合格或不诚实的从业者；骗子。

与现代经济学家一样，中世纪的医生也将他们自己明确地区分为两个相互对立的集团：追求通过理性思考（讲故事）来理解如何治疗疾病，以及通过观察（寻找模型）来理解如何治疗疾病。理论家们将"经验主义"转化为一个贬义词留在了当今的词典里。"经验主义者"虽然在语言学上打了败仗，但却通过变身为统计学家而确立了他们的合法性。

今天，医学科学的进步来自理论家和经验主义者的共同努力。这也是我们在研究经济运行时所需要的方法：理论与实证分析互相促进。但我要提醒你：本书主要讲述了实证主义。理论很重要，但它主要是隐藏在幕后。

很容易理解为什么我们如此坚定地寻找模型。如果没有重复，如果不是明天的一切几乎都和今天的一样，那么也就没有我们所知道的生活。太阳照常升起，天空依然湛蓝，糖总是甜的，你还是原来的你。我们认识到了这些模型，并获得了进化的契机。

很久以前我们就知道了"一切皆会重复"这样的规则。这一理解大部分成为我们的感知器官的一部分。但仍有很多非重复性的难题需要解决。比如，你会有不高兴的日子。但在我利用大量数据以试图找到一个模型来解释你的情绪（或者解释自己的情绪）时，我没有取得任何进展。这令我感到非常失望，并开始对它念念不忘。这花去了我本来可以用来进行其他研究的时间。幸运的是，还有一条退路：基于信仰制定决策。讲述一个故事，那将有助于我应对。例如，我可以说因为昨晚的满月令你情绪不佳。

尽管有大量的反面例证，但人们非常固执地认为，满月会引起反常的人类行为①。对月亮进行研究的心理健康专家冲锋在前。他们进行这些研究并非是要一劳永逸地揭示出月亮的秘密，而是在寻找确定的模型（confirmatory pattern），而我们都知道这些模型是存在的。

这是可以理解的。我们需要内心的宁静。我们需要成功地应对问题。

① Sharon Begley, *Wall Street Journal*, December 24, 2004, "Full Moon Gets Blame For Many Catastrophes. But Is It Truly at Fault?"

如果没有一个模型，那么我们就需要一个令人满意的故事，也就是在信仰的基础上制定决策。

在理想情况下，我们应该追寻的是清晰的模型以及相应的令人信服的故事。二者缺一不可。没有故事的模型面临的问题是：深入的数据挖掘可以发现很多的模型。这些模型几乎都不能用于预测，因为它们不能重复出现，这是一个问题，但更重要的是，一个没有故事的古怪的模型没有说服力，它无法影响你的思维方式。“噢，又是一个古怪的模型。”你边说边把这个最新的模型扔到以前被抛弃的模型堆里。有说服力的模型背后都有某些合理的想法，这就是故事。

相比之下，出于同样的原因，没有模型的故事也一样糟糕。人类在编造故事方面的聪明才智能够毫不费力地满足计算机寻找模型的决定条件。因此，有多少古怪的故事，就有多少古怪的模型，被抛弃的故事堆像被抛弃的模型堆一样高。一些真正值得注意的故事，如“看不见的手”和“满月时人们的反常行为”，它们没有支持自己的模型，而一些非常优秀的模型，如菲利普斯曲线，也没有具有说明力的故事来支持它，但这些情况是很少见的。最好的办法是尽你最大的努力，同时获得模型和故事。

1.2　我们还可以进行分析

尽管寻找模型和讲述故事都很重要，但我们还可以要一个小把戏。我们可以利用逻辑推理和数学的方法进行思考。我们可以分析，我们是寻找模型、讲述故事并具有分析能力的智人（Homo sapiens）。我们并非一直擅长分析。原始人向诸神求雨，并向他们贡献祭品以保佑自己战胜敌人。现在，我们的做法不同了。为了应对不确定性，我们求助于统计科学。但要注意，不要过于相信统计学。也许改变的只是牧师的长袍和祭品的外表。

从原则上说，统计科学能够帮助我们确定哪些数值模型（numerical pattern）是真实的，哪些只不过是偶然的情况。一个非常具有启发性的实验是让一位学生（没有经过正式训练）记录下 20 次“随机的”硬币正反面序列，并由计算机生成一个“随机”序列。然后，在对二者进行对比时，你很容易就能发现哪一个是实际形成的，哪一个是计算机生成的。下面我们举一个例子，用黑条代表硬币的反面，用白条代表硬币的正面（如图 1.2 所示）。这是计算机生成的还是人工掷硬币生成的？

请注意，图中连续出现了 5 次反面。这不大可能是随机的，对不对？如果你是一位体育比赛解说员，那么你可能需要口干舌燥地报告“连续得

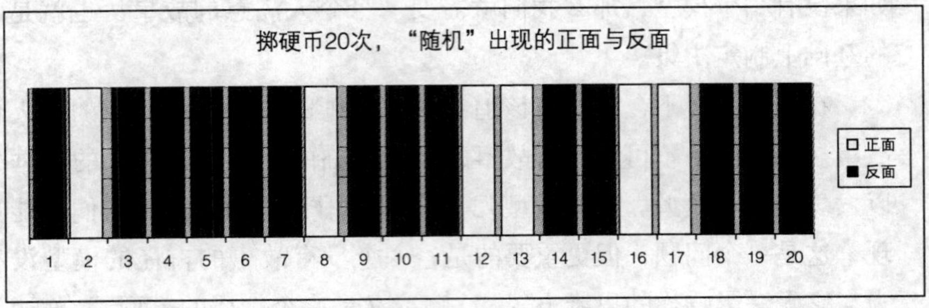

图 1.2　掷硬币出现的正反面

分”。这显然不是随机的，而且你能肯定那位学生不会允许在她记录的序列中出现这种结果。你可以用这种方法来区分计算机的选择和学生的选择。这一结果是由计算机生成的。计算机喜欢一连串的正面或反面，而人们并不喜欢这种结果。

那么，对于出现连续正面或反面的概率，谁是对的呢？计算机还是人？请注意，不要机械地选择计算机。一台计算机不可能生成随机数。计算机提供的是一个精确的计算结果，它开始于一个被称为“种子”的数值。如果“种子”不变，那么随机数也不变。在我利用 Excel 软件随机选择学生回答问题时，我和我的学生清楚地认识到这一事实。在讲了三四堂课后，学生们开始抱怨计算机总是选择同一批学生。

数学家们努力设计一种数值算法，以生成“看起来是随机数”的数字。如果这一连串数字不能完全满足数学中对随机数的要求，那么它们“看起来”就不是随机的。数学家劝告我们：在一个 30 人的班级中，如果有两个人在同一天出生，我们不必感到惊讶。在 30 个随机生日中，两个人生日相同的几率为 70%①。随机的正面与反面序列中连续出现多次同一面也不必惊讶。在 20 次随机抛掷中，连续出现 4 次同一面的几率大约为 80%②③。因此，数学家们解释道，上面显示的正面和反面序列在纯粹的随机实验中很容易得到。

这就是分析。这就是符合逻辑的、数学的思维。这就是统计科学。为了将数字转化为知识，我们需要将寻找模型、讲述故事与某种严格的数学

① Feller, W. *An Introduction to Probability Theory and Its Applications*, Volume I, John Wiley and Sons, New York, 1957, second edition page 32.

② Feller, W., op. cit. page 301.

③ 数学家们可能会进行检验，以确定内置于 Excel 软件中的随机数生成程序会生成连续4 次（或更多次）都为同一面的序列。如果不是这样，那么结果“看起来”就不是随机的，而我们需要寻找另一种算法。编写生成随机数软件代码的人一次又一次地进行检查，以确保软件计算出的结果与随机数的众多特性一致。有很多相似之处，但并非完全一致。

思维结合在一起。但是，数学思维既不直观也不自然。我们需要进行艰苦的脑力劳动，还要经过多年的培训，拥有几十年的经验，才能掌握这种思维方式。在这本篇幅不大的书里，我不能提供数学课程，但在真正需要的时候，我会尽可能讲述最重要的部分。我要预先提醒你：不要被你不完全理解的东西吓倒。统计科学对于理解或预测复杂的、不断进化的、自我修复的、有机的、模棱两可的社会系统（换句话说，就是经济）并没有多大帮助①。

一位统计学家也许已经编好了程序，但当你按下计算机键盘上的一个键并要求计算机寻找一些优秀的模型时，最好明白这样一个令人遗憾的事实：计算机不会思考。它们所做的是程序员告诉它们要做的事情，除此之外什么也不做。它们只寻找我们要它们寻找的模型，它们只能做这些。当我们转而向计算机寻求建议时，我们只是在和我们自己交谈。它只是在简单的环境中有效，在这种环境中，有一个定义非常明确的可选理论集，而且我们可以向计算机发出明确的指令。但在复杂的非实验环境中，夏洛克·福尔摩斯告诫我们："在拥有所有证据之前不要进行推理。它会使判断出现偏差。"

在本书中，你我将要用福尔摩斯式的方法来考察美国宏观经济数据。我们将寻找模型并讲述故事。在这一过程中，统计科学提供的知识的价值相当小。关于这一点，请看一看本导言的附录。但如果你认为自己会被那些材料吓倒，那就跳过这一部分。

因此，当被数学搞得眼花缭乱时，你需要做三件事：抵制，抵制，再抵制。缺乏数学知识的人开始时都拥有一种天真的寻找模型的心态，他可能会在投掷硬币中"发现"一个显而易见的模型，但后来他可能会非常惊讶地发现，从数学角度看，这根本就不是一个模型。认识到这一问题后，许多人都会希望在幼稚地寻找模型和彻底的怀疑论之间重新确定自己的位置。但是，如果你不能坚持下去，你也许会彻底地转向另一个极端，假设根本就不存在模型，因此也就没有必要去研究那些数据。但是，随后你必须完全依靠故事（如果有的话），而这是一个非常糟糕的主意。你的目标应该是明智地在幼稚的经验主义和怀疑论之间确定自己的位置。

对于华尔街的定量分析家们来说，这是一个熟悉的问题。刚毕业的 MBA 学员来到华尔街，他们通常拥有设计 Excel 电子表格的技能，期望通

① 将统计科学应用于非实验性数据的一个基本问题是要进行太多的假设。当问到掷硬币是否是随机的时，人们希望你能够预先完整地定义非随机性（nonrandomness）是什么意思。你寻找的是这个惯性（momentum）吗：正面之后接着出现正面的可能性更大一些？可能性有多大？投掷偶数次出现正面的可能性大于出现反面的可能性？你希望计算机寻找的到底是哪种类型的非随机性？

过自己卓越的智慧和分析技能，迅速发现股票价格的变化模型，使自己成为千万富翁。在对历史数据进行了几年的研究并努力寻找模型之后（纽约证券交易所的股票价格总是在美国东部时间每个日历月第一次满月后的第二个星期二下午 1 点至 3 点之间上涨），他们的希望就在顽固地将这些模型应用到未来交易的过程中迅速破灭了。这些分析家们开始怀疑一切，从幼稚的经验主义阵营转到了怀疑论的阵营中。甚至还有一些关于“受随机性愚弄”和“当天才失败的时候”之类的图书，仿佛是要为怀疑论者的方法进行辩护（counsel）①。别做得太过了。你不希望受到随机性的愚弄，但与仅仅朝不同的决策投掷飞镖来进行选择相比，你可以做得更好。如何做到？“读”这本书吧，它将回答这一问题。

1.3 图形、语言和数字：正确的顺序

有一种方法可以强化这种思想。跟我一起说：“图形、语言和数字。”图形是指模型，语言代表故事，而数字表示数值（科学）分析。

20 世纪上半叶，在经济学中，利用图形来表现数据是一种常规方法，但后来，经济学家们开始沉溺于数值估计（numerical estimate）和 t - 值之中。商学院中的大多数统计学课程也采用了数值方法（numerical approach）：均值、中值、标准差。但你我都不会把所有这些数字“内在化”。我们穿过这层迷雾，就好像它们根本就不存在一样。

数字对我们的影响不大可能存在着多种原因。一个重要的原因是：人类在进化过程中没有形成很好的数字处理能力。作为一个物种，我们先学习处理图形，词和语言的出现要晚得多，最后才是数字。当我们是孩子的时候，我们简要地重复着我们的进化，先是从有栏杆的婴儿床中向外张望，学习处理图像，几年后，我们学会了语言，最后才学习数字。这并非只是一个时间上的顺序。我们接受自然图像的“带宽”（bandwidth）极大，接受听觉信息的带宽则小得多，而接受数字和符号的带宽则几乎为零。因此，如果你想说服别人，那就突出图形和故事，把数字当成一个脚注。它们会给某些人留下深刻的印象。

再说一遍：“图形、语言和数字。”

---

① *Fooled by Randomness: The Hidden Role of Chance in the Markets* and in Life by Nassim Nicholas Taleb; *When Genius Failed: The Rise and Fall of Long-Term Capital Management* by Roger Lowenstein; *Liar's Poker: Rising Through the Wreckage on Wall Street* by Michael Lewis.

- 直观的显示有助于我们掌握主要信息，并为接受更微妙的信息做好准备。
- 故事有助于我们记住图形。
- 数值模型迫使我们理清自己的思路，并对模棱两可的情况进行深入沟通。

1.4　分析性思维：我想我能帮助你

在结束导言之前，我需要透露一些潜台词。我在这本书中介绍了分析性思维（analytical thinking）。招聘者说一些商学院的毕业生不会“分析”。我认为他们的意思是：我们的学生只学到了简单的框架和假想的商业问题，以及从一个问题机械地映射到另一个问题。这在应付考试时很有效，因为老师会根据课堂上讲述的内容从习题集中选择一道题来进行考试。但在面临一个新的商业问题时，学生的表现有时候也像是在参加一次课程考试，他们搜寻自己头脑中的问题数据库，试图在里面找到类似的问题。在找到最接近的一个问题后，他们强行将相应的框架应用到新的环境中，而从来不想一想这样做是否非常可笑。换句话说，他们缺乏良好的判断能力以及跳出框框进行思考的能力。

如何纠正这一问题？如何教授、学习分析性思维方式？实现这一目标的道路不止一条，但在此我可以指出一条路：除了吃维生素、做有氧健身操之外，每天都要进行寻找模型、讲述故事的练习。要拥有一颗永不知足的好奇心。

1.4.1　预测需要参与

顺便说一句，不要指望从观看有氧健身操或观察他人进行预测之中获得多少收获。你需要参与。

“重要的不是预测的结果，而是进行预测。”“重要的不是模型，而是建立模型。”我的意思是：除非你参与信息的创造过程，否则你就无法理解它们。正是进行预测或建立模型的过程创造了知识。因此，不要聘用我来为你进行预测，你可以聘用我为我们制定一套共同进行预测的方法。这样，你就会理解这些信息并使它们成为你的知识的一部分①。

---

①　德怀特·艾森豪威尔（Dwight D. Eisenhower）总统曾经说过一句话：“在为一场战役做准备时，我总是发现计划毫无用处，但制定计划却是必不可少的。” The Columbia World of Quotations. 1996.

德怀特·艾森豪威尔（1890～1969 年），美国五星上将，共和党政治家，美国总统。Quoted by Richard Nixon in “Krushchev,” Six Crises (1962).

为了鼓励你积极参与，我尝试着用一种探索性的方式来写作本书，提出问题，并设法回答这些问题。我在正文中也穿插着一些问题。你应该尝试自己解决这些问题，但我认为以小组的方式进行讨论来解决这些问题同样有效。知识的创造是一种社会经验。

1.4.2 告诉其他人：这样做对你的帮助更大

在把它写下来之前，我不知道我在想什么。这句话是奥斯卡·王尔德（Oscar Wilde，1854～1900 年，爱尔兰剧作家、小说家——译者注）说的吧。思考发生在幕后。如果你想要知道那里发生了什么，那就把它写下来或向其他人解释。如果你担心幕后什么也没有发生，那么尝试着把它写下来并试着向其他人解释也许会使你开始思考。

记住，我们的目标是说服。第一步就是要说服你自己。下一步，也是更大的一步，是说服别人。如果你没有说服别人，那很可能是由于你还没有说服自己。

1.5 现在怎么办？

在一起踏上学习之旅之前，让我们再说一遍：图形、语言、数字。

我们将像 18 世纪最好的“经验主义者”（empiric）一样开始进行分析。我们将首先确定衡量“病人”——美国经济——健康状况的最佳方法。有多种可能性。一个现代经济体是将劳动时间转化为商品和服务的有机体。当工作非常充足且生产量与付出的努力高度相关时，这一有机体就是健康的。一旦确定了衡量标准，我们就会认真研究历史数据，试图确定经济何时是健康的，何时是不健康的。如果我们能够恰当地回答“何时”这一问题，我们就可以把注意力转向更加困难的问题：“为什么？”一旦我们在这一问题上取得某些进展，我们就能够找到两个问题的答案，这两个问题就是我们学习宏观经济学的原因：哪些事实告诉我们这位“患者”开始生病？我们能够做些什么以使这位“患者”保持健康？

1.6 预习：重要的模型

为了准备好舞台并让你开始思考，在此我们列举一个重要的模型，需要为它找到一个故事。这就是美国实际 GDP（如图 1.3 所示），我们将在下一章讨论这一主题。美国实际 GDP 以 3% 的速度稳定增长了 35 年，其中有少许波动。这些波动是什么，为什么我们要关注它们？

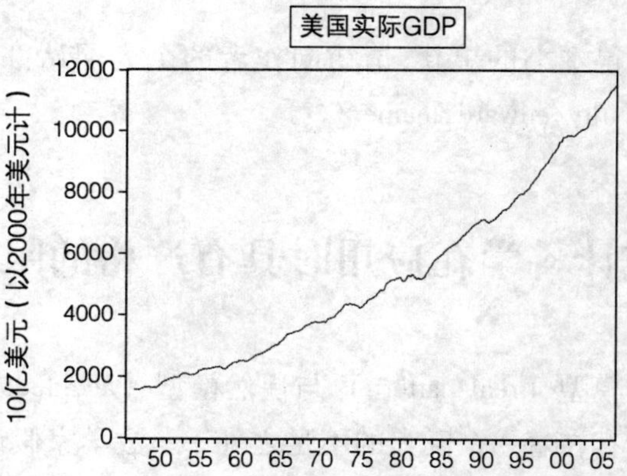

图 1.3　美国实际 GDP

1.7　数据来源

本书中使用的数据来自美国政府。你可以从一些友好的网站中获得这些数据。

先用 Google 搜索“Fred”，这是由 St. Louis Fed 提供的美国联邦储备系统经济数据（Federal Reserve Economic Data），网址为 http://research.stlouisfed.org/fred2/。

> Fred 网站可以为你提供大部分主要的数据系列。你可以轻松地下载这些数据，还可以做出一些漂亮的图形，而这一切只需要点几下鼠标。

要想获得更加详细的宏观经济数据，可以去经济分析局（Bureau of Economic Analysis，BEA）的网站上寻找。可以用 Google 搜索“BEA”来找到它的网址：http://www.bea.gov/。

> 经济分析局提供了大量的数据。你可能要在这个网站上花费一个星期的时间才能弄明白里面有哪些数据。看一看你能否找到表 1.1.2：对实际国内生产总值（GDP）变化的贡献。

劳工统计局（Bureau of Labor Statistics，BLS）收集了劳动力市场数据。你可以通过 Google 搜索“BLS”找到其网址：http://www.bls.gov/。

> 劳工统计局也提供了大量的数据。你可以再花上一个星期的时间来搞清楚它提供了哪些数据。看看你能否找到有多少人从事信用卡发行工作。

为了找到最新的数据，我经常登录 www. briefing. com。

我在 www. economagic. com 网站上进行了订阅，以便下载数据。

想要获得本书的更新，请访问作者的个人网站：http://www. anderson. ucla. edu/faculty/edward. leamer/。

1.8 附录：统计科学在应用时具有严格的限制

将真实模型（real pattern）与偶然模型（accidental pattern）区分开来的数学分析存在着一个巨大的不足之处——数学家假设数据分析员可以完整地定义可供选择的非随机模型集。再看一看投掷硬币的例子。为了确定观察到的连续出现的背面是计算机生成的还是由人工投掷生成的，我们对"人类通常不会产生多次连续的正面或反面"这一事实进行了含糊的说明。人们认为，连续出现几次正面后，"必然"会出现反面。数学家劝告我们，这样的表述不太好。数学家们为我们提供了一个连续出现正面或反面的明确的概率模型，我们称之为"随机模型"（random model）。我们还需要有一个可供选择的模型，该模型应该能够说明由人选择的连续正面或反面的可能性有多大。我们需要让两匹马进行比赛才能确定哪匹马跑得更快。但现在我们有一个问题：尽管只有一个"随机"模型，但有无数个"非随机"、"必然会出现的"模型，而我们将很难确定要考虑哪些模型。因此，这不是一场两匹马的比赛，而是一场 $1+x$ 匹马的比赛，其中 x 代表数量未知的"必然出现"的模型。

一个我们可能会考虑的"必然出现"的可选模型是"事不过三"，意思是人们会生成他们认为是随机的序列，但从不允许连续出现 3 次以上的正面或反面，连续多次出现正面和反面的例外情况被消除了。考虑到如前所示的正面和反面序列，试试骑着这匹"古怪的马"去与"随机的马"进行比赛。"古怪的马"赢了三个身位。如果拥有更多的数据，我们就可以对此进行更彻底的检验，但如果我们仅限于上面显示的数据，那么我们会如何考虑这种可能性？这是一个实际的问题。在 A 马与 B 马的比赛中，数学十分有效。它告诉我们哪匹马会赢，赢多少。但数学不能告诉我们是否应该在比赛中加入 C 马。如果 C 马战胜了 A 马和 B 马，我们显然会遇到一个问题：我们是否应该让 C 马参加比赛？如果 C 马的确很古怪，也许我们应该对它进行一些限制，并要求它胜出四个身位。

1.8.1　1969 年征兵抽签是随机的吗？它公平吗？

1.8.1.1　抽签去越南

1969 年 12 月 1 日，位于华盛顿的义务兵役制国家总部进行了一次抽签（第一次抽签于 1942 年进行）。这一活动要决定在 1970 年应征入伍者（换句话说，就是出生于 1944 年 1 月 1 日和 1950 年 12 月 31 日之间的兵役登记人）的顺序。抽签的方式是从"先征召年龄最大的人"（draft the oldest man first）这一方法转化而来的，而"先征召年龄最大的人"曾经是确定征召顺序的方法。

装有出生日期的 366 个塑料胶囊被放在一个巨大的玻璃容器中，由抽签者手工抽取，以确定由《选征兵役法》（*Selective Service Law*）规定的 18 ~ 26岁男性的应征顺序。

电台、电视台对此进行了报道。塑料胶囊被从容器中抽了出来，打开，并把里面的日期按顺序张贴出来。第一个塑料胶囊——由众议院军事委员会（House Armed Services Committee）的亚历山大 · 皮尔尼（Alexander Pirnie）议员抽出——上面的日期是 9 月 4 日，因此，1944 ~ 1950 年期间生于 9 月 4 日的人就中了 1 号签。抽签持续进行，直到一年中所有的日期都对应上一个序列号（参见 http：//www. sss. gov/lotter1. htm）。

评论：

一次"随机的"抽签将为 366 个出生日期（考虑到闰年的 2 月份有 29 天）随机选择 1 ~ 366 中的一个数字。分配给一年 12 个月中任何一个月份的平均数字应该是 367/2 = 183. 5，再加上或减去统计变动性（statistical variability）。图 1. 4 为实际结果。

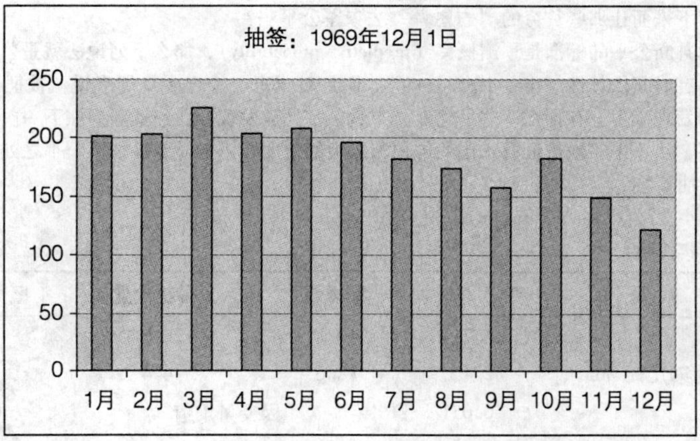

图 1. 4　1969 年 12 月 1 日抽签结果

结果看起来有些奇怪！出生月份早的人似乎更“幸运”，应征入伍者的人数较多，因而被征召的风险就较低。那些不幸出生在12月的孩子们开拔去了越南。但是，这只是运气不佳吗，还是因为抽签是非随机的？如果不是随机的，那抽签是不是不公平？这是两个难以回答的问题。统计科学无法回答其中的任何一个问题①。

根据统计科学，如果抽签是随机的，那么366个数字的任何一种排列顺序出现的可能性都是一样的。这一抽签的结果不大可能出现，但其他结果出现的概率是一样的。那根本不能为我们提供什么帮助。要想让统计科学能够帮我们的忙，我们需要寻找某些特定类型的模型。抽签是不是对星期六出生的人不公平？是不是对在1969年出现满月的日子出生的人不公平？是否对在寒冷的日子出生的人不公平？是否对在多雨的季节出生的人不公平？是否对在节假日出生的人不公平？等等。如果你够努力的话，在这些数据中你一定能够找到一个统计科学认为极不可能出现的模型。在月份之间同样也会发现类似的不公平，不仅平均值在各月间存在着令人惊讶的变动性，而且在平均值中还存在着一个“统计上显著的”趋势！

那么，这是非随机性的证据，还是在顽强地寻找模型？很抱歉，根本不可能回答这个问题。如果我们准确地知道对模型的寻找有多么顽强，那么我们就能取得一些科学进步。例如，如果在对数据进行研究之前，我们完全承诺只寻找具有时间依赖性的特定模型，那么统计科学就会揭示出这些数据并非是随机出现的。存在着统计上可衡量的时间依赖性。1月1日与12月31日预期中签数字之间的差等于83，误差范围为±38②。这听起

① 我们也许应该暂停一下，思考另一个问题：什么是公平的抽签？显然，让一些年轻人去越南而另一些则待在家里是不公平的。一个随机选择的不公平结果怎么能是公平的呢？从事前（ex ante）的角度看，它也许是公平的，但结果显而易见是不公平的。一支全部由志愿兵组成的军队可能是一个更好的选择，但让那些拥有财富和收入的人留下来而让那些贫穷的“志愿者”去参军公平吗？

其次，如果你判断公平的标准是预测概率（predictive probability），那么下列说法就是公平的：任何人都不会事先知道结果具有时间依赖性（time-dependence），而且对于每一个出生日期来说，被征召入伍的预测概率是相同的。事后的发现谈不上有什么不公平之处。当然，一旦被发现，我们就需要在下一次抽签时消除时间依赖性，但回顾一下，从不平等地被征召入伍的可预测风险的角度看，也没有什么不公平之处。

② 因变量：抽签数

方法：最小二乘法（least squares）

包含的观察次数：366

变　量	系　数	标准差	t－统计量	概　率
C	224.7	10.8	20.9	0
一年中的第几日/365	－82.4	18.6	－4.4	0
R^2	0.051		因变量均值	183.5
调整后的 R^2	0.048		因变量的标准差	105.8
回归标准差	103.21			

来像是统计学中叫人摸不着头脑的话，但我们可以将其翻译成我们都能明白的语言：在进行抽签之前，如果我们知道我们正在做什么，而且如果有一半的年轻人不得不去越南，那么，对于 1 月 1 日出生的人来说，被抽中的预测概率大约为 66%，而 12 月 31 日出生的人被抽中的概率只有 35%。

但是，导致我们得出非随机性结论的前提包含着显而易见的错误命题。特别是，从来没有人承诺只寻找一个具有时间依赖性的模型。那只不过是事后有人无意中发现了那个模型。现在，我们无法知道在寻找模型的过程中遇到了多少困难以及搜索的范围有多大。不知道这些，统计科学就没有什么用处①。当事先能够对假设集进行明确定义时，统计科学对于验证性分析（confirmatory analysis）是有用的，但对探索性分析（exploratory analysis）却没有用。对数据进行的探索性研究暗示存在着时间依赖性，而正是重复计算（double counting）似乎表明，那个模型是我们寻找的唯一模型，并利用数据证明了抽签是非随机的。

这就带来了纯粹的模型寻找问题——你不可能区分真实的模型与偶然的模型。那该怎么做呢？答案是讲故事。如果你希望说服他人，就去讲一个与你发现的模型密切联系的、令人信服的故事。这里有一个很好的故事。将塑料胶囊放入玻璃容器的工作人员每次向里面加入一个写有日期的胶囊，从 1 月 1 日开始。当他们一次次翻转容器以便进行“随机”抽签时，分层被搅乱了，但并没有被消除。大多数时候，他们只是上下翻转容器，使得抽签者更容易抽出 12 月的胶囊，而相对不太容易抽出 1 月的胶囊。

1.9　结论

如果我们完全确定哪些马将参加比赛，数学分析方法就能够准确地判断哪匹马将获胜，但当我们不太肯定时，它就无法做出这种判断。在实验的环境中，人们通常对可选模型集（set of alternative models）具有一致的看法，但对于非实验性经济数据，人们就会对模型集产生大量的分歧。你可能会推翻你自己昨天提出的模型，而我则不同意你今天提出的模型。数学对于解决我们内在思维的分歧不会发挥什么作用。

---

① 对搜索“范围”（width）的定义在某种程度上需要借鉴正在探讨的模型的先验合理性。如果你分析一个似乎有道理的非随机模型和许多古怪的模型（odd-ball model），那么应用于这一似乎有理的模型上的统计标准并不会受到寻找古怪模型的影响。参见 Leamer，Edward E. “False Models and Post-Data Model Construction,” *Journal of the American Statistical Association*, 69 (March 1974), 122 - 131; abstracted in Zentralblatt fur Mathematik, reprinted in Omar F. Hamouda and J. C. R. Rowley, *Foundations of Probability, Econometrics and Economic Games*, Edward Elgar Publishing Limited, 1995.

第二部分

四个关键变量：增长率、失业率、通货膨胀率和利率

2 CHAPTER 第 2 章 国内生产总值（GDP）

我们需要从一些基本的定义开始。第一步可能并不那么令人兴奋。但是，我提醒你，如果希望刷上的油漆能够持久，你就需要花大量的时间把物体表面清理干净。我知道你希望马上把油漆胡乱涂上了事，但如果你缺少一点耐心，将来你会后悔的。

和我一起坚持下去，情况很快就会好起来的。

2.1 定义

2.1.1 GDP 不是一个衡量经济/物质成功的完美指标

我们首先把注意力放到国内生产总值（Gross Domestic Product，GDP）上。GDP 是在选定的时间间隔（通常是一年）、选定的地理区域（通常是一个国家）内生产的产品和服务的市场价值。不管正确与否，它已经成为我们衡量一个国家的规模与健康程度的标准。规模大和/或持续增长就是好的。规模小和/或不断收缩就是不好的。例如，加利福尼亚的政治家们喜欢这样鼓动选民：如果加利福尼亚是一个国家，那么在 GDP 排名中它将名列第 7 位。哇！加油，加利福尼亚。

由于我们将要几千次地重复这三个字母，所以应该牢记下面的事实：GDP 不是一个衡量国家健康程度的完美指标。一个重要的问题是：GDP 只衡量物质，而不衡量情绪或精神，或者……如果有人生产并销售某种物品，那么就将其计算在 GDP 之内，否则就不计算。驾驶着你那辆昂贵的汽车，穿着你那套高档的服装，行驶在日落大道（Sunset Boulevard）上，你也许并没有意识到，“你不能去购买爱情”。如果能够的话，那么核算体系将在 GDP 中增加“爱情服务”这一科目（我知道你在想什么，但那不是爱情）。

另一个问题是，GDP 关注的是结果而不是过程。实际上，我们中的大多数人既关心我们是如何获得我们消费的那些商品和服务的，也关心我们在消费什么。我们认为那一过程应该是公正和公平的。但 GDP 并不包含公正或公平，而且它也不考虑奉献的快乐。我制作了一些点心并把它们送给你品尝，我在这一过程中获得的快乐没有计算到 GDP 之中，你想到我为你烤制了这些点心而在脸上绽放出的更加灿烂的微笑也没有计算在内。除非我把这些点心卖给你，否则它们就不会计算在 GDP 之内。也就是说必须进行市场交易，那还有什么乐趣?

2. 1. 1. 1　GDP 的调整

毫无疑问，GDP 不等于幸福，而且仅限于物质领域，GDP 排除了许多有价值的东西，也包含了许多我们不想要的东西。最值得注意的是，GDP 没有减去你因为长时间工作而忍受的痛苦，也没有减去你的孩子们忍受的孤独。如果你的健康状况恶化，却坚持工作，那么 GDP 仍然会增长，因为你要付钱买药，还要去看病。同样，当犯罪率提高时，GDP 也会增长，因为我们要为警察加班支付工资。对环境的破坏也没有从 GDP 中扣除。交通拥堵加剧和过量吸烟对身体造成的伤害也没有被扣除。如果有人生产了一种产品，而你购买了，那么就会计算在 GDP 之内。如果你购买的东西对你或其他人造成了意想不到的后果，那也没关系。只有市场价值才会被计算在内。没有市场，就没有市场价值。

当然，有很多东西应该从 GDP 中扣除，但有一个极为重要的东西应该加入其中，这就是“消费者剩余”（consumer surplus）。当我们利用市场价格来衡量产品的价值时，我们忽视了一个事实：一般来说，我们购买某些物品，是因为它们的价值超过了我们支付的价格。只有在“边际”上，价值才等于价格。为了理解“边际”（margin）这一概念，让我们想一想喝水。边际就是你每天喝的最后一杯水——第八杯水。第一杯水实际上具有无限的价值，因为没有它你就活不下去。第二杯水的价值会降低，第三杯水的价值更低。根据个人决策的经济模型，你会喝下一杯又一杯的水，直到喝下另一杯水的收益低于喝下这杯水的成本。我们中的大多数人都生活在一个水价极为便宜的社会中。我从水电局收到的账单表明，每加仑水的价格是 0. 03 美元。我每天要喝半加仑水，根据市场价格计算，GDP 每天就会增加 0. 015 美元，而对我们来说，这些水的价值要高得多。你一定听到过这个老笑话：经济学家就是知道任何东西的价格却不知道其价值的人。但是，实际上，我们很明白，水的价格很低，但其价值是巨大的。

因特网为你提供的信息的市场价值与其全部价值之间的差别真的非常

巨大。由于是免费的，其市场价值为 0，因此根本就没有被包含在 GDP 中。

2.1.1.2　国内幸福总值

显然，GDP 与福利不是一回事。从最初界定 GDP 开始，社会学家们就一直在努力寻找一个令人满意的替代指标，来准确地衡量国内福利总值（Gross National Well-being）。在互联网上搜索“GDP 与幸福”（GDP and Happiness），你会看到大量与此相关的信息。

问题是如何度量。我们可以准确地度量美国产汽车的市场价值，但如何度量那些新的交通工具对福利的贡献呢？请记住，那些汽车从根本上改变了我们的生活方式，我们每天都有很多个小时被限制在这些钢铁的盒子里。这就是福利吗？

幸福是一个十分含糊的概念。你所谓的幸福与我所谓的幸福可能根本不同。这使得我很难区分你是否幸福。但我可以问。美国的综合社会调查（General Social Survey）提出了这样的问题：“考虑到所有因素，这些日子你觉得怎么样——你会说自己非常幸福、还算幸福还是不太幸福？”当你对调查者报告说“非常幸福”而我报告说“还算幸福”时，究竟是什么意思？特别是，如果你我来自不同的文化背景、使用不同的语言，那该怎样理解我们的回答呢①？

物质成功可能与幸福相关，也可能不相关。

“那又怎么样？”大多数经济学家都会这样反驳。尽管“你不能购买爱”，但你可以购买类似的东西。当然，物质福利并不是一切，但对很多人来说，它差不多就是一切。

然而，对物质的追求存在一个问题。对于许多物质享乐主义者来说，物质福利并不是最重要的，重要的是他们比邻居好多少。就像对鸟类进行观察一样，乐趣来自你看到了一只别人从来没有看到过的鸟。这是不是太卑鄙了？如果重要的只不过是我们在物质权势等级中所处的位置，那么当所有人在物质方面都变得更好时，我们不会感到任何幸福。也许这就是图 2.1 中的数据所显示的，我们从这张图中可以看出，美国的物质福利不断提高，而幸福水平却在不断降低。是不是我们想方设法胜过我们的邻居使自己悲惨不堪？

---

① 这些调查也许不能有效地衡量幸福，但神经系统科学却承诺提供“客观的”衡量指标。戴维森（R. J. Davidson）发现，对于右撇子来说，由视觉展示引起的积极情绪会引发前额皮质左侧的大脑活动，而消极情绪则会引发右侧大脑在相同部分的活动。Davidson, R. J.（2000）“Affective style, psychopathology and resilience: Brain mechanisms and plasticity”, *American Psychologist*, 55, 1196 – 1214.

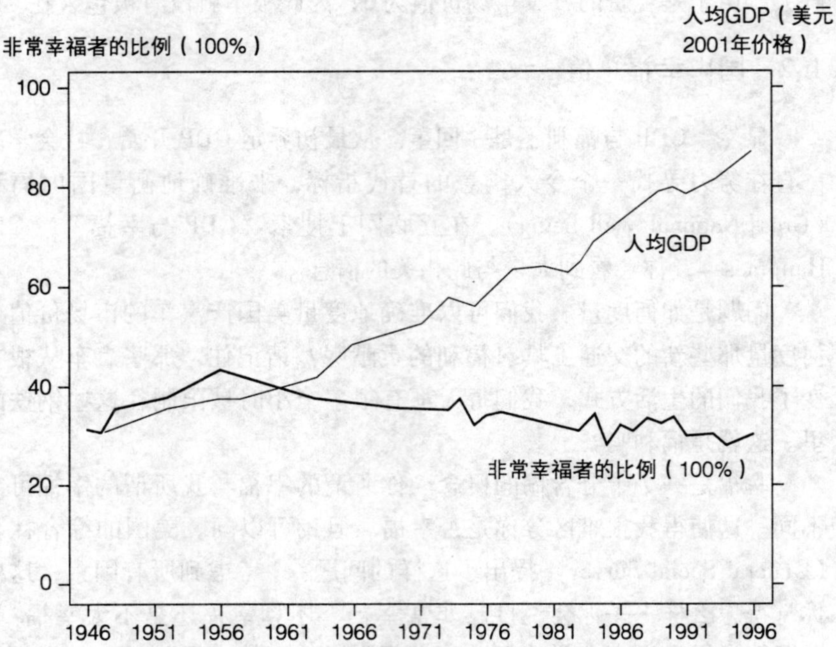

图 2.1　美国的收入与幸福

我们根据图 2.2 中的数据可以得出不同的结论，该图由英格哈特（Ingelhart）和克林格曼（Klingemann）制作，对各国的人均 GDP 和幸福进行了比较。看起来那些穷国的人增加少量收入会带来较多的幸福。请再仔细看一下。如果把那些收入较低的不幸福的前苏联加盟共和国一一找出来，那么它们看起来是一条相当直的线：收入越多，幸福越多①。

2.1.1.3　对我们来说 GDP 已经足够了

尽管从许多方面来说 GDP 是一个成问题的指标，但它对于我们的目的来说已经足够了。本书并不是要比较加利福尼亚和法国的幸福，而是要讲述商业周期。每个国家和每个社会都存在着 GDP 适度增长、工作机会丰富的时期，也存在着 GDP 下降或增长缓慢、工作十分难找的时期。经济增长乏力或出现负增长的时期被称为“衰退”（recession），这会使人们联想到有机体如霉菌，一般来说它会不断增长，但偶尔也会减少一些。在大众出版物中，衰退被定义为“GDP 出现两个季度的负增长”。这个定义不太完善，其中的原因我将在下面解释。但是，GDP 负增长就像高体温一样，是一个非常重要的

① 顺便提一句，这张图的横坐标不是人均 GDP，而是人均收入。但是，复式记账向我们保证，生产和收入是一致的。被生产出来并销售出去的产品为销售者带来了收入。被生产出来而没有销售出去的产品也为生产者带来了收入，它是以库存的形式存在，可以在以后销售。

生病的症状。这就是我们要密切关注它的原因。

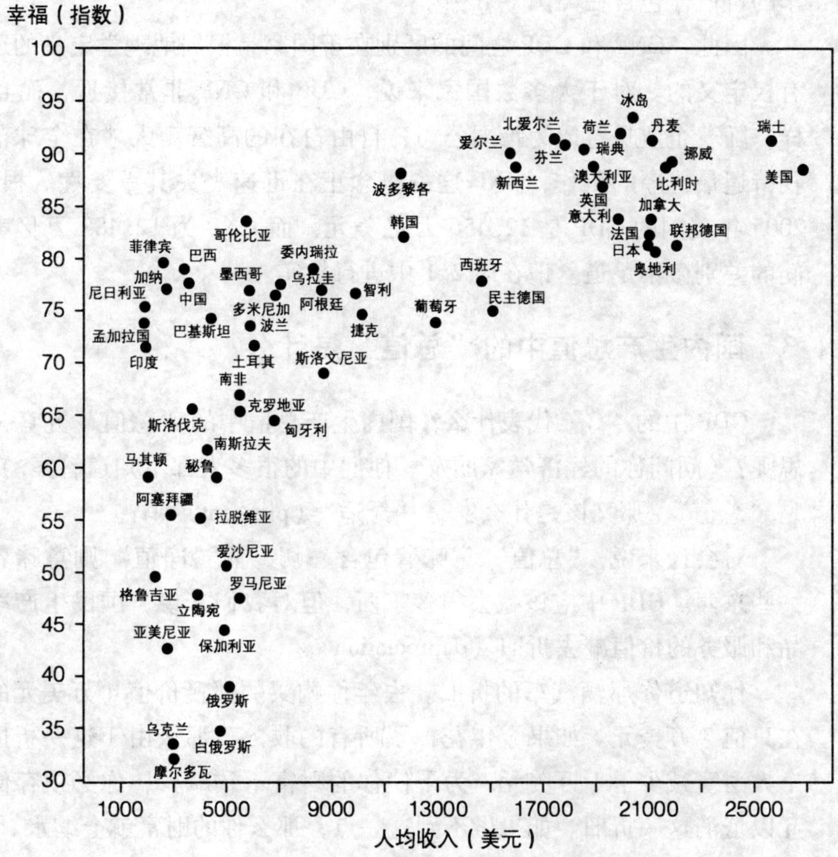

图 2.2　不同国家的收入与幸福

资料来源：Richard Layard, Income and Happiness, Lionel Robbins Lecture, March 2003, http://cep.lse.ac.uk/events/lectures/layard/RL030303.pdf.

2.1.2　这三个字母代表什么?

要确保自己理解了 G、D、P 这三个字母。

"P" 代表 "产品"，是指生产的商品，也包括生产的服务。因此，GDP 既包括装配汽车，也包括提供信息。

"D" 代表 "国内"，意思是 "美国制造"[①]。建在南卡罗莱纳州 (South Carolina) 的工厂由福特公司 (Ford) 所有还是由宝马公司 (BMW) 所有并不重要。汽车仍然是在美国制造的。另一方面，国民生产总值 (Gross National Product) 是指由美国人生产的产品和服务的价值，而不管生产在哪里进行。佐治亚州产汽车的部分价值来自宝马品牌，那是德国所

① 请原谅我的沙文主义。请查找一下，用你所在国家的名称替换美国。

有者实现的增长，不包括在 GNP 中。只有那部分由美国工人生产的宝马汽车的价值才包含在美国 GNP 中。

因此，GNP 和 GDP 之间的区别在于国家是根据地理学定义的还是由所有权定义的。对于大多数国家来说，GDP 和 GNP 非常接近，而且不管怎样，随着企业日益成为跨国公司，自由自在的高智商人才在全球范围内寻找待遇最优厚的工作，GNP 这一概念正在迅速丧失其重要性。根据记录，2005 年美国的 GDP 是 12.456 万亿美元，而 GNP 为 12.488 万亿美元，其间的差别微不足道。请在表 2.1 中进行核实。

2.1.3 国内生产总值中的“总值”是什么？

GDP 中的“G”代表什么？国内生产总值中的“总值”究竟是什么意思呢？（问问你的经济学家朋友。他们中的很多人都不知道答案。）如果不是“总值”，那又该是什么？是“舒适”（pleasant）吗？

对会计来说，“总值”意味着包含一切，而“净值”则意味着要减去一些东西。GDP 中应该减去很多东西，但对我们来说，国民生产净值是商品和服务的价值减去折旧（depreciation）。

你知道你那辆汽车的折旧。去年你购买的那辆价值 4 万美元的新车现在只值 3 万美元。如果今年花掉了所有的收入，那么由于这一折旧，你的个人财富减少了 1 万美元。为了使你的财富不致减少，你必须存储 1 万美元以抵消这一折旧。如果做不到这一点，那么你的财富就会缩水。

表 2.1 国内生产总值、国民生产总值、国民生产净值、国民收入和个人收入的关系（2005 年）

经济分析局	10 亿美元	比例（%）	人均
国内生产总值	**12456**	**100.0**	**41519**
加：来自世界其他地方的收入	513	4.1	1711
减：向世界其他地方的支出	482	3.9	1605
等于：国民生产总值	**12488**	**100.3**	**41626**
减：固定资本消耗	1605	12.9	5349
私人	1353	10.9	4509
国内企业	1059	8.5	3530
居民和社会集团	294	2.4	978
政府	252	2.0	841
等于：国民生产净值	**10883**	**87.4**	**36276**

国民生产净值是在为抵消设备与建筑物的折旧而留下足够的储备之后剩下的余额。

从表 2.1 中我们可以看出，2005 年，美国的折旧（固定资本消耗）为 16050 亿美元，占 GNP 的 12.9%。我们需要用这么多的 GNP 来维护或更换已经磨损的现有资本品。表 2.1 的最后一行是人均数值。请注意，“居民和社会集团”的数字为 978 美元——这是你的住宅和汽车的折旧。

2.1.4　实际 GDP 中的“实际”和名义 GDP 中的“名义”是什么意思？

另一个字谜是要搞清楚“实际 GDP”的意思。实际 GDP 中的“实际”是什么意思？“实际”的对立面是什么？是“不实际”？

经济学家称之为“名义”(nominal) GDP，而不是“不实际”GDP，意思是“名义上的”。GDP 分为实际 GDP 和名义 GDP。

商品和服务市场价值的增长中有一些是不真实的或“名义上”的增长，因为如果价格上涨，你可能会付更多的钱而买到更少的东西。“实际 GDP”控制着长期中以及不同国家之间的价格差别。它衡量的是我们生产的真实的东西。“名义”GDP 只是物品的货币价值，可以根据价格的不同而上升或下降。

为了更形象地理解“名义”GDP 和“实际 GDP”之间的差别，想象一下在百货店结账时的情景。在你的购物篮中装满了某一年份在美国生产的商品与服务。这是“实际”GDP。现在，你排队等待结账，看看购买这些商品要花掉多少钱。我们需要为你购买购物篮中的物品的总支出起一个名字。让我们称之为“名义”GDP，以便与“实际”GDP 区分开来。

名义GDP

实际GDP

请注意，只有当购物篮中的物品发生变化时，实际 GDP 才会改变。但是，名义 GDP 可能会因物品的变化而改变，也可能因为价格的变化而改变。如果价格上涨，那么你可能要付更多的钱，尽管你没有“真的”买到更多的东西。因此，在实际 GDP 保持不变时，名义 GDP 却可能增长。

你为自己构建的实际 GDP 图景可能是购物篮中大量的、各式各样的产品。我们需要用一个数字来概括所有的细节。实现这一目标的方法是将价格固定在某一基年（base year），如 1996 年。使用固定的价格（它不会在你每次结账时都发生变化）来衡量购物篮中物品的价值。如果你采用 1996 年的价格，我们就称之为“以 1996 年不变价格衡量的 GDP”，或者简称“实际 GDP”。一定要明白这一点：以 1996 年不变美元衡量的 GDP 发生变化不是由于价格的变化造成的。只有当篮子中的商品发生改变时，实际 GDP 才会发生变化。

名义 GDP：以当前价格计算的在美国境内生产的商品和服务的市场价值。

实际 GDP：以基年价格计算的在美国境内生产的商品和服务的市场价值。

要记住，当你听到一位经济学家说“实际”这个词时，就想象一下百货商店的购物篮里的实际商品。将其与用来购买那些物品的货币对比一下。货币是“名义的”，而商品是“实际的”。

实际 GDP 和名义 GDP 如图 2.3 所示。仔细看一看这张图，你就应该能够回答下面的问题：

为什么实际 GDP 和名义 GDP 会在 1996 年相交[①]？

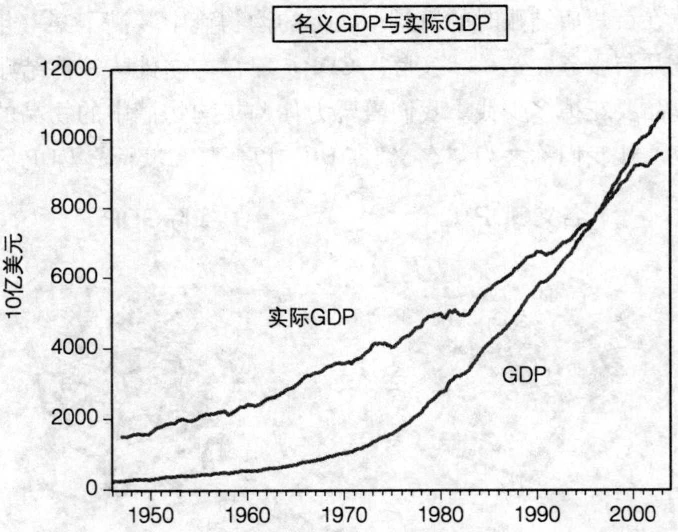

图 2.3　名义 GDP 与实际 GDP

为什么名义 GDP 的增长速度比实际 GDP 的增长速度快[②]？

① 答案：我们正在使用 1996 年的价格评估实际 GDP。

② 答案：价格在一直在上涨，名义 GDP 增长的速度比实际 GDP 增长的速度快。

还有两个问题：
为什么选1996年？为什么以1996年作为基年？

据我所知，这完全出于偶然。这一基年会随着时间的改变而改变，以保持与当前年份密切相关。这样做是合理的，因为我们希望以我们最熟悉的价格来衡量GDP。除了“新”以外，对基年的选择没有什么特别的理由。

对基年的选择很重要吗？

这个问题有两个答案：重要，也不重要。先说说为什么不重要。

看一看图2.3，它比较了实际GDP与名义GDP。它们相交于基年1996年。假设我们把基年变成1980年，那么我们就需要将实际GDP下移，以使它与名义GDP曲线相交于1980年。这样看来，基年似乎很重要。但是，实际GDP的图形还是原来的样子。它拥有同样的增长率和同样的上下波动。因此，基年实际上根本不重要。当然，如果你利用1980年的价格来衡量产品的价值，其数值会低于你用1996年的价格进行衡量时的价值。但是，我们要问的问题中没有一个与这一差别相关。因此忘了它吧。

但是，这一“不重要”的回答建立在这样一个假设之上：相对价格变化不大。如果相对价格有很大的变化，那么基年对GDP增长的计算就很重要。计算机价格的下降为我们提供了一个很好的例子。让我们比较一下1980年和2000年。假设1980年你的购物车里只有两件商品：一辆汽车和一台个人计算机，再假设2000年你的购物车里有一辆同样的汽车，但有两台个人计算机。在2000年，你的购物车里的物品多了一些。1980年，汽车的价格是5000美元，计算机的价格也是5000美元。2000年，同样的汽车价格为20000美元，而同样的计算机的价格仅为1000美元。利用1980年的价格，你在1980年花了10000美元，而在2000年花了15000美元，“实际GDP”增长了50%。但利用2000年的价格，你在1980年花了21000美元，而在2000年花了22000美元，“实际GDP”增长了5%。哪个数字对呢：实际GDP是增长了很多还是只增长一点点？关于这一指数问题更详细的介绍，请参见本章的附录。相信我，我们有比这重要得多的事情要考虑。我们主要关注实际GDP在一段时间间隔之内的短期波动，在这一时间间隔内，相对价格的变化不足以引起重大的衡量问题。对于长期问题，如决定如何调整社会保障接受者的生活费用是恰当的，这一指数问题则要重要得多。

2.1.5 SAAR 是什么意思?

如果你访问经济分析局的网站，就会发现每年和每季度都会公布 GDP 数据。表 2.1 中的数据来自 2002 年，摘录自一份季度数据表。请注意，按季度计算的实际 GDP 数字与年度数字 94400 亿美元大致相同。怎么会这样呢？我们在一年中生产的难道不应该是一个季度生产的 4 倍吗？是的，没错，但 GDP 并非我们生产了多少。它是指我们以何种速度进行生产。GDP 是每单位时间内在一国境内生产的商品与服务的市场价值。经济分析局通过在表格中使用季度调整后的年率（Seasonally Adjusted at Annual Rates，SAAR）来提醒我们注意（我们将在后面讲解季度性调整）。

表 2.1　实际国内生产总值［10 亿连锁美元（1996 年）］经季度调整后的年率

2002 年			
Ⅰ	Ⅱ	Ⅲ	Ⅳ
9363	9392	9485	9518

资料来源：http：//www. bea. doc. gov/.

另外请注意，表 2.1 中使用了连锁美元[①]（1996）［chained（1996）dollars］。这是经济分析局在告诉我们，他们花费了很大的精力试图对不断变动的相对价格进行调整（我们将在附录中讨论这一问题）。

2.1.6 什么是年化复利增长率?

既然谈到了“年度”问题，我们就应该讨论一下“年化增长率”（annualized rates of growth）。经济分析局估计 2001 年和 2002 年的实际 GDP 分别为 92145 亿美元和 94399 亿美元。这两个数字之间的差别为 2.4%。这就是实际 GDP 每年的增长率。经济分析局估计 2002 年第一季度和第二季度的实际 GDP 分别为 93632 亿美元和 93924 亿美元。这两个数字之间的差

① “连锁美元”（chained dollars）是一个表示实际价格的指标。实际价格是指经过调整扣除美元购买力变化影响后的价格，它们通常反映与参考年份相比的购买力。1996 年以前，实际价格以不变美元表示，这一指标基于在某一年份（通常是较近的一年）商品和服务的权重。1996 年，美国商务部（U. S. Department of Commerce）推出了“连锁美元”这一指标。新指标基于连续的两年中商品和服务的平均权重。说它是“连锁的”，是因为每一个“年对”中的第二年及其权重在下一个“年对”中变成了第一年。使用“连锁美元”这一指标的好处在于：它与任何给定的时期都更加密切相关，因而在长期内受“失真”的影响较小。

http://www. teachmefinance. com/Scientific-Terms/Chained-dollars. html

别只有 0.312%。这是实际 GDP 在一年中每个季度的增长率。除非我们将时间间隔标准化，否则这会令我们陷入绝望的混乱之中。对利率来说，一年是标准期间。当《华尔街日报》报道 10 年期国库券的收益率为 4% 时，这个 4% 不是指 10 年的总收益率，而是指每年的收益率。对于 GDP 增长来说，我们也这样来处理。这就是年度增长率。

为了将每季度的增长率 0.312% 转化为年度增长率，我们只要将其乘以 4，得到 1.247%。但由于复利效应，“年化增长率”比这个数字略大一些。每个季度增长 0.312%，增长 4 个季度后，GDP 的增长率为 1.253%。这就是年化复利增长率①。

2.2 实际 GDP 是指什么？

2.2.1 对数坐标有用吗？美国 GDP 增长的狭窄通道

我们在图 2.4 中再次展示了实际 GDP。看一看坐标——2 万亿至 4 万亿美元之间的距离和 4 万亿至 8 万亿美元之间的距离相同。这就是对数坐标（logarithmic scale）。在对数坐标中，一条直线代表一个不变的增长率。该图中画出的两条直线确定了自 1970 年以来实际 GDP 增长的狭窄通道。通道的下限和上限以每年 3% 的速度增长，上限与下限之间的距离为 ±3%。这被称为美国 GDP 的“3 - 3 法则”。请注意，20 世纪 60 年代，美国经济的增长速度略高于 3%。

在图 2.4 中你还可以看出，有些时期 GDP 降到通道下限之下，也有些时期会快速突破上限。降到下限之下的时期即“衰退”（recession）。紧随衰退而来的是“复苏”，即 GDP 上涨到通道下限之上。

这张图为我们分派了任务。我们需要理解为什么美国的 GDP 已经以 3% 的速度增长了 30 年，我们还需要搞清楚这种情况能否在接下来的 30 年中持续下去。我们需要理解为什么 GDP 会偶尔下降到通道下限之下，而有时候又上涨到上限之上。我们还需要知道下一次衰退何时发生。

顺便说几句，在罗纳德·里根总统（Ronald Reagan）去世后，我接到一封电子邮件，声称里根总统的减税政策“释放出巨大的经济增长力量”。让我们再看一看图 2.4，找一找那种巨大的增长力量。你能看到吗？我看

① 利用季度数据计算年度增长率的公式为：

$$\text{年化复利增长率} = -1 + (RGDP/RGDP(-1))^4$$

其中，RGDP 是指实际 GPD，RGDP(-1) 是指前一个季度的 RGDP。

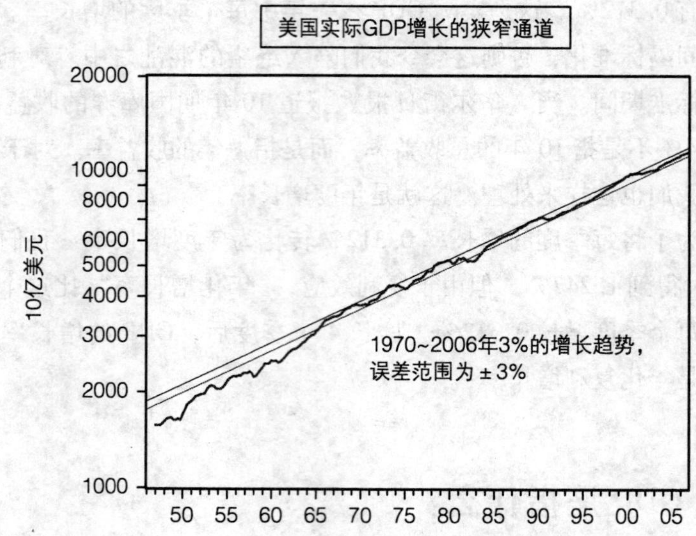

图 2.4　实际 GDP 在一个非常狭窄的通道中增长

到美国经济以3%的速度持续增长。我们在20世纪70年代遭受了石油冲击，增长率仍为3%。在20世纪80年代早期，我们经历了里根政府的减税以及随后的赤字，增长率仍为3%。在20世纪80年代中期，美元被高估，随后出现贬值，增长率仍为3%。在20世纪90年代，我们经历了互联网热、布什政府的减税和赤字以及20世纪末、21世纪初的房地产泡沫，增长率仍为3%。

如果你认为本书主要关注的是衰退和复苏，那么上面一段文字就告诉了你其中的原因。需要解释的只是增长通道内的起伏波动，而不是长期趋势。引人注目的、持续的长期增长率给我们造成了一种明确的感觉：长期趋势是我们不得不接受的现实。长期增长率肯定不能过多地依赖税率或利率，至少不应该过多地关注这两种政策工具在历史上的波动性。如果我们的所得税率为90%，或者利率和通货膨胀率高达20%，那么一切都是徒劳的。但在历史范围内，图2.4表明财政政策和货币政策应该集中在它们有希望产生影响的问题上：不是长期趋势，而是引起悲观的下跌，以及为下一次下跌打下基础的上涨。这就是为什么我们大量关注衰退与复苏的原因。

2.2.2　四个图形：实际 GDP 的增长是什么样子？

请记住本书的口号：图形、语言和数字。有说服力的论据要求我们选择恰当的图形、语言和数字。把注意力集中在图形和语言上。人们并不能很好地理解数字。

我们已经从图2.4以及对它的解释性文字中学到了许多东西。还有一些不错的 GDP 增长图形值得一看。图 2.5 是一个条形图，它显示了逐季的 GDP 增长。图 2.6 是同一数据的移动平均。图 2.7 显示了对 GDP 波动的一种度量。哪个图形最好？哪个图形能够最清楚地传递出重要的信息？

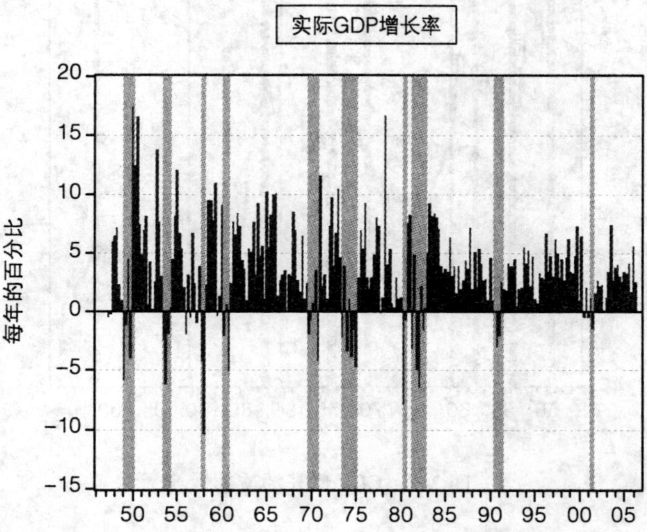

图 2.5　季度 GDP 增长率（阴影表示衰退）

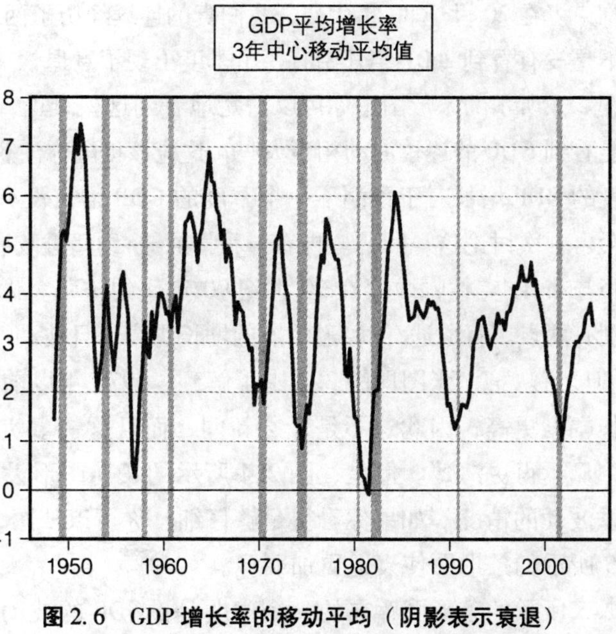

图 2.6　GDP 增长率的移动平均（阴影表示衰退）

第一个图形即图 2.4 很好地描述了 GDP 的长期运动，增长条形图即图 2.5 将我们的注意力集中在逐季的差别上。在图 2.5 中，你可以非常清楚地看到 10 次衰退，即增长条倒挂着的那些时期。请记住，只是国家经济研究局

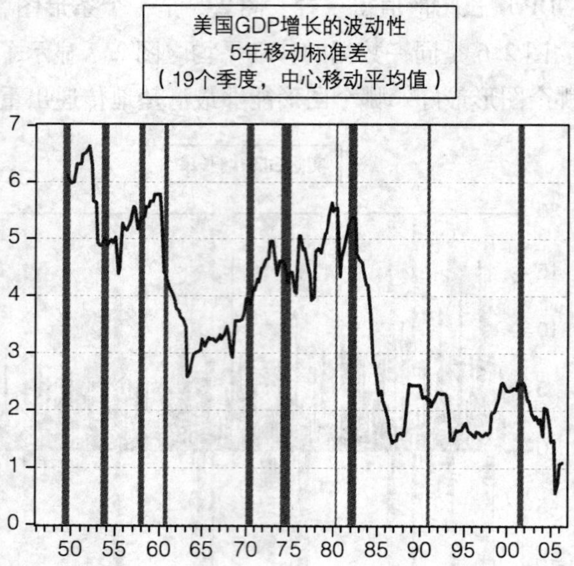

图 2.7　GDP 增长的波动性

（National Bureau of Economic Research）的一个经济学家小组拥有选择经济在哪些季度处于衰退状态的正式权力。对于他们的判断，我们在提出质疑时不必感到拘束。在 20 世纪 80 年代初，我们真的连续经历了两次独立的衰退吗？他们是不是没有看到 2001 年开始有一个季度出现了衰退？

在图 2.5 所示的条形图中你可以清楚地看到这些衰退，但你还能看到什么？你能看到 GDP 的逐季波动相当大吗？这应该提醒你注意一个事实：知道一个季度的 GDP 增长对于预测下一个季度的 GDP 增长没有太大的作用。我们很快会再一次讨论这一问题。再看一看肯尼迪/约翰逊政府在 20 世纪 60 年代的扩张与布什/克林顿政府在 20 世纪 90 年代的扩张。你注意到了哪些差别？差别有两点。肯尼迪/约翰逊政府的增长更高，且波动性更大。

我们早就从第一张图即图 2.4 中了解到，1970 年以前的增长幅度比其后的增长幅度更高，因此这不是什么新闻，而且这一事实在图 2.4 中比在图 2.5 中显示得更清楚。但是，图 2.4 所示的长期图形没有告诉我们任何有关逐季波动的情况。如果你看得足够仔细，你可以从图 2.4 中看出衰退，但图 2.5 所示的条形图使衰退更加明显。

图 2.5 所示的条形图存在的一个问题是：GDP 的波动十分剧烈。这些波动会在很大程度上分散了人们的注意力。图 2.4 所示的长期图形消除了几乎所有的波动，但做得有些过火。消除大部分波动但仍保留部分波动的一个好办法是显示 GDP 增长的移动平均值。三个季度的中心移动平均值（centered moving average）是指当前季度、前一季度和后一季度增长数的平

均值：

移动平均值＝（前一季度的增长＋当前季度的增长＋后一季度的增长）/3

图2.6显示了3年期（11个季度）GDP增长的中心移动平均。在此，20世纪60年代与20世纪90年代差别的大小表现得非常清楚（1个百分点或2个百分点），而表示长期趋势的图2.4根本没有告诉我们任何有关大小的信息。如果你需要知道大小，那么选择哪张图就不言而喻了。有意思的是，图2.6所示的平滑增长率（smoothed growth rate）却讲述了一个不同的故事。

接下来我们看一看波动性。如果仔细观察图2.4中的增长通道，你就会发现，与20世纪90年代相比，美国经济在20世纪70年代更倾向于处于通道的边缘。这是因为近期衰退的严重程度比以前低得多，这一点可以在图2.5中倒挂着的条形图上清楚地看出来。20世纪70年代倒挂的条形图的长度与20世纪90年代的差不多，但却将3年平均值向下拉至每年大约1.5%。实际上，正是在20世纪80年代早期的两次衰退降低了3年的平均增长率。

家庭作业：解释为什么图2.5显示衰退越来越温和而图2.6显示变化不大（你也可以不同意这个结论）。

为了更好地理解波动性，我们需要波动性的数值指标（numerical measure）。我建议采用标准差（standard deviation）。标准差度量的是一组数字的分散程度。如果数字呈钟形正态分布（normal distribution），则67%的数字就会分布在一个标准差之内，而95%的数字分布在两个校准差之内。这就是到目前为止我们需要知道的一切。

图2.7显示了每5年GDP增长数字的标准差。从图中可以看出20世纪80年代早期波动性急剧下降，而在20世纪60年代早期也出现了类似的下降。

波动性的下降对于商业决策和预测来说十分重要。我们能够期待这种稳定性持续下去，甚至变得更稳定吗？这对于库存政策十分重要。低库存（lean inventory）和低库存销售比（inventory to sales）在稳定的经济中是可行的，但在波动性大的经济中却行不通。20世纪90年代中期，新经济的倡导者承诺永远稳定的增长，而且波动性也确实显著下降，在图2.7中可以清晰地看出这一点。但对于1999年的思科公司（Cisco）来说，当路由器和服务器销售量锐减、库存越来越多时，按准时制（just-in-time）规划的库存结果却成了“为时过早”（way too early）。

2001 年衰退的出现使得 GDP 的波动性再次骤然提高，但随后波动性降低到标准差为 1.0 这一空前的低水平。标准差为 1.0 有多低呢？如果 GDP 增长大致正常，均值为 3 且标准差为 2，那么下降的概率为 7%，但如果均值为 3 而标准差为 1，那么下降的概率只有大约 0.1%。衰退已经成为过去了吗？我们需要为这一重要的问题找出答案。

现在，我请你不再看这四张图，试着在你的脑海中回忆一下这些图。

- 哪张图最难忘？
  - 在每一次演讲中你都会用这那张图。

现在，你可以再看看这些图，并回答另外两个问题：

- 哪张图以最明确的方式传达出最大的信息量？
  - 你同样也希望用上这张图，因为你会在那里解释它。
- 哪张图传递出了其他图未能传递出的信息？
  - 如果这对于你阐述观点很重要，那么你也需要用上这张图。

记住这个要点：显示同样的数据有多种方式，每一种方式传递出的信息各不相同。要设法找出一种方式以传递出你想要传达的信息。

2.2.3 10 万亿美元是多少？除以就业人数有帮助吗？

美国当前的 GDP 约为 10 万亿美元。10 万亿美元是多少你根本就不知道，对不对？那只不过是一个后面跟着一大串“0”的数字。只有在能够与某些熟悉的事物进行比较时，一个数字才有意义。如果你打算用数字来说服人，那就要保证听众有一个比较的基础。用 GDP 除以工人数量可以很好地实现这一目标。10 万亿美元可以转换成每位工人 7 万美元。现在你有了一个比较的尺度。将你的年收入与 7 万美元比较一下。你做得怎么样？你生产的比人均值多吗？

人均实际 GDP 显示在图 2.8 中，该图同样使用了对数坐标。在 20 世纪 50 年代早期，人均实际 GDP 只有 3 万美元，而现在是 7 万美元。我们现在每位工人的产出是半个世纪前的 2 倍多！与图 2.4 中显示的恒定的实际 GDP 增长率（3.45%）相比，图 2.8 则传递出非常不同的信息。在图 2.8 中可以看出，我们的人均实际 GDP 增长率很高，这一趋势一直持续到

20 世纪 70 年代，在 1970～1980 年间低速增长，1980 年以后似乎出现了一根新的趋势线。这对于我们思考未来是一个极为重要的现象。

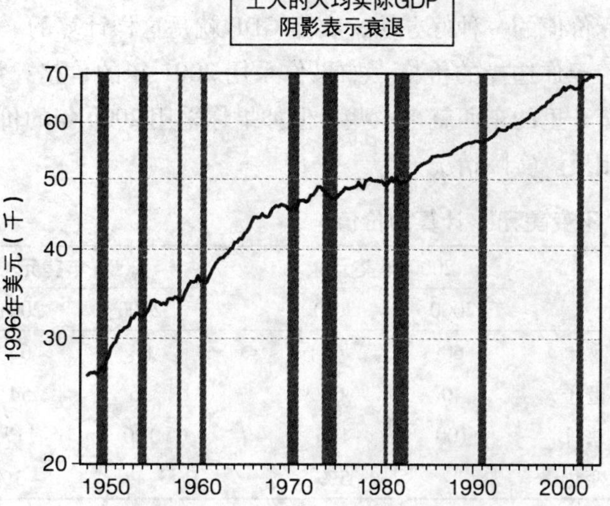

图 2.8　工人的人均实际 GDP

附录：指数问题与连锁指数

假设在 2000 年 1 月你在一家百货店购买了价值 100 美元的物品，再假设一年后即 2001 年，你购买了价值 117 美元的商品，你购买的东西多了吗？你的购物篮子里的物品更多了吗？不一定。也许你购买的是同样一些东西，只不过是花的钱更多了。怎样才能搞清楚 2001 年你是否买到了更多的东西？这就要看一看 2000 年和 2001 年你的购物篮子中物品的价格与数量的详细情况：

2000 年和 2001 年的购物篮子

	2000 年			2001 年		
	数量	价格	价值	数量	价格	价值
苹果	60	1	60	45	1.4	63
橙子	40	1	40	60	0.9	54
总计			100			117

在 2000 年，你购买了 60 个苹果和 40 个橙子，其价格都为 1 美元。在 2001 年，苹果的价格显著上涨，而橙子的价格下降了。你明智地决定多买橙子，少买苹果。2001 年，你花的钱更多，但我不能确定你买到的东西是否更多。不错，你购买了更多的橙子，但同时你也减少了苹果的购买量。

我们如何对苹果和橙子进行比较呢？我也没有把握，但我有一个主意。我可以计算下列数值：如果价格与2000年相同，那么在2001年购买那些商品需要花多少钱。这就是利用不变价格来衡量购买篮子的价值。这是计算商品实际价值的一种好办法，实际GDP就是这样计算的。这一计算的问题是它依赖于你选择的价格。如果你采用2001年的价格，那么看起来2001年购物篮子里的东西就多一些，但如果你采用2000年的价格，结果看起来就恰好相反。实际情况如下：

以“不变美元”计算的价值

	2000年美元		2001年美元	
	2000	2001	2000	2001
苹果	60	45	84	63
橙子	40	60	36	54
总计	100	105	120	117
变化		5%		-3%

先用2000年的价格来计算购物篮子的价值。你在2001年购买的45个苹果和60个橙子在2000年要花费105美元，而在2000年购买的60个苹果和40个橙子只需要100美元。因此你在2001年购物篮子里多了5%的“物品”。接下来我们用2001年的价格进行同样的计算。你在2001年购买的60个苹果和40个橙子在2000年要花费120美元，而在2001年购买则花费了117美元。因此2001年购物篮子中少了3%。那么，哪个对呢？2001年购物篮子比2000年更满还是相反？

好家伙，这看起来真让人糊涂。不用担心。这是一个编造出来的故事，其中的价格和数量波动剧烈。价格和数量真正的变动并不大，使得基年的选择并不太重要，而且政府的统计学家们还会努力设计出一种“连锁”(chained)或折中的度量方法。用最初价格计算的结果（购物篮子的价值增加5%）与用最终价格计算的结果（购物篮子的价值减少3%）之间的“连锁”折中可以通过二者相乘并求平方根得到：

$$1-((1+0.05)\times(1-0.03))^{1/2}=0.9\%$$

45个苹果和60个橙子比60个苹果和40个橙子“多”了0.9%。

“连锁”折中使得这一问题进一步弱化。特别是我们在判断美国经济是否处于衰退之中时，这一度量问题实际上无关紧要。

附录：GDP 的季节性波动非常剧烈

我们需要看一看 GDP 增长的季节性形态，因为它们向我们讲述了一个令人吃惊的故事。图 2.9 显示了 1946 ~2001 年分季度的年化 GDP 增长率（名义 GDP，不是实际 GDP）。各季度之间存在着引人注目的差异！尽管平均来说，名义 GDP 的增长率为 9.2%，但与第四季度相比，第一季度（1 ~3 月）的年化增长率低 20%！在费尽心力为假日准备好礼物后，圣诞老人和他的精灵们在冬天挤在壁炉旁边，而没有做什么事。但是，春季为我们带来了复兴，完全恢复正常，增长率达到了 22%。与春季相比，夏季为我们带来了正常的增长率（10%），最后一个季度是增长率最高的时期，与秋季相比，增长率平均达到 24%。

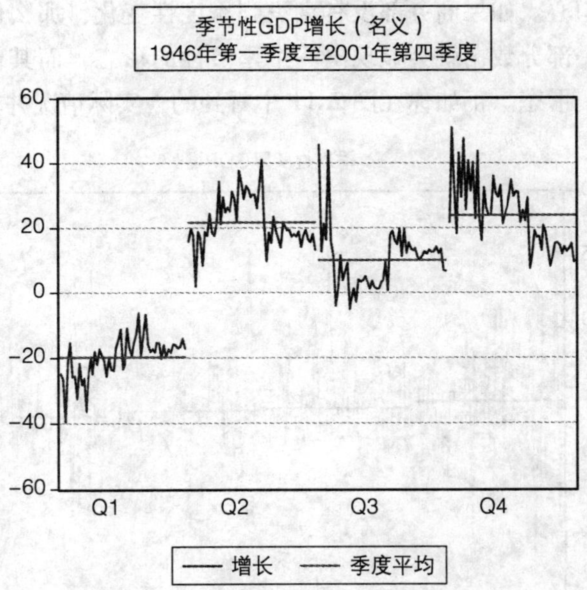

图 2.9　名义 GDP 增长的季度性形态

请注意长期中季节性形态的显著变化。在图 2.10 中你可以最清晰地看出这种变化。1980 年之后，季度性形态开始稳定，只是第一季度的变化较明显，而其变化也相对较弱。1960 ~1980 年间，第四季度和第二季度的增长都很强劲，第三季度的增长较弱，而第一季度的增长率为较大的负值。在 1960 年以前，第四季度的增长异常强劲。我不知道美国商务部（Department of Commerce）如何进行季度性调整，但愿他们没有使用陈旧的数据。

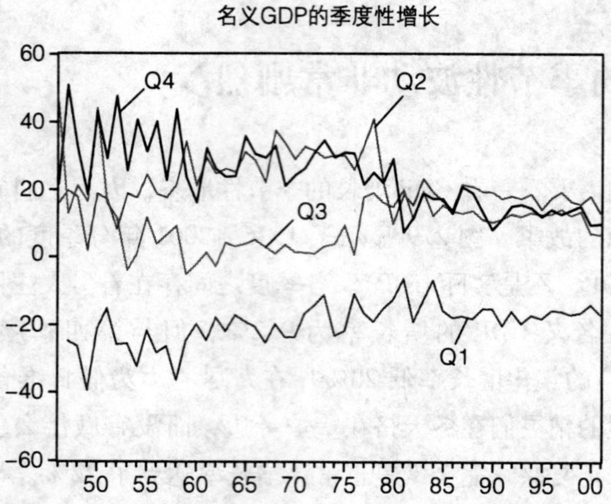

图 2.10 名义 GDP 的季度性增长

别担心。如果商务部没有意识到季度性变化，那么他们的季度性调整后的某一部分数据就会显现出一个季节性的形态，而其他时间的形态就会偏离这一形态。正如你在图 2.11 中看到的，实际情况并非如此。

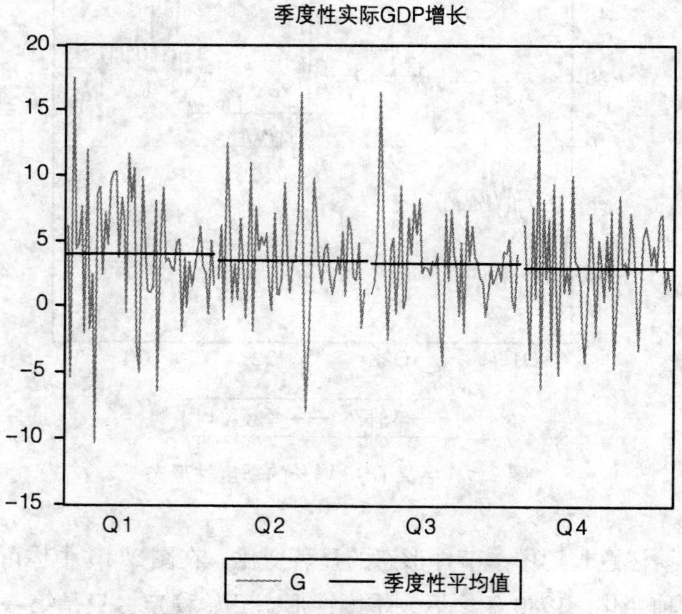

图 2.11 SAAR（季节性调整后的年率）季度性实际 GDP 增长

3 CHAPTER 第3章 GDP 的构成：$C+I+G+X-M$

如果你想成为一名经济学家，或像经济学家一样行事，那么你就必须能够快速说出下面的公式：

$$C+I+G+X-M$$

这是 GDP 的另一种表述方式。

3.1 如何度量 GDP？

正如我们在上一章中学到的，GDP 是在某一特定地理区域中在特定时期内生产的商品和服务的市场价值。既然我们知道了 GDP 是如何定义的，我们就应该想一想如何对它进行度量。假设你受聘设计一种方法来度量 2006 年在美国生产的商品和服务的价值。你能设计出来吗？这是一项令人难以置信的任务，20 世纪 30 年代美国商务部和西蒙·库兹涅茨（Simon Kuznets）领导下的国家经济研究局（National Bureau of Economic Research）就在热切地寻找解决这一问题的办法。西蒙·库兹涅茨于 1971 年获得诺贝尔奖，获奖理由是“他对经济增长提出了经验性的解释，使我们对经济与社会结构和增长的过程有了全新的、更加深入的理解”。

为了开始思考 GDP 的度量，我们先提出一个较简单的问题：你如何度量去年你自己生产的商品和服务的市场价值？如果你是一名律师，你的合法收入就是你生产的法律服务的市场价值。你还通过其他方式挣到钱了吗？不要把出售你那辆旧车计算在内。那不是你生产的。在出售那辆车的时候，把这一交易作为你改变自己持有资产的方式记录下来：持有现金还是持有汽车。那不是收入，只不过是你改变了持有自己财富的方式。你应该将你发表演讲所得的报酬计算在内，还应该加上出租你的第二套住房的收入。别忘了你的第一套住房。它也在提供住房服务。最好估计一下你的房子提供的住房服务的“市场价值”，考虑把它“租给自己”并将租金计算在内。现在，你拥有了一套定义自己的产品的核算体系，其中有一项是法律服务，有一项是演讲，还有一项是租金收入。

3.1.1 国民收入与雇员薪酬

在完成了度量你对 GDP 的贡献这一任务后，为国家的 GDP 设计一个核算体系就容易多了。这一体系可能包括法律服务、演讲、住房的出租价值（rental value）、汽车生产、在零售店的销售等。一种自然的分类方法是按支付酬金的生产活动进行分类。表 3.1 是经济分析局按这种方式制作的。该表包括“收入”，也包括雇员的“薪酬”。总“国民收入”（national income）与 GDP 不同，但相当接近。详情请参见附录。

看一看表 3.1，其中有没有令你吃惊的信息？国民收入中只有 12.5% 被制造业挣得，这令我感到难过但并不吃惊。令我惊讶的是国民收入的 16.8% 被 FIRE（finance，insurance，and real estate，金融、保险和房地产）“烧掉”了。真正进行生产的制造业看起来所占的比例太小了，而只是从事文书工作的 FIRE 所占的比例看起来大得令人吃惊。不要这么快就得出结论。在这张表的某个地方，他们将住宅以及公寓大楼和办公楼所有者的“收入”隐藏了起来。在表 3.1 中你能看到这些收入吗？它们被隐藏在 FIRE 中。经济分析局的另一张表格显示，2005 年，消费者“购买”了价值 13040 亿美元的住房服务，包括支付租金的房屋出租和房主自用住宅的出租价值。据我们所知，除此之外金融业只剩下 5280 亿美元，在国民收入中所占的比例为 4.8%，这就合理多了①。**注意：国民收入核算**（National Income Accounting）**是一件复杂的工作，对于那些希望搞清这些数据的含义的人来说，里面到处都是陷阱。**

尽管不像表 3.1 中的收入数字那样引人注目，但 2005 年的薪酬中有 9.1% 被 FIRE 挣得，这的确有些让人吃惊。图 3.1 显示了长期中制造业和 FIRE 薪酬所占的比例。在 20 世纪 50 年代，超过 30% 的收入进入了制造业，而 FIRE 只占 4%。随着制造业薪酬持续降低而 FIRE 的薪酬稳定提高，图 3.1 中很快就会出现一个不祥的 X，FIRE 与制造业相交在一起。这就是我们的未来吗？我们将不再生产任何东西，而是在一次盛大的寄生虫篝火

① 你知道为什么 FIRE 的薪酬是 6400 亿美元而扣除居住性住宅后的收入为 5280 亿美元吗？

晚会（bonFIRE）上欢庆我们的创造力①。

表 3.1　按行业划分的收入与雇员薪酬（2005 年）

未扣除折旧的国民收入（BEA 表 6.1）
雇员薪酬（BEA 表 6.2）

	收入（10 亿美元，I）		薪酬（10 亿美元，C）		C/I
总计	10918	100.0%	7030	100.0%	64%
国内产业	10886	99.7%	7037	100.1%	65%
私人产业	9575	87.7%	5695	81.0%	59%
农业、林业、捕鱼业和狩猎	88	0.8%	42	0.6%	48%
采矿业	159	1.5%	50	0.7%	32%
公用事业	177	1.6%	55	0.8%	31%
建筑业	604	5.5%	391	5.6%	65%
制造业	1366	12.5%	933	13.3%	68%
耐用品	746	6.8%	613	8.7%	82%
非耐用品	620	5.7%	320	4.6%	52%
批发业	689	6.3%	389	5.5%	56%
零售业	825	7.6%	468	6.7%	57%
运输与仓储业	306	2.8%	225	3.2%	73%
信息产业	417	3.8%	240	3.4%	58%
金融、保险、房地产、出租和租赁	1833	16.8%	640	9.1%	35%
专业与商业服务[a]	1510	13.8%	1020	14.5%	68%
教育服务、保健和社会援助	938	8.6%	766	10.9%	82%
艺术、娱乐、休闲、住宿和就餐服务	394	3.6%	277	3.9%	70%
除政府外的其他服务	268	2.5%	199	2.8%	74%
政府	1311	12.0%	1342	19.1%	102%
世界其他	32	0.3%	-6	-0.1%	-20%

注：本表中的估计值是根据 1997 年北美工业分类系统（North American Industry Classification System，NAICS）进行的。

a. 由专业与科学和技术服务、公司与企业的管理、行政与废物管理服务构成。

表 3.1 的最后一列也值得讨论一下，它列出了雇员薪酬占总收入的比例。请记住，剩下的收入归所有者所有。对于政府来说，它没有所有者，其员工的薪酬是其收入的 102%。在另一端是采矿和公用事业，其薪酬所占的比例分别是 32% 和 31%。你知道为什么，对吧？采矿业和公用事业部门对资本的需求比对劳动力的需求大得多。同样，FIRE 的员工薪酬只占

① 还有一个陷阱：当生产企业将其财务和各种业务外包给其他国内企业时，看起来就像是工作的本质正在发生变化，而实际上这不过是进行业务组织的一种方式。制造业薪酬减少的部分原因是由外包造成的。

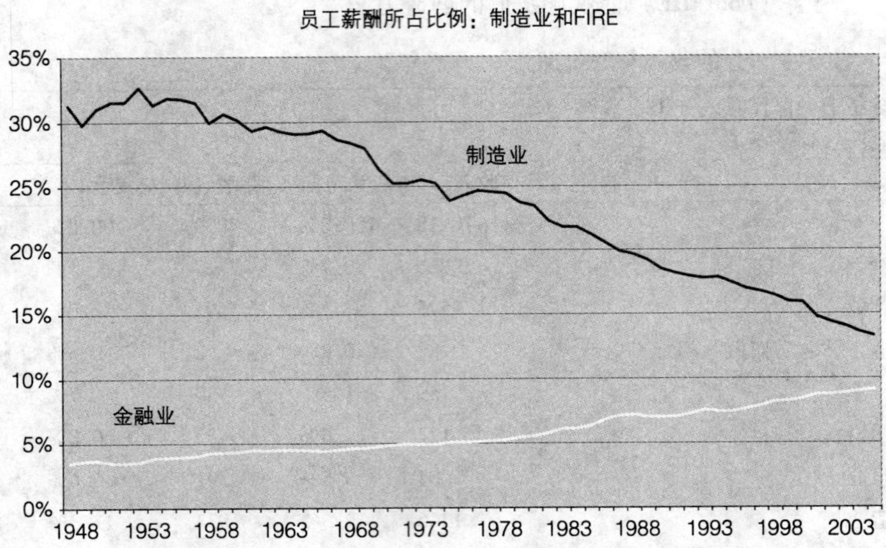

图 3.1　制造业和 FIRE 员工薪酬占总收入的比例

35%，因为公寓大楼和办公楼的所有者获得了租金收入的很大一部分。

3.2　GDP 实际上是如何度量的？

尽管表 3.1 中使用的核算体系非常合理，但经济分析局和其他国家统计机构并没有采用这种方法来组织 GDP 数据。20 世纪 40 年代，为英国中央统计局（British Central Statistical Office）效力的詹姆斯・米德（James Meade）和理查德・斯通爵士（Sir Richard Stone）提出了 4 个子账户，现在它们已经成为了标准[①]。这些子账户是：家庭、企业、政府和“世界其他地方”(rest-of-the-world)。理查德・斯通爵士和库兹涅茨一样，也于 1984 年获得了诺贝尔奖，原因是他“为国民经济核算体系的开发做出了重要贡献，并因此极大地改善了实证经济分析的基础”。詹姆斯・米德也于 1997 年同贝蒂尔・俄林（Bertil Ohlin）共同获得了诺贝尔奖，他获奖的原因不是因为国民收入账户，而是因为“对国际贸易理论和国际资本流动做出了开创性的贡献”。

选中米德和斯通设计的国民收入账户，是因为数据的可获得性。大多数数据是个人在交纳所得税、企业在交纳营业税时由政府收集的。这使得政府账户（government accounts）变成了现在这个标准的样子，如表 3.2 所

① John W. Kendrick, *Economic Accounts and Their Uses*, New York: McGraw Hill, 1972, pp. 17 - 18.

示。这一核算体系采用了“销售方向”（direction of sales）的方法来度量 GDP。GDP 是对消费者的销售加上对企业的销售再加上对政府的销售。这是一个好办法，但要小心一点。其中有两个问题。

表 3.2　2002 年美国 GDP（10 亿美元）

行		10 亿美元	比例（%）
1	**GDP**	**10446.2**	**100**
2	**个人消费支出**	**7303.7**	**69.9**
3	耐用品	871.9	8.3
4	非耐用品	2115	20.2
5	服务	4316.8	41.3
6	**国内私人投资总额**	**1593.2**	**15.3**
7	固定投资	1589.3	15.2
8	非住宅	1117.4	10.7
9	建筑物	269.3	2.6
10	设备和软件	848.1	8.1
11	住宅	471.9	4.5
12	私人库存的变化	3.9	0.0
13	**商品和服务的净出口**	**-423.6**	**-4.1**
14	出口	1014.9	9.7
15	商品	703.6	6.7
16	服务	311.3	3.0
17	进口	1438.5	13.8
18	商品	1192.1	11.4
19	服务	246.4	2.4
20	**政府消费支出和总投资**	**1972.9**	**18.9**
21	联邦政府	693.7	6.6
22	国防	447.4	4.3
23	非国防	246.3	2.4
24	州和地方	1279.2	12.2

经济分析局表 1.1。http：//www.bea.gov/bea/dn/nipaweb/TableViewFixed.asp#Mid.

首先，我们不希望重复计算（double count）。纺织厂织出布并把它销售给服装制造商，后者最终以衬衫的形式将布销售给消费者，在这一过程中，我们不希望两次计算布的价值，因为它只被生产了一次。如果布还没有卖出去，就把它计为企业库存的增加，或者把那些被企业保留下来的货物计为向企业的销售——即在设备、软件和建筑物上的投资[①]。

用最终销售来衡量 GDP 还有一个问题——在国内销售的产品中，有一部分产自国外，而国内生产的一部分产品也会销往国外。我们需要减去进口，加上出口。

因此，经济学家们背诵这些字母的方式是：$C+I+G+X-M$。

家庭："C"代表向消费者销售的产品。

企业："I"代表投资，包括设备和软件、办公场所、工厂、住宅（homes）、公寓和库存。

政府："G"代表向联邦政府、州政府和地方政府的销售。

世界其他地区："X"代表向外国人的销售（出口），"M"代表进口。

$$\text{GDP}=C+I+G+X-M$$

3.3 GDP 各要素所占比重有多大

从表 3.2 中你可以看出，2002 年的消费占 GDP 的 70%，投资占 GDP 的 15%，向政府的销售占 GDP 的 19%，净出口占 GDP 的 -4.1%。正如我们在图 3.2 中看到的，这些 GDP 的份额会随着时间的改变而改变。从 20 世纪 70 年代开始，消费占 GDP 的份额就一直在增长。由于这些份额加在一起等于 1，因此消费份额的增加必须由其他要素份额的下降来抵消。是哪些要素呢？看一看，是政府（G）和出口减去进口（$X-M$）。

等一下，我想政府是支持人民的。G 占 GDP 的比例怎么会下降呢？答案是：G 是政府的"生产"（production）。G 中不包括转移支付（transfer）。当政府得到你交纳的税收并将这笔钱转移给其他人（不是因为他做了什么工作，而只是因为接受者应该得到这笔钱）时，就发生了转移支付。当政府将你交纳的税款转移给一名政府雇员时，这就是生产。那是 GDP 的一部

① 但是，在我的课堂上有一位非常聪明的学生提出了一个问题："这种对设备的处理方法难道不会造成重复计算问题吗？当它被生产出来时，被计入 GDP，而当操作设备生产消费品时，又被计算了一次。"这个问题提得太好了。这是老师所能拥有的最好的经历——一个没有现成答案的问题，或者说至少我还没有答案。你对这个问题的回答是什么？经过思索之后，我的回答如下（你对我的回答怎么看）：假设只要按下一个按钮，设备就可以生产 100 件衬衫，它不需要用电，也不需要劳动力，只要毫不费力地按一下按钮即可。那么，这一设备实际上就是一个装满 100 件衬衫的盒子。这和库存是一样的。由于和库存一样，所以我们应该只在"设备"被生产出来时才对产品进行登记（booking），而不在衬衫被生产出来时再次登记。因此，这位聪明的学生似乎是对的——看起来确实存在着重复计算的问题。当衬衫销售出去后，应该记录一个抵消分录（offsetting entry），以显示设备中"库存"的减少。但在宣称我们发现了国民收入账户的一个基本问题前，我们最好仔细想一想。许多非常聪明的人花了大量时间思考这类问题。肯定有人先于我们注意到了重复计算问题。实际上，这一难题的答案已经在上一章中讨论过。当对设备进行操作时，就会对 GDP 有一个补偿。你能回忆起那是什么吗？如果有必要，请参考脚注。

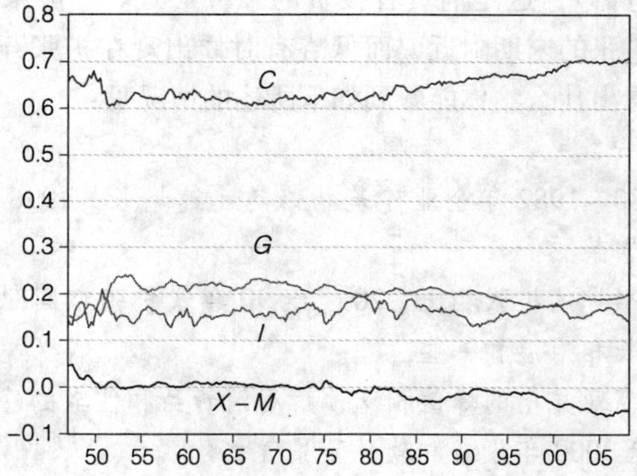

图 3.2　占 GDP 的份额

分。同样，那些投在阿富汗和伊拉克的激光制导炸弹也是 G 的一部分。但是，我所交纳的并通过社会保障系统转移给你老爸老妈的税款是一种转移支付，而不是 GDP 的一部分。其结果就是：G 大部分是政府雇员的工资。

至于 $X-M$ 占 GDP 份额的下降，我们以后再进行讨论。正如《爱丽丝仙境历险记》（*Alice's Adventures in Wonderland*）中的兔子先生那样，我们现在需要急匆匆地说："噢老天！噢老天！我要迟到了！"

3.3.1　GDP 中哪个要素的波动最大？

我们的目的之一是理解当实际 GDP 下降时造成衰退的原因。如果我们理解了这一点，那么我们就应该能够更准确地预测下一次衰退何时发生。图 3.2 显示出了 GDP 的份额，这是一个很好的着手点。从中你可以看出最大的 GDP 份额是什么。是消费 C。媒体经常准确地报道说消费支出占 GDP 的 2/3，这就要求我们将消费者看成是商业周期的推动者。在现代的火车中，火车头只占其中的 1/500，但它仍然是推动火车前进的动力。

衰退的推动力并不一定是份额最大的要素，而更有可能是波动最大的要素。在衰退过程中，与其他要素相比，GDP 某些要素的下降要猛烈得多。它们是波动最大的要素，更有可能是衰退的驱动力。图 3.2 相当清晰地展示出哪个要素是驱动力。不是消费，而是投资。从占 GDP 份额的角度看，投资是波动最剧烈的要素。当投资支出推动 GDP 增长时，投资占 GDP 的份额就会增加，而当投资支出减缓 GDP 的增长时，它占 GDP 的份额就会下降。

不要急着得出结论。这只是开始。投资包括建造新住宅和改建老住宅的支出。新住宅可能是推动力。消费支出 C 的微小变化可能会被商业投资波动急剧放大。因此，即使驱动力是消费 C，我们也会看到投资 I 的剧烈波动。我保证，我们以后还要讨论这个问题。但同时，你也许应该看看图 3.3，它显示了投资的各组成部分占 GDP 的比例，再加上耐用消费品（汽车和家用电器），这是消费者投资的一种形式。一般来说，这些图中的峰值发生在扩张的末期附近，而低谷有时候出现在扩张开始的时候。你能从这些图中看出什么？你能看到如下所述的情况吗：

- 1980～1982 年企业建筑物修建迅速增长，1996～2000 年设备和软件繁荣。
- 与早期的扩张相比，20 世纪 90 年代扩张期间耐用消费品和住宅的增长相对温和一些。
- 与商业支出的峰值相比，耐用消费品和住宅的峰值出现得更早一些（除 2000 年设备和软件不景气之外）。

图 3.3 显示出了 GDP 中的大多数波动要素，但还有一个重要的要素——库存。$C+I+G+X-M$ 中的 I 是由设备和软件、商业建筑、住宅、库存的变化（change in inventories）构成的。等一等，再仔细地想一想最后几个字。库存水平并不是 GDP 的构成要素，“库存水平的变化”才是构成 GDP 的要素。当库存增加时，一定是有人生产出了这些产品：那是 GDP。当库存减少时，某些销售人员就会感到满意，不是因为当前的产量，而是因为库存。为了根据销售数据估计产量，你需要将库存的**变化**加到销售量中：产量＝销量＋库存的变化。

GDP 的**增长**已经令我们感到迷惑，而 GDP **增长的变化**会更令我们摸不着头脑。让我们看看能不能理解它。记住，是库存的**变化**构成了 GDP。那么 GDP 的增长呢？如果要使 GDP 因库存而增长，那么我们需要库存出现较大的变化。这是变化中的变化。

哎唷，我的头有些痛，但情况还会变得更复杂。

下面，考虑一下库存如何使 GDP 的增长率从 3% 降低至 2%。这是 GDP 增长率的变化。而对于库存来说，这是变化的变化的变化。哇，这真让人彻底糊涂了。幸运的是，经济分析局完成了这一艰苦的工作，为我们提供了库存对 GDP 以及对 GDP 增长率贡献的数据。也许我们最好的选择就是使用这些数字。

作为 GDP 一部分的库存的变化显示在图 3.4 中。尽管平均值只有 0.6%，但库存的波动对于 GDP 的变化影响很大，特别是在 20 世纪 50 年代。库存的下降是每一次衰退的一个特点。

图 3.5 显示了服务和非耐用品支出占 GDP 的份额。该图有两个需要解释的特性。首先，消费者支出（不管是非耐用品还是服务）似乎不是造成衰退的主要原因。其次，在非耐用品上的支出持续下降，但现在人们在服务上的支出已经占到 GDP 的 42%，抵消这一下降绰绰有余。

你是否想知道在服务类别中的具体情况？引自经济分析局网站的表

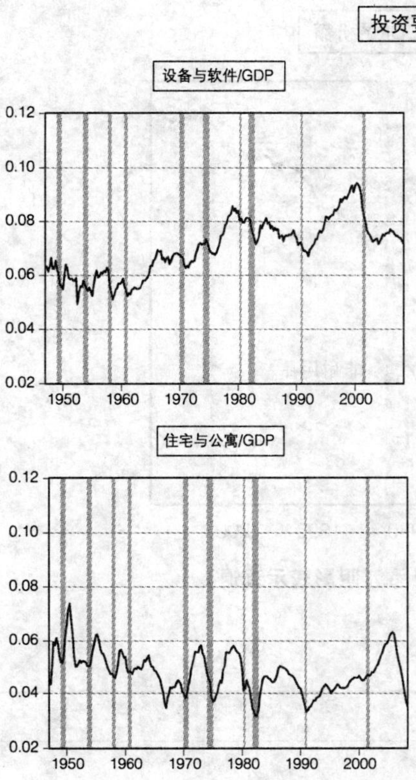

图 3.3　占 GDP 的份额，阴影表示衰退

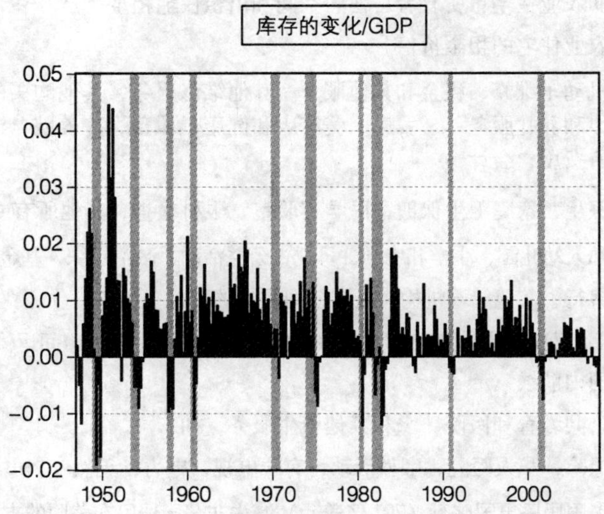

图 3.4　库存的变化与 GDP 的比值

3.3 为我们提供了答案。在 2003 年 4.6 万亿美元的消费者服务支出中，24% 是房屋租赁支出，12.5% 是对公共医疗卫生服务的直接支付，大约 10% 被金融服务部门获得。剩下的是大杂烩。看一看能否从表 3.3 中找到你最喜欢的服务。

图 3.5　消费者服务与非耐用品（阴影表示衰退）

表 3.3　服务的组成

消费者服务的组成：2003 年		
10 亿美元		
$ 4610	100.0%	**服务**
$ 1122	24.3%	非农业住宅：所有者自住的空间和出租住宅租金
$ 12	0.3%	农业住宅的租金价值
$ 785	17.0%	机动车维修、租金和其他服务，其他维修服务，其他购买的城市间运输，法律和葬礼服务，理发店、美容店和健康俱乐部，疗养院，洗衣店，职业介绍所费用，会计
$ 578	12.5%	医生，家庭卫生保健，医学实验室，眼科检查，其他所有专业医疗服务
$ 214	4.6%	私人幼儿园，小学和中学，日托，公益活动，政治组织，基金，工会和专业团体
$ 195	4.2%	银行、其他储蓄机构、投资公司提供的不收费服务
$ 247	5.4%	佣金费用和投资咨询，银行服务费，除“其他”外城市间运输，私人高等教育
$ 19	0.4%	国内航线
$ 250	5.4%	公共教育和医院，水和其他卫生服务，抽彩
$ 1066	23.1%	保险，私人医院，宗教活动，有线电视，电力，天然气，电话，本地运输
$ （8）	-0.2%	美国居民出国旅行（792 亿美元）减去非美国居民在美国的支出（867 亿美元）
$ 129	2.8%	其他服务：机动车租赁，赛马赌博净收入，除酒店和汽车旅馆外的其他住房，桥梁等通行费，除维修和保险外的其他家庭经营企业，旅行和娱乐信用卡费，速记和复制服务

资料来源：Survey of Current Business. http：//www.bea.gov/bea/ARTICLES/2004/11November/1104NIPAMeth.pdf.

附录：GDP 与国民收入

国内生产总值、国民生产总值、国民生产净值、国民收入与个人收入的关系

	10 亿美元
国内生产总值	**12456**
加：来自世界其他地区的收入	513
减：向世界其他地区的付款	482
等于：国民生产总值	**12488**
减：固定资本消耗	1605
等于：国民生产净值	**10883**
减：统计误差	71
等于：国民收入	**10812**
减：公司利润（包括库存估值与资本消耗调整）	1331
加：个人的资产性收入	1519
等于：个人收入	**10239**

资料来源：Survey of Current Business.

附录：对脚注问题的回答

是折旧。GDP 的确受到重复计算问题的困扰，但可以通过减去现有设备的折旧、保养与维修成本进行彻底的修正，以得到国民生产净值（Net National Product）。

家庭作业问题：对住宅该如何处理？在计算国内生产净值时，政府统计人员允许对住宅进行折旧吗？

附录：对进口与出口更好的处理方式

这里有一个问题，你可能以为我们的 GDP 账户能够给出答案："上一年生产的消费品和服务的价值是多少？"抱歉，GDP 账户无法回答这个问题。GDP 中的消费组成 C 告诉我们是否销售了大量的商品和服务，但生产却是另一回事。有些销售的商品产自其他地方——进口。另外，我们在国内生产的消费品也会被运到外国消费者手中——出口。因此，对于 C 来说，我们需要加上出口的消费品和服务，同时要减去进口的消费品和服务。但是，我们没有根据产品分解的 X 和 M 的数据。我们只有总出口和总进口数据。

更好的办法是将 X 和 M 分别分配到 C 、I 和 G 中，以形成一个包含国内生产的 GDP 各要素的核算体系。看起来应该是这个样子：

	国内销售 (a)	国外产品在国内的销售 = 进口 (b)	国外销售 = 出口 (c)	国内生产 (a) - (b) + (c)
消费品				
投资品				
政府				

当前的核算存在的问题是：C 或 I 或 G 的变动不一定与国内生产的变动相一致。这很容易将政策制定者引入歧途。为了便于论证，我们假设美国制造企业生产机器销售给其他企业，但根本不生产消费品（顺便说一句，这一天已经不远了），那么所有的消费者支出 C 将全部来自进口 M 。在这种情况下，消费者支出 C 的变化将根本不会对美国的 GDP 产生影响，因为这一支出将恰好被进口的变化所抵消。如果你不理解发生了什么事情，你可能会得出结论，认为刺激消费者支出 C 的减税政策将增加美国的 GDP，而实际上减税只能提高对国外商品的需求，使得 $C-M$ 保持不变。这种对国外生产的刺激因素可能最终会以美国制造的商业设备销量提高的形式反过来影响到美国，但在此期间，我们要焦急地等待着减税政策的效果发挥出来。

4 CHAPTER 第4章 就业

除了GDP，最重要的宏观经济变量就是就业（employment）。GDP衡量的是我们生产什么。就业度量的是完成工作的人数。与GDP相同的是，就业随着商业周期而不断波动。而与GDP不同的是，就业人数有助于我们预测经济的走向。有一个很好的理由可以解释这一点。就业合约就是一个预测。当企业决定聘用或解雇员工时，就预示着未来将是繁荣时期还是萧条时期。它不是一个完美的预测，但通常来说相当准确。

GDP和就业都不容易定义，也不容易度量。人们都在生产与GDP各要素对应的产品或服务。这些人被计算在劳动力之中。但是，GDP是我们中的一些人生产的产品。而在其他人当中，许多人也在努力地工作。我们当中有些人生产的商品和服务（如照顾儿童、操持家务等）被政府的统计人员忽视了。我们有些人在学校努力教书，但我们创造出的人力资本没有被包含在GDP中，而实际上它们应该被记入。还有为数不多的人被富裕的、有权有势的女性“聘用”为“战利品丈夫”（trophy husband，指一些女性在工作中成绩相当出色，她们有着更大的发展空间，所以丈夫做出牺牲辞掉工作，在家料理家务——译者注）。那些重要的服务也没有被当成GDP的一部分。我们中的一些人或者太年轻，或者年龄太大，或者身体太虚弱，以至于不能参加工作。剩下的人中，有些人不工作，有些人正在寻找工作，有些人依靠储蓄生活（这些储蓄可能来自他们自己，也可能来自他们的父母）。

你明白了吗：就业状况是一个相当复杂的问题。

美国政府收集了大量关于正在工作和不工作的美国人的情况。我们不需要了解所有的细节，但我们需要了解用来收集就业数据的方法，在追踪经济的波动时，我们强烈依赖这些数据。

4.1 劳动力市场调查

美国劳工统计局（Bureau of Labor Statistics）和各州的统计局对家庭和企业持续进行大量的调研，以确定有多少人在工作，以及谁在做什么工作。下面是当前调研的清单：

就业与工资季度普查（Quarterly Census of Employment and Wages，QCEW）
当前就业统计（Current Employment Statistics，CES）
职业就业统计（Occupational Employment Statistics，OES）
当前人口调查（Current Population Survey，CPS）
地区性失业统计（Local Area Unemployment Statistics，LAUS）
大规模裁员统计（Mass Layoff Statistics，MLS）
职务空缺和劳动力转职调查（Job Openings and Labor Turnover Survey，JOLTS）

我们可以从本章结尾处的表 4.1 中看到这 7 种调查的一些细节，但对我们来说，只需要关注最经常被媒体引用的两个调查——用于确定失业率的月度家庭调查（当前人口调查）和用于确定在职人员数字的每周企业调查（当前就业统计）。我们还会讨论被广泛引用的初次申请失业金人数（Initial Jobless Claims）的每周数据，它是由美国劳工部提供的。

4.1.1 当前就业统计

当前就业统计（CES）是对从 800 万家企业中选择的 20 多万家非农业企业进行的月度调查，这 20 多万家企业是由就业与工资季度普查确定的，涵盖了受政府失业法规管辖的所有员工，包括了 98% 领取工资和薪水的工作人员，但显然将私人企业家和咨询人员以及你的园丁和女仆排除在外。

CES 收集各个产业中的 7 个数据系列：

1. 所有雇员（all employees）。
2. 女性雇员（female employees）。
3. 生产工人（production workers，PW）。
4. 生产工人平均每周工作小时数（average weekly hours of PW）。
5. 生产工人平均每小时收入（average hourly earnings of PW）。

6. 生产工人平均每周收入（average weekly earnings of PW）。

7. 生产工人平均加班小时数（average overtime hours of PW）。

请记住，拥有超过一份工作的工人被计算了不止一次，还要知道：地区性的报告是根据工作地点而不是居住地点做出的。当你看到圣何塞（San Jose）领固定薪水的工作（payroll job）直线下降时，要知道许多工作都是由非当地居民拥有的，他们都不住在生活成本高昂的圣何塞。这些人中有一些丢掉了一份工作，但还在从事另一份工作。还有一些人丢掉了不止一份工作。

4. 1. 1. 1　20 世纪 90 年代的正常值是 25 万，但后来的正常值是 19 万

在美国，所有报纸都会在商业板块中用醒目的标题报道领固定薪水的工作每月的变化。你需要知道一个数字多大算是大，多小算是小。想一想 20 万这个数字。图 4. 1 是一张条形图，显示了自 1990 年以来领固定薪水的工作人数的上下波动。从这张图中，你可以清楚地看到两次衰退——即条形图倒挂着的时期。你还可以看出，在忽略掉负值后，领固定薪水的工作人数似乎以每个月 20 万的速度增长。为了证实这一点，我们对图 4. 1 进行了平滑，得到图 4. 2，它显示了领固定薪水的工作人数每月变化的 12 个月移动平均。在该图中你可以看到，20 世纪 90 年代初的复苏期间每个月的工作增长超过 30 万。在图 4. 2 中，你可以看到 1995 年出现的峰值，在随后 4 年半的时间里，工作数量以每月 25 万份的速度强劲增长。作为 2001 年衰退的后果，现在的工作增长速度为每月 19 万份。那 6 万份工作出了什么问题?

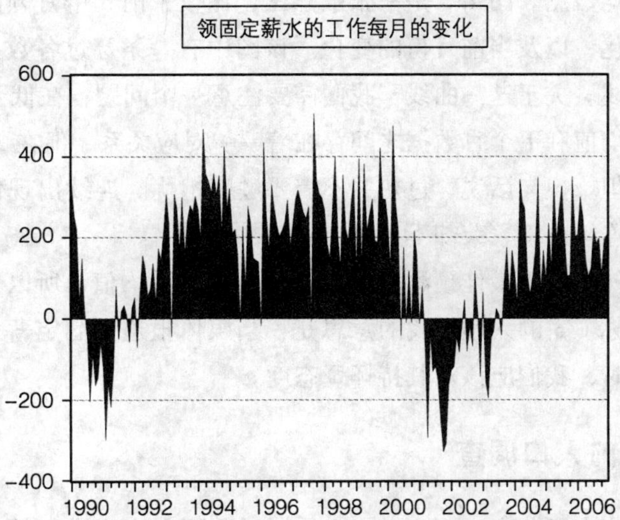

图 4. 1　20 世纪 90 年代领固定薪水的工作的变化：条形图

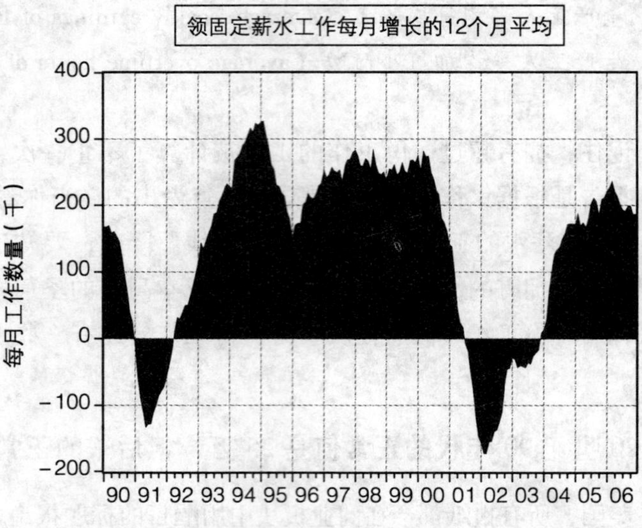

图 4.2　对 20 世纪 90 年代领固定薪水工作变化的平滑

4.1.1.2　每月领固定薪水工作的人数不能确定趋势：需要 3 个月的数据

领固定薪水的工作每个月增加大约 20 万份是典型情况。那么非典型的情况是什么？什么才算是新闻呢？如果每个月增加的工作数量达到 30 万，我们是应该高兴地跳起来，还是不应该大惊小怪？这可以成为一个很好的家庭作业问题：定义一下什么是新闻，并确定领固定薪水的工作达到多少时才“具有新闻价值”。下面是我的答案（答案并不是唯一的）。新闻是指显著改变预测的事件。利用自 1990 年以来的数据预测下个月领固定薪水工作的变化时，我发现仅有一个月的数据是不够的。最好的预测要依赖 3 个月的平均数据。图 4.3 是一张散点图，比较了前 3 个月领固定薪水工作的平均变化，以及当前月份的变化。该图中有一条穿过各数据点中点的最佳拟合曲线。关于这一曲线，我们需要注意一个问题：在低于 20 万时，在 3 个月平均值和下个月数据之间存在着一一对应关系，但在 20 万以上，曲线变得平坦。换句话说，过热并不需要过度担忧。连续出现低迷的可能性很大，但连续出现繁荣却不大可能。

另外，由于最佳预测值是 3 个月数据的平均值，所以本月数据至多只能引起你 1/3 的兴趣。我的意思是：当媒体报道领固定薪水的工作数量令人失望时，我们应该对其持怀疑态度。

4.1.2　当前人口调查

当前人口调查（CPS）是一项针对 6 万个家庭进行的月度调查，涵盖了年龄在 16 岁以上的 12 万人口。这一调查将所有美国人分成三类：

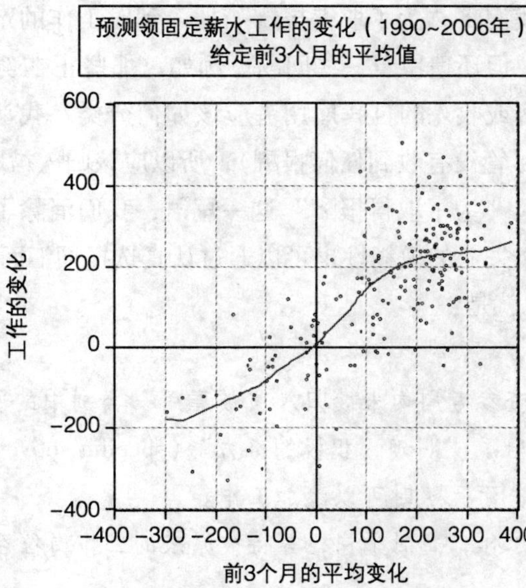

图 4.3　预测领固定薪水工作每月的变化

- 正在工作的人。
- 正在找工作的人（失业者）。
- 没有工作也不找工作的人。

你可能会问："这些分类都是明确定义的吗？""工作"到底意味着什么？难道把垃圾倒掉不是"工作"吗？对"正在工作者"的宽泛的定义将包括几乎所有的人。那么"正在找工作的人"是什么意思？我们每个人都希望自己的状况更好，不是吗？

为了应对这些分类的模糊性，劳工统计局采用了一些清楚的定义，并采用了一种自上而下的方法，首先确定在调查周内被调查者是否在"工作"，如果没有工作，就再确定这个人是否在"寻找工作"。剩下的人归入第三类：不包含在劳动力中。

下面是劳工统计局提到"正在工作"时的含义[①]：

- 在调查参考周内，所有为了取得报酬或利润而从事任何工作的人。
- 在家庭经营的企业中至少从事 15 个小时无报酬工作的所有人。
- 因疾病、休假、天气恶劣、产业纠纷或其他个人原因临时缺勤其常规工作的所有人。

① http：//bls. gov/cps/cps faq. htm#Ques3.

因此，我们将“为了取得报酬”加入到对工作的定义中，这显著地降低了模糊性，但还遗留着一些问题。例如，那些正在努力提升其企业但目前还没有顾客或收入的自我雇用者应该如何分类？我认为，因为他们为报酬而工作（尽管没有收到任何报酬），所以应该归入被聘用者之类。

通过加入“为了取得报酬”这一短语，我们消除了工作定义中的大部分模糊之处。失业的模糊性也可以通过认真选择词汇而得到缓解。

“失业”就是：

- 在调查参考周内未被归入“被雇用”类别中的所有人在前4个星期中做出了“明确、积极的努力”（specific active efforts）以寻找一份工作，而且随时可以参加工作。
- 没有工作，暂时下岗，等待被原来的工作岗位召回的所有人。

尽管有一定的帮助，但“明确、积极的努力”并没有像“为了取得报酬”那样几乎完全消除了模糊性。尽管“为了取得报酬而工作”与“不工作”之间的边界似乎很明确，但“失业”与“不包含在劳动力中”之间的界限仍然十分模糊①。例如，这是一个必然会产生访谈员效应（interviewer effect）的环境。设想有一位严肃的调查者直视着你的眼睛，问你是否做出了“明确、积极的努力”，并特别强调“积极”这个词。这能有助于你想起上个月你一直坐在沙发上看肥皂剧吗？

考虑到所有这些因素，我们需要认真地看一看家庭调查得到的一些数据——被雇用的人口比例、失业人口比例和不包括在劳动力中的人口比例（如图4.4所示）。从图中可以看出，1975年至今这一时期内，被雇用人口比例在2000年4月达到顶峰，那时正是互联网狂热的末期。同样是在2000年4月，失业人口比例达到了最低的2.58%，而“不包括在劳动力”中的人口比例也达到了最低的32.6%。对于工作中的美国人来说，2000年4月是一个黄金时期。

请记住，劳工统计局报告的失业率通常是用失业人数除以劳动人口数得到的比率。但为了得到这个数字，我们的分母是成年人的总数，而不仅仅是那些声称在劳动力队伍中的人数。由于16岁及16岁以上的人中只有

① 普查局的确列出了“为找到一份工作而付出明确、积极的努力”，但在对调查的回复中仍然存在着令人烦恼的不明确性：“表4.1表明，在最初的调查中被归类为‘失业者’的人中，只有2/3（66.3%）的人在重新调查中被归类为‘失业者’。”

Data mining the cps reinterview: digging into response error, Pamela D. McGovern and John M. Bushery, U.S. Bureau of the Census, http://www.fcsm.gov/99papers/mcgovern.pdf.

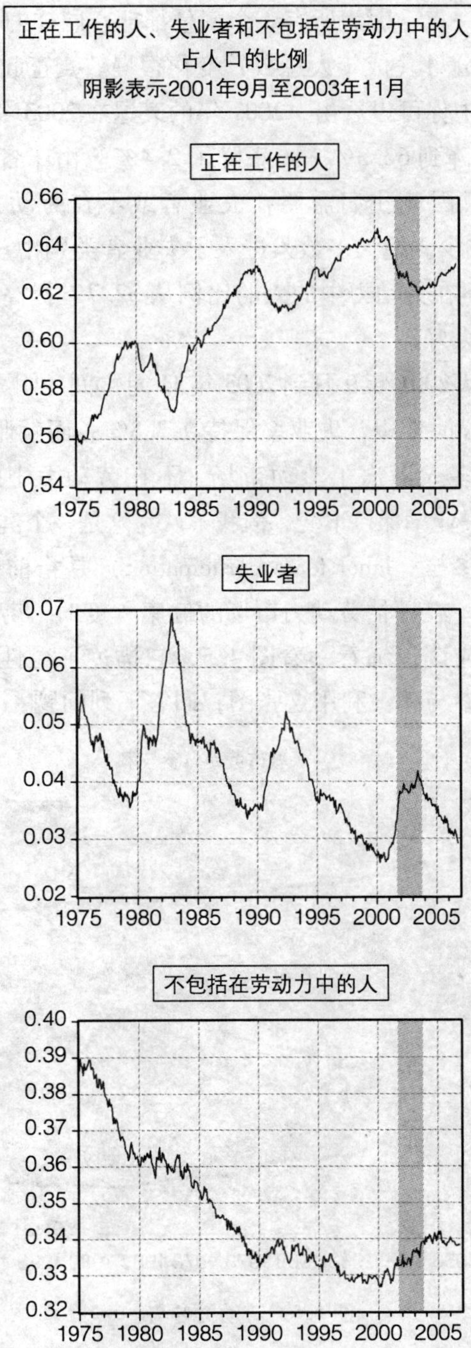

图 4.4　美国成年人劳动力市场状况

2/3 的人加入到劳动力队伍中，通常来说失业率比图 4.4 所示的要高大约 50%。我不是要把事情搞复杂。我只是试图让你明白，失业率的波动部分原因是劳动力参与的变化造成的，而不仅仅是工作和人口造成的。图 4.4

正好说明了这一点，因为所有 3 个变量都拥有同样的分母。由于人口出生、死亡和移民，分母（成年人总数）变化很慢。真正起作用的是分子。

从图 4. 4 中你可以看出，2001 年的衰退在 2003 年 5 月将工作人口的比例从 64. 7% 下降到 62. 3%——下降了 2. 4%。由于各个部分的比例加在一起等于 100%，因此我们需要在失业者或不在劳动力中的人中去寻找这 2. 4% 的工作减少。绝大多数人进入了失业者类别中。失业率从 2. 6% 上升到 4. 1%，而不在劳动力中的人的比例从 32. 7% 提高到 33. 7%。不管你怎么看，这都不太好。

图 4. 4 中从 2001 年 9 月到 2003 年 11 月之间的阴影区域是模棱两可的时期之一，在这段时期中，失业率保持在 3. 8%，而就业率却下降了。为什么呢？原因是许多人退出了劳动市场。不在劳动力中的人从 33. 6% 提高到 33. 8%。尽管失业率保持不变，但我不认为这是一个健康的劳动力市场。

劳动力的参与（labor force participation）是指前两类人（工作者和失业者）的总和。在评估劳动力市场的健康程度时，劳动力参与是一个重要的问题，我们应该仔细看一看图 4. 5，它描述了男性、女性、年轻人和老年人的劳动力参与率。利用这张图，回答下列问题：

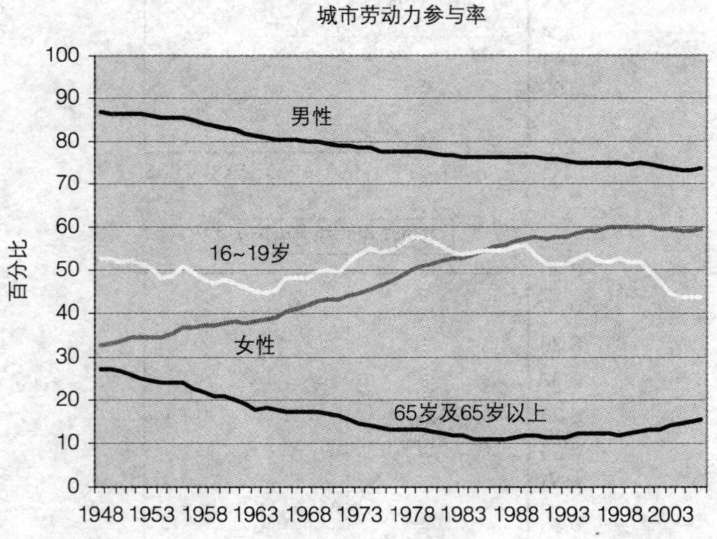

图 4. 5　劳动力参与

- 男性和女性的劳动力参与率有什么差别？
- 哪一个劳动力参与率的波动最大？谁在最近退出了劳动力市场？你能讲述其中的故事吗？
- 老年人如何？他们像从前一样努力地工作吗？我们应该希望他们做得更多吗？

4.1.3　初次申请失业金人数

政府的指标都有些滞后，其中一些指标的滞后程度更加严重。对季度GDP数字的“预先”估计在季度末后一个月发布。“初步”估计在一个月后发布，而“最终”估计则在第三个月的月底发布。

最新、最热门的数字是由劳工部发布的每周初次申请失业金（initial claims for unemployment insurance）人数，它仅延误一周的时间发布。图4.6显示了20世纪90年代初次申请失业金的人数。阴影区域代表美国正式认可的（official）衰退。我们很快就会对它们进行仔细的讨论，现在只要把它们想象成经济萎靡不振就行了。

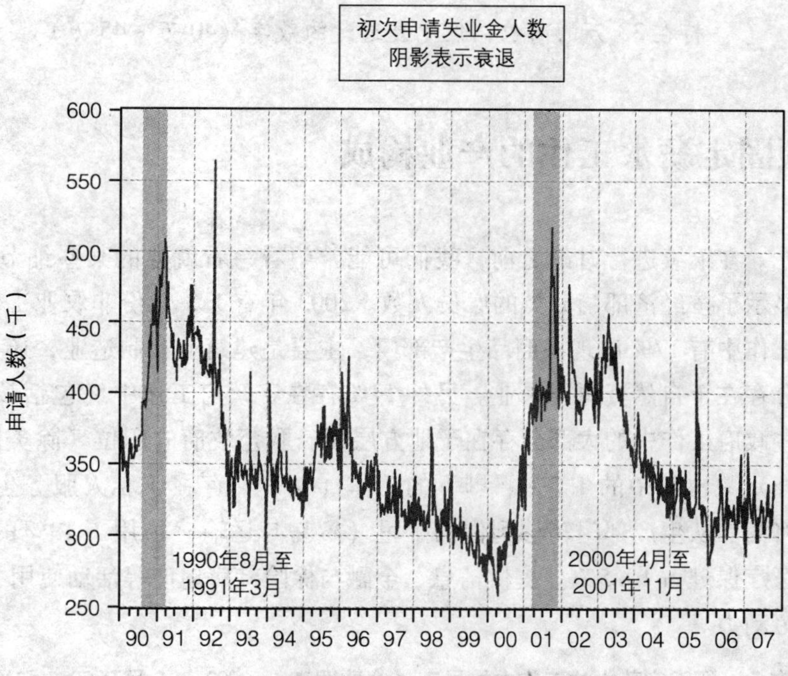

图4.6　初次申请失业金人数

这张图显示出了大量的信息，你应该仔细看一看。下面是我看出的一些问题：

- 当介于33万~36万之间时，初次申请失业金人数似乎是正常的。这是一个很大的数字，每周都有这么多的美国人失去工作。当你听到克莱斯勒汽车公司（Chrysler）明年将裁减12000人时，请记住，那只不过是大水桶中微不足道的一滴水而已。
- 1995年末，工作市场趋于疲软，但在1996年逐渐回升，在2000年上半年变得十分强劲，当时的初次申请失业金人数几乎降低到 25 万人。

- 2000 年下半年就业市场严重恶化，早于官方认可的衰退开始日。也许他们把日期搞错了。
- 在“9·11 恐怖袭击”之后出现了一个顶峰，这支持了人们的共识：恐怖袭击造成了衰退。但这种观点是错误的。恐怖袭击发生在衰退之中，并没有从根本上改变其运行路线。“9·11 恐怖袭击”的影响主要局限在航空公司的飞机和旅游部门，它们遭受的打击巨大。
- 劳动力市场问题在 2002 年和 2003 年间一直存在，直到 2004 年一切才恢复正常。对于 1991 年的衰退也是如此。劳动力市场直到 1993 年才恢复正常。
- 至 2007 年 10 月，这些数据都没有暗示衰退正在逼近。数字仍然维持在 33 万的高位，但比衰退时的数字（40 万 ~45 万）要低得多。

4.2　领固定薪水工作的产业构成

在继续进行讨论之前，我们可能希望看一看就业的某些细节。表 4.2 显示了按经济部门分类的雇员人数。2003 年有 1.3 亿份非农业工作。这些工作中有 17% 出现在商品生产部门，主要是建筑业和制造业，还有一小部分存在于自然资源开采业。另外 17% 存在于政府工作中（包括教育），这些政府工作中的大部分存在于地方层面。联邦政府的职位（除美国邮政局外）只占其中的 1.5%。剩下的工作（66%）存在于私人服务生产部门。将商品从生产部门转移到你的手里（贸易与运输）占用了 19% 的劳动力。医疗保健占 10.5%。提供信息、金融与保险、房地产等活动使用了 21% 的劳动力。

表 4.2　非农业、领固定薪水的工作中的员工（企业调查），2002 年 6 月至 2003 年平均

全部非农业工作	130216	100.0%
商品生产	22334	17.2%
自然资源与采矿业	571	0.4%
建筑业	6737	5.2%
制造业	15027	11.5%
耐用品	9316	7.2%
非耐用品	5711	4.4%
私人服务提供	86359	66.3%
贸易、运输与公用事业	25391	19.5%
批发贸易	5608	4.3%

（续表）

零售贸易	15013	11.5%
运输与仓储	4173	3.2%
公用事业	597	0.5%
信息	3351	2.6%
金融活动：FIRE	7895	6.1%
金融与保险	5861	4.5%
房地产出租与租赁	2034	1.6%
专业与商业服务	16003	12.3%
专业与技术服务（1）	6722	5.2%
公司和企业的管理	1700	1.3%
行政与废物处理	7581	5.8%
教育与医疗服务	16365	12.6%
教育服务	2690	2.1%
医疗与社会救助	13675	10.5%
休闲与住宿	12018	9.2%
艺术、娱乐和休闲	1779	1.4%
住宿与饮食服务	10239	7.9%
其他服务	5335	4.1%
修理与维护	1226	0.9%
私人及洗衣服务	1236	0.9%
会员社团和组织	2872	2.2%
政府	21523	16.5%
联邦	2774	2.1%
联邦（除美国邮政局外）	1942	1.5%
美国邮政局	831	0.6%
州政府	4979	3.8%
州政府教育	2205	1.7%
州政府（除教育外）	2774	2.1%
地方政府	13770	10.6%
地方政府教育	7690	5.9%
地方政府（除教育外）	6080	4.7%

附录：应该相信谁：企业报告的领固定薪水的工作人数还是家庭报告的工作人数？

除了失业率数据外，“当前人口调查”的家庭调查还估计了被聘用者的人数，这一数据与“当前就业统计”的企业调查得到的数字产生了矛盾。这两个就业总数显示在图4.7中，用百分比表示的缺口如图4.8所示。尽管在领固定薪水的工作中存在着重复计算问题，但工作者的人数仍然比失业保险覆盖的领固定薪水工作的人数多。随着失业保险覆盖范围的增加，两者之间的差距由 20 世纪 50 年代的 20% 降低到 20 世纪 70 年代的 10% 。

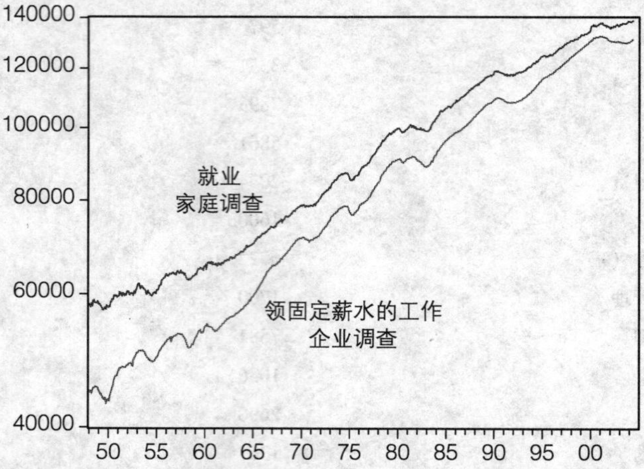

图 4.7　领固定薪水的工作与雇用人数与就业人数

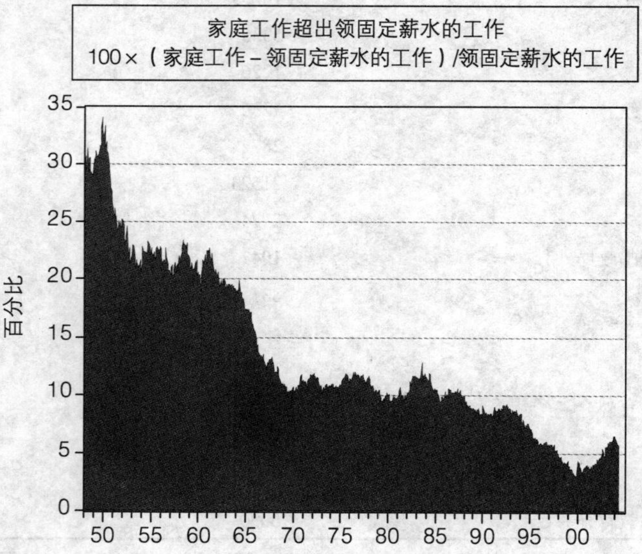

图 4.8　家庭工作与领固定薪水的工作之间的差距

一般来说，家庭工作和领固定薪水的工作数的变化方向一致，但有时候也会出现背离，就像在 2001 年衰退后出现的情况，当时领固定薪水工作的恢复比家庭雇用估计（household employment estimate）的恢复慢得多。图 4.8 说明了两个系列的百分比差别，更加清楚地表现出了这种背离。在该图中，你可以看出，2001 年衰退的结果是家庭工作和领固定薪水的工作数之间的关系恢复到一个更加正常的水平。两者之间的差距由 1995 年的 6% 降低到 1999 年的历史最低值 3%，但在 2005 年 5 月又回到了 5.7%。从这个角度看，谜题不是为什么在 2001 年复苏时领固定薪水的工作的形成比家庭雇用工作的形成更疲软，而是在 1996～2000 年的因特网热期间领固定薪水工作的形成为什么如此强劲。正如我们随后将要看到的，因特网热的独特之处在于，美国经济受商业投资支出的推动，而不是靠消费者支出的推动。这意味着更多的 B2B 交易，在这种交易中，领固定薪水工作的覆盖面更大，而在向消费者的销售中，领固定薪水工作的覆盖面则要小得多（例如，想一想在商务场所工作的园丁和在你家里工作的园丁之间的不同）。

这不仅仅是由 2001 年的衰退造成的。如果仔细分析图 4.8，你就能看出，家庭工作的积累速度比领固定薪水的工作要快上好几倍。那么，哪一种更好呢？有人认为，领固定薪水的工作数忽视了经济的一个重要且波动巨大的方面，家庭工作更好一些。但统计学家认为，领固定薪水工作数提供的信息最多——它们在预测 GDP 增长方面比家庭工作要好得多。你可以从图 4.9 所示的两张散点图中看出这一点。

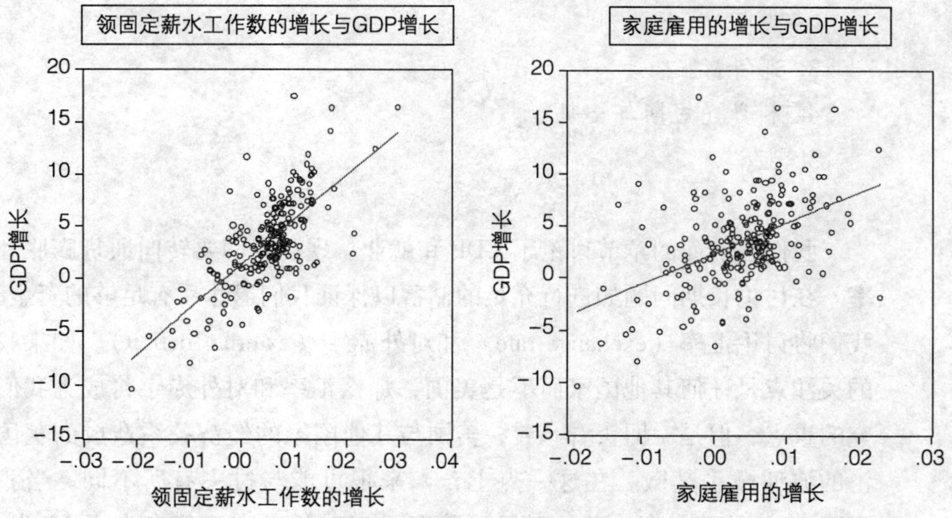

图 4.9　领固定薪水的工作在预测 GDP 方面好于家庭雇用

5 CHAPTER 第5章 通货膨胀与利率

宏观经济学的目的是要帮助我们理解5个变量的变动：

1. GDP增长。
2. 失业/就业。
3. 通货膨胀。
4. 利率（短期与长期）。
5. 汇率。

我们在前面的章节讨论了GDP和就业。现在我们要转向通货膨胀和利率。在讨论长期问题如进行充足的储蓄以保证我们退休后有足够的资金时，我们将讨论汇率（exchange rate）和对外赤字（external deficit）。如果我们的关注点是任何其他国家而不是美国，那么汇率和对外赤字将成为我们研究的重点，但是，回头看一看，美国与其他国家的经济关系造成的美国经济的波动微乎其微。在这一点上，未来很可能与过去有所不同。当我在2006年底写下这些文字的时候，美国巨额对外赤字已经存在了10来年，而且明显高估的美元价值构成了对美国经济稳定性的最大威胁。

GDP和就业是对物质现实的度量：你可以摸一摸你的新车并拥抱一下生产这辆汽车的工人。价格、通货膨胀、利率和汇率与GDP和就业不同，它们度量的是一种产品与另一种产品交换时的比率。你看不到、摸不到这些价格，它们只是一种感觉。它们是我们共同认可的商品与服务的相对价值。

我们要开始讨论在某一给定时间的价格水平的度量、下一次通货膨胀（即价格水平的变化率）和未来的利率。单独研究这些指标是没有任何意义的。真正重要的是实际利率：利率减去通货膨胀率。我会解释其中的原因。

5.1　价格是一种比率

当记者问希拉里·克林顿（Hillary Clinton）“你的丈夫怎么样”时，她的回答时：“与什么相比?”

在讨论价格时，你需要理解的最重要的事情就是比率（ratio）——只有比率才有意义，是指某种物品的价格除以其他物品的价格。你对“那件东西的价格是多少”这一问题的回答应该是：“与什么相比?”

我知道你喜欢谈论牛奶的价格，但当你说“1夸脱（quart，容量单位，英制约等于1.13升，美制约等于0.94升——译者注）牛奶的价格为2.10美元”时，只有当我知道面包和啤酒以美元表示的价格时，这一信息才有意义。如果你告诉我可口可乐在加纳的价格为9640塞地（cedi，加纳共和国的货币单位——译者注），这对我来说毫无意义。这并不能告诉我可口可乐在加纳是否比在洛杉矶更便宜，也没有告诉我在加纳可口可乐的价格是不是比一杯茶的价格更贵。如果我知道1美元可以兑换9640塞地，那么我就可以通过计算将这一价格转换为美元。可口可乐在加纳的价格是1美元。但还没有完。我还需要知道可口可乐在洛杉矶的价格是2美元。现在我有些明白了。洛杉矶可口可乐的价格是加纳可口可乐价格的2倍。

当我们讨论价格的时候，请记住我们是在寻找这样一个问题的明确的答案：“与什么相比?”

5.2　消费价格指数（CPI）

我们首先要研究的“价格”是消费价格指数（consumer price index，CPI）。对“与什么相比”这一问题的答案是“与其他时点的消费价格相比”。但劳工统计局的网站上给出的CPI定义令人难以理解（笔者为了强调而将部分词语改成了黑体字）：

> 消费价格指数（CPI）是一个度量长期中城市消费者对一市场篮子商品和服务支付的价格的**平均变化**（average change）的指标（引自http：//stats. bls. gov/cpi/cpifaq. htm#Question 1）。

在有了CPI的这一定义后，让我们看一看图5.1所示的数据。在这张图中，你能看出“长期中价格的平均变化”吗？1959 年，CPI 的数值为 29。“29”是什么意思？是“长期中城市消费者支付的价格的平均变化是多少”这一问题的答案吗？是吗？

我正在强调一个重点，而且我还要通过下面这一问题来强调这个重点：请告诉我在这一序列的某一点上价格指数的数值。对于挪威的 GDP，你能这样做吗？我想不能。但你可以对挪威的 CPI 做到这一点。是的，你能够。指数在某一“基年”（base year）被武断地设定为 100。当被要求“确定消费价格指数的数值”（比如说 100）时，你肯定能够在这一序列中的某个时点找到这个数值。图 5.1 的名称告诉了我们这一时点：1982 ~ 1984 = 100。果然，看看这些数据，你会发现，在那个时间点上，CPI 的数值为 100。

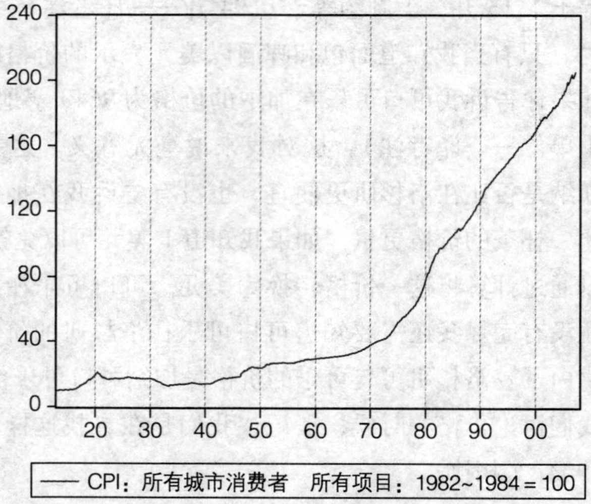

图 5.1　消费价格指数

由于 1982 ~ 1984 年这一时期的 CPI 被武断地设定为 100，因此，对于“1982 ~ 1984 年的 CPI 是什么”这一问题，我们的答案是“100”，但这一答案并不能为我们提供任何信息。如果我们知道 1958 年的 CPI 为 30，那么“100”这个数字才有意义。那意味着从 1958 年到 1982 ~ 1984 年间，消费价格已经提高了 100/30 = 3.33 倍。这就是我所说的比率：一个分子和一个分母。一种对比。

既然我们的理解加深了，那么就可以采用一个比劳工统计局的定义更好的定义：

> 消费价格指数（CPI）是度量城市消费者为一个市场篮子中的消费品与服务支付的价格。这一指数在基年被标准化为 100，用于比较一个时点与另一个时点的价格水平（更详细的讨论请参见本章附录）。

5.3　关于通货膨胀的两种观点

说到比较不同时点的价格，就离不开通货膨胀。2004 年底的价格比 2003 年底的价格高了多少？

每年 CPI 变化的百分比是度量通货膨胀率的一个指标。我想说这就是通货膨胀率，但还有一些与 CPI 类似的价格指数，最值得注意的是“GDP 平减指数”（GDP deflator），它是一个表示在美国生产的所有商品和服务（而不仅仅是消费者购买的物品）的价格指数。还有一个生产价格指数（producer price index，PPI，或译为“工业品出厂价格指数”），它度量的是出厂价格——批发价格。还可以将食品和能源从 CPI 中扣除，所得到的指数比总体 CPI 稳定得多。

在图 5.2 中，我们用对数坐标描述了 CPI 的水平，这种坐标能够将不变的增长率变成直线。当 CPI 水平快速增长时，通货膨胀水平就比较高。想象在这张图中加上一些直线。从图中可以看出 3 轮通货膨胀——20 世纪 20 年代的繁荣、20 世纪 40 年代的战争时期以及 20 世纪 70 年代的石油冲击时期。

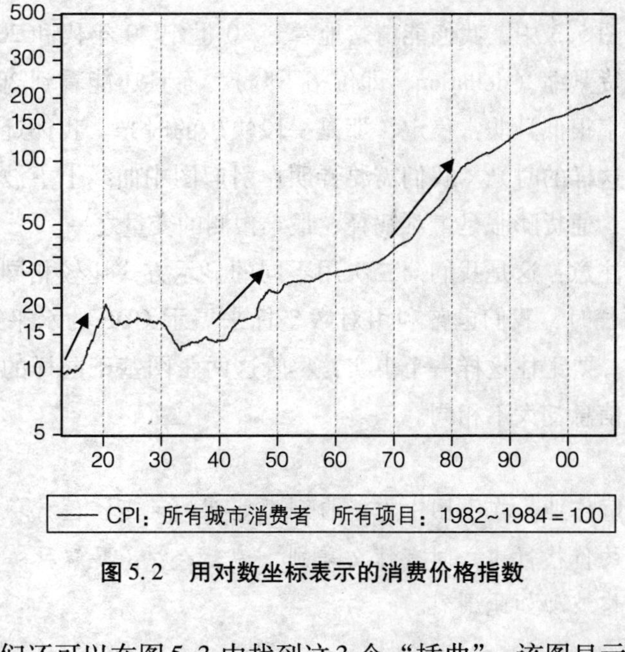

图 5.2　用对数坐标表示的消费价格指数

我们还可以在图 5.3 中找到这 3 个“插曲”，该图显示了逐年 CPI 的变化率——通货膨胀率。图 5.3 利用了相同的数据，但以这种方式显示出来则看起来有极大的不同。我们在图 5.2 中看到的这 3 个“插曲”不如反映通货膨胀的图 5.3 更明显。你可以看出 20 世纪 20 年代的通货膨胀，但 20 世纪 40 年代和 20 世纪 70 年代却拥有一系列通货膨胀“山峰”，在这两个 10 年中，有些时候通货膨胀并不严重。20 世纪 60 年代末，通货膨胀“山峰”更低，导致 20 世纪 70 年代出现了两个较高的“山峰”。

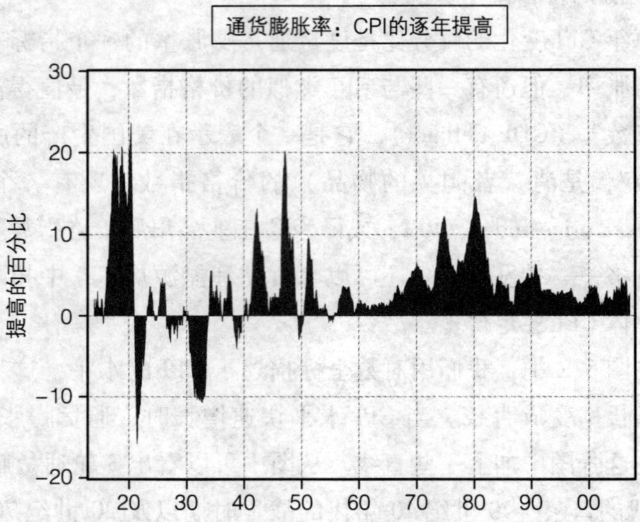

图 5.3　CPI 反映出的通货膨胀率

在图 5.3 中，我们能清楚地看到 20 世纪 20 年代和 20 世纪 30 年代出现的通货紧缩（deflation，即价格下降），而且还能看到 20 世纪 60 年代通货膨胀率很低且非常稳定，那是一段快乐的时光。我怀疑以后我们还能不能见到这样的时光。我们需要弄明白引起图中曲线上下波动的原因。先说明一下：通货膨胀是最难解释、最难预测的变量之一。

请注意：这是我们第二次用不同的显示方式比较相同的数据。在讨论 GDP 增长时，我们也曾利用对数坐标来展示 GDP 的水平以及逐季的 GDP 增长率。要记住这样一个事实：尽管这两张图基于同样的数据，但它们传递出的信息却大不相同。

家庭作业：在下图中你能看到哪些新的问题？医疗保健、香蕉和新汽车的价格行为之间有什么差别，为什么？（要解释一下为什么香蕉的价格波动如此剧烈。）

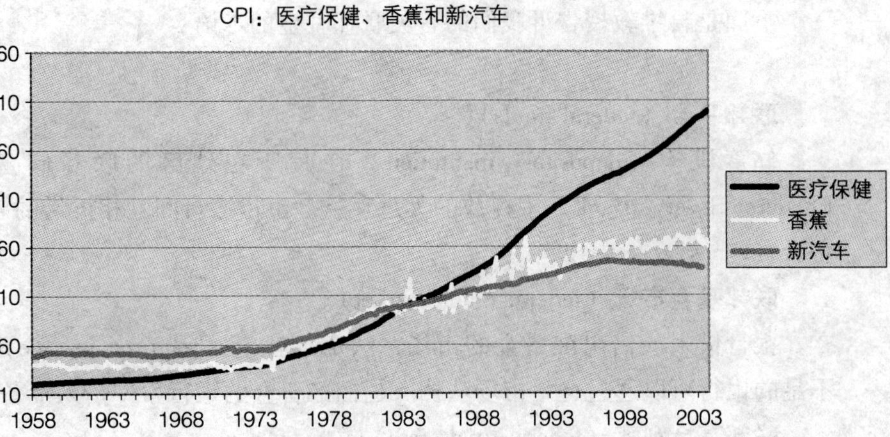

5.4　短期美国政府有价证券的利率

我们正在一步步地朝我们的目标——实际利率——迈进。到目前为止我们已经迈出了两步：CPI 和通货膨胀率。这一旅程中的下一步将是利率。

图 5.4 显示了两个关键的短期利率的水平：联邦基金利率和 3 个月期国库券利率。这两个利率实际上以相同的步调变动。

图 5.4　两类短期利率

"联邦基金"（federal funds）到底是什么呢？国库券又是什么呢？为什么二者的利率以如此接近的方式变动？你不仅要得到这些问题的答案，还需要获得找到答案的方法。你可以在 Google 上搜索"联邦基金"（Federal Funds）。我推荐《纽约时报》网站上由坎贝尔·哈维（Campbell R. Harvey）教授编辑的"金融与商业术语表"（http：//www.nytimes.com/library/financial/glossary/bfglosa.htm）。

下面是哈维教授告诉我们的有关联邦基金的术语：

联邦基金（federal funds）

储蓄机构（depository institution）在其所在地区的联邦储备银行（Federal Reserve Bank）中存放的无息存款。也指银行间互相拆借的超额准备金（excess reserves）。

联邦基金市场（federal funds market）

银行借入或借出准备金的市场，法定准备金（required reserve）暂时不足的银行可以通过这一市场从拥有超额准备金的银行手中借入准备金。

联邦基金利率（federal funds rate）

在地区联邦储备银行拥有超额准备金的银行向其他需要隔夜贷款的银行收取的利率。正如它的名字一样，联邦基金利率为美国利率的变化指明了方向。

下面是哈维教授关于短期国库券的术语：

短期国库券（treasury bill）

美国财政部的债务，期限为 1 年或短于 1 年。短期国库券的期限通常为 91 天、182 天或 52 周。

长期债券（treasury bonds）

美国财政部的债务，期限为 10 年或更长的时间。

中期国库券（treasury note）

美国财政部的债务，期限在 2 年以上 10 年以下。

现在你已经明白了。银行需要将其存款的一小部分存放在 12 家联邦储备银行中的一家［存放多少？（存款 - 4580 万）×10%］。当出现大量、快速提取存款时，这些准备金会返还给存款银行。有些银行的准备金超过了法定要求，还有一些银行则准备金不足。联邦基金市场就是银行借入或借出超额准备金的地方。当美国政府需要借钱时，它就会去债券市场。在那里，美国财政部发行短期、长期、中期债券，它们的差别只是期限不同：短期国库券的期限最短，中期国库券的期限长一些，长期债券的期限最长。债券市场也是你我以及私人银行和外国央行、公司积极交易这些债券并建立市场利率——也就是我们愿意持有财政部发行的这些债券的适当利率——的地方，换句话说，就是为美国政府债券融资的地方。

联邦基金利率同样是由市场决定的利率，它能够平衡准备金的供给与需求。在制定货币政策时，美联储（Federal Reserve Board）设立一个目标联邦基金利率。为了降低联邦基金利率，联储会买入美国政府债券——用以现金形式存放在联储账户中的“储备金”来购买这些债券。这就增加了储备金的供给，通过市场对增加供给的正常反应，降低了由市场决定的联邦基金利率。这是一种“公开市场操作”（open-market operation）。反过来它也能发挥作用。为了提高联邦基金利率，联邦储备银行会卖出美国债券，减少系统中的储备金，这就因为稀缺而提高了它们的价值。

先停一下，让我把这个问题说清楚：当联储购买债券时，利率会如何变化？如果你愿意，可以称之为对债券需求的增加，如果正常的逻辑推理适用的话，结果就会导致债券价格的提高。这对于利率意味着什么？你知道债券的价格和利率的变化方向相反吗？假设每年以10%的利率发行100美元的债券。它承诺每年支付10美元的利息。如果由于联储积极购买债券而使其价格上升到110美元，那么为了每年获得10美元的利息就要多花一些钱。这使得利率从10/100降低到10/110。如果你愿意的话，我们可以讲述一个可贷资金（loanable fund）而不是债券的故事。当联储购买债券时，它就是在向借款人贷放资金。可贷资金供给的增加会降低利率。结果是一样的，只是表述略有不同。让我们把它写下来以便于记忆：

购买债券 = 贷出资金→利率下降，债券价格上涨

联储直接控制联邦基金利率，间接影响其他短期债券/存款的利率。在图5.4中你可以看到，3个月期债券的利率与联邦基金利率实际上是一样的。为什么会这样？为什么对联邦基金利率的控制隐含着对由市场决定的3个月期债券利率的控制？这个问题就由你来回答吧。（提示：当你把薪水存入银行的时候，银行经理既可以用这笔钱购买短期国库券，可以将这笔现金存放在联邦储备银行。这对准备金的供给可能会产生什么影响？）

5.5　实际利率：耐用品的价格与对等待的补偿

现在我们已经做好了准备，可以开始研究真正重要的概念：实际利率（real interest rate）。不管是价格指数、通货膨胀率还是利率，单独来说它们对决策都没有什么用处。真正重要的是实际利率——利率减去通货膨胀率，也就是将商品未来的价格与今天的价格进行比较。

设想放弃今天的一杯茶，并在从今天算起的一年后再买一些茶。将你

打算买茶喝的钱投入到债券市场中。如果利率是 100%，那么 1 美元将在一年后变成 2 美元。你认为可以在年底买更多的茶吗？如果一杯茶的价格也翻了一番，就不能多买。因此，实际利率就是 0，对于你耐心等待那杯茶并没有什么补偿。但是，如果茶的价格没有改变，而你在现在放弃一杯茶，在一年后就可以买两杯。这就是实际利率：100%。

实际利率等于（名义）利率减去通货膨胀率。

从出借方/消费者的观点看，实际利率是对等待的补偿——如果你等待，你就可以吃上一顿更丰盛的大餐。而从借款人/投资者的观点看，实际利率是耐用品（durability）的价格。当实际利率低的时候，耐用品就便宜。

让我们暂时偏离主题去看一个历史之谜。它有助于我们理解为什么说利率决定耐用品价格。

19 世纪，英国的商品经久耐用，而美国的商品则很“劣质”（shoddy）。Shoddy 这个词也是美国人发明的，它是指利用废料加工的劣等毛织物，在内战期间用来生产军用制服——这种劣等毛织物实际上穿一段时间就会破裂。在美国，“劣质”的不仅是布料，实际上所有东西都很“劣质”。

> 与英国相比，美国采用了使用寿命更短的机器和设备，其磨损和折旧的速度更快。美国采用了能够降低单位产出的库存（inventories per unit of output）和单位产出劳动力的组织形式。
>
> 美国的农民更专注于种粮食而不是养牲畜。
>
> 英国贸易部（British Board of Trade）的调查称，与英国相比，“（美国人）在购买服装时只希望能够穿一季的情况太常见了……值得注意的是，不仅是对服装，对于耐用性很差的住宅也是如此，至于机器，被磨损或被抛弃的速度则更快”。
>
> Alexander James Field, *Journal of Economic History*, Vol 43, Issue 2 (June, 1983), 405 – 431.

现在问题来了：为什么英国的商品更耐用而美国的商品更“劣质”？这是不是反映出英国文化的某种优越性？也许是，但可能有一个更好的解释。大多数经济学家都怀疑英国人会因为英国的耐用品价格低于美国的耐用品价格而购买更多的耐用品。那么，什么决定耐用品的价格呢？是实际利率。

想一想下面的这个选择：购买一件能够穿两年的衬衫，还是购买一件只能穿一年的不耐穿的衬衫，并在第二年需要的时候再买一件。假设能够穿两年的衬衫的价格为 15 美元，而只能穿一年的“劣质”衬衫的价格是 10 美元，但从现在算起一年后当你准备替换已经穿破的衬衫时，他还要再花 10 美元。（假设没有通货膨胀）买哪件衬衫更合算呢？这取决于利率。为了能够在两年中都有一件衬衫可穿，你可以一次性支付 15 美元，也可以支付两次——现在支付 10 美元，从现在算起一年后再支付 10 美元。哪种选择更便宜取决于购买劣质衬衫省下的 5 美元在第一年中能够为你带来多少收入。如果利率超过 100%，那么省下的 5 美元一年后将会超过 10 美元，使你在购买另一件劣质衬衫后还能有所剩余。那么你最好选择劣质衬衫，而不是耐穿的衬衫。

换言之，如果实际利率较高，你就会负担不起包含在耐用品和设备中的稀缺资本。这就是对英国人选择耐用品的解释。这与偏好或文化无关。实际利率在新世界的前沿比在英国高得多。

因此，我们有很好理由追踪实际利率的上下波动。当实际利率较低的时候，就是购买耐用品——土地和住房、办公场所、汽车和电冰箱——的好时机。

5.5.1　对数据的研究

既然我们已经理解了实际利率决定耐用品的价格，现在让我们看一看在长期中它是如何变化的。图 5.5 显示了 1 年期国库券的利率和通货膨胀率。两者之间的差距就是实际利率，图 5.6 直接描绘出了实际利率。看看这两张图，并尝试着讲一个故事，说明实际利率为什么高、为什么低。你可能需要讲两个故事，一个关于 20 世纪 70 年代，另一个关于今天的负实际利率。第一个故事可以这样开始：从前有一群人，他们通过回顾过去来展望未来。他们认为明天和今天不会有多大的差别……

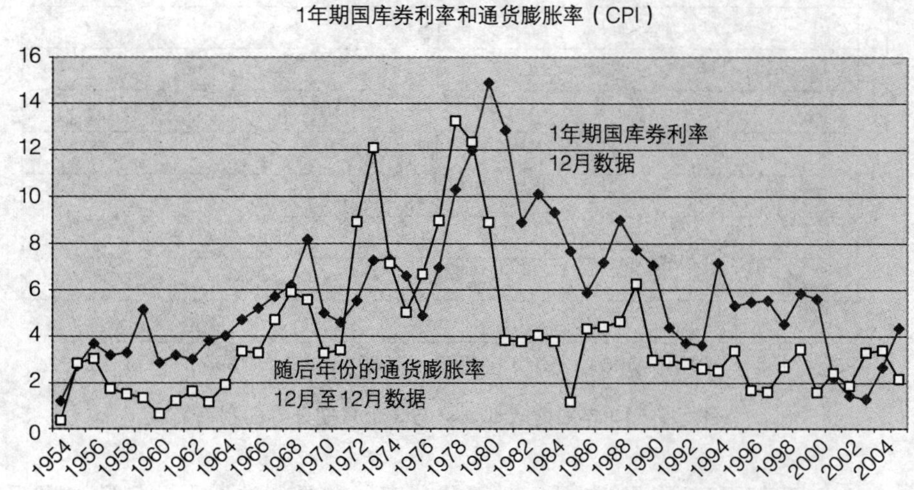

图 5.5　利率与通货膨胀率

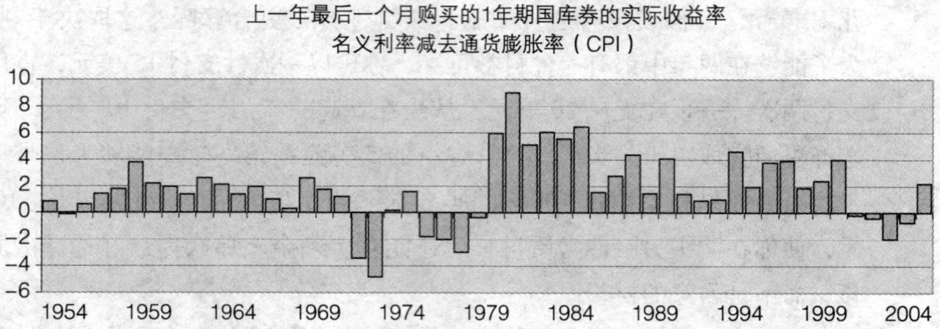

图 5.6　实际收益率

不管故事如何，耐用品在 20 世纪 50 年代比较便宜，在 20 世纪 70 年代非常便宜，而在 20 世纪 80 年代非常贵，从那以后则越来越便宜。

5.6　长期美国政府证券的利率与货币政策

我们很容易就得出结论，联储控制着短期证券的利率。那么期限更长的证券的利率呢？联邦储备委员会也会控制长期利率吗？图 5.7 显示出了 3 个月期和 10 年期国库券的利率。我们可以看出，10 年期国库券的利率有其自己的变化方式，有时候跟随 3 月期国库券的利率变动，有时候则不然。这会让人怀疑联储对长期利率有多大影响，还会怀疑它的重要性有多高。

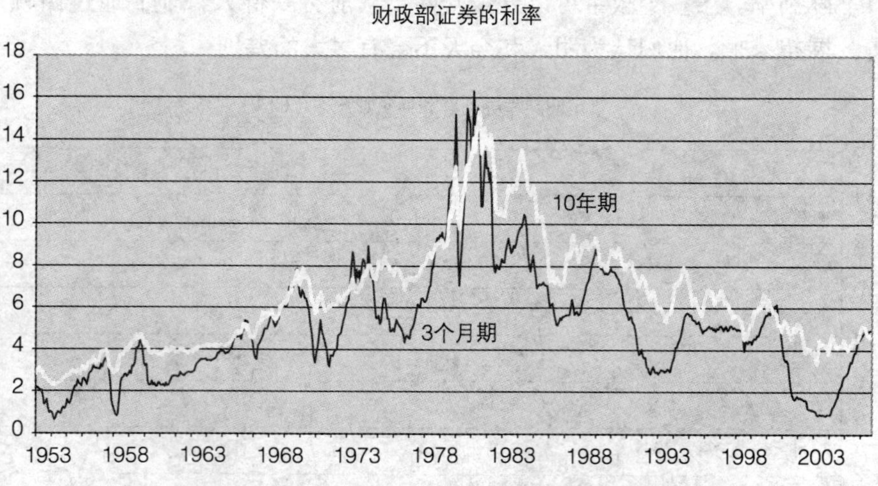

图 5.7　10 年期财政部证券与 3 个月期证券的利率

我们可以通过绘制某一时点的利率（它是债券期限的函数）图形，以一种稍微不同的方式来研究这一点。表示这一利率期限结构（term structure of interest rate）的图形被称为收益曲线（yield curve）。图 5. 8 中显示出了 5 条不同的收益曲线。

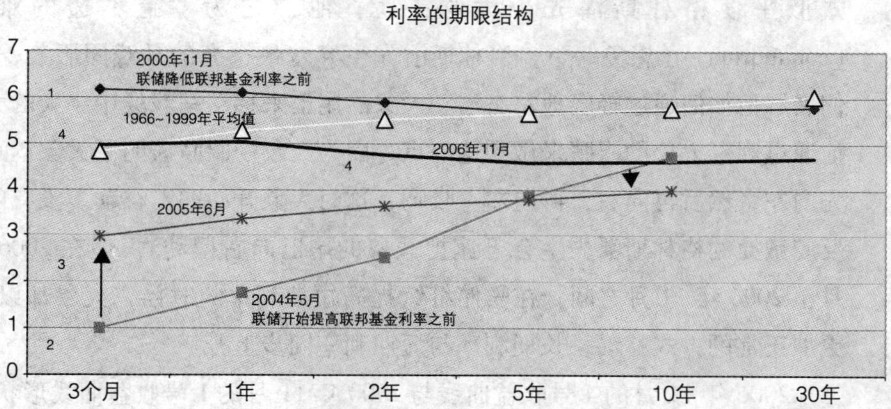

图 5. 8　利率的期限结构：收益曲线

连接三角形的那条收益曲线是 1996 ~ 1999 年的平均利率，这一时期经济正常增长。这条“正常收益曲线”是向上倾斜的，与 3 月期的利率和 10 年期的利率之间的差异大约等于 100 个基点（basis point，在债券市场中称 1 个百分点为 100 个基点）。从 1999 年至 2000 年 11 月，美联储将联邦基金的目标利率（target Fed Funds rate）从 4. 75 提高到 6. 5。与往常一样，3 月期国库券的利率随联邦基金利率一同变动。相应地，图 5. 8 中的 1 号收益曲线（出现在 2000 年 11 月）比 3 月期国库券的利率要高一些。但是，收益曲线的另一端根本没有改变多少。实际上，30 年期的利率略有下降。这些变动产生了所谓的“倒挂的收益曲线”（inverted yield curve），它是向下倾斜的（我们很快就会看到，倒挂的收益曲线是预测衰退即将出现的优秀指标）。这一插曲应该让你想到抓住大象的尾巴去拖动大象。这样做对大象的尾巴有很大的影响，但对大象的身子影响不大。

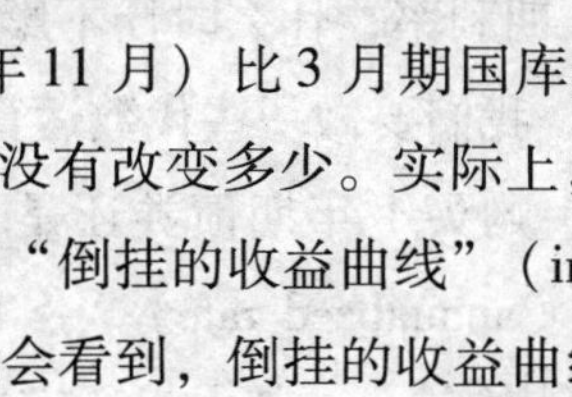

2000 年 11 月至 2004 年 5 月间，联储将联邦基金基准利率从每年 6. 5% 降低到每年 1%，这就形成了图 5. 8 中的 2 号收益曲线。在这种情况中，短期利率与长期利率的协同运动可能让你再次想到了大象的类比。也许联储真的能够影响长期利率。但当联储开始再次“紧缩”（tightening），

提高了 2004 年 5 月至 2005 年 6 月间的短期利率时，长期利率持续下降，与短期利率反向变动，这就形成了图 5.8 中的 3 号收益曲线。这一运动方式似乎使格林斯潘先生大吃一惊，他称之为“猜不透的难题”（conundrum）（想象一下，格林斯潘先生穿着最漂亮的马戏团服装，向人们展示他如何通过轻轻地左右摇动大象的尾巴来移动马戏场中巨大的大象。他通过观察大象的眼睛来做到这一点，因为大象的眼睛表明了大象的意图。先向左，然后再向右，再向左。哎哟，这时大象开始向右移动。没有问题，反应敏捷的格林斯潘先生会迅速把大象的尾巴向右摆动）。但在 2006 年 6 月至 2006 年 11 月之间，在联储继续提高短期利率的时候，大象却以一种更加正常的方式移动，长期利率与短期利率同步上升。

2006 年 11 月的 4 号收益曲线与 2000 年 11 月的 1 号收益曲线形状非常相似，只不过低了 1 个百分点，它恰好出现在一次衰退之前，在这一期间，联储开始降低利率。我怀疑 2006 年的债券市场是不是传递出了一种信息。你认为呢？

5.6.1 利率的期限结构：理论

这些数据让我彻底糊涂了。现在该讲讲故事了。我们需要找到一个名为“收益曲线为什么向上倾斜”的故事。然后再找出这个故事的续篇：“联储什么时候影响长期利率，什么时候不影响长期利率”。

一定要坚持下去。我们要做一些代数运算。这肯定会考验你的注意力。

考虑下面的选择：购买 1 年期债券还是 2 年期债券。用字母 s 代表 2 年期债券的年化利率（annualized rate）。令 1 年期债券当前的利率为 r_1，下一年年初的 1 年期利率为 r_2，其中粗体字表示今天制定投资决策时你不知道因而需要推测的因素。

重要的不仅仅是名义收益。通货膨胀将会抢走你的一部分收益。令第一年的通货膨胀率为 $\boldsymbol{I}_1$，第二年的通货膨胀率为 $\boldsymbol{I}_2$。它们也是用粗体字表示的，因为当你今天购买债券时，你既不知道第一年的通货膨胀率，也不知道第二年的通货膨胀率。

表 5.1 大致显示出将 1 美元投资于 1 年期国债或 2 年期国债的收益情况。粗体字表示不太确定的因素。

表 5.1　债券市场的大致收益率①

	第一年末	第二年末
1年期债券	$r_1 - \boldsymbol{I}_1$	$r_1 + \boldsymbol{r}_2 - \boldsymbol{I}_1 - \boldsymbol{I}_2$
2年期债券	$2s - \boldsymbol{r}_2 - \boldsymbol{I}_1$	$2s - \boldsymbol{I}_1 - \boldsymbol{I}_2$

1年期债券在第一年支付利率 r_1，在第二年支付利率 r_2。
2年期债券支付复利率 s。
通货膨胀率为 $\boldsymbol{I}$。
粗体字指在第一次购买债券时不确定的变量。

在表5.1中你可以看到，如果你在1年后卖出，那么1年期债券的实际回报率是名义利率减去通货膨胀率，即 $r_1 - \boldsymbol{I}_1$，如果你能坚持到两年后再卖出，那么收益就是两年实际收益之和，即（$r_1 - \boldsymbol{I}_1$）+（$r_2 - \boldsymbol{I}_2$）。2年期债券两年实际收益率是名义收益率 $2s$ 减去两年的通货膨胀率。

该表还包含了2年期债券在1年后的实际收益。这适用于你在2年期债券到期前就需要钱的情况。要在那一时点收回你的钱，你需要向债券的新买主保证，它与1年期的债券一样好，并支付 r_2 的利率（利率 r_2 已经不再是粗体字，表示在这一时点，你知道第2个时期的利率）。你的2年期债券到第2年年底时将支付 $2s$ 的利率，而1年期的债券只支付 r_2。因此，你可以用面值减去收益的差额 $2s - r_2$ 这一价格将债券卖出②。这是你在1年后的名义收益。你获得了第一年的利率 s，再加上锁定的利率（locked-in rate）s 与卖出债券时的现行利率（going rate）r_2。

5.6.1.1　预期理论

如果不存在不确定性，而且未来一年的利率和未来的通货膨胀率是已知的，那么1年期和2年期债券的收益在每一个期限中都是相同的。否则，所有的出借人都会购买在到期日收益更高的债券，而所有的借入者都会发行在到期日收益更低的债券，双方将无法达成交易。这种情况暗示着2年期的利率是两个1年期利率的平均值，你可以很容易地证明这一点：

$$s = (r_1 + \boldsymbol{r}_2)/2$$

① 该表与下面的表格相似，而下面的表格则采用了 $1/(1+I) = 1 - I + I^2 - I^3 + \cdots$ 和 $(1+r)/(1+I) = 1 + r - I +$ 一些包含小数乘积的项：

	第一年年末	第二年年末
1年期债券	$(1+r_1)/(1+\boldsymbol{I}_1)$	$(1+r_1)(1+\boldsymbol{r}_2)/(1+\boldsymbol{I}_1)(1+\boldsymbol{I}_2)$
2年期债券	$(1+s)^2/(1+\boldsymbol{r}_2)(1+\boldsymbol{I}_1)$	$(1+s)^2/(1+\boldsymbol{I}_1)(1+\boldsymbol{I}_2)$

② 我知道我忽略了复利。这让我们的生活更简单一些。

将不确定的 r_2 换成预期的未来利率，你就会得到关于收益曲线斜率的相当令人满意的解释。

$$预期利率\ s = (r_1 + E(r_2))/2$$

这一公式表明，2 年期的利率等于当前 1 年期的利率与预期未来 1 年期利率的平均值。如果 1 年期的利率预期上升，那么 2 年期的利率 s 将高于 r_1，因此收益曲线将向上倾斜。类似地，如果 1 年期利率预期降低，收益曲线就会向下倾斜。

关于未来短期利率的预期是收益曲线故事的一部分，但这一预期理论对于解释收益曲线为什么通常都向上倾斜却无能为力——人们不可能总是预期未来短期利率比今天的利率更高。一定有办法应对不断升高的利率。

5.6.1.2 风险理论

也许收益曲线的斜率反映了那些长期债券的风险溢价（risk premium）——除非能够获得额外的收益，否则将你的钱投入长期投资中是没有意义的。请记住，我们在此讨论的不是流动性（liquidity）。当你购买长期债券时，你并不是将自己的钱“锁住”，因为你可以随时卖出这些债券。表 5.1 中描述的选择明确包括仅持有 1 年就将 2 年期债券卖出的情况。这是风险的问题，而不是流动性的问题。

表 5.1 表明，什么是风险可能取决于投资期限。对于 1 年期债券来说，2 年期债券的风险似乎更高一些，因为 2 年期债券依赖于 r_2（未来的 1 年期利率），因而拥有一个额外的不确定性来源。但是，看起来 2 年期债券的风险特征恰好相反——r_2 在未来的数值会影响 1 年期债券的回报，但不会影响 2 年期债券的回报。因此，什么是风险似乎与投资的期限有关。对于 1 年期债券来说，2 年期的债券风险更高。而对于 2 年期的债券来说，1 年期的债券风险更高。

如果事情果真如此，那么收益曲线的斜率将依赖于借出者和借入者的“期限选择”（preferred habitat，或译为“偏好习性”）。如果借出者偏好 1 年期债券，而借入者偏好 2 年期债券，那么我们就会看到一条向上倾斜的收益曲线，借入者需要支付一些溢价才能让借出者承诺在较长时期内借出其资金。下面我们将更详细地讨论这一问题。

但是，这种观点忽视了这些不确定变量之间的“协方差”（covariance）。例如，当第一个时期的通货膨胀率 I_1 高得离谱时，第二个时期的利率可能会向上调整。这是正协方差（positive covariance）。这种正相关性将使 2 年期的债券在 1 年的时间框架内风险极大，因为如果 r_2 和 I_1 一同变动，那么

已实现收益 $2s - r_2 - I_1$ 中的不确定性将更高。这样，第一年未预期到的高通货膨胀率直接减少了你当年的实际收入，同时因为第二年的 1 年期利率 r_2 将更高，使得 2 年期债券在第二当年年的收益 s 更低，进一步减少了当年的实际收入①。

对于 2 年的时间框架，情况会更加复杂和模棱两可。r_2 和 $I_1 + I_2$ 之间的正协方差使 1 年期债券在 2 年的时间框架内更具吸引力，因为 1 年期债券的实际收益由 $r_2 - (I_1 + I_2)$ 决定。一方面，r_2 和 I_1 之间的正协方差是针对通货膨胀的货币政策的一种表现——当通货膨胀来临时，短期利率会提高。另一方面，r_2 和 I_2 之间的负协方差（negative covariance）是货币政策真正有效的表现，因为较高的利率 r_2 使未来通货膨胀率 I_2 降低了②。

如果你有毅力，也有兴趣和相关的背景，那就看一看本章附录，这一部分内容试图说明这一协方差问题，并分析通货膨胀风险。如何为 2 年的时间框架选择债券并不明确，因为这在很大程度上取决于货币当局用以选择利率的规则以及这一选择对通货膨胀率的影响。如果你学习了本章的附录并希望深入了解这一内容，那就去深入研究一下关于这一主题的学术文献吧③。

---

① 两个随机变量之和的方差等于方差的和再加上协方差的 2 倍：

$$\mathrm{Var}(r_2 + I_1) = \mathrm{Var}(r_2) + \mathrm{Var}(I_1) + 2\mathrm{Cov}(r_2, I_1)$$

② 让我们说清楚一些。假设你想要把一些钱投入债券中，以便 10 年后为你的孩子交大学学费。许多投资顾问会推荐一种 10 年期债券，但投资于一连串 1 年期债券可能是更好的选择。这取决于未来通货膨胀被货币当局的利率政策所抵消的程度，这种政策倾向于稳定 1 年期债券的实际收入。如果你认为货币当局将适当稳定 1 年期债券的实际收益，但没有能力控制通货膨胀，那就去购买 1 年期债券。如果你购买了 10 年期的债券，那么通货膨胀可能把钱从你的口袋里偷走，使实际收益更低。通过选择 1 年期的投资，你可以规避这一风险。

另一方面，如果因 I_1 和 I_2 可以准确预测而不存在通货膨胀风险，那么表 5.1 中唯一的不确定性就来自未来短期利率 r_2 的不确定性，从而不存在协方差问题。这样我们就可以得出结论，债券期限与投资时间框架相同的债券风险更低一些：1 年的时间框架适合购买 1 年期债券，2 年的时间框架适合购买 2 年期债券。

③ 在学术期刊中有大量关于这一问题的文献，它们都非常难懂。你可以尝试阅读下面的文章：

Ang, A., and M. Piazzesi. 2001. “A No-Arbitrage Vector Autoregression of Term Structure Dynamics with Macroeconomic and Latent Variables.” Working Paper. Columbia University. *Forthcoming*, *Journal of Monetary Economics*.

http://www-1.gsb.columbia.edu/faculty/aang/papers/bond.pdf.

Dai, Q., and K. Singleton. 2000. “Specification Analysis of Affine Term Structure Models.” *Journal of Finance* 55 (October) pp. 1, 943 – 1, 978.

Evans, C., and D. Marshall. 2001. “Economic Determinants of the Nominal Treasury Yield Curve.” FRB Chicago Working Paper 01 – 16.

http://www.chicagofed.org/publications/workingpapers/papers/Wp2001 – 16.pdf.

Fuhrer, J. C. and G. R. Moore, 1995. “Monetary Policy Trade-offs and the Correlation between Nominal Interest Rates and Real Output.” *American Economic Review* 85 (March) pp. 219 – 239.

Litterman, R., and J. A. Scheinkman. 1991. “Common Factors Affecting Bond Returns.” *Journal of Fixed Income* 1.

Wu, T., 2001. “Monetary Policy and the Slope Factor in Empirical Term Structure Estimations.” FRB San Francisco Working Paper 2002 – 07. http://www.frbsf.org/publications/economics/papers/2002/wp0207bk.pdf.

5.6.2 1 年期和 2 年期国库券的实际收益

如果你无法从理论上指出什么是风险，什么不是风险，那么看一看事实也许会有所帮助。图 5.9 显示出了 1977 ~ 2004 年 1 年时间框架和 2 年时间框架下 1 年期和 2 年期债券的实际收益率。你可以看出，对于 1 年时间框架，2 年期的投资风险似乎更高，但收益也更高。如果时间框架为 2 年，那么就更难在视觉上对两种投资进行比较。但表 5.2 会提供帮助。该表中列出了两种时间框架的均值（mean）和标准差（standard deviation）。实际上，正如在图 5.9 中明确显示出的一样，如果时间框架为 1 年，那么 2 年期债券的风险更高。实际收益的标准差为 3.9%，而 1 年期债券的标准差为 2.2%。但是，为了承担这一额外的风险，人们也获得了补偿，其均值更高，2 年期债券为 4.2%，而 1 年期债券只有 3.4%。对于 2 年时间框架来说，两种投资的均值更加相似，而标准差则相当接近，但 2 年数据间的排列次序（ordering）是一样的。2 年期债券的平均收益率和标准差都略高一些。

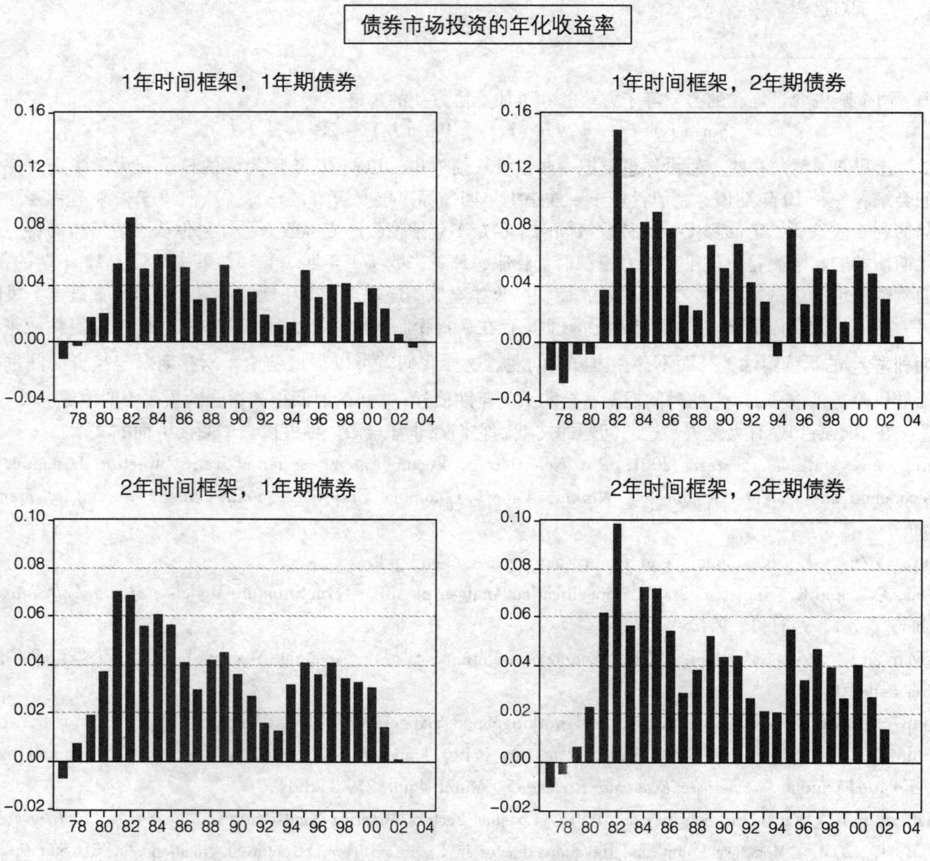

图 5.9　不同时间框架下 1 年期与 2 年期债券的实际收益率

现在你明白了吧：期限较长的债券提供的预期收益较高，但对于两种时间框架来说都拥有较高的风险。

表 5.2　1977～2004 年债券市场实际收益率的均值和标准差

1977～2004 年债券市场投资的实际收益率						
	时间框架为 1 年			时间框架为 2 年		
	1 年期债券	2 年期债券	差别	1 年期债券	2 年期债券	差别
均值	3.4%	4.2%	0.8%	3.4%	3.8%	0.4%
中值	3.3%	4.5%	1.2%	3.5%	3.9%	0.4%
最大值	8.7%	14.9%	6.2%	7.0%	9.9%	2.8%
最小值	-1.1%	-2.7%	-1.6%	-0.7%	-1.1%	-0.4%
标准差	2.2%	3.9%	1.7%	2.0%	2.4%	0.5%
观察值	26	26		26	26	

5.7　哪些因素决定了收益曲线的形状？

现在，让我们回过头来继续寻找对收益曲线形状的解释。图 5.8 所示的收益曲线提出了 4 个问题：

1. 为什么正常的收益曲线向上倾斜，10 年期债券的收益比 3 月期债券的收益高出 1 个百分点（如 1996～1999 年的情况所示）？
2. 哪些因素使收益曲线向下倾斜（如 2000 年 11 月的情况所示）？
3. 哪些因素会使曲线比正常情况更陡峭（如 2004 年 5 月的情况所示）？
4. 为什么有些时期收益曲线的水平低于其他时期（如 2005 年 6 月与 1996～1999 年的对比）？

现在，我们已经能够回答这些困难的问题了。

5.7.1　为什么收益曲线通常向上倾斜？

5.7.1.1　通货膨胀风险的说明

这些对描述 1 年期债券和 2 年期债券收益的公式进行的讨论，可能并没有把问题说得非常清楚，但是，债券的期限越长，通货膨胀不确定性引起的实际收益的风险就越大。借入者不得不支付更高的报酬率以抵消通货膨胀风险。

5.7.1.2 期限选择的说明

根据期限选择（preferred habitat，或译为“偏好习性”）假说，收益曲线的斜率是由不同偿还期债券的供给与需求平衡决定的。许多出借人的时间框架较短（想一想储蓄账户中的存款），而许多借入者的时间框架较长（想一想住房抵押贷款）。由于出借人的时间框架短，所以他们不愿意进行长期投资，除非他们能获得额外的收益。由于借入者的时间框架较长，所以他们愿意支付溢价以锁定某一长期利率。这就是通常情况下可能使收益曲线向上倾斜的原因①——长期债券的供给过剩，而短期债券的需求过剩。

5.7.2 为什么收益曲线有时候十分陡峭而有时候又会反转过来？

通货膨胀风险可能会促成向上倾斜的收益曲线，但通货膨胀预期的变化速度很可能不够快，因而不能快速改变收益曲线的形状。那么，重要的或者是出借人和借入者期限选择的变化，或者是债券市场对未来联储政策猜测的变化。让我们先讨论期限选择假说。

5.7.2.1 不同偿还期限债券供需平衡的变化会改变收益曲线的斜率

沿收益曲线借入者和出借人的正常平衡会被联邦储备委员会的公开市场操作（包括直接卖出或买入国库券）打乱。这是联储抓住了大象的尾巴。

由于投资机会的改变和长期借款增加或减少，沿收益曲线的正常供需平衡也会改变。

在扩张之初，投资机会非常丰富，对可贷资金的需求十分强劲，对长期收益产生上升的压力。同时，联储正在努力刺激经济增长，并选择较低的短期收益。因此，在扩张的初期收益曲线十分陡峭。

对于各种期限不同的债券的供需平衡来说，扩张的末期情况完全不同。在扩张末期，不断上升的通货膨胀率会遭遇到联储高短期利率的“紧缩性”（contractionary）反通货膨胀政策。同样，在扩张的末期，大多数优秀的投资机会都早已被利用，对可贷资金的需求也会降低，这对长期利率产生了向下的压力。因此，我们就得到了一条倒挂的收益曲线。

5.7.2.2 可预测的短期利率变化也会影响收益曲线的形状

当对未来短期利率的正常预期被打乱时，收益曲线的形状也会改变。

---

① 例如，银行接受支票账户和储蓄账户中的“活期”（on-demand）存款，并发放长期贷款。这被称为中介（intermediation）。长期利率与短期利率之间的差别就是中介的利润。

请记住，在特定情况下，2 年期的利率必须等于两个 1 年期利率的平均值，即 $s = (r_1 + r_2)/2$ 。

在有些情况下，预测的未来短期利率与当前的利率不同。

在扩张的末期，联储可能会选择提高利率来对抗刚刚出现的通货膨胀，这可能会使收益曲线变得平坦。就算联储没有真的提高短期利率，在每次衰退时，联储也会降低利率，而如果预料到未来经济将变得疲软，债券市场会因预期到联储的行动而使收益曲线变得平坦。毕竟，如果知道短期利率将会下降，你现在就会锁定在诱人的长期利率上。当出借人转而锁定长期债券时，他们就会推动长期利率下降，收益曲线将变得平坦，并很可能"倒挂"。

当在一次衰退中联储完成了对经济的强烈刺激并大幅降低短期利率后，市场将会希望短期利率有所上升，收益曲线将向上倾斜。这发生在扩张的初期，我们很快就会看到这一点。

5.7.2.3　通货膨胀保护债券和实际收益曲线

通过观察通货膨胀保护债券（TIPS，Treasury Inflation Protected Bonds，这种债券支付法定利率，再加上由 CPI 度量的通货膨胀率），我们可以证明，改变收益曲线的形状并不会改变通货膨胀的风险。这些债券提供了税前的实际利率，然而所得税的征收针对的是总收益，也包括对通货膨胀的补偿在内，这意味着通货膨胀率越高，山姆大叔从你的收入中分得的部分就越大。无论如何，如果我们可以将税收问题看成是次要问题，那么这些债券的收益曲线的形状就不会依赖于通货膨胀率。如果实际收益曲线平坦且保持不变，那么一定是对通货膨胀的担心推动了名义收益曲线的变化。如果实际收益曲线有时候向上倾斜，有时候向下倾斜，那么期限选择和预期的未来实际利率一定很重要。

图 5.10 中描述了 11 月的实际收益曲线[①]（我选择 11 月是因为在我写作本书时，最新的数据是 2006 年 11 月的）。仔细看一看：这些实际收益曲线布满了整张图。

通过利用通货膨胀保护债券的利率，我们在很大程度上消除了通货膨胀不确定性对收益曲线斜率的影响，只留下了其他两个因素的影响：对经

① 美国财政部于 1997 年 1 月开始发行 10 年期通货膨胀指数化债券（Inflation Indexed Bonds）。第一批债券将在 10 年后的 2007 年 1 月 15 日到期。首次发行一年后，财政部又发行了新的 10 年期债券，将于 2008 年 1 月 15 日到期。那时，最初发行的于 2007 年 1 月 15 日到期的债券的期限为 9 年，通过比较这两种债券的市场收益，我们得到了通货膨胀保护收益曲线（inflation-protected yield curve）上的两个点。从那以后，财政部继续发行新的 10 年期通货膨胀保护债券（同时也发行 30 年期通货膨胀保护债券）。这些具有不同期限的未偿付债券的利率结构就构成了"实际"的 11 月收益曲线。

济走势的预期和期限选择（preferred habitats）。图 5.10 传递出的一个信息就是：通货膨胀的不确定性并不能使收益曲线向上倾斜。实际收益曲线在2002 年、2003 年、2004 年都是向上倾斜的。但是，我们现在说什么是“正常”为时尚早，因为在 2001 年之前，短期内到期的债券的收益并不存在，也因为 2002 ~ 2004 年这一时期是利用积极的货币政策压低短期利率的时期。

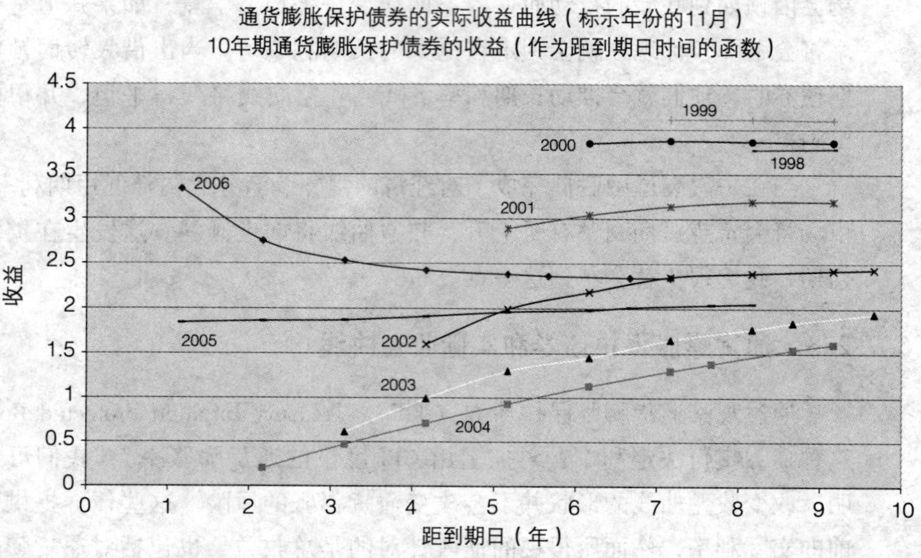

图 5.10　通货膨胀保护债券的收益曲线

该图传递出的另一个信息是：联储有能力影响短期实际利率和名义利率。不管怎样，除了联储政策的变化，还有什么能够将 3 年期债券的实际利率提高 200 个基点，从 2004 年的 0.50 提高到 2006 年的 2.5？这与联邦基金利率从 2.0 提高到 5.25 是一致的。

5.7.3　何种因素决定收益曲线的水平（不是斜率）

说到利率的提高，并不只是收益曲线的斜率会在长期中发生变化，其水平也会发生变化。看一看图 5.8 所示的名义收益曲线。请注意 2005 年 6 月的曲线与“平均值”具有同样的形状，但 2005 年 6 月低了差不多 2%（200 个基点）。2006 年 11 月和 2000 年 11 月的曲线形状也差不多相同，但 2006 年的曲线大约低了 100 个基点。为什么会这样？为什么这些收益曲线在长期中会向下移动？

也许是对通货膨胀的控制能力越来越强，在实际利率保持大致不变的同时，包含通货膨胀溢价的名义利率却下降了。也许是这样，但实际情况并非如此。图5.10显示的实际收益曲线与名义收益曲线同步下降或下降得更多。例如，2006年的长期利率比2000年的长期利率低了250个基点。

为什么实际利率如此低？格林斯潘的接班人本·伯南克（Ben Bernanke）有一个答案——全球储蓄过剩：过多的储蓄追逐过少的投资机会。回到1998年和1999年的互联网狂热（Internet Rush）时期，美国公司的收入令人失望，但为了建立网站而对可贷资金的需求非常巨大，图5.10所示的实际利率约为4%。网络股泡沫的破灭、对增长预期的降低、商业投资的失败以及随之而来的公司收入的急剧提高，改变了可贷资金的供需平衡，并使实际收益曲线在长期中持续下降，造成2001年11月的长期收益为3.2%，2002年11月的收益为2.4%，2003年为1.9%，到2004年11月则降为可怜的1.6%。随后，伴随着联邦基金利率的提高，长期通货膨胀保护债券的利率在2006年提高到2.5%左右。如果你已经习惯了4.0%的利率，则2.5%的利率仍然不算高。

那么，债券的购买者为什么不得不忍受如此低的收益率呢？没有人能够真正回答这一问题，但缺乏知识并不会阻止我们信心十足地表达自己的意见。答案存在于对可贷资金的供给与需求两方面。全球增长的很大一部分来自高储蓄率的亚洲国家，而且人们的储蓄越来越多，数量远远超过了储蓄率很低的美国和欧洲引领全球增长时的储蓄量。同时，随着发达国家经历了从工业时代向后工业时代的发展，对工业基础设施、工厂、设备的大规模投资已经成为过去，为收购这些资产进行融资的需求也大幅下降。工业债券发行的下降并没有被后工业债券发行的增加而抵消，因为债券融资对于购买无形知识资产来说是并非十分有效。实物资产担当了企业借款担保的角色，因为它们可以拿到手并出售，但作为后工业时代基础的无形知识资产多半是不可转让的，并且不能作为抵押品。对于这些资产，权益（equity）是唯一的财务选择（financial option）。

环境也有助于形成一条较平坦的“正常”收益曲线。通货膨胀的不确定性似乎已经显著降低，迫使收益曲线陡峭的力量也已经减弱。实际情况似乎是，这些亚洲储蓄者的期限选择不是短期票据，而是长期债券。亚洲的很多储蓄都通过外国的央行注入了美国财政部。亚洲的储蓄流入长期债券压低了长期利率，使得收益曲线更加平坦。

我们还能期望名义收益曲线怎样呢？在无法确定期限的未来，它都将更平坦、更低。

附录：劳工统计局网站关于 CPI 的问答

CPI 市场篮子是怎样决定的?

CPI 市场篮子是根据家庭和个人提供的实际购买了哪些东西的详细支出信息制定的。对于当前 CPI，这一信息收集自 1993 年、1994 年和 1995 年进行的消费者支出调查（Consumer Expenditure Survey）。在这 3 年中，每年都有超过 5000 个来自全国各地的家庭在每季度进行的调查中提供其支出习惯。为了收集频繁购买物品如食物和个人护理用品的信息，另外 5000 个家庭在这 3 年中还要持续记日记，列出他们在一个两周的期间内购买的任何东西。

为了确定 CPI 指数构成中 2000 多个类别的重要性或权重，总共有超过 30000 个个人和家庭提供了支出信息。

CPI 中包含了哪些商品和服务?

CPI 代表了参考人群［CPI-U（统计调查针对所有的城市消费者，不包括农村消费者，这类人员占全国消费者总数的 87%——译者注）或 CPI-W（统计调查只针对工资收入者和神职人员，这两类人员占全部雇员的 1/3——译者注）］为了消费而购买的所有商品和服务。劳工统计局将所有支出项目划分为 200 多个类别，归入 8 个大组中。分类的主要组别和各自的实例如下：

- **食物和饮料**（早餐谷物、牛奶、咖啡、鸡肉、葡萄酒、正餐和点心）。
- **住宅**［主要住宅的租赁、业主等价租金（owners' equivalent rent）、燃油、卧室家具］。
- **服装**（男式衬衫和毛衣、女式服装、珠宝）。
- **交通**（新交通工具、航空费用、汽油、机动车保险）。
- **医疗保健**（处方药和医疗服务、医生的服务、眼镜与眼睛保健、医院服务）。
- **娱乐**（电视、有线电视、宠物与宠物产品、体育设施、入场券）。
- **教育和通信**（大学学费、邮费、电话服务、计算机软件及配件）。
- **其他商品与服务**（烟草与吸烟用品、理发及其他个人服务、丧葬费用支出）。

包括在这些主要类别中的还有政府对使用者的各种收费，如水及污物处理的费用、汽车登记费用和车辆通行费。CPI 还包括与特定商品和服务价格直接相关的税收（如销售和消费税）。然而，CPI 将不直接与购买消费品和服务相关的税收（如所得税和社会保险税）排除在外。

CPI 不包括投资项目，如股票、债券、房地产和人寿保险（这些项目与储蓄相关，而与日常消费支出无关）。

对于200多个类别中的每一个项目，劳工统计局都在消费者经常光顾的商店中选择了几百种特定物品，利用科学统计程序，来代表市场中的成千上万种不同的商品。例如，某一超市中，劳工统计局可能选择一塑料袋重4.4磅的美国特级苹果来代表“苹果”这一类别。

CPI 中的价格是如何收集并进行评估的?

每个月，劳工统计局的数据收集员（被称为经济助理）都会拜访或给分布在美国各地的零售商店、服务性企业、出租单位（rental unit）和医生的办公室打电话，以获得用以跟踪和度量 CPI 变化的数以千计的物品的价格信息。这些经济助理每个月都要记录大约80000种物品的价格。这80000种价格代表了消费者为购买商品和服务而支付的价格按科学方法选择的样本。

在每一次打电话或拜访的过程中，经济助理会收集在以前的拜访中准确定义的特定商品或服务的价格数据。如果选择的物品还存在，经济助理就会记录下其价格。如果选择的物品已经不复存在，或者如果自上一次收集商品或服务的价格以来，一些商品或服务的数量（例如，鸡蛋的销售包装从以前的12个变成了8个）或质量发生了变化，经济助理就会选择一种新的物品，或记录当前物品的数量变化。

记录下的信息被传送到劳工统计局的相关部门，在那里，对特定商品或服务定价拥有专门知识的商品专家评估这些数据。这些专家检查数据的准确性和一致性，并进行必要的修正或调整。这些调整包括商品包装尺寸的变化、一个包装内商品数量的变化，以及更复杂的调整，如对一种物品的特征或质量的统计分析基础进行调整。这样，商品专家就能够防止物品发生质的变化从而影响 CPI 对价格变化的度量。

附录：债券的风险特征

注意：本小节只是为那些有志气的书呆子准备的。如果要想理解通货膨胀风险如何影响收益曲线，我们就需要认真阅读本节的内容。代数学有些棘手，但其实并不难懂。

为了理解前面已经讨论过的影响 1 年期和 2 年期债券风险特性的复杂的协方差问题，我们就需要建立一个求解通货膨胀率和短期利率的模型。随后的要点是确定通货膨胀的不确定性是否会造成收益曲线向上倾斜，因为通货膨胀的不确定性使长期债券的风险比短期债券的风险更高。结果表明，这并非是一个必然出现的结果，因为它主要取决于货币当局的行为以及通货膨胀对货币政策（利率）的响应。

让我们看一看本章讨论过的 1 年期债券和 2 年期债券的选择问题。假设联储在第二年的年初根据下列公式选择利率：

$$\boldsymbol{r}_2 = \beta r_1 + \delta \boldsymbol{I}_1 + \varepsilon_r$$

其中，β 决定了利率的持续性，δ 决定了第二期利率相对于第一期通货膨胀的敏感性，ε_r 是指无法预测的联储出人意料的举措。

我们还需要为通货膨胀建立一个模型。下面这个模型考虑了持续性，同时也考虑了联储利率政策对通货膨胀的影响：

$$\boldsymbol{I}_2 = -\lambda \boldsymbol{r}_2 + \theta \boldsymbol{I}_1 + \varepsilon_I$$

其中，λ 前面的负号适用于高利率降低通货膨胀率的情况，联储就是这样假定的。将含 r 的方程式代入含 I 的方程式中：

$$\boldsymbol{I}_2 = -\lambda(\beta r_1 + \delta \boldsymbol{I}_1 + \varepsilon_r) + \theta \boldsymbol{I}_1 + \varepsilon_I = -\lambda\beta r_1 + (\theta - \lambda\delta)\boldsymbol{I}_1 + \varepsilon_I - \lambda\varepsilon_r$$

接着我们就可以进行求解，得到表 5.1 所示的收益。

$$\begin{aligned}
\boldsymbol{I}_1 + \boldsymbol{r}_2 &= \beta r_1 + (1+\delta)\boldsymbol{I}_1 + \varepsilon_r \\
\boldsymbol{I}_1 + \boldsymbol{I}_2 &= -\lambda\beta r_1 + (1+\theta-\lambda\delta)\boldsymbol{I}_1 + \varepsilon_I - \lambda\varepsilon_r \\
\boldsymbol{r}_2 - \boldsymbol{I}_1 - \boldsymbol{I}_2 &= \beta r_1 + \delta \boldsymbol{I}_1 + \varepsilon_r + \lambda\beta r_1 - (1+\theta-\lambda\delta)\boldsymbol{I}_1 - \varepsilon_I + \lambda\varepsilon_r \\
&= \beta r_1 + \lambda\beta r_1 + (\delta - 1 - \theta + \lambda\delta)\boldsymbol{I}_1 + (1+\lambda)\varepsilon_r - \varepsilon_I
\end{aligned}$$

相应的方差为：

$$\mathrm{Var}(\boldsymbol{I}_1 + \boldsymbol{r}_2) = (1+\delta)^2 \mathrm{Var}(I_1) + \mathrm{Var}(\varepsilon_r)$$

$$\mathrm{Var}(\boldsymbol{I}_1+\boldsymbol{I}_2)=(1+\theta-\lambda\delta)^2\mathrm{Var}(\boldsymbol{I}_1)+\lambda^2\mathrm{Var}(\varepsilon_r)+\mathrm{Var}(\varepsilon_I)$$

$$\mathrm{Var}(\boldsymbol{r}_2-\boldsymbol{I}_1-\boldsymbol{I}_2)=(\delta-1-\theta+\lambda\delta)^2\mathrm{Var}(\boldsymbol{I}_1)+(1+\lambda)^2\mathrm{Var}(\varepsilon_r)+\mathrm{Var}(\varepsilon_I)$$

这些方差可以用来替代表 5. 1 中的方差。

通过比较表 5. 1 第一列中的两个式子，我们可以得出结论：对于 1 年的时间框架，1 年期债券的风险低于 2 年期债券，除非联储固执地在通货膨胀率很高的时候降低利率，$\delta<0$（参见表 5. 3）。

表 5. 3　投资于债券市场的 1 美元的收益的方差

	第一年结束时	第二年结束时
1 年期债券	$\mathrm{Var}(\boldsymbol{I}_1)$	$(\delta-1-\theta+\lambda\delta)^2\mathrm{Var}(\boldsymbol{I}_1)$ $+(1+\lambda)^2\mathrm{Var}(\varepsilon_r)$ $+\mathrm{Var}(\varepsilon_I)$
2 年期债券	$(\delta+1)^2\mathrm{Var}(\boldsymbol{I}_1)+\mathrm{Var}(\varepsilon^r)$	$(1+\theta-\lambda\delta)^2\mathrm{Var}(\boldsymbol{I}_1)$ $+\lambda^2\mathrm{Var}(\varepsilon_r)+\mathrm{Var}(\varepsilon_I)$

对于 2 年的时间框架，如果

$$(1+\theta-\lambda\delta)^2\mathrm{Var}(\boldsymbol{I}_1)+\lambda^2\mathrm{Var}(\varepsilon_r)<(1+\theta-\lambda\delta-\delta)^2\mathrm{Var}(\boldsymbol{I}_1)+(1+\lambda)^2\mathrm{Var}(\varepsilon_r)$$

那么，2 年期债券的方差小于两个 1 年期债券的方差。

上式可以改写为：

$$0<\delta(-2(1+\theta-\lambda\delta)+\delta)\mathrm{Var}(\boldsymbol{I}_1)+(1+2\lambda)\mathrm{Var}(\varepsilon_r)$$

这个复杂的表达式取决于两个不确定性来源：通货膨胀和联储的行为。如果联储的行为令人无法预测，即 $\mathrm{Var}(\varepsilon_r)$ 较大，那就去购买 2 年期债券。那么通货膨胀呢？它依赖于通货膨胀方差前面的系数。如果系数是正的，则通货膨胀的不确定性就会鼓励购买 2 年期债券。这一情况可以写成 $\delta(2\lambda+1)>2(1+\theta)$。

小结

如果你在 1 年后需要钱，那就选择 1 年期债券。

如果你在 2 年后需要钱，那就选择 2 年期债券，如果下列条件成立：

通货膨胀的持续性不高，而且 θ 值较小。

联储的行为无法预测：Var（ε_r）值较大。

联储对通货膨胀十分敏感：δ 值较大。

联储能够利用高利率控制通货膨胀：λ 值较大。

不太重要的是未来不可预测的通货膨胀风险 Var（ε_r），因为它对 1 年期实际收益和 2 年期实际收益的影响几乎完全相同。另外，尽管初期通货膨胀风险的大小 Var（$\boldsymbol{I}_1$）会影响两种债券的风险差（risk difference），但它并不影响排列次序。重要的是通货膨胀的持续性，而不是不确定性。

你能解释一下为什么吗？

6

CHAPTER

第6章 外推预测

我们已经仔细讨论了四个宏观变量：GDP 增长、通货膨胀、利率和失业率。我们研究了这些变量的定义、如何对它们进行度量，以及这些变量的数值何时为高、何时为低。出于更好地理解特别是达到预测的目的，我们还需要知道一些它们的“跨期”（intertemporal）特性：如果这些变量中的一个迅速提高，它是倾向于停留在高位，还是快速回复到正常水平？这就是“持续性”（persistence）。如果这些变量中的一个朝某一方向移动，它会倾向于沿着相同的方向运动下去吗？这就是“惯性”（momentum）。

在研究这两个特性之前，我们要说一说它们为什么对于预测十分重要。推动所有外推预测（extrapolative forecast）的关键概念是“趋均数回归”（regression toward the mean）。别忘了，当你出大价钱聘请咨询人员进行预测时，他们提供的报告可能只是表明“趋均数回归”。别忘了为他们这点儿令人高兴的智慧付上一大笔钱。

如果你要从这一章中学到一句话，那就是：通货膨胀和利率具有很强的持续性，失业率的持续性为中等，但 GDP 增长根本不具有持续性。这使 GDP 增长很难预测，而通货膨胀和利率因为具有很强的持续性而更容易根据过去的数据进行预测。你还应该知道，当在报纸上看到 GDP 增长率高达5.6%时，别管它。这并不重要，因为 GDP 增长率没有持续性。但如果你看到失业率提高了0.5%时，就要注意了。失业率提高后从来不会很快降下来。

6.1 趋均数回归

为了揭示持续性和惯性的统计特性，我们需要使用 Excel 或其他统计软件以处理数据。我们要“进行一些回归”。

大多数 MBA 学生都知道“线性回归”（linear regression）的意思是用

一条直线去拟合数据，但为什么将曲线拟合称为“回归”呢？能够提出这一问题的 MBA 学生并不多。你需要拥有这种好奇心。问一问“国民总产值”中的“总”代表什么，问一问“回归”到底是什么意思。如果你不知道“知”与“不知”的边界在哪里，那么你就不可能扩大“知”的疆域。

如果你问我的话，下面就是我对“回归”一词的解释。

很抱歉，将其称为“回归”实际上把我们的语言搞乱了。正确但更有局限性的概念是“趋均数回归”，是指后代的特征倾向于介于其父母的特征和总体（population）的平均特征之间。因此，身材高的父母的子女，其身高比其他孩子高，但并不像其父母那样高。孩子们会回归到平均值。可以预测，他们比自己父母的身高要低一些。

趋均数回归如下图所示。横轴是父母的特征，纵轴是后代的特征。总平均值（population mean）由图中间的圆点表示。如果遗传非常完美的话，也就是说孩子与他们的父母完全一样的话，则用一条 45°的线表示。“回归线”（regression line）表示实际出现的情况。由于回归线比 45°线更平坦，那些身高比均值高的父母，其后代倾向于比他们矮一些（不会比平均身高更矮。比他们的父母矮一些）。如果回归线完全是水平的，那么父母的身高就无所谓了。

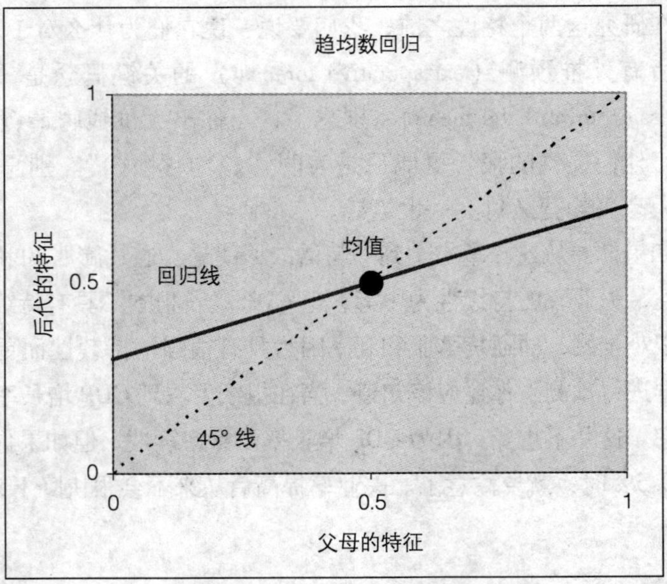

为了保证理解这是一种统计特性，你最好认识到它在时间上向前或向后都是有效的。个子特别高的孩子，其父母通常比他们要矮一些。如果你喜欢体育比赛，你就会很清楚这一点。还记得你最喜欢的运动队表现非常出色的那一年吗？这支运动队在第二年的表现不太好，前一年的表现也很糟糕，不是吗？这不是一个因果关系的解释，只是具有某种可变性的数据的特性。

趋均数回归是由弗朗西斯·高尔顿（Francis Galton）于 1887 年在绘制散点图比较香豌豆种子及其后代种子的二次平均直径（mean diameter）时发现的。令他吃惊的是，这些数据沿一条比 45°线平坦的直线排列。个头大的香豌豆的后代个头要小一些，个头小的香豌豆的后代个头会大一些。由于认为自己发现了一个遗传学的基本定律，高尔顿非常激动，他将这条直线的斜率称为“逆转系数”（coefficient of reversion）。他的智慧使他成为当代统计思想的创始人之一，这既是好消息也是坏消息。很快他就认识到，他的发现并不是一个全新的遗传学定律，而只不过是“高尔顿回归谬误”（Galton’s regression fallacy），是无数次错误推论的根源（为那些在数学测试中成绩最差的学生补习数学，然后再对他们进行测试。就算是补习没有效果，平均测试成绩也肯定会提高，因为存在着趋均数回归的力量。如果你不是非常仔细的话，就会以为补习使学习的成绩提高了）。为了纪念其认识能力的提高，高尔顿对“逆转系统”这一名称稍微做了些修改，改成了“回归系数”（coefficient of regression）。但坏消息是，由于他是现代统计学的奠基人之一，后来者受其图形和言语的影响极大。他对曲线拟合做出了基础性的贡献，所有曲线拟合活动都加上了“回归”一词，而不管它们是否与遗传有关。

很遗憾，我们不得不使用“回归”一词，这个词我们已经使用了 100 多年，现在想改已经不可能了。

为了确保你已经理解了其中的要旨，请看一看下面这两张散点图，它们比较了父母的特性（身高和寿命）与其子女的相应特性。在这两张图中，最好的拟合是“回归线”。仔细看一看，你应该注意到，身高具有很高的遗传性：有其父必有其子。但寿命则不然。如果你的父母或祖父母不幸英年早逝，不用担心，这对你的寿命影响不大。

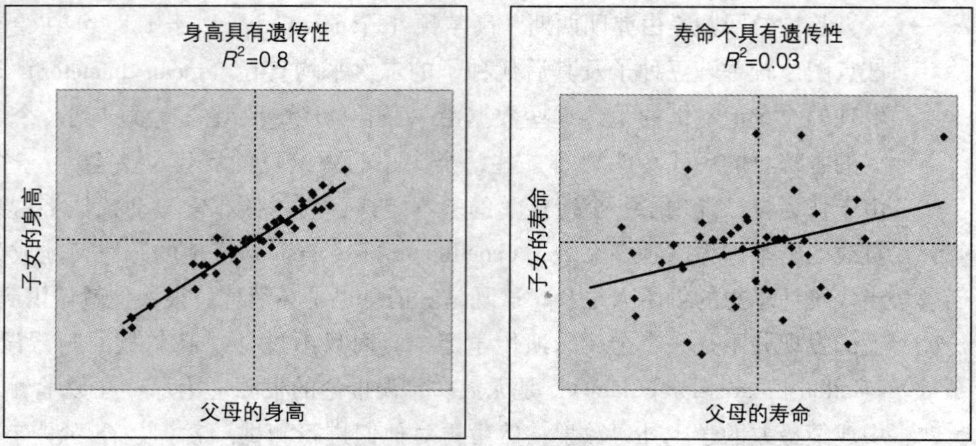

6.2 预测和趋均数回归

趋均数回归是一个优秀的预测工具。实际上，它是唯一的预测工具。所有的外推方法都基于趋均数回归及其推论（elaboration）。以下是其原理。首先，我们需要指出均值（其他数据要向它进行回归）。让我们分析一下 GDP 增长率。自 1970 年以来 GDP 增长率的均值为 3.2%。利用趋均数回归的原则，最后的预测应该是当前增长率和历史平均值（3.2%）的加权平均。用 w 表示当前数值的权重，我们用下式表示对 GDP 增长率的预测：

$$
\begin{aligned}
\text{GDP 增长率预测} &= w \times \text{当前季度 GDP 增长率} + (1-w) \\
&\quad \times \text{GDP 增长率在历史上的平均值} \\
&= w \times \text{当前季度 GDP 增长率} + (1-w) \times 3.2
\end{aligned}
$$

第二步，我们需要找出权重 w。这可以通过曲线拟合来获得。下面的散点图按季度比较了 GDP 增长率。我让计算机在这张散点图中插入了一条最佳拟合回归线。它的斜率是 0.25。这就是 w 。我们将当前季度赋予 25% 的权重，对历史平均值 3.2% 赋予 75% 的权重。

要确保你已经理解了它的原理，假设当前季度的 GDP 增长率为 4.0%，那么，对下个季度 GDP 增长率的预测为 $0.25 \times 4.0 + 0.75 \times 3.2 = 3.4$，只比历史平均值 3.2 略高一点。

我们没有任何理由在这里停下来。我们可以通过求历史平均值 3.2 和刚刚得到的未来第一季度的增长率 3.4 的加权平均值来得到未来第二季度的预测值。对于未来第二季度，其预测值为 $0.25 \times 3.4 + 0.75 \times 3.2 = 3.25$，这一数值与历史平均值差别很小。换句话说，对于 GDP 增长率，“儿子”

趋均数回归是由弗朗西斯·高尔顿（Francis Galton）于 1887 年在绘制散点图比较香豌豆种子及其后代种子的二次平均直径（mean diameter）时发现的。令他吃惊的是，这些数据沿一条比 45°线平坦的直线排列。个头大的香豌豆的后代个头要小一些，个头小的香豌豆的后代个头会大一些。由于认为自己发现了一个遗传学的基本定律，高尔顿非常激动，他将这条直线的斜率称为“逆转系数”（coefficient of reversion）。他的智慧使他成为当代统计思想的创始人之一，这既是好消息也是坏消息。很快他就认识到，他的发现并不是一个全新的遗传学定律，而只不过是“高尔顿回归谬误”（Galton's regression fallacy），是无数次错误推论的根源（为那些在数学测试中成绩最差的学生补习数学，然后再对他们进行测试。就算是补习没有效果，平均测试成绩也肯定会提高，因为存在着趋均数回归的力量。如果你不是非常仔细的话，就会以为补习使学习的成绩提高了）。为了纪念其认识能力的提高，高尔顿对“逆转系统”这一名称稍微做了些修改，改成了“回归系数”（coefficient of regression）。但坏消息是，由于他是现代统计学的奠基人之一，后来者受其图形和言语的影响极大。他对曲线拟合做出了基础性的贡献，所有曲线拟合活动都加上了“回归”一词，而不管它们是否与遗传有关。

很遗憾，我们不得不使用“回归”一词，这个词我们已经使用了 100 多年，现在想改已经不可能了。

为了确保你已经理解了其中的要旨，请看一看下面这两张散点图，它们比较了父母的特性（身高和寿命）与其子女的相应特性。在这两张图中，最好的拟合是“回归线”。仔细看一看，你应该注意到，身高具有很高的遗传性：有其父必有其子。但寿命则不然。如果你的父母或祖父母不幸英年早逝，不用担心，这对你的寿命影响不大。

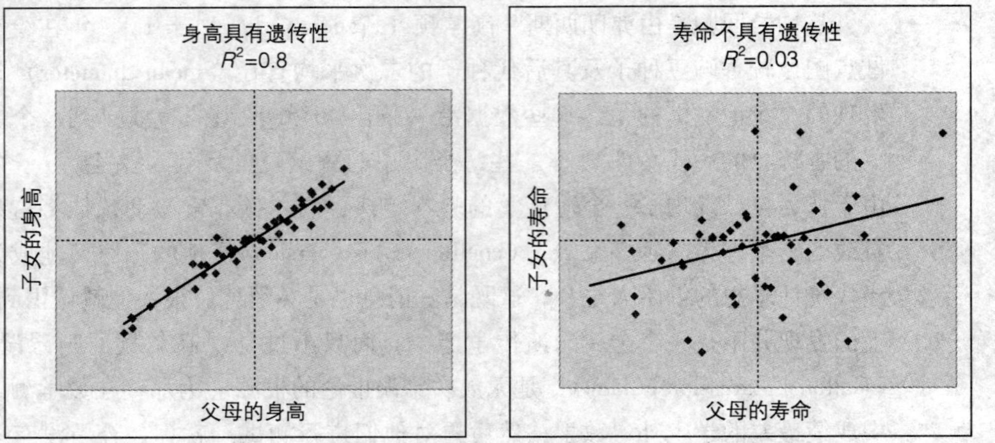

6.2 预测和趋均数回归

趋均数回归是一个优秀的预测工具。实际上，它是唯一的预测工具。所有的外推方法都基于趋均数回归及其推论（elaboration）。以下是其原理。首先，我们需要指出均值（其他数据要向它进行回归）。让我们分析一下 GDP 增长率。自 1970 年以来 GDP 增长率的均值为 3.2%。利用趋均数回归的原则，最后的预测应该是当前增长率和历史平均值（3.2%）的加权平均。用 w 表示当前数值的权重，我们用下式表示对 GDP 增长率的预测：

$$\begin{aligned}\text{GDP 增长率预测} &= w \times \text{当前季度 GDP 增长率} + (1-w) \\ &\quad \times \text{GDP 增长率在历史上的平均值} \\ &= w \times \text{当前季度 GDP 增长率} + (1-w) \times 3.2\end{aligned}$$

第二步，我们需要找出权重 w。这可以通过曲线拟合来获得。下面的散点图按季度比较了 GDP 增长率。我让计算机在这张散点图中插入了一条最佳拟合回归线。它的斜率是 0.25。这就是 w。我们将当前季度赋予 25% 的权重，对历史平均值 3.2% 赋予 75% 的权重。

要确保你已经理解了它的原理，假设当前季度的 GDP 增长率为 4.0%，那么，对下个季度 GDP 增长率的预测为 $0.25 \times 4.0 + 0.75 \times 3.2 = 3.4$，只比历史平均值 3.2 略高一点。

我们没有任何理由在这里停下来。我们可以通过求历史平均值 3.2 和刚刚得到的未来第一季度的增长率 3.4 的加权平均值来得到未来第二季度的预测值。对于未来第二季度，其预测值为 $0.25 \times 3.4 + 0.75 \times 3.2 = 3.25$，这一数值与历史平均值差别很小。换句话说，对于 GDP 增长率，“儿子”

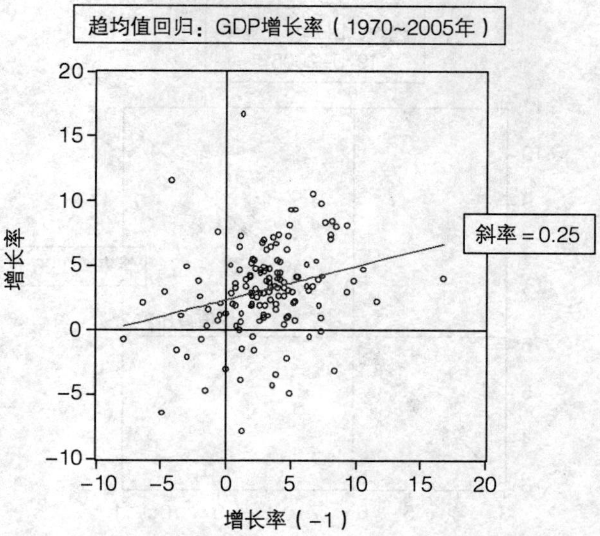

（未来第一季度）保留了与其“父母”（本季度的增长率）的某些相似性，但“孙子”（未来第二季度）已经完全忘了谁是他们的祖先。“儿子”从父母那里继承了25%的特性，而孙子从其祖父母那里继承了 0.25 ×0.25 = 6%的特性。因此，对于 GDP 增长率来说，其“遗传性”很小，或者说“持续性”很低。当你预测 GDP 增长率时，如果你每次都说是 3.2 也不会犯重大错误。如果你的客户感到很气愤，怀疑他们花大价钱聘用你做预测是一种浪费，那么你可以凭直觉加上 1.0 或 4.0 的预测值，以给你的预测添加一些“作料”，而不管你有没有这种直觉。

GDP 增长率趋均数回归的速度使得这些外推预测很没有意思，但 GDP 增长是最不具持续性的宏观经济变量之一。而最具持续性的变量之一是失业率。将下面这张散点图与描述 GDP 增长率的散点图进行对比，你可以看出它们完全不同。失业率每季度的持续性为96%，这意味着儿子非常像其父母。不管当前的 GDP 增长率是多少，历史平均值 3.2 都是对 GDP 增长率的一个很好的预测，但是，对于下一个季度失业率的较好预测却不是历史平均值6.2，而是本季度的失业率。因为失业率的持续性很高。

因此，请记住下面的内容：外推预测收敛于历史平均值。如果持续性较低，收敛的速度就会快一些；如果持续性较高，收敛的速度就会慢一些。看一看图 6.1，它利用刚刚讨论的两种回归对比了 GDP 增长率预测和失业率预测。第 0 期是指本季度的数据。在第 0 期，GDP 增长率被假定为比平均值 3.2% 高 2%，失业率也被假定比其历史平均值 6.2% 高 2%。接着，预测开始向平均值收敛。2 个季度后，GDP 增长率的预测值与其历史平均值 3.2% 非常接近。但是，甚至在 5 年（20 个季度）之后，失业率预测值仍然显著高于其历史平均值 6.2%。失业率的持续性非常高，而 GDP 增长率则不然。

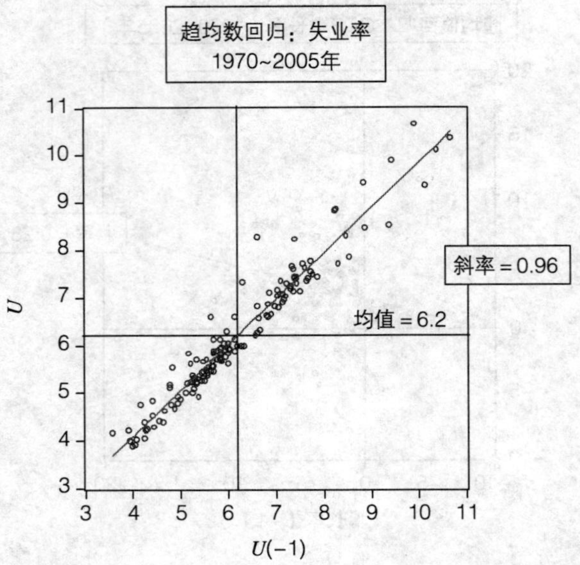

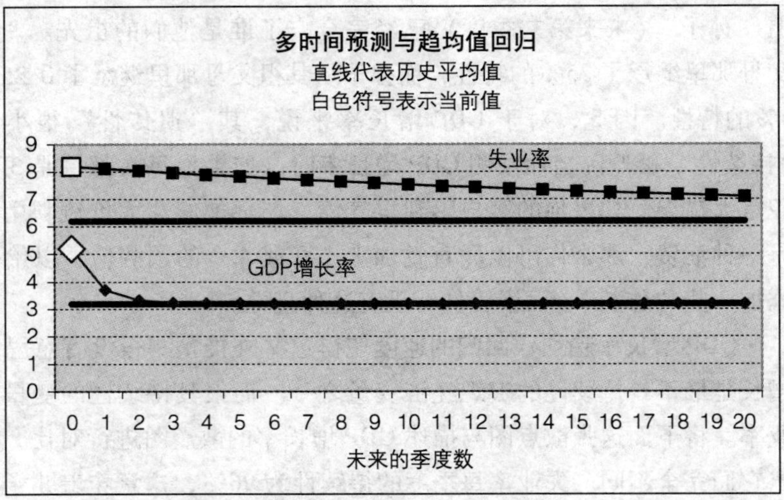

图 6.1　失业率与 GDP 增长率的收敛路径

6.3　持续性与惯性

放在你桌子上的个人计算机的强大功能将会使弗朗西斯·高尔顿大吃一惊，更不要说工作在 20 世纪的所有统计学家了。只要按下一两个按钮，你和你的个人计算机就能够绘制出高尔顿的图形并计算出其回归，而他要花几个小时甚至几天时间才能用手工完成这一工作。你可以很轻松地进行多变量回归（multi-variable regression），而他只能进行两三个变量的回归。为了考虑更复杂的变化，让我们来进行一些多变量回归。

表6.1显示了4个重要的宏观变量——增长率、通货膨胀率、短期利率和失业率——的回归。这些等式使得这些变量依赖于4个滞后的变量：前一个季度的变量、前两个季度的变量、前三个季度的变量和前四个季度的变量。如果用 y 来表示增长率、通货膨胀率、短期利率和失业率中的任何一个，则 $y(-1)$ 表示前一个季度的数据，$y(-2)$ 表示前两个季度的数值。

表6.1　4个宏观变量的时间序列特征

回归估计
估计期间：1970年第一季度至2005年第三季度

	平均值	回归系数					
		$y(-1)$	$y(-2)$	$y(-3)$	$y(-4)$	持续性[a]	半衰期[b]
持续性							
增长率	3.20	0.22	0.15			0.37	1
通货膨胀率	4.10	0.46	0.31	0.16	0.01	0.93	3
				惯性			
				$y(-1)-y(-2)$		0.95	13
持续性和惯性							
失业率	6.2	0.95		0.64		0.95	13
3月期国库券利率	6.0	0.95		0.23		0.95	13

a. 持续性是各系数之和。
b. 半衰期（half-life）是指消除50%的扰动（disturbance）所需的季度数。

这一表格说明了这些变量的两个不同特性：

1. **持续性**：具有持续性的变量将倾向于停留在原地，并且缓慢地向历史平均值收敛。度量持续性的一个指标是半衰期：将偏离历史水平的扰动消除50%所需的季度数。
2. **惯性**：惯性是指沿同一方向继续运动的趋势。惯性效应（momentum effect）可以抵消趋均数回归的力量，并使一个变量在一段时间内偏离其历史平均值，但不能永远偏离①。

让我们从表6.1第一行的GDP增长率等式开始讨论。前一个季度增长率的系数等于0.22，前两个季度增长率的系数等于0.15。按遗传学的术语来说，就是这些GDP“孩子”不仅取决于其父母，还依赖于其祖父母。系数之和仅为0.37，这意味着GDP增长中的反常有37%会对未来产生影响。

① 假设持续性低于100%。

变量在长期中的实际变动路径取决于系数之和以及这一总和在各滞后数值之间的分布。GDP 增长率等式下面的通货膨胀等式中包含了 4 个滞后的通货膨胀变量，往回追溯的时间更长，其系数之和也大于 GDP 增长率的系数之和。这都使得通货膨胀比 GDP 增长更具有持续性。增长的半衰期只有 1 个季度，而通货膨胀的半衰期为 3 个季度，但更仔细的数据分析会使我们得到一个长得多的通货膨胀半衰期。

现在把你的注意力转向表 6.1 中的失业率等式①和利率等式。除持续性之外，这些变量还展示出惯性，即一旦开始上升或下降，它们就倾向于沿相同的方向运动下去。这就是 $[y(-1)-y(-2)]$ 具有正系数的含义。因此，如果父母比祖父母的身材更高，那么两代人之间身高的增加会部分传递给他们的子女，使他们的子女身高更高。这就是惯性效应。你能用一个关于企业聘用和解雇工人的故事来说明失业率中的惯性效应吗？我们将在下一节讨论这一问题。

6.4　有助于理解数字的图形

别忘了我们的顺序：图形、语言、数字。

那些数字真的很难理解，不是吗？显示这些变量长期变化的图形有助于我们走出这一困境。图 6.2 显示了对暂时扰动的反应，即：从历史上看，变量处于其历史平均值的水平，但突然比其平均值高了 1%，这种情况只持续 1 个季度。惯性会发生什么事情？

由于动量效应，这些变量中的两个变量（失业率和利率）持续升高。利率上冲的幅度不大，但失业率上冲的幅度却很大。

这 4 个变量都向其正常水平（0）收敛，有的变量收敛速度较快，有的则较慢。当某一变量值低于 0.5 时，意味着扰动降低了一半。我们称之为“半衰期”（half-life），表 6.1 也记录了这一数据。最缺乏持续性的变量——GDP——的半衰期只有 1 个季度。尽管通货膨胀的持续性较高，但其半衰期也只有短短的 3 个季度。这一半衰期相当短，因为通货膨胀是一个令人难以忘记的过程，而如图 6.2 所示，我们假设扰动出现前的各个季

① 你可以通过设计一个依赖于 $U(-1)$ 和 $U(-2)$ 的方程式来得到这一结果，其正负号有些奇怪：$U(-1)$ 的系数是正的，且大于 1，而 $U(-2)$ 的系数为负：$U=c+1.58U(-1)-0.64U(-2)$。它可能显示出哪种类型的遗传性呢？看起来祖父母身材高会造成孩子的身材矮。很奇怪是吧？为了讲清楚这个问题，我们需要整理一下这个式子，将其写成滞后值以及滞后值变化的函数：$1.58U(-1)-0.64U(-2)=0.94U(-1)+0.64[U(-1)-U(-2)]$。我们可以证明，这确实是一个等式——左边的式子等于右边的式子。用这种方式重新写出等式的目的在于，它有助于解释那些最初看来莫名其妙的结果。

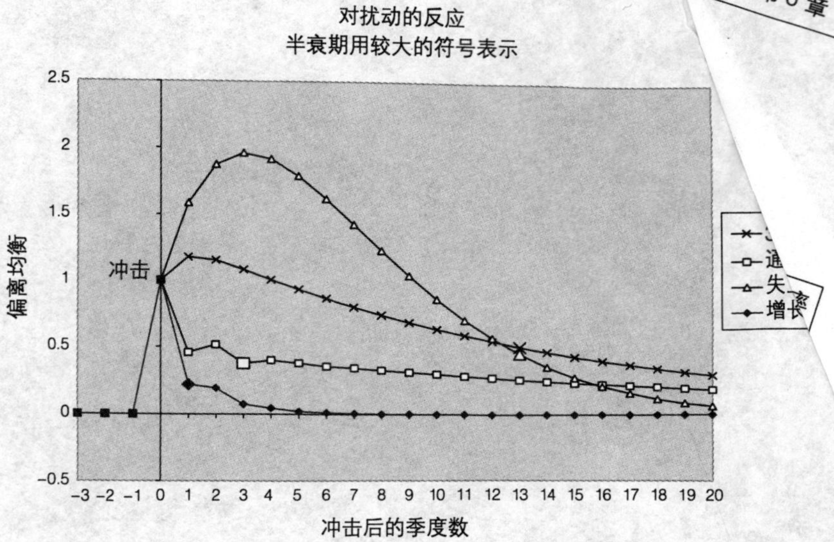

图 6.2 对临时扰动的反应

度中，通货膨胀率为 0。最具持续性的变量——失业率和利率——半衰期相同，都是 13 个季度。

6.5 有助于理解数字的故事

我们从数字和图形中学到什么东西了吗？为了记住我们的发现，让我们讲一些故事。

为什么失业率具有惯性效应？答案是：各家企业并非共同在个别季度招聘或解雇员工。它们制定雇用计划，在几个季度内逐步实施。当看到失业率上升时，你会预期它将继续上升，因为那些跨季度的解雇计划已经开始实施。

为什么利率具有惯性效应？如果可以的话，你可以讲一讲关于格林斯潘等人的故事。他们是设定利率的人。当他们向一个方向前进的时候，他们倾向于一直前进下去。为什么呢？你是怎样调整“温控器”（thermostat）的？你会一点一点来调整吗？

第三部分 A

衰退的症状

7

CHAPTER

第7章 不合意的闲置：衰退与复苏

GDP 连续出现两个季度的负增长就是衰退。这种说法是不正确的。

定义： 衰退是一种市场失灵，它会导致不合意的闲置（unwanted idleness）持续、显著增加。衰退过后会出现复苏，在复苏期间，不合意的闲置会恢复到正常水平。

经灌溉的农田、工业设备、办公大楼、工厂、技能和创意都是用于创造 GDP 的资产。这些资产不能一年到头不停地工作。它们会拥有正常的计划停工时间，以便进行恢复、补给、维护，而人员也需要提高技能和理解力，并且需要睡眠和闲暇时间。同时，人员生病、机器出现故障、自然灾害等原因也会造成意外的停工。当资产变更所有者或在不同功能之间转换（工人变换工作，旧金山的一座办公楼从网络公司转换为非营利企业）时，也会停工。还有季节性停工。机械化收割机（mechanical harvester）只是在收获季节开会被开动起来。最后 10% 的发电能力只在夏季用电高峰时段才会启用，平时是被闲置的。

大部分资产闲置都是由计划安排（scheduling）问题造成的。只有在睡觉的时候，你才会用到你的床，只有醒着的时候，你才会看电视（你可以尝试在不用的时候把床租出去，但你可能很难找到一个睡眠时间恰好与你互补的人）。当使用螺丝刀的时候，你的榔头就会被闲置。当你撰写一份文件时，你的数据分析技能就会被闲置。飞机在登机门处等待旅客登机，或者在繁忙的航空港等待机会再次起飞。当你在上班途中被堵在“高速公路”上的时候，你的汽车、你的技能、你的思想还有道路都被闲置了。

生产性资产的闲置代价高昂，因为不管这些资产是否在发挥作用，其所有者无时无刻都要支付资本的租金成本。通过将其交给出价最高的人，市场将这些资产转移给那些知道如何最小化闲置并能够从中获得最大价值的人。实际上，劳动力分工的主要作用就是最小化闲置。如果在你用榔头钉东西的同时，我去锯东西，那么我们就可以让榔头和锯同时发挥作用①。

尽管我们可能努力消除闲置，但不应该完全消除它，就像我们不应该彻底消除空气污染一下。污染有一个最优的水平，取决于我们对更干净的环境带来的好处与使环境更干净所需成本的权衡。生产性资产也存在着一个最优闲置水平——当你坐在桌子旁边的时候，你早就不再担心床的闲置问题了。因此，某些闲置成为了经济体正常、健康、高效的特征。但是，每一个现代经济体都经历过这样的时期：闲置水平显著提高，并长时间维持在高位。不合意的闲置水平提高的时期就是经济衰退时期。

闲置可以用多种方法进行度量，但最重要的 3 个指标是：失业率、制造业产能利用率和制造业每周工作时间。

7.1 工人的闲置：失业

我们最熟悉的对不合意闲置的度量是失业率：正在寻找工作的人数除以劳动力总数。从图 7.1 中你可以看到美国失业率的波动，其中正式认可的“国家经济研究局（NBER）衰退”用白色表示。这些数据也列在了表 7.1 中。正式认可的衰退时期是由国家经济研究局中的一个委员会在分析了尽可能多的数据之后选定的。

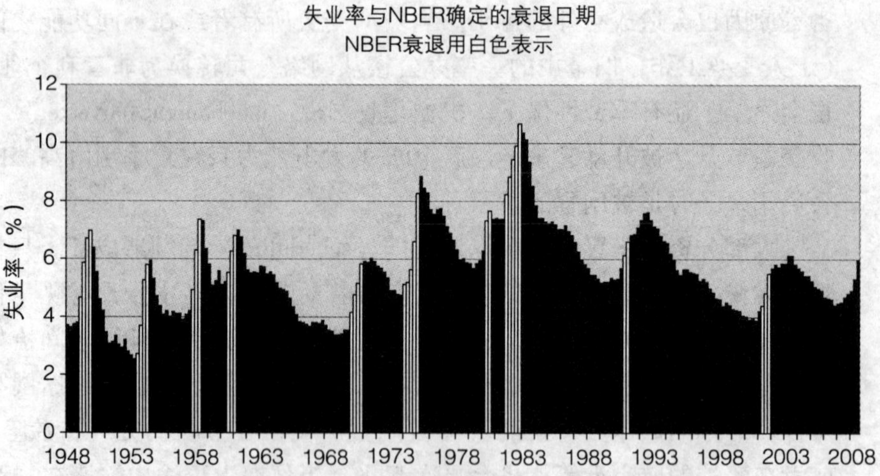

图 7.1　美国失业率：衰退

① 实际上，在航空企业中，西南航空公司（Southwest Airlines）是唯一通过使其昂贵的飞机持续飞行而赢利的企业。

表7.1　美国商业周期的扩张与收缩*

商业周期参考日期		持续月数			
		收缩	扩张	周期	
高峰	低谷	高峰到低谷	上一次低谷至此次高峰	上一次低谷至此次低谷	上一次高峰至此次高峰
括号内数字为第几季度					
1948年11月（Ⅳ）	1949年10月（Ⅳ）	11	37	48	45
1953年7月（Ⅱ）	1954年5月（Ⅱ）	**10**	**45**	**55**	**56**
1957年8月（Ⅲ）	1958年4月（Ⅱ）	8	39	47	49
1960年4月（Ⅱ）	1961年2月（Ⅰ）	10	24	34	32
1969年12月（Ⅳ）	1970年11月（Ⅳ）	**11**	**106**	**117**	**116**
1973年11月（Ⅳ）	1975年3月（Ⅰ）	16	36	52	47
1980年1月（Ⅰ）	1980年7月（Ⅲ）	6	58	64	74
1981年7月（Ⅲ）	1982年11月（Ⅳ）	16	12	28	18
1990年7月（Ⅲ）	1991年3月（Ⅰ）	8	92	100	108
2001年3月（Ⅰ）	2001年11月（Ⅳ）	8	120	128	128
平均（1945~2001年，10个周期）		10	57	67	67

表格中的粗体字表示战争时期的扩张（朝鲜战争和越南战争）、战争时期的收缩，以及包括战争时期扩张的完整周期。

* 收缩（衰退）始于商业周期的高峰期，在低谷处结束。

资料来源：NBER；the U. S. Department of Commerce, *Survey of Current Business*, October 1994, Table C-51.

7.1.1　NBER对衰退的定义不太准确

在对衰退没有明确定义的情况下，国家经济研究局的这个委员会不可思议地开展着工作。下面是他们在其网站上给出的关于衰退的定义：

> 衰退是在整个经济中活动（activity）的显著下降，持续时间超过几个月，通常反映在实际GDP、实际收入、就业率、工业生产和批发零售贸易等方面①。
>
> （http：//nber. org/cycles/，June 18，2003）

---

① 由于衰退会对经济造成全面的影响，而不仅限于一个部门，因此该委员会强调衡量总体经济行为的指标。它认为实际GDP是唯一的最佳指标。因此，在确定衰退是否已经发生以及在确定高峰与低谷的大致日期时，该委员会就会对美国商务部下属经济分析局发布的实际GDP估计值赋予相当大的权重。然而，这一委员会的传统角色是维护一份按月编制的年表（monthly chronology），而经济分析局的实际GDP估计只是每季度公布一次。因此，该委员会利用一系列月度指标来选择高峰和低谷出现的准确月份。

它特别强调整体经济活动的两个月度指标：（1）个人收入减去转移支付（按实际计）；（2）就业率。另外，该委员会还引用了两个主要适用于制造业和商品的指标：（3）工业生产；（4）制造业和批发—零售部门根据价格变化进行调整后的销售量。

很遗憾，国家经济研究局的聪明人们，这不是衰退的定义。这只不过是一个症状的列表。这就好像是说“非典型性肺炎”（SARS）就是发高烧和咳嗽一样。另外，当你使用“显著下降”一词来定义衰退的时候，你就是假设经济的正常状态是适度增长，因此负增长就是一种反常现象。这就像是说“在一段时间内持续的体重下降是慢性病的症状”一样，这只是中年人才有的症状。对于婴儿来说，问题是体重慢慢增加。对于老年人来说，则有其他一些症状。我给国家经济研究局的打分是 B，鼓励他们继续努力。

7.1.2 根据失业率数据识别衰退是小孩子的把戏

尽管国家经济研究局所说的不太清楚，但他们所做的却是显而易见的。如果你要 10 岁的女儿在如图 7.1 所示的失业率数据中指出朝西的山坡，她选择的时期肯定与国家经济研究局选择的时期没什么差别。那是闲置开始增加的时期。你的女儿可能想要对 1991 的衰退多加一些白色，以扩展其长度。国家经济研究局的博士们也许在那次衰退的时间上犯了个错误。在 2001 年的衰退结束后，失业率仍然在相当长的一段时间内持续上升。

但是，衰退过后失业率仍然持续提高也许有其原因。衰退也许只是这场疾病最危险的阶段，此时的失业率快速上升。衰退过去之后，经济并没有恢复正常状态，需要一段时间才能复苏，并逐渐恢复正常。在复苏的第一个阶段，随着需求再次开始增加，企业可能会采取“等等看”的态度，在确信复苏已经开始之前，它们会推迟任何招聘新员工的承诺。在复苏的第一个阶段，失业率会继续提高。

国家经济研究局有一个委员会来应对衰退，但却没有一个正式的委员会来确定什么时候复苏完成。没有问题。你 10 岁的女儿可以看着图形进行一些推测。我把那些我认为是复苏的时期用白色标注出来。在此，我要说明的是：在复苏开始时失业率会有轻微的提高，但很快，这一不合意的闲置就被消除了，失业率迅速恢复正常水平。当失业率达到稳定后，一切就恢复正常了。

7.2 资本的闲置：制造业的产能利用率

除了劳动力闲置的增加外，衰退还伴随着资本闲置的增加。当人们对空中旅行的需求下降时，航空公司通常通过减少航班来维持“座位利用率”（load factors，座位被占用的百分比）。飞机在跑道上停留的时间越来越长，这就造成了资本的闲置。如果对航班的需求持续降低，那么飞机就

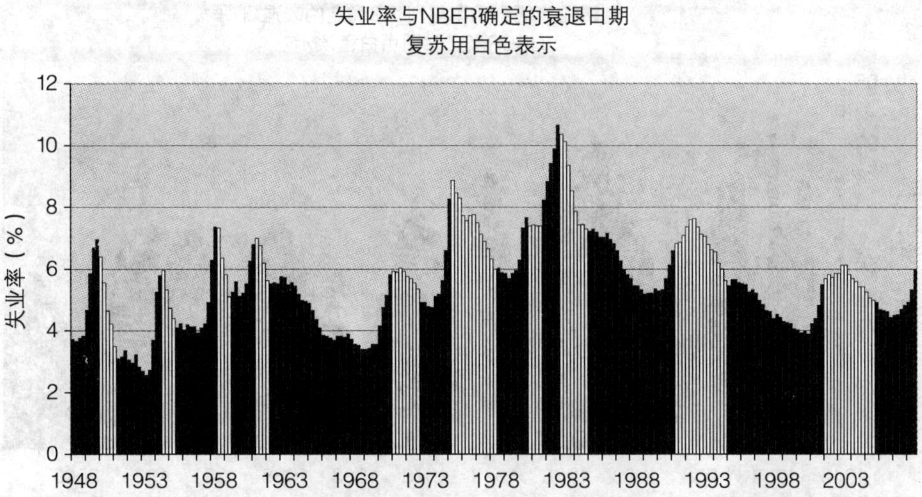

图7.2　美国的失业率：复苏

可能被“封存”在亚利桑那州的沙漠里。这就是资本闲置。

在大多数工作场所，我们很难度量资本的闲置，但是生产设备通常都有一个设计生产能力（designed capacity）。设备的产能利用率是其产出占设计生产能力的比率，这一比率有时候会超过100%。既然我们有你10岁的女儿做国家经济研究局的顾问，那就请她看一看图7.3，该图显示了制造业的产能利用率。不必让她费心知道如何对产能利用率进行度量。只要让她找出朝向东面的山坡，那是产能利用率快速下降的时期。我想她选择的时期与NBER选择的时期应该基本一致。那是资本闲置增加的时期。

7.3　劳动强度：制造业每周工作时间

想要无所事事，你并不需要正式被解雇。你可以坐在工作场所什么都不做，但仍然可以领到薪水。工作中的无所事事很难直接度量，而度量劳动强度（intensity of operation）的一个指标是每周工作小时数（hours per week）。当需求高涨、很难在正常工作日完成工作量时，有三种可能的解

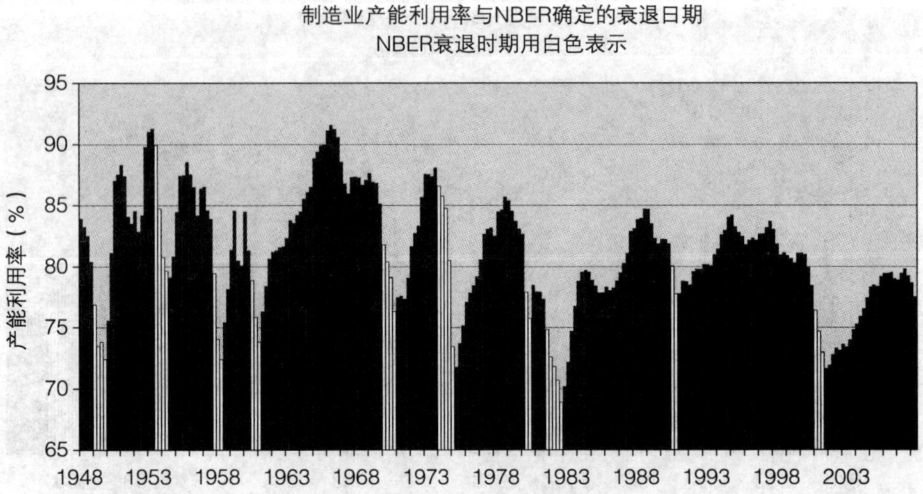

图 7.3　制造业的产能利用率

决方案：加快工作节奏、延长工作时间或聘用更多的工人。下面是典型的响应顺序：工作强度、工作小时数和新工作岗位。对于销售量的意外增加，第一个反应就是加快工作节奏，第二个反应是增加加班时间，第三个反应是聘用更多的工人。如果需求意外下降，那么第一个反应是减缓工作节奏，第二个反应是减少加班时间，第三个反应是解雇工人。尽管每周工作时间的变化通常晚于劳动强度的变化，但这一延迟并不显著，不会影响我们将工作时间当成劳动强度的一种表现。

制造业每周工作时间如图 7.4 所示，NBER 确认的衰退用白色表示。由于数据的波动，让你 10 岁的女儿找出其中的衰退会有些困难。图 7.1 中的失业率高峰与低谷非常平滑，图 7.3 中的产能利用率则不太平滑，而每周工作时间最不平滑。但是，让你的女儿找出图 7.4 中的低谷不会有什么困难，但她可能会将 NBER 确认的包括 20 世纪 60 年代和 90 年代在内的扩张中的波动当成低谷。

7.4　5 个时期：正常增长、增长停滞、加速增长、衰退和复苏

这是你女儿完成的侦探工作。我们可能会意识到一些事情。NBER 的分类系统只有两个时期：正常经济增长（扩张）和衰退。在研究了失业率图形后，我们认为需要另一个类别，即复苏，此时闲置恢复到正常状态。

事情还没有完。再看一看图 7.4 所示的工作时间图。你能看出 1967 年

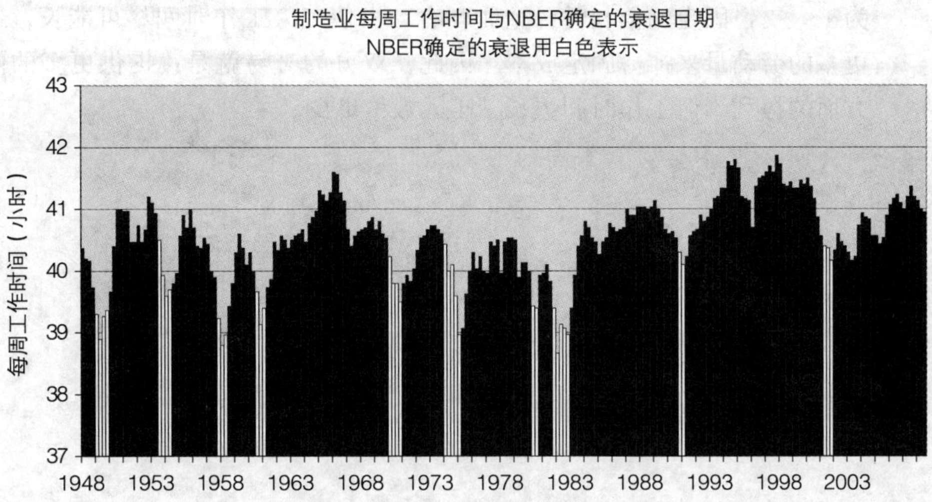

图 7.4　制造业每周工作时间

和 1995 年工作时间的下降吗？同时，我们可以在图 7.3 中进行确认，制造业的产能利用率也下降了。制造业中的这些明显的问题并没有导致衰退。我们将此称为增长停滞（sputter），可能出现衰退。

最后，再看一看如图 7.2 所示的失业率数据，其中复苏时期用白色表示。你能看到随之而来的扩张吗？失业率在几年的时间内相对稳定，但有时候会急剧下降到一个新的、更低的水平。这被称为加速增长（spurt）。

因此，现在你已经知道：NBER 的两个类别（衰退与扩张）是不够的。我们需要衰退、复苏、正常增长、增长停滞和加速增长这样的分类。有时候，正常增长时期会以增长停滞而结束，这就为衰退做好了准备。有时候增长停滞后会出现加速增长。

继续我们的发现之旅。从图 7.4 中我们看到，每周工作 40 小时已经成为过去。从 1948 年至 20 世纪 80 年代中期，每周工作时间都徘徊在 40 小时左右，衰退期间会有所减少，而在扩张期间工作时间会增加。但从 20 世纪 80 年代开始，每周的正常工作时间似乎增加到 41 小时。在 20 世纪 90 年代的扩张中，每周工作时间达到了创记录的 42 小时。是哪些因素造成了工作时间的增加？我认为，不断增加的财富和收入应该使得闲暇时间越来越多而不是越来越少：1900 年为 60 小时，1950 年为 40 小时，而 2000 年为 30 小时。工作时间增加的原因可能是福利（benefit）的增加，特别是医疗保健。现在我们要离开主题讨论一下福利问题，因为它非常有助于我们对资本闲置这一问题的讨论。当你按小时租用一辆卡车搬家时，不管卡车是否被闲置，你都要付费。这就激励你在租赁期间使卡车不停地行驶，以避免闲置。租金越高，令它不停行驶的压力就越大。同样，当每年或每周为工人支付固定的福利时，企业就有动力使工人工作时间尽可能长，通过更多的劳动量来摊薄固定成本。因此，双方的交易就是：提供更多的健康方面的福利，但工作时间更长，工人数量更少。

8 CHAPTER 第8章 衰退比较图

衰退的正确定义是不合意闲置的持续、显著增加。我们在上一章中讨论了度量闲置的3个最重要的指标：失业率、工作强度（制造业每周工作时间），以及制造业的过量产能。大多数其他宏观经济变量在衰退中的表现也各不相同，最值得注意的是NBER纳入衰退定义的变量：实际GDP、实际收入、就业率、工业生产以及批发—零售销售量。让我们来看一看这些变量中的一部分变量以及其他一些变量。

顺便说一句，如果你是被迫进行阅读，那么这一部分材料将无聊到极点，你不妨跳到下一章。如果你把自己当成夏洛克·福尔摩斯（Sherlock Holmes），努力收集各种事实以指出哪些原因是造成各次衰退的罪魁祸首，那么你就会觉得有意思多了。

别忘了，我们是寻找模型、讲述故事的动物。去找到一些模型并讲述一些故事，最好写下来。衰退时期与其他时期有什么不同？为什么？

8.1 衰退的比较：就业与产出

8.1.1 就业人口

图8.1显示出了非农业就业人口（nonfarm payroll employment）的水平，其中NBER认定的正式衰退用白色表示。在该图中，你可以相当清楚地看到每次衰退中就业率的下降。尽管很受欢迎，但这种类型的展示需要你进行大量的观察，以比较一次衰退与另一次衰退的不同。哪一次衰退中的就业率下降最多？哪一次衰退持续的时间最长？

图8.2是另一种类型的图示，它使得我们可以同时直接比较自1948年以来的10次衰退。横轴表示NBER确定的高峰前后的季度数。左边是衰退

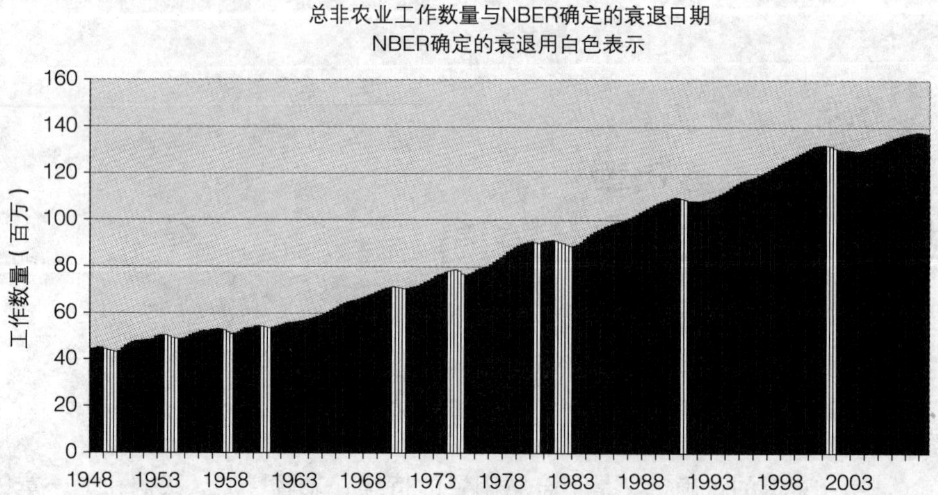

图 8.1　非农业工作数量：条形图

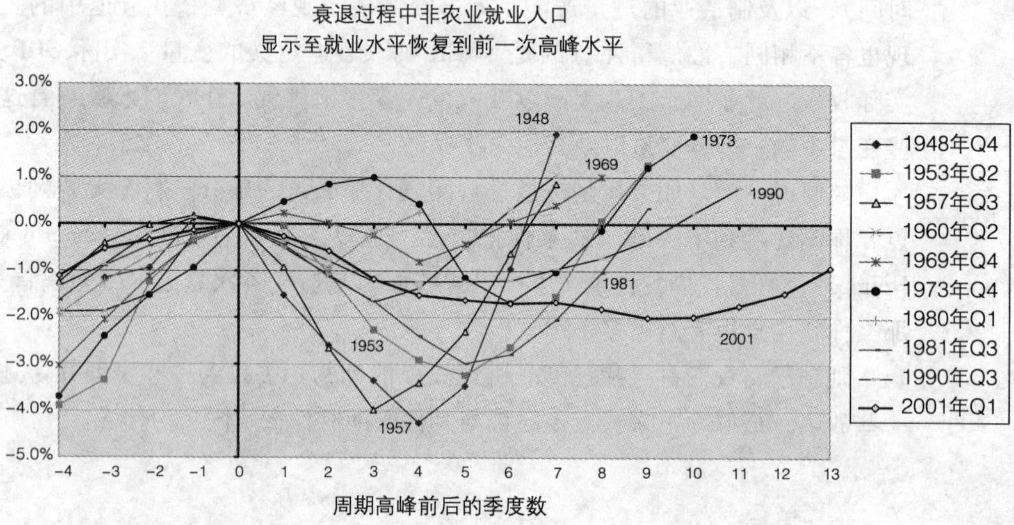

图 8.2　私人部门就业（private payroll）：衰退期间的比较

开始前的季度，右边是衰退的季度。该图显示出的是就业率与高峰就业水平（0季度）之间的百分比之差。这些衰退比较图形显示了每次衰退的数据，直到就业人口水平超过前一次高峰。这就是我们从就业人口开始讨论的原因。

你需要研究一下这张图片。你能从中看出什么？衰退前、衰退中、衰退后典型的就业率轨迹是什么？哪一次衰退是反常的，表现在哪些方面？我会在后面告诉你我从这张图中看出的一些事情，但在阅读我的发现之前，你需要自己去发现一些东西。如果你被迫读下去，并完全依赖于我，那么你就会被剥夺学习的体验。如果允许我把你带到任何地方，那么你就永远也学不会走路。顺便说一句，作为教师，我最大的乐趣是某位学生看到了一些完全被我忽视的重要事情。

……等待你观察图 8.2……

下面是我发现的一些问题：

- 衰退期间就业率水平下降了 2% ~3%。在很久以前的 1948 年、1953 年和 1957 年衰退中，就业率下降更多，达到 5%。
- 就业率从最低点开始恢复通常需要一年多一点的时间。
- 就业率恢复至前一次高峰的水平大致需要两年的时间。
- 复苏期间的就业增长率比衰退前就业增长率要高得多。
- 次疲软的复苏是 1990 年衰退后的复苏，当时花了 10 个季度（2.5 年）的时间才使得失去的工作得以恢复。
- 2001 年的复苏是有史以来持续时间最长的复苏，就业人口水平经过 16 个季度（4 年）才于 2001 年第一季度得以恢复。我们需要非常仔细地观察这次衰退。它在很多方面与其他衰退大不相同。在考虑未来的时候，我们也许希望把它排除在外。
- 根据这些就业数据，NBER 在两次衰退中遗漏了高峰时期。1957 年的衰退开始较早，而 1973 年的衰退开始较晚。NBER 选择就业增长显著放缓的季度作为 1973 年的高峰，但它仍然继续增长了 3 个季度。我们需要研究一下与这两次衰退相关的其他数据，以确定 NBER 是否出了差错（你希望接受训练还是愿意接受教育？如果你选择接受训练，那就被动地学习并死记硬背吧。如果你选择接受教育，那就积极地质疑每一个所谓的专家吧，包括本书作者在内。训练使你能够解决早已被解决的问题，而电脑就能完成这一工作，而且比你做得更好。如果你想在 21 世纪赢得一份不错的工作，你就必须能够解决还没有被解决的问题。如果你想获得这种技能，那就要选择接受教育而不是训练。找到自己的模型，并讲述自己的故事吧）。

8.1.2　实际 GDP

既然你已经掌握了衰退比较图（recession comparison chart），那就看一看实际 GDP（如图 8.3 所示），告诉我你看出了什么。

下面是我看到的问题：

图 8.3　实际 GDP：衰退比较

- 在衰退过程中，实际 GDP 下降大约 1% ~2%。最大的下降出现在 1957 年和 1973 年的衰退中。
- 从这些实际 GDP 数据看，NBER 对高峰季度的选择没有明显的问题，只是 2001 年的衰退被提前了一个季度。
- GDP 从最低点开始回升大约需要 3 ~4 个季度，随后就会出现强劲的经济增长。这就是复苏。
- 实际 GDP 在 4 ~5 个季度内恢复到衰退前的水平，当这些事件“结束”时，当就业恢复到其高峰水平时，实际 GDP 比前一个高峰时高出 4% ~6%。这样，就业人数没有增加，GDP 水平却显著提高。这意味着生产率提高了。

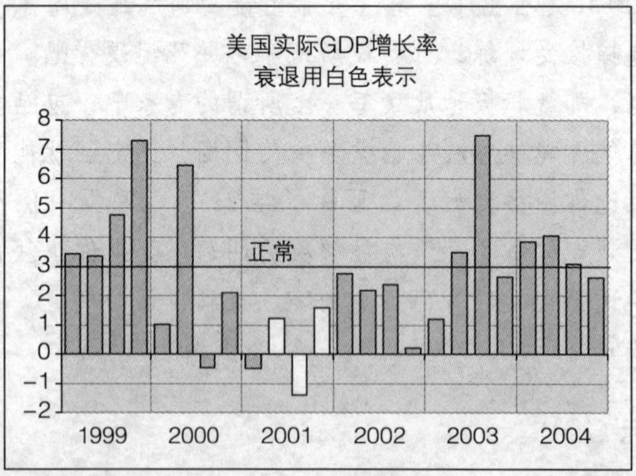

- 将 GDP 负增长作为一个指标，我们可以看出，2001 年的衰退实际上早在 2000 年第三季度就开始了，而结束于 2001 年第三季度。这一时期包含了所有 3 个负增长数字。太糟糕了，在 NBER 确定衰退

始于 2001 年第二季度、结束于 2001 年第三季度时，他们没有获得这些经过修正的数据。

- 2001 年的衰退十分温和且短暂。没有正常情况下出现的增长速度很高的复苏。到 2002 年，仍然低于正常水平。我很奇怪为什么会这样。尽管增长率不是负值，但我想知道我们是否需要将衰退期间延长到 2002 年。就业数据也支持这一结论。

8.2　闲置

既然我们拥有了一个比较衰退的新型图形，那么就可以回头再看一看 3 个闲置指标：失业率、制造业产能利用率和制造业每周工作时间。

8.2.1　家庭失业率

图 8.4 比较了 10 次衰退中的失业率。我将其称为“家庭”失业率（household unemployment rate），是为了提醒你：这一失业率数据是在进行家庭调查时获得的。请注意，这一衰退比较图的纵轴与图 8.2 所示的就业率图的纵轴有所不同。图 8.2（就业率图）回答了这样一个问题：自衰退开始以来，就业率变化的百分比是多少？而图 8.4 回答了这个问题：从衰退开始以来，失业率增加了多少个百分点？从这个意义上讲，最糟糕的衰退发生在 1973 年，失业率增加了 4 个百分点。失业率从 4% 增加到 8%，但你在这张图中看不到这一点。

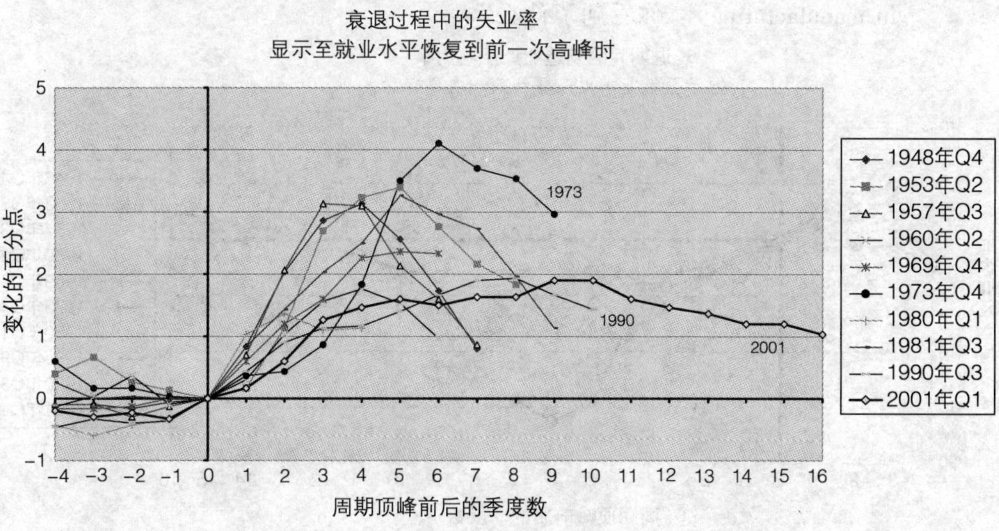

图 8.4　家庭失业率：衰退比较

好，现在轮到你了。看一看这张图，告诉我你看出了什么。请记住，数据一直显示到领固定薪水工作的数量恢复到衰退开始时的水平。

下面是我看出的问题：

- 在衰退期间，失业率上涨了 2% ~3%。失业率的上涨在 1973 年达到 4%，但从失业率的角度看，就业减少最大的 1948 年、1953 年和 1957 年衰退并不突出。
- 失业率从衰退开始至达到高峰需要 1 年多一点的时间。
- 最近的两次衰退（2001 年和 1990 年）发展很慢，而且并不严重。很长时间后（2 年）失业率才达到最高值，而失业率只提高了 2%。我们是不是开始经历一种不同类型的衰退？我想知道下一次衰退会是什么样子。
- 在显示的期间中，失业率水平没有恢复到衰退前的数值。一般来说，失业率比这一水平高出 1% ~2%。这可能会令人莫名其妙，因为就业率水平的确恢复到了衰退前的水平。差别可能来自衰退期间求职者人数的增加，或者来自家庭调查（用于估计受雇用人数）与薪资调查（payroll survey）（用于估计工作数量）之间的差异。
- 根据这些失业率数据，1980 年和 1990 年的衰退似乎比 NBER 的测算早了几个季度——失业率早就开始上升了。

8.2.2 制造业的产能利用率

现在，我们看一看图 8.5 所示的制造业产能利用率（capacity utilization in manufacturing）。你看到了什么？

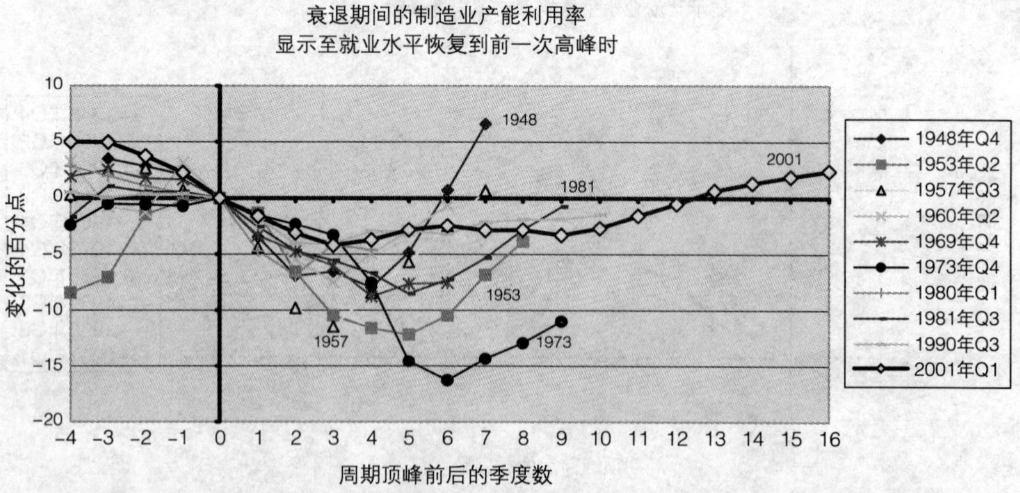

图 8.5 制造业产能利用率：衰退比较

下面是我看到的问题：

- 衰退期间，制造业产能利用率下降了 5% ~10%。产能利用率最大的下降（16%）出现在 1973 年的衰退中。从产能利用率下降的角度看，就业减少最大的 1948 年、1953 年和 1957 年衰退也很突出。
- 产能利用率从最低点开始恢复需要 1 年多一点的时间。
- 当就业率恢复到其前期最高水平时，在 10 次衰退中有 7 次，产能利用率仍然低于其衰退前的数值。
- 根据这些产能利用率的数据，这些衰退中有很多次似乎比 NBER 测算的时间提前了几个季度。或者，你可以将产能利用率称为衰退开始的先行指标（leading indicator）。
- 2001 年的衰退使产能利用率在底部停留了整整一年的时间。这真的令我很惊讶。是哪些因素使此次衰退与其他衰退大不相同？如果这次衰退与众不同，那么货币政策和财政政策是不是也应该与众不同？经济学家会承认“存在着不止一种衰退”这种可能性吗？答案是“否”。

8.2.3　制造业每周工作时间

制造业产能利用率的下降是衰退即将到来的一个早期预警信号。制造业每周工作时间（如图 8.6 所示）是一个更准确的信号。为了说明这张图，请记住，每周正常工作时间为略高于 40 小时。减少 1 小时可能看起来无关紧要，但这种减少还伴随着更慢的工作节奏和加班时间的急剧下降。

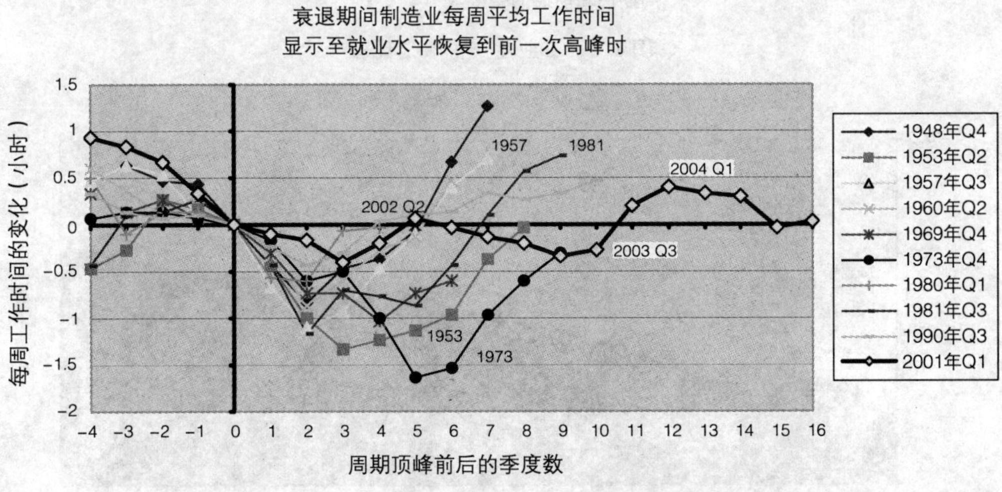

图 8.6　制造业每周工作时间：衰退比较

顺便说一下，请注意 2001 年衰退后出现的步履蹒跚的复苏。2002 年第二季度到底出了什么问题？是“9·11 恐怖袭击”造成的连锁反应吗？这一灾难发生之后，各大报纸的商业版表达了极度的悲观，大多数经理认为他们将永远无法做成一桩生意。为了与这种可能性抗争，企业开始大规模促销。而结果出乎人们的预料。2001 年 10 月，汽车的销售量创历史记录，整个经济中的销售非常旺盛，2001 年第三季度的实际 GDP 增长率为令人压抑的 - 1.4%，而第四季度则达到了 1.6%。为了满足这一意外的销售增长，企业减少了库存。随后，在最初的几个季度里，企业开始通过增加劳动时间和产量来应对库存的下降。在因“9·11”造成的销售量波动平息之后，经济又恢复到无精打采的状态，直到 2003 年第三季度制造业出现明显复苏为止。但遗憾的是，2004 年衰退又开始了（如图 8.7 至图 8.9 所示）。

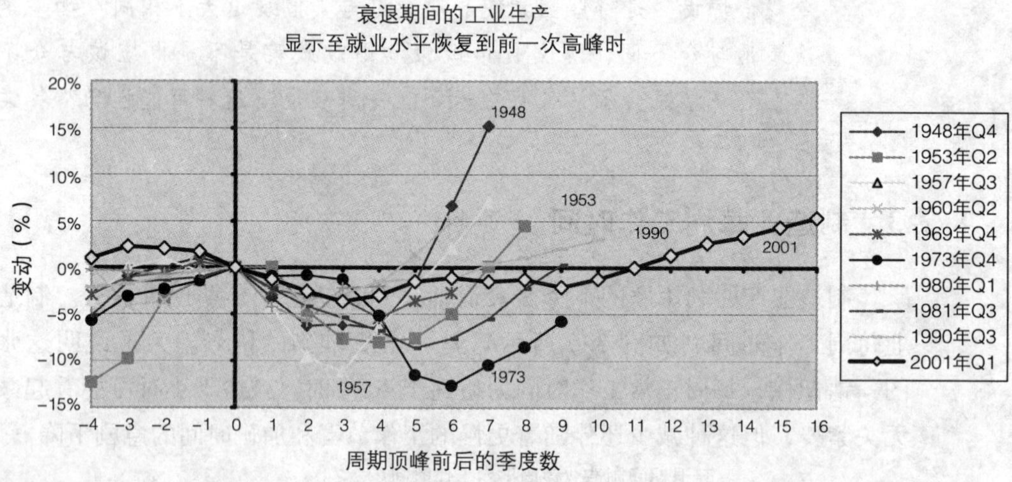

图 8.7 工业生产：衰退比较

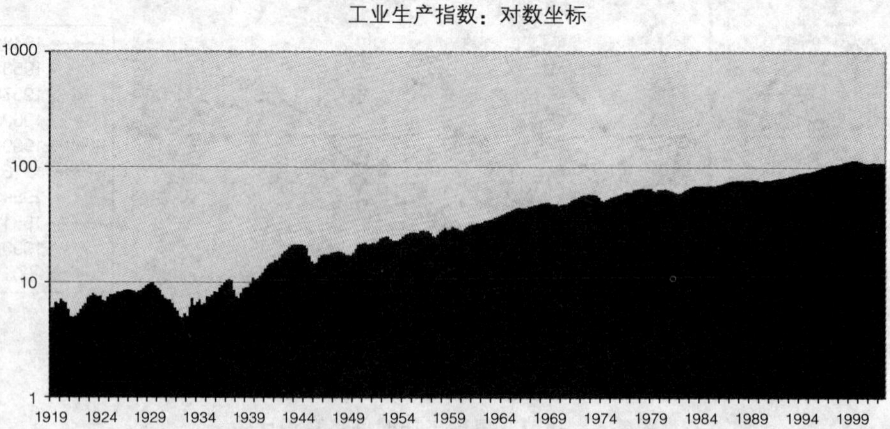

图 8.8 工业生产：长期观点

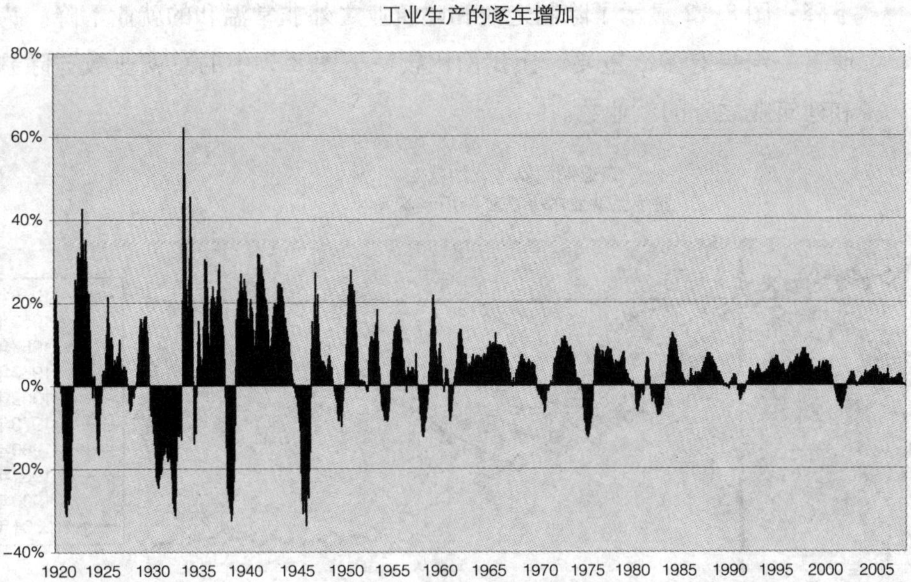

图 8.9　工业生产的增长

8.3　其他指标

8.3.1　工业生产

下面我们看一看工业生产（如图 8.7 所示）。你看出了什么？与 GDP 相比如何[①]？

工业生产数据可以一直追溯到 1919 年，是第二次世界大战之前为数不多的可以利用的商业周期指标之一。看一看图 8.8，说一说你对第二次世界大战前后工业生产的波动性有什么看法。在某种程度上，现在的商业周期是不是更加极端？如果你在这张图中看不出答案，那就看看图 8.9。如何解释工业生产波动性的差异？

8.3.2　制造业和建筑业中的就业

在我们分析这些衰退的数据时，我要给你提供一个真正重大的线索：衰退期间就业减少主要来自两个部门：制造业和建筑业。图 8.10 显示了衰退期间制造业就业的急剧下降；图 8.11 显示了衰退期间建筑业就业的显著

① 答案：在衰退期间，工业生产的变化比 GDP 大得多。为什么？

下降；图 8.12 显示了除制造业和建筑业之外非常温和的就业下降。为了证明这一结果有多么重要，让我们比较一下图 8.2 中的总就业数与除制造业和建筑业之外的就业数。

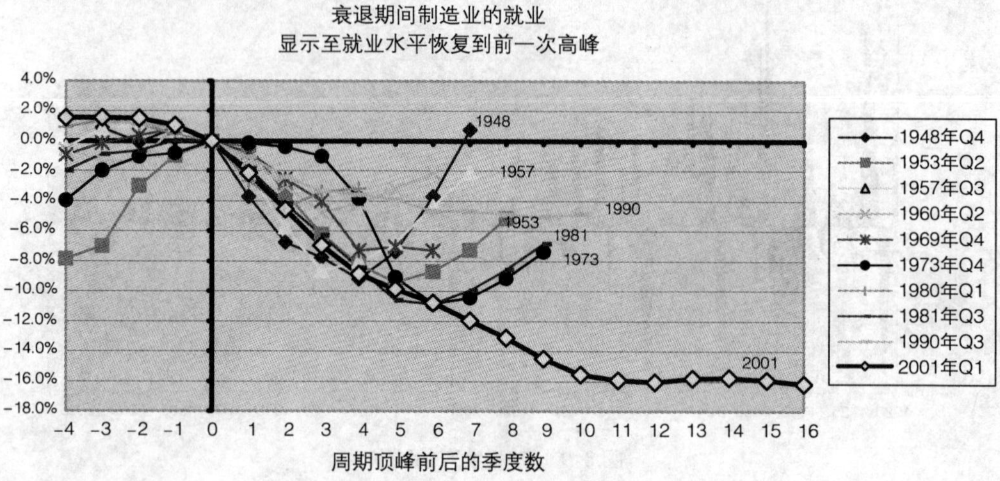

图 8.10　制造业中的就业

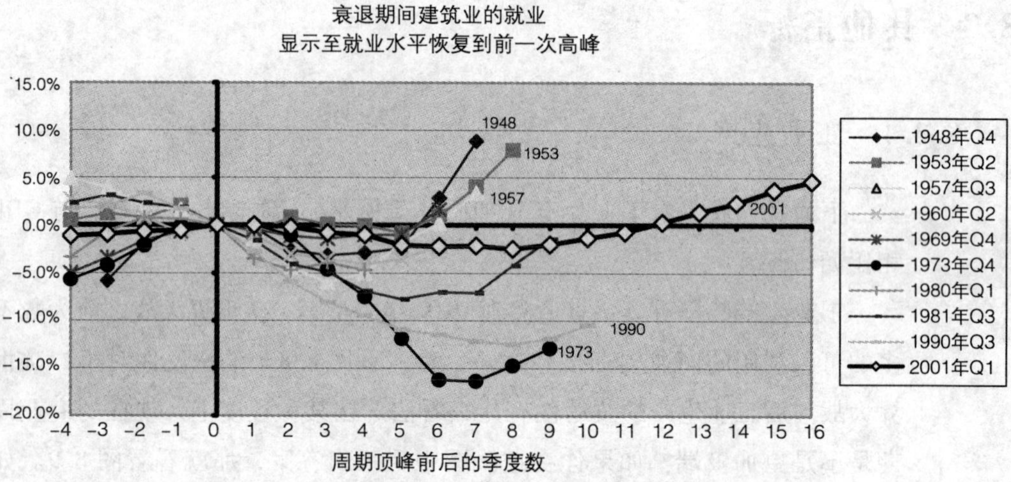

图 8.11　建筑业中的就业

显然，为了理解衰退，我们要非常关注制造业和建筑业。大多数不合意闲置就发生在这两个领域中。

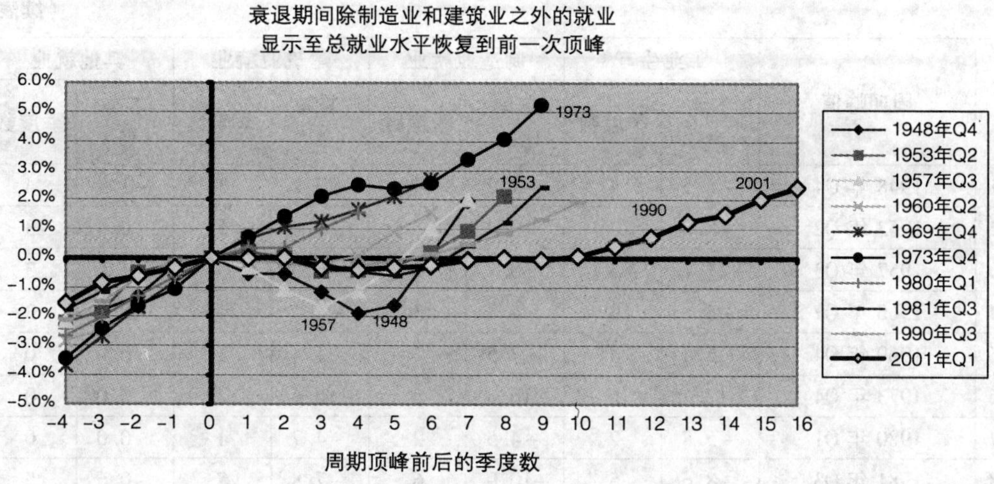

图 8.12　除制造业和建筑业之外的就业

8.4　数字

我们并不是说在无意中“理解了整体情况”。我们在前面讨论的图形都是为了清晰地表达对数据的总体感觉，同时在出现极端事件和反常事件时为我们发出警报。但如果只分析这些图形，你就可能会犯错误。最好利用类似于表 8.1 中所示的实际数字来证实你认为自己看到的东西。

表 8.1　衰退的特征最大的变化与达到最大值或最小值的季度数

	NBER		实际 GDP		失业率		就业率		产能利用率	
	就业峰值	季度数	下降(%)	季度数	增加(%)	季度数	下降(%)	季度数	下降(%)	季度数
1	1948 年 Q4	4	-1.8	2	3.1	4	-4.3	4	-8.0	4
2	1953 年 Q2	4	-2.7	3	3.4	5	-3.2	5	-12.2	5
3	1957 年 Q3	3	-3.7	2	3.1	3	-4.0	3	-11.5	3
4	1960 年 Q2	3	-1.1	2	1.8	4	-1.7	3	-7.5	3
5	1969 年 Q4	4	-0.2	4	2.4	5	-0.8	4	-8.8	4
6	1973 年 Q4	5	-3.1	5	4.1	6	-1.7	6	-16.3	6
7	1980 年 Q1	2	-2.2	2	1.4	2	-0.9	2	-6.9	2
8	1981 年 Q3	5	-2.9	2	3.3	5	-3.0	5	-8.5	5
9	1990 年 Q3	2	-1.3	2	1.9	8	-1.2	4	-4.1	2
10	2001 年 Q1	3	-0.05	2	1.9	9	-2.0	10	-4.2	3
	平　均	3.5	-1.9	2.6	2.6	5.1	-2.3	4.6	-8.8	3.7

（续表）

	周期峰值	工业生产		制造业就业		建筑业就业		其他就业	
		下降（%）	季度数	下降（%）	季度数	下降（%）	季度数	下降（%）	季度数
1	1948 年 Q4	-6.5	4	-9.2	4	-3.2	3	-1.9	4
2	1953 年 Q2	-8.0	4	-9.4	5	-0.8	5	-0.4	3
3	1957 年 Q3	-11.1	3	-8.7	3	-6.0	3	-1.6	3
4	1960 年 Q2	-5.5	3	-4.8	3	-4.1	4	-0.2	3
5	1969 年 Q4	-5.4	4	-7.5	7	-1.4	3	0.0	0
6	1973 年 Q4	-12.7	6	-10.8	6	-16.4	7	0.0	0
7	1980 年 Q1	-5.8	2	-4.5	2	-4.7	4	0.0	0
8	1981 年 Q3	-8.6	5	-10.9	6	-7.8	5	-0.6	5
9	1990 年 Q3	-3.5	2	-5.1	9	-12.5	8	-0.4	3
10	2001 年 Q1	-3.6	3	-16.1	12	-2.5	8	-0.4	4
平 均		-7.1	3.6	-8.7	5.7	-5.9	5.0	-0.6	2.5

注：失业率的增加是指失业率增加的百分点。产能利用率也是如此。

平均来说，自第二次世界大战以来的 10 次衰退使实际 GDP 下降了 1.9%。与产品市场相比，一般来说劳动力市场受到的打击更大。失业率平均上涨了 2.6%，而就业率下降了 2.3%。产品市场只花了 2.6 个季度就达到底部，而失业率达到峰值则花了 5.1 个季度，就业率达到最低则花了 4.6 个季度。就业率的下降幅度略大一些，达到 3%。

尽管在衰退中劳动力的闲置倾向于显著提高，但在这些指标中，制造业的资本闲置受到的打击最大，平均会下降 8.8%，而就业率总体来说只下降 3%。但这就是总体经济与受打击最大的部分（工业）之间的区别。制造业就业率 8.7% 的下降大致与制造业产能利用率的下降相同。这一数值是总体就业率下降（3%）的 3 倍。建筑业就业率下降的百分比介于两者之间，大约是总体就业率下降的 2 倍。

去掉制造业和建筑业后，衰退过程中平均工作减少只有 0.6%。

这一切告诉我们：要多关注制造业和建筑业。

9

CHAPTER

第9章 衰退中哪家欢乐哪家愁

你应该非常关注衰退。

衰退就是销售、现金流和就业市场非常疲软的时期。走进衰退的最糟糕的方式是背负着沉重的债务负担，同时对未来的销售与收入增长抱有过度乐观的态度。如果你的债务是以耐用资产和库存作为抵押，那就更糟了，因为就算你能找到买主，这些资产的价格也非常疲软。因此，在衰退过程中，你不可能通过提高收入来解决偿债问题，也无法通过廉价出售这些资产来摆脱债务。违约拖欠债务和破产是你仅有的选择。在扩张中，事情正好反过来。由硬资产（hard asset）支撑的贷款是自我担保的（self-collateralizing），因为资产会增值。

幸运的是，衰退并不是对经济的所有部门都造成同样的影响。有些部门失去了大量的工作，有些部门丧失了其盈利能力，但有些部门对衰退具有很强的防御能力，而少数部门在困境中却非常繁荣。

如果你在受打击最大的部门中工作，或者你的金融资产集中在受打击最大的部门，那么你就需要寻找一些能够降低风险的资产，以便在衰退来临时能够有效地规避风险。

别以为衰退已经成为过去。这种想法以前曾经流行过，但被证明是错误的。由于1964年肯尼迪政府的减税政策在刺激经济方面取得了明显的成功，因此经济学家们狂妄地召开了一些会议，声称“商业周期结束了”。但是，在20世纪90年代，当人们大肆鼓吹新经济并想象永远也不会再出现衰退时，企业、政府和个人再一次陷入了困境之中。雷曼兄弟公司（Lehman Brothers）的首席经济学家斯蒂芬·斯理弗（Steven Slifer）就曾经说道：

> 现在，越来越多的经济学家正在接受曾经被认为是异端邪说的观点：美国可以持续提高经济增长率，经济可以在这一速度下增长而不会出现通货膨胀，这都是由计算机和信息技术的进步带来的。
>
> “不管今天的生产率有多高，我估计在6个月或1年后，生产率会更

高，"斯蒂芬·斯理弗说，"大约每隔 100 年，就会有真正的大事发生，现在它发生了。"

冒着被怀疑者嘲笑的风险，斯理弗先生补充说，他已经开始相信衰退不再不可避免。"认为经济会持续增长，到 2010 年我们就可以经历第 20 年的扩张，这是不可思议的吗？"他问道。"不。"

但对此持怀疑态度的人则指出了一大堆潜在的问题，包括油价上涨、国家巨额贸易逆差、生产率增长被高估的可能性，以及许多技术公司的股价畸高。斯理弗先生建议他们睁开眼睛看一看。

"他们总是想方设法地找问题，"他说，"时间一年年地过去，情况还是和以前一样好。"

资料来源：New York Times, September 10, 2000, *Rising Productivity Challenges Notions on Limits of Growth* By Alex Berenson.

就衰退而言，我们担心，非常担心，并预计在未来的某个时间它还会卷土重来。

9.1 在衰退中有些部门的工作减少更多

也许你还记得这句俏皮话：衰退就是你丢掉了工作，而萧条就是我也丢掉了工作。

在衰退中，如果你是加州教师协会（California Teachers Association）的会员而不是汽车工人联合会（United Auto Workers）的会员，那么你的工作就更有保障。

表 9.1 列出了最近 7 次衰退期间 16 个主要部门中的工作减少，按从最差到最好进行排序。在衰退中，你希望你的工作位于这一列表的底部而不是顶部。每一行的最大值用粗体字表示。

表 9.1 在衰退中以及衰退刚刚结束时各部门的工作减少（%）

	1960 年 Q2	1969 年 Q4	1973 年 Q4	1980 年 Q1	1981 年 Q3	1990 年 Q3	2001 年 Q1	**平均**	**最大值**
耐用品生产业	-6.7	-10.1	-12.3	-5.9	-14.0	-7.6	**-17.6**	-10.6	-17.6
自然资源开采业	-11.5	-8.4			**-20.0**	-12.1	-5.9	-8.3	-20.0
建筑业	-4.1	-1.4	**-16.4**	-6.9	-7.8	-12.6	2.4	-7.4	-16.4
信息业	-3.3	-2.8	-5.0	-2.6	-11.6	-2.2	**-15.1**	-6.1	-15.1
非耐用品生产业	-2.0	-3.5	-9.0	-2.1	-5.8	-1.7	**-12.9**	-5.3	-12.9
运输与仓储业	NA	NA	-4.9	-2.9	**-6.9**	-0.8	-6.2	-4.3	-6.9
批发贸易	-0.8			-0.4	-3.1	-3.9	**-4.3**	-1.8	-4.3

（续表）

	1960 年 Q2	1969 年 Q4	1973 年 Q4	1980 年 Q1	1981 年 Q3	1990 年 Q3	2001 年 Q1	平均	最大值
联邦政府	-2.8	-2.6		-0.3	-1.7	**-3.6**	-0.6	-1.7	-3.6
公用事业	NA		-1.2			-3.4	**-4.8**	-1.6	-4.8
零售贸易	-1.5		0.0	-0.7	-0.6	-2.6	**-2.9**	-1.4	-2.9
专业与商业服务						-1.9	-5.3	-1.0	-5.3
休闲旅游业	**-0.8**			-0.4	-0.2	-0.7	-0.6	-0.4	-0.8
州和地方政府				-1.0	**-1.2**			-0.3	-1.2
金融活动						**-1.8**		-0.3	-1.8
其他服务						**-1.2**		-0.2	-1.2
教育与医疗服务								0.0	0.0

最好的部门是教育与医疗服务部门，在7次衰退中，它们从来没有出现过工作的净减少。最糟糕的部门是耐用品生产部门（想一想汽车和洗衣机）。在这7次衰退中，耐用品生产部门的工作平均减少了10.6%，而在2001年的衰退中受到的打击尤其严重，当时有17.6%的工作消失了。

表9.2是从不同的角度来观察同样的数据，它为我们找出了对工作减少影响最大的部门。这些数字加在一起就是各次衰退中的工作减少总量。根据这一指标，2001年的衰退是有史以来最严重的，工作数量减少了4.12%。有意思的是，从GDP的角度看，2001年衰退非常温和。我们需要对此次衰退进行深入的分析。

表9.2 各部门对总工作减少的影响（%）

	1960 年 Q2	1969 年 Q4	1973 年 Q4	1980 年 Q1	1981 年 Q3	1990 年 Q3	2001 年 Q1	平均	最糟糕
耐用品生产业	-1.12	-1.61	**-1.83**	-0.78	-1.79	-0.74	-1.43	-1.33	-1.83
非耐用品生产业	-0.24	-0.35	**-0.83**	-0.17	-0.44	-0.11	-0.16	-0.39	-0.83
建筑业	-0.23	-0.07	**-0.89**	-0.35	-0.36	-0.60	-0.13	-0.37	-0.89
信息业	-0.10	-0.08	-0.14	-0.07	-0.30	-0.05	-0.42	-0.17	-0.42
运输与仓储业	NA	NA	-0.17	-0.10	**-0.22**	-0.03	-0.21	-0.14	-0.22
零售贸易	-0.16		0.00	-0.08	-0.07	-0.32	**-0.34**	-0.14	-0.34
专业与商业服务						-0.19	**-0.67**	-0.12	-0.67
自然资源开采业	-0.17	-0.08			**-0.27**	-0.08	-0.03	-0.09	-0.27
批发贸易	-0.04			-0.02	-0.16	**-0.19**	-0.19	-0.08	-0.19
联邦政府	**-0.12**	-0.11		-0.01	-0.06	-0.10	-0.01	-0.06	-0.12
州和地方政府				-0.15	**-0.17**			-0.05	-0.17
休闲旅游业	-0.05			-0.03	-0.02	**-0.06**	-0.05	-0.03	-0.06
金融活动						**-0.11**		-0.02	-0.11
公用事业	NA		-0.01			**-0.02**	-0.02	-0.01	-0.02

（续表）

	1960 年 Q2	1969 年 Q4	1973 年 Q4	1980 年 Q1	1981 年 Q3	1990 年 Q3	2001 年 Q1	平均	最糟糕
其他服务						**−0.05**		−0.01	−0.05
教育与医疗服务								0.00	0.00
总　计	−2.23	−2.31	−3.87	−1.75	−3.86	−2.64	−4.12		

图 9.1 显示了周期性最明显的部门的数据，图 9.2 显示了中等周期性部门的数据，而图 9.3 显示了周期性最不明显的部门的数据。看一看图 9.1 中的耐用品生产业和图 9.3 中的教育与医疗服务业。它们之间的差别太大了！

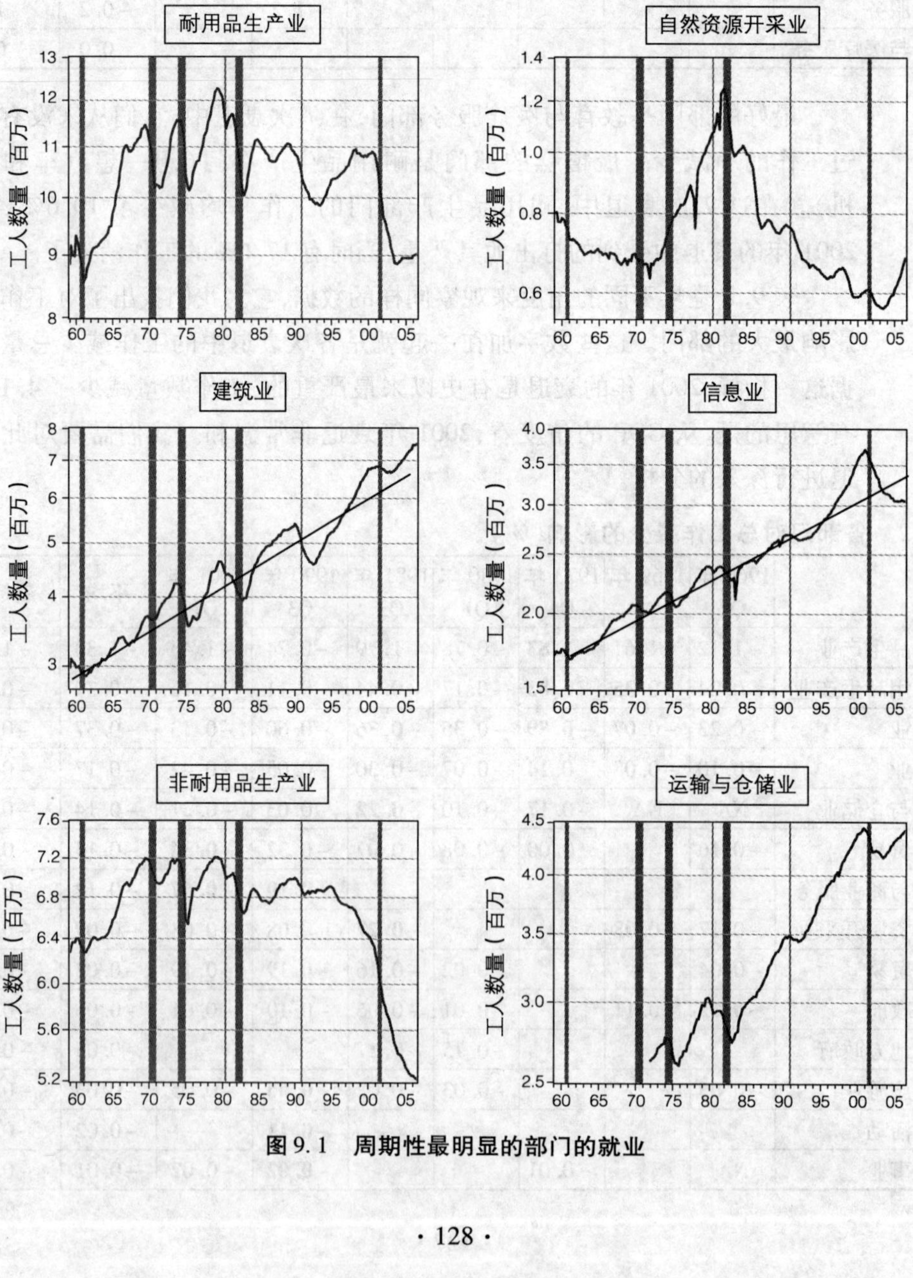

图 9.1　周期性最明显的部门的就业

表 9. 2 中列出的对工作减少总量的影响表明,工作减少主要出现在制造业和建筑业中。平均来说,有大约 70% 的工作减少发生在这些部门,而当前它们只占就业数的 20%,随着时间的推移,这一比例还在继续减小。这些事实反映在图 9. 4 中,该图显示了在这些关键部门(制造业和建筑业)的就业情况以及在其他部门中的就业情况。从中你可以看出,在周期性部门之外,工作增长非常稳定,而在制造业和建筑业中,工作波动剧烈。

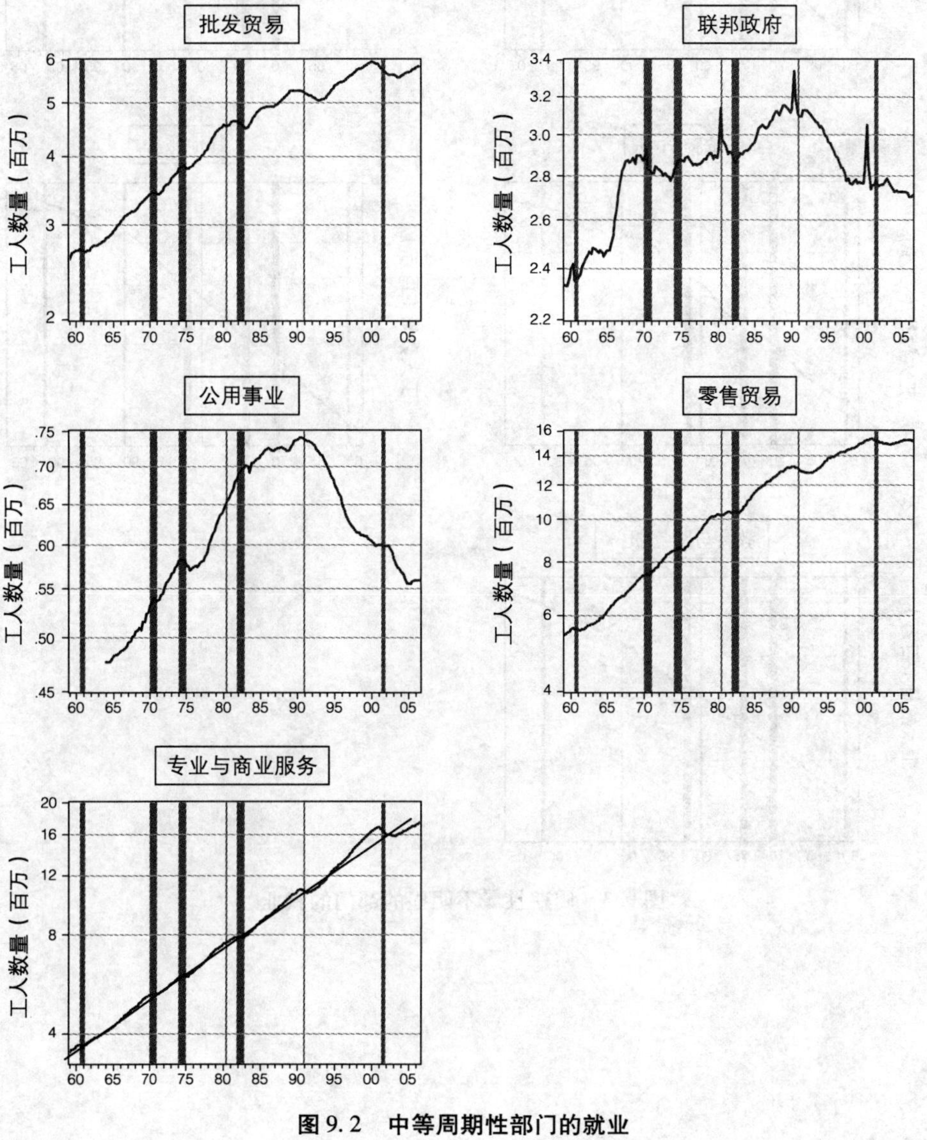

图 9. 2　中等周期性部门的就业

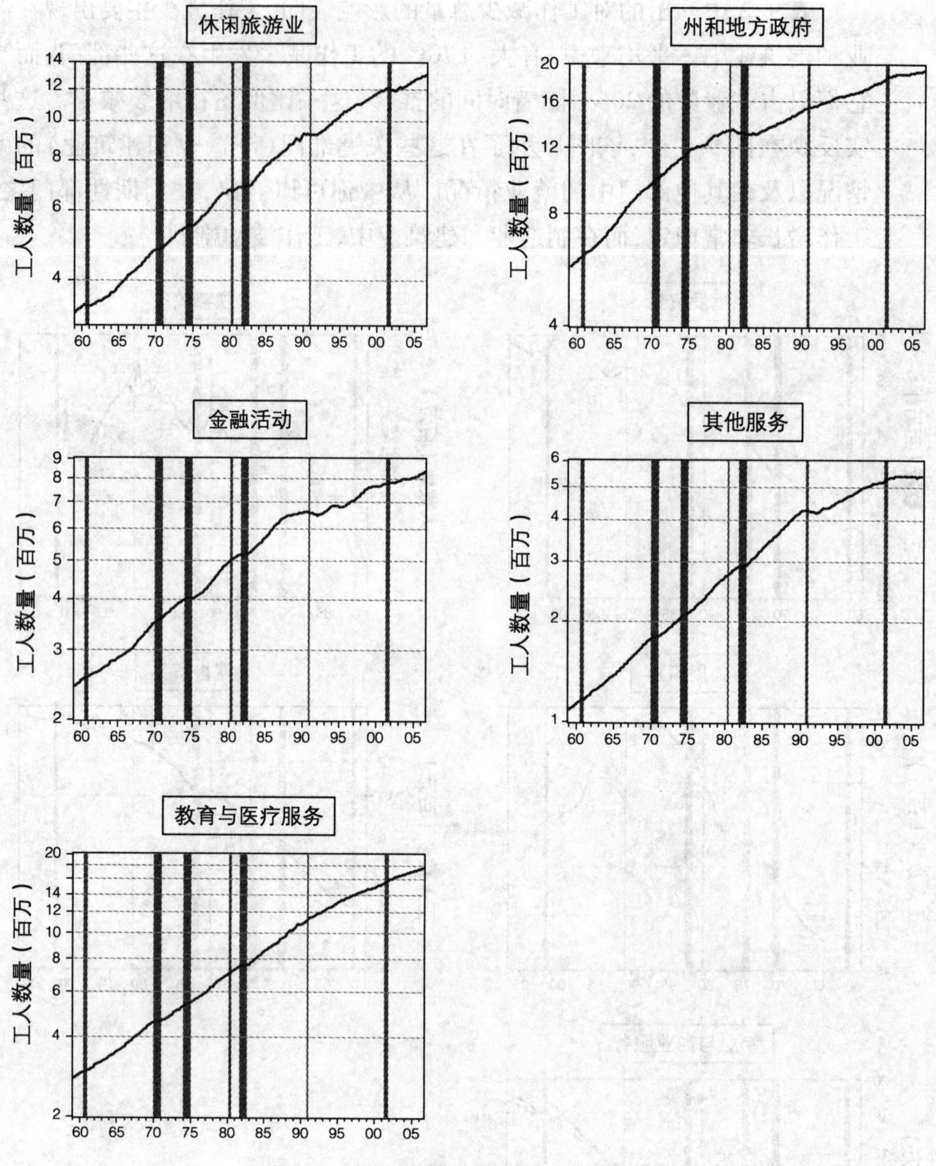

图 9.3　周期性最不明显的部门的就业

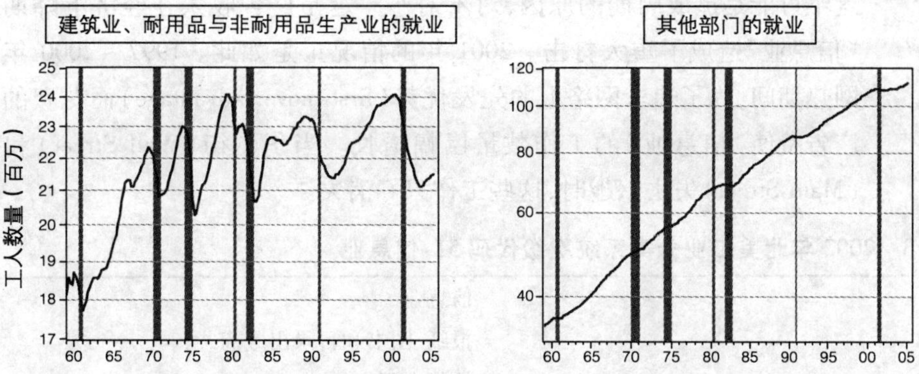

图9.4　对就业周期产生影响最大的三个部门与其他部门的对比

9.1.1　2001年的衰退有些反常

表9.1和表9.2在许多方面都揭示出2001年的衰退不同一般。制造业的工作受打击特别大，但“信息业”(information)、专业与商业服务、零售贸易和批发贸易中也有着不同寻常的工作减少。

从“信息业”以及专业与商业服务对2001年工作减少的影响中推断出下面的结论很有诱惑力：这些独特性是美国从工业经济向后工业化经济转型的影响造成的，它会让人们认为在下一次衰退中，这些知识服务部门(intellectual service sector)仍然将造成很大的影响。但是，如果说2001年的衰退是后工业时代的第一次衰退，那么在耐用品和非耐用品生产等工业部门中的确也存在着很多的工作减少！事情有些奇怪。

从某些方面看2001年的衰退不同寻常的原因在于：1997～2000年以相反的方式显得不同寻常。两种不同寻常加在一起就是正常。这就是在2001年发生的情况：回归正常。

“信息业”是一个很好的例子。为什么信息业是一个周期性部门，在2001年的衰退中工作减少了15.1%？看一看图9.1所示的数据。这是一个相当大的部门，2001年衰退后在这一部门工作的人数下降了，但仍然达到310万人。该图的纵轴是对数坐标，画在图中的直线代表一个不变的增长率。由于有了这条直线，你就能非常清楚地看出20世纪90年代末互联网热期间信息业中工作数量的增加超越了长期趋势。因此，在2001年的衰退中，这一部门工作的大量减少就是由1998年、1999年和2000年工作数量的增长远远高于正常趋势所造成的。2001年是回归正常。

那么，准确地说，什么是“信息业”呢？它不可能仅仅包括查询台的话务员，对不对？表9.3列出了信息业这一类别的次级代码(subcode)。我不懂是什么意思，但当我观看电影《金刚》(*King Kong*)时，我就在接受“信息”。

这不可能是造成周期的原因,对不对？一定是广告收入在经济下降期间对“信息业”造成了重大打击。2001 年的情况正是如此。1997 ~ 2000 年互联网热期间,为了追求网络上的先发优势(first-mover-advantage)而花费的巨额广告费使“信息业”的工作数量巨幅增长。当华尔街(Wall Street)和公众(Main Street)失去兴趣时,这些工作只好消失。

表 9.3　2002 年北美工业分类系统次级代码 51:信息业

51	信息业
5111	报纸、图书和目录出版商
5112	软件出版商
5121	电影和录像业
5122	录音业
5151	无线电和电视播送
5152	有线电视及其他订阅节目
5171	有线通信业
5172	无线通信业
5173	电信经销商
5175	有线电视及其他节目销售
5181	因特网服务提供商和网络搜索门户
5182	数据处理及其他服务
519	其他信息服务

并非只是“信息业”的工作减少,专业与商业服务中的工作也减少了。如果没有画在数据中的那条直线,我们可能难以在图 9.1 中看出互联网热期间专业与商业服务业工作数量的上升,但由于有了这条直线,你看到了这一点。

因此,看起来我们可以将 2001 年信息业和专业与商业服务业中工作的减少归因于因特网热,而这种因特网热是不会重复的,而且没有任何迹象表明这些部门会对未来的周期造成影响。

除了信息业和商业服务业受 2001 年互联网泡沫影响而造成大量的工作减少外,建筑业也有些反常,因为它只造成了 3% 的工作减少,而这一部门的平均值是 13%。对于这一点,我们要感谢 2001 年住宅建设的力度,还要感谢格林斯潘先生制定的极低的利率,以及除住宅外金融投资机会非常稀少。

但制造业是什么情况呢？它为什么在 2001 年受到沉重的打击？这与互联网热有关吗？更重要的是,制造业中的工作为什么没有恢复呢？这个问题很难回答,但在互联网热期间对市场份额而不是收益率的追求很可能有助于美国制造业工作的维持,并掩藏了由技术进步和全球化推动的长期下降趋势。这些潜在的力量在2001年的衰退中灾难性地爆发了。但是,美元相对于欧元的贬值早已发生,在将来必然发生的美元相对于亚洲货币的贬值将有助于美国工作数量的恢复。

9.1.2 2001年的衰退有些反常,下一次衰退会是什么样子?

制造业和建筑业工作周期的配合一直很好。这不是从现在才开始的。制造业处于低谷时,建筑业位于顶峰。这就造成了一种不同的衰退,其中没有制造业正常的工作减少。

分析一下图9.1中的耐用品生产、建筑业和非耐用品生产,将有助于我们思考下一次衰退(如果它很快就来临的话)。从2006年起,耐用品或非耐用品制造业中的工作就从来没有"复苏"过,从历史标准看,这些部门中的就业水平很低。因此,这些部门似乎不大可能出现另一次显著的工作减少。虽然上涨后一定会降下来,但如果没有上涨,那就不会下降。

在图9.1所示的周期性部门中,大部分看起来更接近其低谷而不是高峰。异常的工作增长仅限于建筑业。如果我们对建筑业进行修正使其回到趋势线,那就意味着要减少50万份工作,而如果降低到衰退时的水平,那么我们就要损失700万份建筑业工作中的大约100万份。这对于建筑业来说难以忍受,但相对于1.33亿份领固定薪水的工作(payroll job)而言,这100万份工作只占其中的1/133=0.8%。这能宣告衰退的来临吗?不能。从工作减少的角度看,最微弱的衰退发生在1980年,只减少了1.8%。要想见识到真正的衰退,我们还需要再损失100万份或更多的工作,但这一工作减少来自哪个部门呢?图9.2所示的信息业似乎没有过量雇用,因而不大可能促成工作的减少。也别指望图9.3所示的运输和仓储业能够减少多少工作——它们已经不太正常了。

总而言之:下一次衰退可能不是全国性的衰退。可能出现增长停滞,但不是正式的衰退。工作减少可能主要集中在建筑部门。

9.2 在衰退中许多部门的利润受损

在衰退中不仅仅是工作受到影响。价格、工资、利润在经济低迷时都很疲软。

图9.5显示出了每年公司利润占GDP的份额,其中衰退用菱形表示。在此你可以看到,除1990~1991年间的衰退外,其余每次衰退都伴随着利润的大幅下降。奇怪的是,里根政府扩张期间,利润出现了大幅下降,而在布什

总统任职期间，利润又出现了惊人的上涨。

图 9.5　公司利润与衰退

在衰退过程中，有些部门受到的打击特别严重。图 9.6 显示了汽车业的利润占 GDP 的份额。对于美国汽车业来说，其盈利能力一直在下降，几乎已经没有利润可言，但还存在着一个非常显著的周期，在衰退期间利润会急剧下降。如果你希望从事能够防范衰退的工作，那就关注一下烟草制品业吧，其利润占 GDP 的份额如图 9.7 所示。与汽车业一样，烟草业的利润占 GDP 的份额也在不断下降，但要记住，这并不是烟草业的全球利润，而只是在美国销售烟草获得的利润。

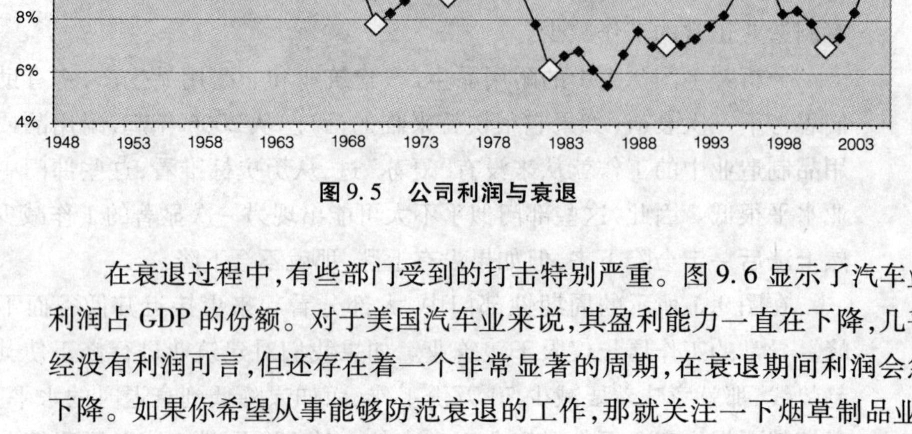

图 9.6　汽车生产企业的公司利润与衰退

表 9.4 详细说明了不同部门中衰退对企业利润的影响，按在 9 次衰退中表现从最坏到最好排序，将 1980～1982 年作为一个特例。问题主要出在经济的商品面（goods side）：获得原材料，生产产品，然后把它们交付出去。能够抵抗

衰退的部门是服务业、FIRE(金融、保险和房地产)、通信业和公用事业部门。

图 9.7　烟草制品生产企业的公司利润与衰退

表 9.4　组织利润对衰退的敏感性

衰退对企业税前利润的影响(%)									
	衰退年份								
	1949 年	1953 年	1957 年	1960 年	1970 年	1975 年	1980/82 年	1990 年	2001 年	平均
总　　计	-17	-2	-15	-4	-11	-2	-27	7	-8	-9
运输业	-32	-47	-41	-24	-108	-54	-104	-50	-95	-62
制造业:耐用品	-16	-9	-32	-20	-40	-7	-80	-41	-146	-43
采矿	-32	-13	-34	16	41	0	-161	10	5	-19
批发贸易	-36	-18	-16	-13	-2	-14	-22	-16	-22	-18
农林渔业	-23	-35	-13	78	-67	77	-97	-31	-18	-14
建筑业	-7	-14	3	-32	-2	14	-54	-30	5	-13
制造业:非耐用品	-25	3	-18	-7	-6	0	1	-4	-15	-8
零售业	-28	-10	-9	-16	-5	27	-18	-1	14	-5
服务业	-9	-5	-6	-5	-7	26	4	28		3
金融、保险和房地产业	17	10	5	7	10	1	-43	19	11	4
通信业	6	16	8	7	-12	-2	2	10		4
电力、煤气和公共卫生服务	13	6	-1	14	-13	70	25	3	-3	13

注:2000 年的数据根据 NAICA 的分类而来。SIC 于 1987 年进行了修正。

第三部分 B

衰退的故事

10

CHAPTER

第 10 章 有关闲置的故事

当代工业经济受到共同的两极化病(bipolar disease)的困扰,即在极度活跃和令人抑郁的闲置这两个极端之间来回摆动,其间经济会在一些时候处于正常状态。为什么会这样?为什么全能的市场不能仅为我们提供令人满意的结果,使我们每个人都能享受到恰当比例的闲暇与工作?我们能做些什么,以缩短不合意闲置的时间或使它不太极端?

我们的确可以做些什么。当农业工人由于干旱毁掉了他们的庄稼而失去工作时,他们可以去雨神的神殿里祭拜,向祭司献上一些贡品,并祈祷能够获得好的收成。当产业工人失去工作时,他们拥有一个选择:可以去祭拜市场神庙,向经济学家们献上一些贡品,祈祷获得更高的收入;也可以去祭拜政府神庙,向政治家们献上一些贡品,祈祷获得更好的结果。

经济学家们宣扬一种简单的思想:市场好,政府坏。根据他们的教义,市场会为我们带来连做梦都想不到的财富,但前提是我们必须发誓效忠市场,并永远蔑视政治家们的说教,因为他们会让我们错拜政府这尊神。如果我们想要繁荣,就必须将我们的命运交给市场这只看不见的手。如果允许政府这只"看得见的手"进行干预,我们就会激怒市场,并造成失业和贫困。经济学家为不合意闲置开出的药方是更加坚定的信念。

政治家们则提供了相反的建议:不要相信无情的市场,政府好,市场坏。根据他们的观点,市场必须受到管制和控制。只要以纳税、捐献或贿赂的方式献上祭品,政治家们就可以扭曲市场来满足你的需求。他们提供低息借款、政府拨款(pork-barrel)、最低工资、为外国竞争对手设置障碍、挽救出现问题的企业、对大企业进行管制、你的医疗保健费用由未来的某一代人支付,等等。政治家们告诫我们,不要只依赖市场,他们保证他们会让这一切发生。他们会采取行动的。

决定去哪座神庙祭拜并不容易。找到一些模型并讲述一些故事应该对我们有所帮助。

10.1 经济学家们到底如何解释不合意闲置

当你祭拜市场神庙时,如果你提出下面这个问题,就会被认为是亵渎神灵:“为什么会存在不合意闲置?”但如果你坚持,那么你得到的答案通常会含含糊糊,总之无法理解。

在下层民众面前,经济学家对市场的信心不像他们在自己的象牙塔里阅读古老的文献、研究市场数据时那样坚定。对大多数经济学家来说,不合意闲置是一个令人讨厌的谜,因为他们那个简单的供给与需求模型会使他们认为,市场本身应该找到平衡供给与需求的价格,只会产生令所有人都满意的闲置。他们认为市场是这样运作的:如果某人想要工作,或者如果一家工厂的产能没有得到充分利用或办公大楼的房间没有全部租出去,那么市场就会降低其价格,以产生更多的需求或更少的供给,直到获得“刚刚好”的解决方案:价格既不太高,也不太低,正合适。

具有可变价格的市场均衡

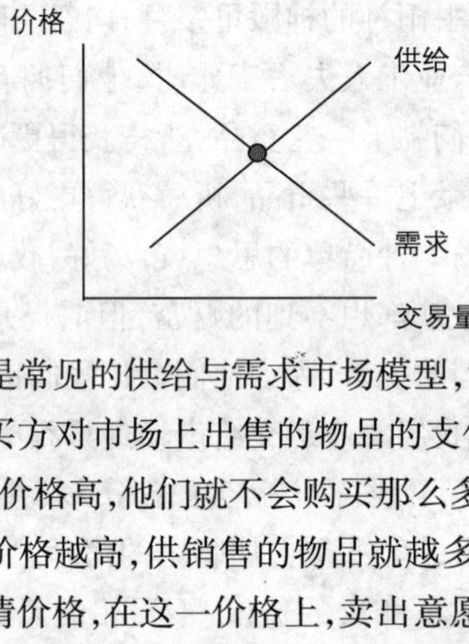

上面这张图是常见的供给与需求市场模型,它准确地表达出了这种思想。需求曲线代表购买方对市场上出售的物品的支付意愿。如果价格低,他们就会购买很多;如果价格高,他们就不会购买那么多。供给曲线代表卖方卖出其物品的意愿——价格越高,供销售的物品就越多。供给曲线和需求曲线的交点确定了市场出清价格,在这一价格上,卖出意愿和买入意愿恰好相等。人们希望有效的自由市场能够迅速找到这一市场均衡点,这样,办公室就能全部租出去,每一个想要工作的人都能找到工作,尽管工资水平不一定令所有人都满意。对于处于劳动力市场“边缘”的人来说,工作和不工作是无差别的。工资最轻微的下降就会令他们对老板说:“去你的,什么破工作。”

根据这一模型,不合意闲置只能由“粘性价格”(sticky price)引起,也就是市场失灵(market failure),它会阻止能够消除闲置的价格与工资下降,如下图所示,价格被固定在市场出清价格之上。在这一高价格下,卖方愿意卖出的数量多于买方愿意买入的数量。如果我们讨论的是办公空间或劳动小时数,那么这些固定的价格就会导致不合意的闲置。如果价格能够降低,则这一不合意的闲置就可以被消除。在更低的价格下,顾客将愿意购买更多,而卖方愿意卖出的数量将减少。在市场出清价格下,将不存在不合意的闲置:在现行工资率下,没有人找工作,也没有办公室等待出租。

固定价格下的市场均衡

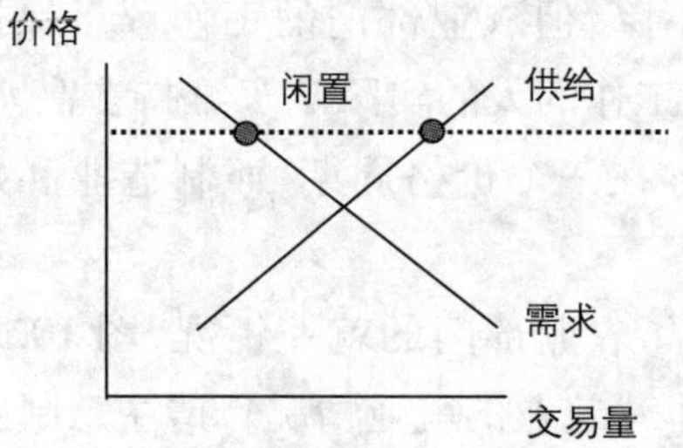

根据这一模型,不合意闲置是由市场降低价格的自由受到阻碍造成的。如果不明智地妨碍这一自由,市场可能在另一个方向犯相反的错误——价格过低。如果价格低于市场出清水平,那么需求就会大于供给。这时市场的病症就不是闲置,而是配给(rationing):有些购买者得到了商品,而其他人则得不到。

许多经济学家都会轻松地假设:价格容易上升,但很难下降。在对粘性价格进行研究时,经济学家通常都会将劳动力市场当成罪魁祸首。工资具有粘性。这一点你是知道的。上一次你的老板把你叫到他或她的办公室里,向你解释现在世道不好,需要降低你的薪水,那是什么时候的事?这种情况的确会发生,但不会经常发生。因此,对工人需求的增加会提高工资水平,但当需求再次下降时,工资却维持在高水平上。这一高价格再加上持续的需求疲软,使得雇主愿意雇用的人数与寻找工作者的人数之间出现了缺口。这样,工人就要忍受失业了。

这与商业周期有什么关系呢?让我们继续讲故事。当扩张的后期寻找工作的工人非常少时,工资就会被哄抬起来,但当需求不可避免地下降时,工资却不会再降下来,当工人不愿意接受市场对工资的削减时,他们就失业了。一些工人失业后会减少支出,这样其他工人也就失业了,这都是出于同样的原因——工资缺乏弹性[①]。

① 治疗劳动力不合意闲置的一个药方是产品价格上涨。雇主雇用工人的意愿取决于工资率(wage rate),但同时也取决于工人们生产的产品的价格。经济学家们称之为实际工资(real wage):工资率除以产品价格。因此,如果联储感到失业率太高了,他们会开出一剂货币政策的药方,帮助提高产品的价格,以便让劳动者回到工作中。但是,如果联储不能胜任这一工作,那还有另一种平衡劳动力市场的方法:等待生产率的提高发挥效果。重要的不仅是实际工资,生产率(每小时的产出)也很重要。这是单位劳动成本(unit labor cost):每小时实际工资除以生产率。不幸的是,生产率提高的速度相当慢,因此别指望它能帮你解燃眉之急。

10.1.1 工作周期主要出现在建筑业和制造业

上面关于面对需求下降而工资不能下降的叙述很有意思，但还有一些重要的模型，任何关于周期性闲置的故事都要正视这些模型。一个明确的事实是：反常的闲置主要出现在制造业和建筑业这两个部门中。在大萧条中，尽管实际工资直线下降，但农业部门的工作数量保持了稳定；同时，在制造业中，尽管那些保住工作的人的实际工资维持在高水平，但工作的数量却直线下降。农业部门存在一个价格周期，而制造业和建筑业存在一个数量周期（volume cycle）。

图 10.1 显示了农业部门的就业情况，图 10.2 显示了制造业的就业情况，图 10.3 显示了建筑业的就业情况。请注意制造业和建筑业的波动，这与农业部门工作数量的稳定性形成鲜明对比①。这是因为工资在制造业和建筑业中具有“粘性”而在农业中不具有“粘性”造成的吗？是那些可恶的工会造成了工人的闲置，对不对？也许是，但我认为，也许我们能找到一些更有说服力的对不合意闲置的解释。

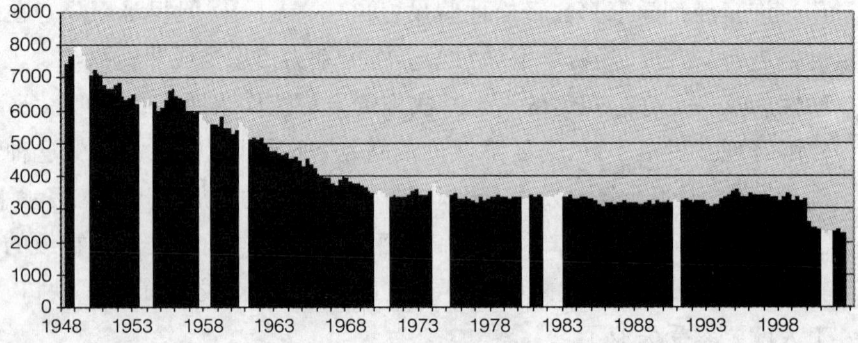

图 10.1　农业中的就业

10.2 破裂的关系

理解不合意闲置的第一步是接受这样一个事实：经济学家们钟爱的市场模型的应用范围是有限的。许多交换不是以“市场”（market）为中介，而是以“关系”（relationship）为中介。

① 农业部门的就业情况图中有两个明显不同的阶段——1970 年以前工作数量下降，以后则保持平稳。该图中最近出现的“小峭壁”不可能是真实的——一定是数据错误造成的。2000 年发生了什么？我想我知道。

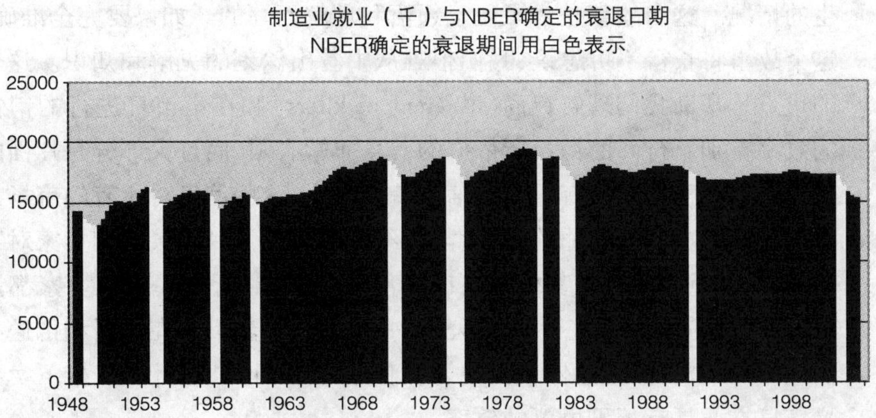

图 10.2　制造业中的就业

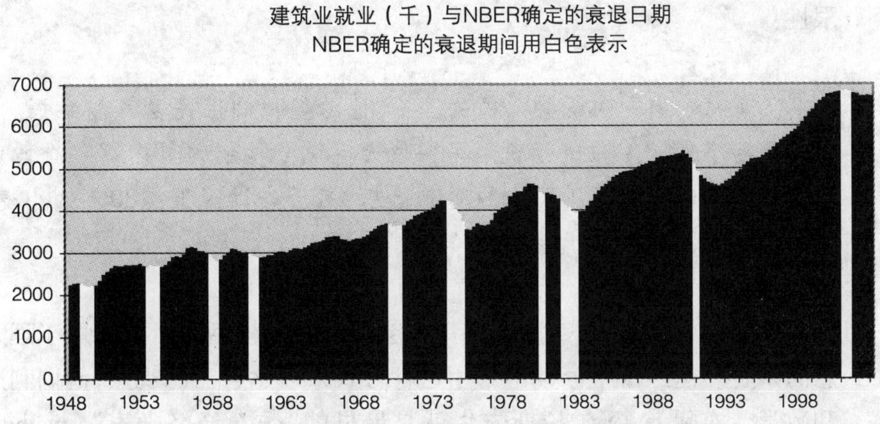

图 10.3　建筑业中的就业

“市场”是指时间和场所，在这个时间和场所内，许多买家和卖家聚集在一起讨价还价。中世纪的农业社会中，有很多个集镇(market town)点缀在乡间。在预先安排好的集市日，来自周围地区的卖家会在市场里搭起摊位，展示他们的商品。买家和卖家会大声地讨价还价，并听其他人讨价还价。在这些讨价还价与倾听之中，在卓越的集体智慧的指导下，在市场寻找均衡价格(在这一价格下，人们愿意购买的数量恰好等于愿意卖出的数量)的过程中，互相竞争的卖家之间巨大的价格差距很快就消失了。在找到这一价格后，交易即完成，摊位停止营业，直到下一个集市日到来。

这个故事的名字叫“瓦尔拉斯拍卖者的故事”(The Tale of the Walrasian Auctioneer)，是法国经济学家里昂·瓦尔拉斯(Léon Walras)在 19 世纪末写的[①]。和任何有意思的故事一样，这个故事也不是完全准确地描述了实际发

① 别从字面上理解我写的一切。

生的情况。这个故事是为了便于领悟和理解而写的。如果要完全准确，那么这个故事将长得不可思议，我们很难从中看出深刻的见解和知识。这个故事的重点是帮助我们理解行商(itinerant peddlers)和在集市日进行的销售之间的效率差别。行商的销售所依据的信息非常有限，而且大部分是片面的。假设市场交换建立在所有重要的信息基础之上，这些信息对所有的市场参与者都是公开的。令人吃惊的是，参与者不需要知道每一个买家和卖家对物品的估值，所有重要的信息都概括在市场价格中，这对所有买家和卖家都是显而易见的。这并不意味着市场是公平的，只是意味着市场在概括和传送关于我们想买什么、我们愿意付多少钱、我们愿意卖出什么、在什么价格下卖出等大量信息方面具有不可思议的效率。

如果把这个虚构的情节用文字写出来，那么我们就都能理解其应用的局限性：

> 从前有一位爱护人民的国王，他希望他的臣民尽可能幸福。“他们需要小麦。”一位大臣说。另一位大臣说：“他们需要肉。”一个聪明的市场管理者收集了王国内的所有信息，然后告诉国王：“80%的小麦，20%的肉。”

用这种方式进行表述，人们可能会怀疑市场模型是否能够用于理解不合意的闲置。但经济学家并不采用这种方式来表达自己的观点，他们利用图形和数学。实际上，瓦尔拉斯先生就是最早的“数学经济学家”(mathematical economist)之一，他于1874年出版了《纯粹经济学要义》(*Elements of Pure Economics*)一书。

你想知道什么是“纯粹”经济学吗？它并不是一个表示性质的形容词，如“‘纯粹’胡说”。“纯粹”是指表达论点采用的语言。图表是这一“宗教”的图腾(totem)，而数学是神父们的语言。与发自内心的简单易懂的散文不同，当神父们在图腾前进行祈祷并用数学吟诵的时候，我们这些人很自然地认为他们的力量是无穷的。但要小心，要特别小心。别被讲故事时使用的语言和讲故事者的自信所迷惑。“纯粹”只不过推销术的一部分。

在互相竞争的市场促成某些交易的同时，许多交易也发生于存在着长久关系的个人之间。这些关系有助于参与者免受市场波动的影响。这些关系还可以充当持续传递信息的渠道和对产品的担保，使得市场无法提供支持的一些特殊交易得以进行①。

① 我以前的同事 Axel Leijonhufvud 为其讲解宏观经济学的书起了一个恰当的书名：《信息与协调》(*Information and Coordination*)。对于某些特殊的信息与协调问题，市场非常有效，但并非对所有问题都有效。

如果你想要理解这一点，那就请想一想婚姻。婚姻是一种关系而不是一个市场。市场能够提供的东西很多[曾经嫖妓的著名演员休·格兰特(Hugh Grant)可以证明这一点]，但坚定的长期关系会为我们带来一些特殊的好处，包括在市场提供“更好的条件”时的安全感，以及在健康或收入方面遭遇意外时的保障(你不会仅仅因为市场给你提供了更好的条件而放弃原来的交易，或你的配偶生病了就离他/她而去)。忠诚的长期关系还使得人们可以为保持关系而进行投资，在传统婚姻中，这反映在为相互理解和对子女进行投资。[我的同事阿曼·阿尔钦(Armen Alchian)在第一天为博士生讲授宏观经济学的课堂上会若有所思地说：“我一直在想，如果有一个儿童市场，对你们所有的人来说不是更好吗？你怎么想，史密斯先生？”得到的回答是：“请恕我冒昧，我最不愿做的一件事就是好好照顾您的孩子，阿尔钦教授。”]

在处理长期变化方面，关系与市场是不同的。如果买方与卖方之间存在着长期的关系，那么面对突如其来的需求大量增加，卖方的反应不是提高价格，而是在老主顾之间分配可提供的货物。当飓风即将登陆时，瓶装水的需求通常会大增。飓风行进路线上的商店有可能把最后几瓶水的价格哄抬到 100 美元一瓶，但附近的顾客永远也不会忘记这件事，他们再也不会光顾这家商店。他们甚至想打碎商店窗户上的玻璃，并把它抢劫一空。由于担心这些事情发生，店主很可能不抬高价格，而是采用定量供应的办法：每位顾客一瓶，老顾客请排到前面来。

关系是一条双行线。当需求下降时，与供应商存在关系的买方应该保持其忠诚，而不是坚持要求其价格与最低报价一致。那些为了得到更低的价格而威胁要去别的地方购买的不忠诚的买方在下次飓风来临时很可能买不到一瓶水①。

关系在工作场所十分常见。尽管你可以从在位于洛杉矶的家得宝商场(Home Depot)外徘徊的人群中雇用打零工的人，但每天雇用的方法对于那些需要信任、理解和专门知识的工作来说却行不通。许多工作因此将雇主和员工紧密结合在一起，有些关系持续几个月，而有些关系则维持数年的时间。1998 年，根据消费者财务状况调查(Survey of Consumer Finances)，对于那些

① 我刚刚描述的是一个保险计划(insurance scheme)，在这一计划中，当环境明显对一方有利时，买方和卖方承诺互相帮助。原则上，人们可以起草一份长期合同，将所有可能发生的情况都列入其中。但可能性是无限的，因而合同条款的数量将十分巨大。当难以形成一份写有所有可能性(如飓风)的长期合同时，一个选择是形成一种将买方和卖方联系在一起的关系，这一关系承诺了一种公平而合理的结果，如同事先已经谈判过一样。除了使买方和卖方不受市场难以预料的变化影响外，忠诚的关系还使得与关系相关的投资成为可能，而在其他情况下，这种投资是不可能发生的。

工作了 16~25 年的人来说,当前工作的平均持续时间为 8.6 年①。这与夫妇之间的婚姻关系维持的时间是一样的。根据 2000 年的普查,第一次以离婚告终的婚姻的平均持续时间为 8 年,3.5 年后再婚,而在 9 年后第二次婚姻将再次终结②。

这就为我们提供了一个很好的关于失业的故事。在衰退中,伴随着现金流不畅,面对着偿还债务和支付工资的困难,有些雇主可能会选择停业,永远解除他们与雇员的关系。其他雇主可能会继续经营,但极不情愿地与一些雇员断绝关系。雇主们可能试图让雇员接受较低的工资以维持尽可能多的工作,但你对你的配偶说过这样的话吗:"亲爱的,我对这场婚姻不像过去那样满意了,但如果你做的饭菜更好吃一些,并像过去一样把这垃圾清理出去,我想我们一定能挽救这一婚姻。如果你能把皱纹和大肚皮去掉一些,那就太好了。我发现它们真的很令人讨厌。"如果你正想采用这种方法,那最好三思而后行。鱼和熊掌不可得兼,市场与婚姻也是如此。合同则完全不同。

但你也许会问:与农业中的关系相比,为什么在制造业中的关系出现中止的情况更多一些?答案是:因为制造业中的"婚姻"关系比农业中的多。草莓采摘工是打零工的人——不需要特殊的技能,不需要对这一工作有什么特殊的理解。每摘一篮草莓就得到一份报酬。这使得这一工作成为受草莓供给波动影响的一种工作。制造业则不同。工人们需要培养一些技能才能操作设备,并与团队的其他成员协作。这需要建立一种关系。另外,制造业企业有时会停业,而农场则很少出现这种情况。生产马鞭的工厂可能已经没有生存下去的价值,但肥沃的农田却是一种有生产力的资产,一年到头都会有人耕种。

10.3 世道不好时对富人征重税

"关系,而不是市场"是某些部门经历数量周期而不是价格周期的一个原因。市场没有出清、劳动力和资本未得到充分利用的另一个重要原因是"市场影响力"(market power,即一家企业改变一种产品或服务价格的能力。拥有市场影响力的企业有能力在不将客户推给竞争对手的情况下提高价格——译者注),这种能力使得卖方愿意在需求疲软的时期忍受闲置。出于

① Friedberg, Leora and Michael Owyang, "Explaining the Evolution of Pension Structure and Job Tenure," NBER Working Paper 10714, Aug 2004.

② http://www.census.gov/prod/2005pubs/p70 - 97.pdf.

下面将要解释的原因,我将此描述为"在世道不好时对富人征重税"(Soaking the Rich When Times are Bad),是指这样一种可能性:在衰退中,对价格最敏感的消费者被抛弃在路旁,而剩下的是不太关心价格的富人。面对这样的客户基础,企业没有多少降价的动机。

让我们讲得更清楚一些,并考虑一下你所拥有的那座高层办公大楼中办公空间的定价问题。为了便于讨论,我们假设没有运营成本,而需求极度疲软,以至于将办公室租出去的唯一办法就是收取零租金,竞争性市场就会这样做。市场会持续降低价格,直到所有的办公室都租出去为止。但你不想这样做,对不对?你会放弃这些办公室。你将挣不到一分钱。如果收取高价格,那么你就会失去一部分客户,但不会失去所有客户。这就是拥有"市场影响力"的含义。如果你没有市场影响力,那么租金最轻微的上涨都会使你失去所有承租人,而你将在市场的压力下降低价格。但是,如果你拥有一点儿市场影响力,那你最好暂时留一些空置的办公室。当然,要采用这一策略,你需要与那些负责打扫和维护大楼的工人达成协议。当需求较低的时候,他们中的一些人需要下岗。你可以在需求疲弱的时候仍然把他们都列在工资名单上,并降低他们的工作强度,或者临时解雇一些人。如果你选择后者,那你就要在他们工作时支付额外的补贴,以对他们周期性的不合意闲置进行补偿。

现在,让我们回头继续讨论农业就业和制造业就业之间的差别。为什么制造业就业是周期性的而农业就业不是呢?为什么制造业的产能利用率会出现急剧波动而农业不会呢?市场影响力是一个重大差别。一位农民种出的 1 蒲式耳小麦与另一位农民种出的 1 蒲式耳小麦没有什么差别,因而农民没有显著的市场影响力。但有品牌的产品就不同了。从历史上看,大多数制造企业都拥有市场影响力,因而在需求疲弱的时期不必大幅降低价格。看一看图 10.4,该图对比了谷物的生产者价格指数和汽车与设备的生产者价格指数。由市场决定的谷物的生产者价格随着需求的变化而剧烈波动,但新汽车"受管制"(administrated)的价格在长期中的波动十分平滑——在销售不畅时没有明显降价,在销量大涨时价格也没有大幅提价。

你可能会认为,这些新汽车的价格一定出了什么问题,因为你可能曾经发过誓,当销售疲软的时候,你会大幅削减自己的工资。当然,图 10.4 描述的是批发(出厂)价格而不是零售价格。即使批发价格没有什么变化,零售加价也会有很大的差别。有这种可能,但实际并非如此,正如你在图 10.5 中看到的,该图描述了新汽车和二手汽车的零售价格(消费价格指数)。变化的是二手车的价格，而不是新汽车的价格。这合乎情理，是不是？在卖出二手车的时候，我们就像农民销售1浦式耳小麦一样。我们对于销售价格没有多少控制能力。对于买方来说也是如此。交易的双方都没有市场影响力。因此就有了二手车市场和价格的剧烈波动。不存在新汽车的市场。生产商控制着新汽车的价格，当需求下降时，下降的是生产量，而不是价格。

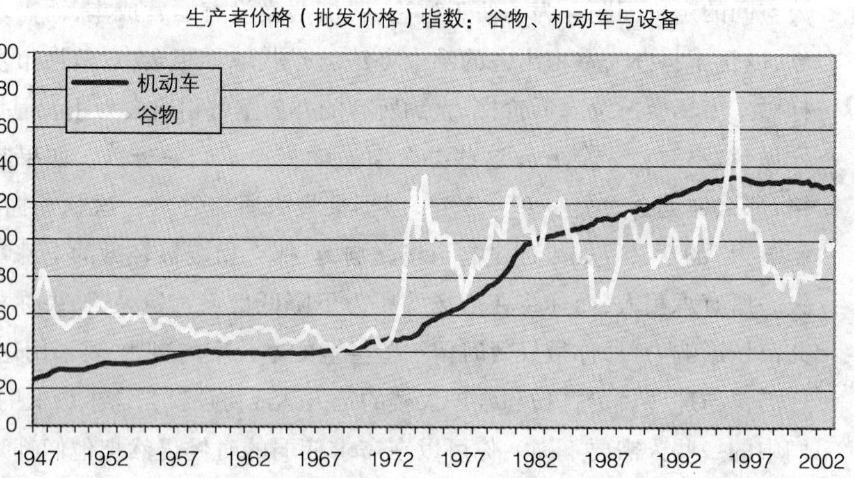

图 10.4　谷物与汽车的生产者价格指数

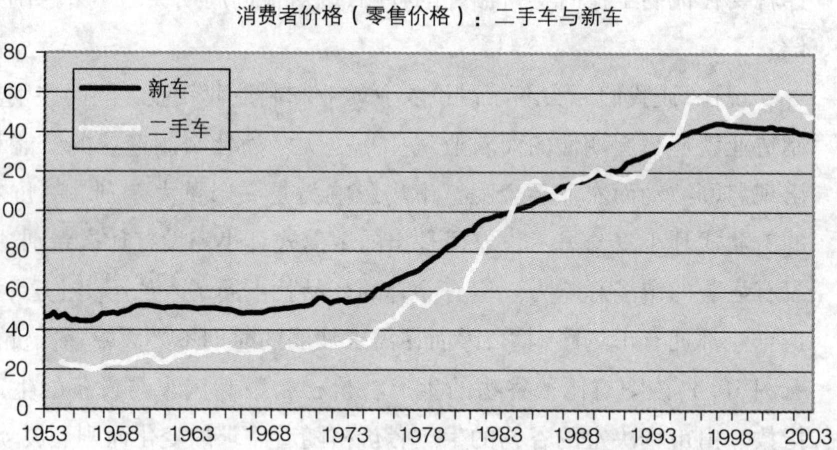

图 10.5　二手车与新车的生产者价格指数

总结一下，只有在降低价格能够使销售量大幅提高时，卖方才会降价。在需求不足的时期，当低收入消费者退出市场时，降价对销售量的影响可能很小，或根本没有影响。这就是企业不降低价格而宁可选择闲置以降低产量的原因之一。

10.4　应对二手车问题

在需求不足时期卖方不降价的另一个重要原因来自一种物品的耐用性。考虑一家汽车制造商,它意识到,由于经济衰退,当前的需求不足,但很可能最多在 1 年后就会明显回升。那么,现在大幅降价以维持销量就犯了双重错误。这样做不仅损害了当前的利润,而且损害了下一年的利润,因为今年买到便宜汽车的顾客不会在明年再买一辆。

这是供给面(supply side)的原因。耐用品的周期大于非耐用品的周期还有需求面(demand side)的原因。将购买新汽车的时间推迟 1 年或更长的时间比推迟一顿晚餐更容易。老汽车修一修、保养一下还可再跑上 10000 英里。另外,经济下降的幅度很大,价格敏感的汽车购买者会完全退出市场,而富人们仍然在购买。这使得在经济下滑期间降价更加不明智。也许,相反的做法更好一些:提高价格,从对富人的销售中多榨取一些利润。

新汽车并不是通过在“市场”上匹配互不相识的买方与卖方进行销售的。买方试图选择时机以赢得最佳交易,卖方试图诱惑购买者在最佳时间购买恰当的产品,这真是一个复杂的游戏。

这是一个很有意思的故事,但我们需要核实一下数据。如果正确无误,那么耐用品生产的数量周期应该大于非耐用品生产的数量周期。验证一下吧!图 10.6 描述了自 1939 年以来耐用品生产与非耐用品生产中的就业水平,白色曲线代表耐用品,利用左边的坐标进行度量,而黑色的曲线代表非耐用品,利用右边的坐标进行度量。这些不同的坐标使得对两个系列的数据进行直接对比成为可能,从而揭示出哪个系列的波动百分比最大。情况很明显,耐用品生产的雇用周期波动比非耐用品生产的雇用周期波动长得多!

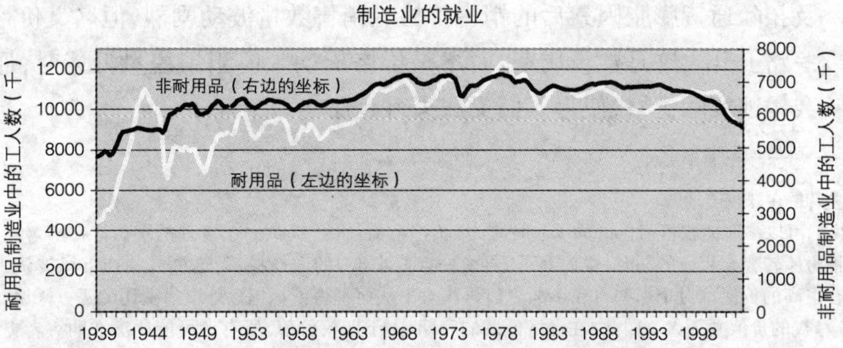

图 10.6　耐用品与非耐用品制造业中的就业

10.5 希望"惨胜"理性

我讨厌的邻居去年以200万美元的价格卖掉了他以50万美元买下的房子，所以我也要卖到200万美元，少一分都不卖。我还在NASDAQ接近5000点的时候买了一些技术股，在它们涨到我认可的价格前，我是不打算卖出的①。

有一些不"按市值计价"(mark to market)的例子。在我们头脑的账簿中，我们会记下一种资产原本的价值，也可以根据市场情况对其价值进行调整。如果资产没有按市值计价，那么交易量可能会出现巨大的波动。当价格上升时，资产所有者会受到那些极具诱惑力的报价的"轰炸"，这些报价已经超过了这些资产的账面价值，许多资产所有者会把资产卖出。但当价格疲软时，出价将低于资产的账面价值，而大多数所有者会拒绝出售②。

这正是住宅房地产业发生的情况。卖方向后看，而买方向前看。卖方记得他们为购买自己的住宅花了多少钱或他们的邻居花了多少钱，而买方思考的是一两年后价格可能是多少。当市场非常坚挺且价格上升时，买方向前看，并看到更高的价格，但卖方向后看，并看到了更低的价格。这样，销售量就会很大，因为这使得一种资产从对它估值低的人手中转移到了对它估值高的人手中。

但当市场疲软时，则是卖方向后看，并看到高价格，而买方向前看，并看到低价格。因此，除非一方屈服，否则就不可能产生销售。少数买方总是会屈服，他们支付的价格等于或接近卖方的报价。这使得销售价格即使是在市场希望降价时仍然非常坚挺。市场通过"叫暂停"、等待通货膨胀的发生和经济增长使人们再次能够买得起住宅而找到其新的均衡。这是数量周期，而不是价格周期。

看一看图10.7，该图显示了全国现有住宅的销售量、平均销售价格，以及扣除通货膨胀因素后的销售价格。销售数量波动剧烈，但名义价格通常是一路上升。这是数量周期，而不是价格周期。但当销售量低迷时，通货膨胀会侵蚀实际价格，使得人们更加买得起住宅。

---

① 这只是在开玩笑。

② 我们可以参照期权价值(option value)来为"不按市值计价"提供一个合理的理由。在出售一所住宅时，所有者在将房屋转移给买方的同时，也放弃了"再晚一点儿卖出"的选择权，而这种权利在市场被认为非常疲软的时候具有很高的价值。对于那些将在不久之后再次卖出从而不得不承担额外交易费用的买方来说，"再晚一点卖出"的选择权的价值并不大。因此，在经济低迷的时期，由于期权价值，所有者可能比潜在购买者更看重资产。我们常说"你不可能得到它的全部价值"。当所有者对一种资产的估值超过潜在购买者的估值时，就不会有交易发生。

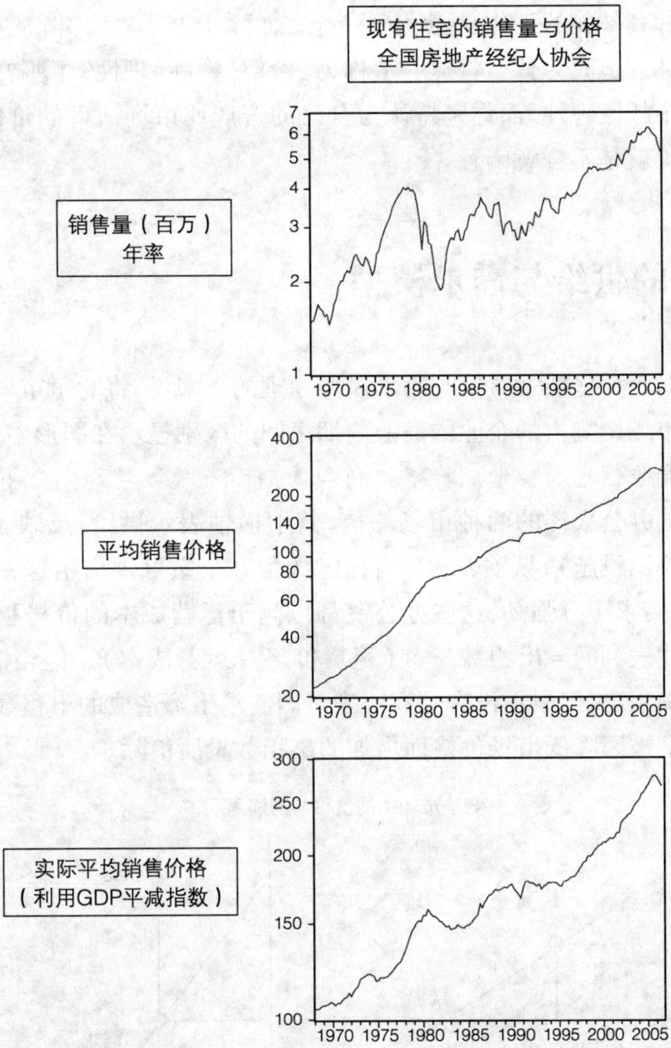

图 10.7　现有住宅的价格与销售量

许多待售的住宅被空置，等待找到一个买主。这是实物资本（physical capital）的“失业”。在人力资本中，被闲置的情况更常见，因为其所有者不能坚持“按市值计价”。

我们中的大多数人都拥有自己的房屋，当看到市场价值低于我们的期望值时，我们会很难过。而把价格调整至较低的市场价格，我们在情感上很难接受，但更难接受的是存在着这样的可能性：你所接受的所有教育和培训并不如你想象的那样有价值。人们会在很长时间内断然否认这种观点，而在进行心理调整的期间，造成很长时间的失业。当 20 世纪 90 年代早期国防部削减支出大幅降低了对激光技术人员（他们知道如何将天上的导弹拦截下来）的需求时，这些技术人员中有很大一部分宁可选择失业，也不愿接受一份无法发挥其技能的工作，这其实没有什么可奇怪的。

你知道我为什么将这一节称为"希望'惨胜'理性"了吗？当希望在心理斗争中战胜理性，而你坚持认为自己的资产比市场认可的价值更高时，胜利的代价就是不合意闲置。

附录：失业的供给与需求模型

对于那些熟悉供给与需求模型原理的人来说，将竞争市场中的商业周期与有市场影响力的企业的商业周期之间的区别显示在图形中是很有用的。

竞争性市场会造成价格和利润周期而不是数量周期。下图描述了一座假想的办公大楼的两种市场均衡，其中横轴表示供给，反映了运营成本（清扫和公用设施），纵轴表示只有固定数量办公室可供出租这一事实。在左半图中，需求十分强劲，这些办公室都以高于运营成本的价格租出。带阴影的矩形代表利润 = 出租数量 ×（租赁价格 - 运营成本）。但当需求变弱时，尽管全部租出，但根本没有利润。来自因需求下降造成的出租数量上的潜在损失完全被因降低市场价格而增加的出租数量所消除。

竞争市场中的价格与利润周期

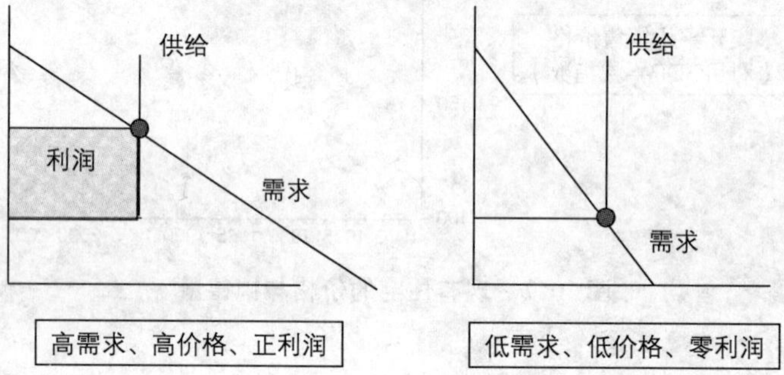

在非竞争性市场中会出现数量周期，而不是价格周期。让我们对比一下，在上述竞争性市场模型中，卖方可以自由制定办公室的出租价格。现在，我在图中加了一条虚线，以反映"边际收入"（marginal revenue），即由每多租出一间办公室带来的收入增加。由于为了多租出一些办公室，所有者不得不降低价格，因此来自租出额外一间办公室而获得的收入被来自早已租出的办公室的收入之减少所抵消。通过设定边际收入等于成本，利润就可以实现最大化。你可以从下图的左半图中看出，当市场需求强劲时，市场影响力就不再发挥作用，价格被选定在高到足以使对办公空间的需求等于可供出租的办公室供给这一水平上，这与竞争性市场是一样的。但当需求减弱时，如图的

右半部分所示，最佳响应不是降低价格，而是忍受办公室未能租出去。如果降低价格，你可能会多租出一些办公室，但由多租出的办公室带来的收入不会多于因降低其他办公室的出租价格而造成的损失。最好不要降低租金，而是要忍受办公室的空置。

通过改变产量，企业和市场力量稳定了价格与利润

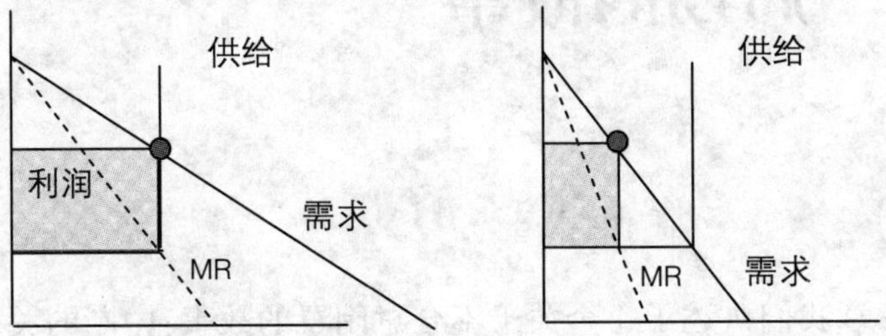

高需求、高价格、正利润

低需求、高价格、低利润、产能过剩

11 CHAPTER

第 11 章 周期的故事

上一章我们讲述了 4 个关于不合意闲置的故事：中断的关系、世道不好时对富人征重税、应对二手车问题、希望“惨胜”理性。这些故事有助于我们理解为什么失业具有如此高的持续性。本章将讲述 4 个关于经济周期的故事。这些故事有助于我们理解在 GDP 各要素（住宅、汽车、设备、办公室和工厂）上支出的上下波动，正是这些波动推动了商业周期的演进。

1. 供应链的牛鞭效应。
2. 急于开发新观念。
3. 社会—心理上的异常。
4. 过度溺爱子女的新父母（美国联邦储备委员会）。

顺便说一句，要理解“周期”（cycle）一词需要我们具备大量的知识。它是指一个事件有规律地重复，就像是钟表的指针一样不停地旋转、每年都有冬天等一样。但你不会谈论你的健康“周期”。你的身体总的来说非常健康，只是偶尔会得病。这有什么差别吗？这就是计量经济学家所谓的“风险率”（hazard rate）——从一种状态转变到另一种状态的概率，如从健康到疾病、从正常经济增长到衰退。你得病的概率在长期中相当稳定——你长期以来一直很健康并不意味着你就应该得病（也许反过来说是对的）。这不是周期。对于周期来说，“风险率”在长期中提高，当事件“应该发生”（due）时，“风险率”会急剧提高。去年冬天过去的时间越长，今年冬天很快就到来的可能性就越大。这就是周期。美国经济是否处在这样一个周期中：距离上一次衰退发生的时间越长，再一次发生衰退的可能性就越大，或者其经济非常稳健，只是偶尔被衰退打断，最终的结论还有待分晓。

由于知识有限，因此我们应该采用一个比“周期”更加中性的词，但如果理解了周期并不是循环（cyclical），那么我们就会坚持当前的用法。下面是一些“周期”的故事①。

(1)供应链的牛鞭效应以及自我实现的预期

生产和交付产品与服务的能力需要提前数年就建立起来。因此,产能的创造是以预期需求而不是实际需求为基础的,尽管我们很难提前一年预测经济增长,更不要说提前 10 年或更长时间进行预测了。所以,创造新产能的投资支出是间隔性的,有时候充满自我实现的乐观(self-fulfilling optimism),进行大规模的资本投资以支持经济高速增长,而有时候则怀有自我实现的疑虑(self-fulfilling doubt),投资支出很少,造成经济增长率降低。证据:在使用寿命更长的资产的生产中寻找更大的波动。

(2)急于开发新观念

a. 先发优势

铁路、电动机、内燃机、因特网和加利福尼亚的金矿等都为最先到达者创造了大量的新盈利机会。向这些财富的疯狂冲刺创造了经济繁荣,当大多数真正的黄金矿被开采一空而剩下的只不过是黄铜矿(fool's gold)时,繁荣将不可避免地走向衰退。证据:看一看与盈利能力不相匹配的投资热情。

b. 网络外部性

铁路、电话、电报和因特网等为将 A 点和 B 点连接起来的最初投资(最初的铁路、最初的电线、最初的光缆)带来的收益少得可怜(如下图所示)。但是,在 A 点和 B 点连接起来后,将 B 点和 C 点连接起来所需的投资也会将 A 点和 C 点连接起来。这样,收益就加倍了。一旦 A 点、B 点和 C 点连接起来后,将 A 点和 D 点连接起来所需的投资也会将 B 点和 D 点以及 C 点和 D 点连接起来。这样,收益就会是原来的 3 倍,依此类推。这就是经济学家所谓的网络外部性(network externality)。

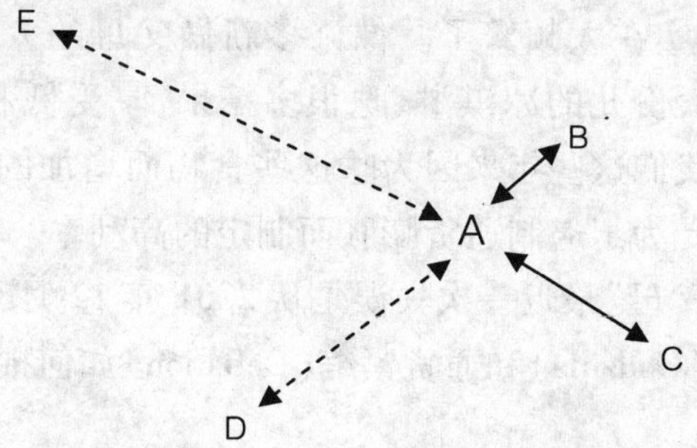

网络的第二批投资者通常对他们获得的收益感到惊讶,第三批投资者和

① 有关周期的故事的数量比实际的周期数量多得多。http://cepa.newschool.edu/het/schools/business.htm 是一个不错的网站,它提供了各种各样的、大量的参考资料。

第四批投资者更是如此。这就导致了构建网络的狂热。但是,网络会不可避免地达到其经济最优规模,而令人失望的收益使得系统的快速扩张停止下来。再看一看与收益性不相匹配的投资热情。

(3)社会—心理反常：

a. 庞氏骗局:资产市场泡沫

在扩张的初期更容易获得廉价的贷款会引发资产市场泡沫,住宅和企业的市场估值会极大地超过其真实的内在价值。对现有住宅和企业极高的估值造就了修建住宅和设立企业的狂热,这就降低了现有资产的实际价值,进一步扩大了估值与价值之间的差距。但只要有一位买家愿意支付更多的钱,这一庞氏骗局(Ponzi scheme)就可以持续下去。证据:寻找那些与实际价值升值不相匹配的资产价格高估。

b. 大众的疯狂[1]

在艾伦·格林斯潘结束一次问答后,他解释说他还要参加另一个会议,并对人们说"再见"(bye)。两位与会者脱口问道:"买入(buy)?"有四个人大喊起来:"买入。"所有的与会者都冲出房间去填写买入单。一年后,格林斯潘先生正在解释对奖励努力工作的个人观点时说:"很难做到卓越(excel)。"两位参会者脱口问道:"卖出(sell)?"有四个人大喊起来:"卖出。"所有与会者都冲出房间去填写卖出单。

(4)过度溺爱子女的新父母

在经济学领域,我们的"老大"(Daddy)是联邦储备委员会的主席,我们的"父母"(parents)是联邦公开市场委员会(Federal Open Market Committee,FOMC)的成员,他们为联邦基金选定目标利率。我们的"父母"真的很爱我们,希望我们做得更好,但他们中的大多数人对这一工作没有多少经验,因为他们来来往往实在太频繁了。像许多新做父母的人一样,他们过于溺爱我们,让我们吃大份儿的冰淇淋、吃很多糖果、享受低利率。在未来的某个时候,他们会被我们这些年来因为吃这些食物而增加的体重惊呆,会强迫我们只吃蔬菜,接受为了遏制通货膨胀而制定的高利率。

我们的"父母"最近一次失误是从 2001 年 12 月 FOMC 熬夜观看科幻频道的"哥斯拉(Godzilla)和通货紧缩(Deflation)如何摧毁日本岛"开始的。在

① Charles MacKay, *Extraordinary Popular Delusions and the Madness of Crowds*, with a foreword by Andrew Tobias (1841; New York: Harmony Books, 1980). 相反的观点请见: Peter M. Garber, *Famous First Bubbles: The Fundamentals of Early Manias* (Cambridge, MA: MIT Press, 2000), 流行的观点请见: James Surowiecki, *The Wisdom of Crowds: Why the Many Are Smarter Than the Few and How Collective Wisdom Shapes Business, Economies, Societies and Nations* (2004).

两年多的时间里,我们的"父母"经常被这一电影吓得做噩梦,为了确保哥斯拉和通货紧缩不会登陆美国,他们在 2002 年和 2003 年为我们提供了大量的冰淇淋、糖果和极低的利率。结果,住宅部门极度膨胀。当因对通货紧缩的恐惧而造成的混乱终于在 2004 年中期逐渐减弱时,我们的"父母"开始利用高利率来严格要求我们进行节食,这造成住宅部门极为痛苦的萎缩。但是现在,我们的"父母"对这一节食规定对我们造成的影响感到伤心,因此他们又开始以快速降低利率的方式大量分发冰淇淋和糖果。

顺便说一下,我并不是说这些关于商业周期的故事是互斥的。相反,每一次周期都可能包含所有的方面。例如,在扩张的早期,货币当局通常通过让人们很容易获得货款而成为庞氏骗局的帮凶,但渐渐地,他们会用提高利率这枚大头针刺破这个大气泡,造成住宅建筑和企业产能的建立戛然而止。

11.1　哈罗德—萨缪尔森的乘数—加速数模型

在我们详细讲述这些故事之前,我们需要做一些正式的建模工作,以便考虑清楚可能引发经济周期的各种现象。我们要研究的是该系统的属性,这些属性会放大对正常转向的反应。尽管"放大器"(amplifier)一词可能很适合,但萨缪尔森却使用了"加速数"(accelerator)一词。也许我们应该先停下来搞清楚这两个比喻之间的差别。"放大器"的作用是发生转向时,它会引发一个过度反应。这会造成"过调"(overshooting),随后会周期性地恢复到新的均衡点。

一个早期的、简单的经济周期正式模型是 1939 年萨缪尔森的乘数—加速数模型(multiplier-accelerator model)①。萨缪尔森的模型始于"凯恩斯乘

① P. A. Samuelson (1939) "Interaction Between the Multiplier Analysis and the Principle of Acceleration", *Review of Economics and Statistics*. Vol. 21 (2), p. 75 – 8. [这一模型对哈罗德(Harrod)和希克斯(Hicks)的研究工作产生了非常直接的影响。] 萨缪尔森以凯恩斯消费函数作为起点,在凯恩斯消费函数中,消费 C 被看成是上一期收入 Y 的线性函数:

$$C_t = C_0 + cY_{t-1}$$

其中,参数 c 代表边际消费倾向。根据投资支出水平 I 取决于消费的增加这一假设,萨缪尔森又增加了一个投资"加速数":

$$I_t = I_0 + b(C_t - C_{t-1})$$

由于总 GDP = $Y = C + I$,你可以进行一些简单的替代,求解这一体系的"运动方程"(equation of motion):

$$\begin{aligned} Y_t = C_t + I_t &= (C_0 + cY_{t-1}) + (I_0 + b(C_t - C_{t-1})) = C_0 + cY_{t-1} + I_0 + bc(Y_{t-1} - Y_{t-2}) \\ &= (C_0 + I_0) + (1 + b)cY_{t-1} - bcY_{t-2} \end{aligned}$$

这一方程式利用前两期 GDP (Y) 的数值计算出下一期 GDP 的数值。该方程能够产生出多种动态路径,包括等幅振荡 (constant oscillation)、衰减振荡 (damped oscillation) 以及爆发性振荡 (explosive oscillation)。

数”（Keynesian multiplier）。为了应对人们对消费品或投资品的购买，企业（如果它们拥有生产能力）将会增加产量。来自这些额外销售的收入将在工人、资本和管理人员之间进行分配。因此，假设销售增加了 1000 亿美元，那么收入也会增加同样的数量。收入的增加会在下一期导致更多的支出，不是 1000 亿美元，而是少于 1000 亿美元的一个数额，因为收入增加中的一部分“漏出”（leak）到存款账户，并花在购买其他国家生产的产品上。如果边际消费倾向（marginal propensity to consume，MPC）为 80%，那么在下一轮中额外支出将为 800 亿美元。这刺激了另一轮的生产与收入的增加。这样，800 亿美元的新增收入又刺激了 0.8 × 800 亿美元 = 640 亿美元的新支出。依此类推。这就是凯恩斯乘数：GDP 总体水平的提高是最初需求增加的 1/(1 - MPC) 倍[①]。

这一凯恩斯乘数过程（Keynesian multiplier process）使得 GDP 平稳地提高到一个新水平，如下图中的左图所示，它假设边际消费倾向（MPC）为 0.8，且“自需求”（autonomous demand）水平的增加为 1000 亿美元。在新均衡中，GDP 的增长为 1000 亿美元乘以乘数 1/(1 - MPC) = 5。这样，GDP 就从 10 万亿美元平稳地增加到 10.5 万亿美元。

为了形成周期，你需要某些事物来造成“过调”。这就需要一个“放大器”，或用萨缪尔森的话说就是“加速数”。放大效应可能来自对收入的变化做出积极响应的某一需求要素。相比之下，乘数要求需求依赖于收入水平——支出是当前收入的一部分。当经济迅速增长时，依赖于收入变化的支出要素为经济带来了一种特殊的刺激，加速了扩张。但当经济收缩时，这一支出要素会减少需求，放大 GDP 下降的趋势。这样，我们就得到了如下图中右图所示的周期。

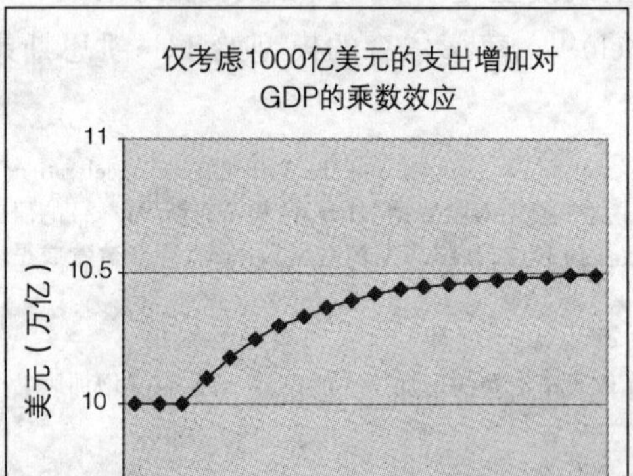

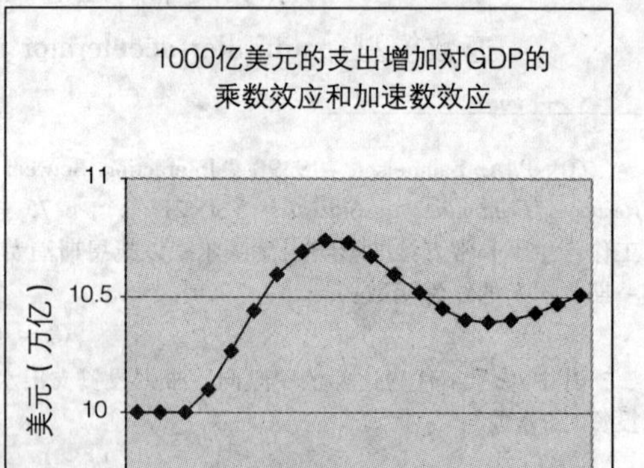

① 还记得这个公式吗：$1 + x + x^2 + x^3 + \ldots = 1/(1 - x)$。

这一简单的技术模型就是我们寻找周期故事和周期模型的基础。我们应该寻找那些在增长强劲时可能出现的经济活动以及经济增长乏力时不太可能出现的经济活动。这些活动会放大任何的方向变化。有什么想法吗？我在想创造生产能力的投资。当经济增长强劲，生产能力被充分利用时，企业会感到被迫进行增加生产能力的投资，以准备应对未来可能出现的销售量的进一步提高。但当销售量下降、产能过剩时，那就根本不需要进行扩充生产能力的投资。这就是萨缪尔森所想的。他的加速数是投资支出。

11.2　一些加速因素

现在我们可以停下来看看一些关于加速的事实。下图比较了某一因素在一个时期对 GDP 增长的贡献以及在前一个时期对 GDP 增长的贡献。一定要理解“对增长的贡献”(contribution to growth) 一词。这些“贡献”加在一起就是 GDP 的增长率，而 GDP 的平均增长率为 3%。当我们说消费支出占 GDP 增长的 2/3 时，意思是消费支出对 GDP 增长的贡献是 2%，其余因素的贡献是 1%。你明白了吗?

我们正在寻找的是 GDP 的加速、减速和中性要素。GDP 要素中减速要素与过去具有负相关关系，即在某季度出现强劲增长后，接下来的一个季度的增长会减弱。需求要素是一个中性要素，与过去没有关系，即在某季度出现强劲增长后，接下来的一个季度会出现正常增长。加速要素与过去具有正相关关系，即在某季度出现强劲增长后，接下来的一个季度仍然会强劲增长，而如果某季度的增长疲软，那么接下来的一个季度的增长也会较弱。

看一看下一页第一张图所描述的耐用消费品对 GDP 增长的贡献。横轴表示某一个季度对 GDP 增长的贡献，纵轴表示下一个季度对 GDP 增长的贡献。在这一散点图中，有一条最佳拟合回归线。它代表什么？加速、减速还是中性要素？这条向下倾斜的回归线显示出，耐用消费品会使这一系统减速。我们可以用一个恰当的故事来解释我们的发现。如果你在某一季度购买了一辆新汽车，那么下一个季度就不需要再买一辆，对不对？这个季度为了提高销售量而进行的促销只不过是吃掉了未来的销售量，是不是?

“不要这么快就得出结论。”我的一位 EMBA 学员这样说道。他注意到，在右下角有一个观测值拉低了回归线。而且，这一回归的拟合看起来很差，难以让人信赖。最好认真核实一下。看一看下一页第二张图。果然，如果你去掉那个极端的观测值，那么回归线会变成平的。耐用消费品既不

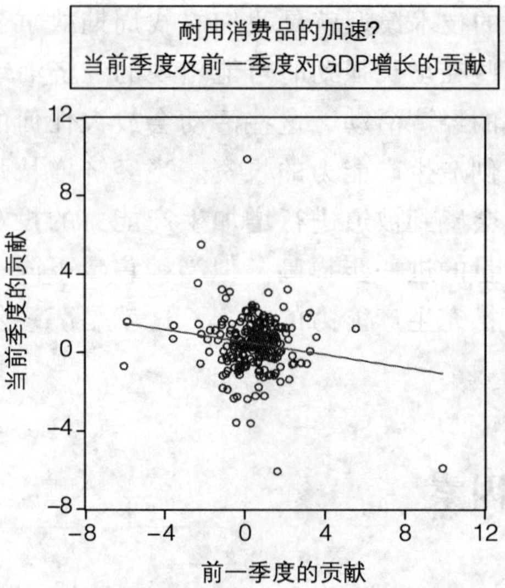

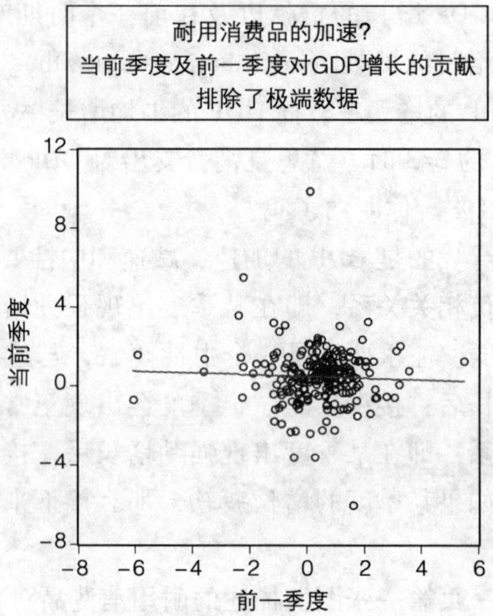

是加速要素，也不是减速要素（教训：要注意，有一些令人信服的故事会支持数值回归分析，但你还需要看一看图形）。

那么，企业在设备和软件方面的支出以及消费者在新住宅方面的支出又如何呢？出于同样的原因，这些要素也可能是减速要素。如果你在某一季度购买了一所住宅或一台计算机，为什么要在下一个季度再购买呢？但是，你在下面的图中看到了什么？

在这些图中，你会看到设备和住宅是加速要素，而且住宅的加速效果大于设备的加速效果。对于那些拥有技术背景且有兴趣的人来说，脚注中的回归分析揭示出，只有住宅和耐用品才能预测 GDP 的增长，而设备或建筑物

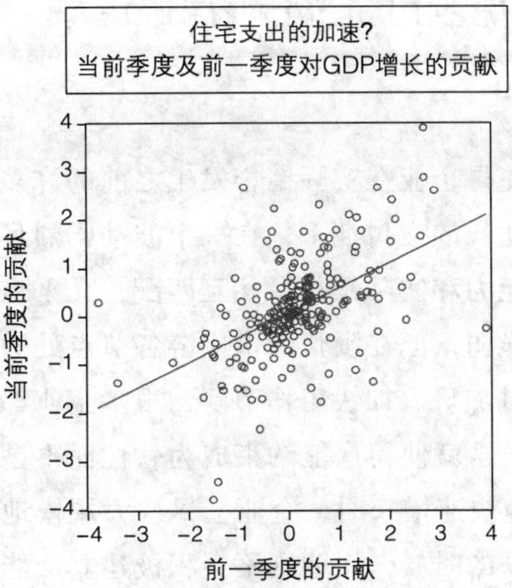

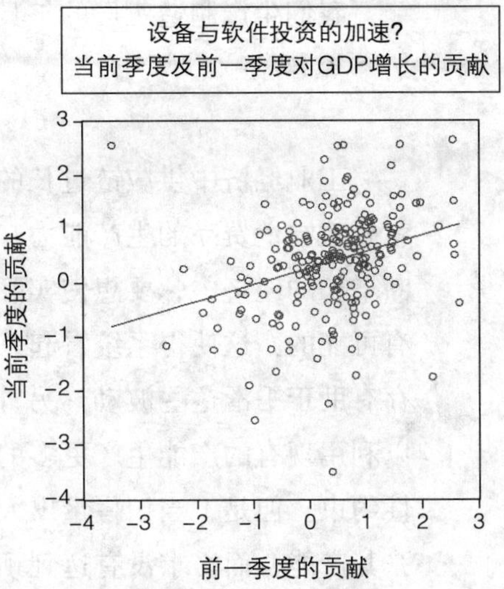

(structure）则不能。但是，住宅是加速要素，而耐用品是中性要素①。随着我们对美国 GDP 周期数据研究的深入，我们将会多次看到这个词：住宅（homes）。

11.3　供应链的牛鞭效应

我们生产商品。

我们制造生产商品的工具。

我们建造工厂，这些工厂制造生产商品的工具。

① 数据为实际 GDP 的增长以及住宅、设备/软件、建筑物（工厂和办公楼）、耐用消费品投资对 GDP 增长的贡献。

向量自回归（vector autoregression）估计

样本（调整后）：1947:3　2003:2

包含的观察值：224

	估计值					t 值				
	GDP	住宅	设备	建筑物	耐用品	GDP	住宅	设备	建筑物	耐用品
GDP（−1）	0.20	0.00	0.07	0.01	0.06	2.4	0.0	4.0	1.3	2.1
住宅（−1）	1.88	0.59	0.32	0.02	0.68	6.2	8.8	5.0	0.5	6.3
设备（−1）	0.26	−0.11	0.11	0.11	−0.04	0.8	−1.4	1.5	3.1	−0.3
建筑物（−1）	−0.54	−0.52	0.07	0.27	−0.41	−0.8	−3.7	0.5	4.1	−1.8
耐用品（−1）	−0.47	−0.06	−0.13	−0.01	−0.47	−2.2	−1.2	−2.8	−0.4	−6.0
C	2.64	0.18	0.10	−0.02	0.39	8.1	2.5	1.4	−0.5	3.3
R^2	0.26	0.36	0.30	0.23	0.24					
调整后的 R^2	0.24	0.34	0.28	0.22	0.22					
标准误差方程	3.64	0.80	0.78	0.38	1.30					
因变量均值	3.47	0.16	0.39	0.08	0.45					
因变量标准差	4.18	0.99	0.92	0.43	1.47					

我们生产制造工厂的工具，再用这些工具建造生产商品的工厂。

等等……

工业经济中供应链过长的特点使得企业在实际销售发生之前的许多年就要建立消费品的生产能力。在如此长的交付期下，在一个波动剧烈且不断增长的经济中，要想使实际生产能力和实际销售量相互匹配，几乎是没有可能的。这使得系统看起来非常脆弱，但在漫长的供应链各节点处的库存有助于平滑这些波动。另外，通过加班、加快工作节奏，很多企业都可以利用现有的产能生产更多的产品，这就使得产能约束成为软性而不是硬性约束。但是，当销售量出人意料地快速增长时，企业会尽快大规模地扩张其产能，而需求没有达到预期水平的时候，企业则不会积极建立产能或根本就不增加产能。在极端情况下，这会造成商学院中运营管理专家所谓的“牛鞭效应”（bull-whip effect），即终端需求的微小变化在沿供应链向上游回溯的过程中会逐级放大。

供应链管理问题制造了一个扩张和衰退的周期，扩张时的特点是资本品部门高度活跃，衰退时的特点则是该部门不活跃。

让我们以飞机为例进行说明。飞机是一种能够使用30年的资本品。在经济扩张的过程中，航空公司根据预期乘客的数量来向飞机制造公司下订单，而且它们需要尽可能想清楚未来30年会发生什么情况。错误是不可避免的，这意味着飞机的生产具有明显的周期性，在繁荣时期产量超过其产能，而在崩溃时期航空公司则不会下很多订单。

看一看下面这张图，该图显示了飞机制造商需要忍受的周期。飞机与部件的工业生产指数大约以10年为周期在80至120之间波动。在该图中，美国正式认可的衰退用白色表示。你可以看到，飞机生产的周期与美国的商业周期不完全相同。这一点对于其他可长期使用的资产（包括办公楼和工厂）来说也是正确的。

工业生产指数：飞机与部件
白色表示衰退

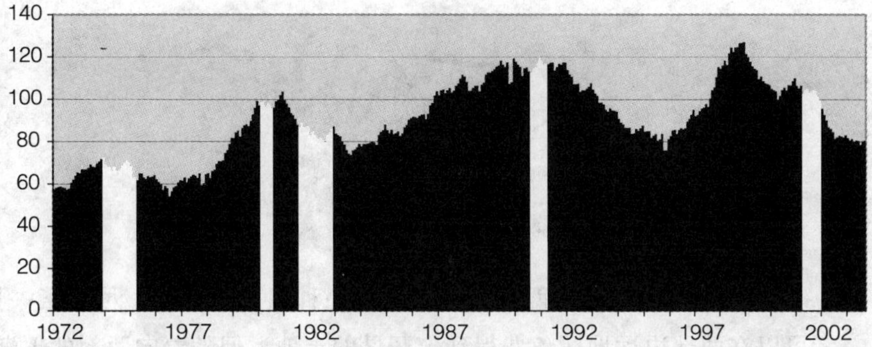

飞机生产的高周期性与食品和烟草生产的平稳上升形成了鲜明的对比，如下图所示。

工业生产指数：食品与烟草
白色表示衰退

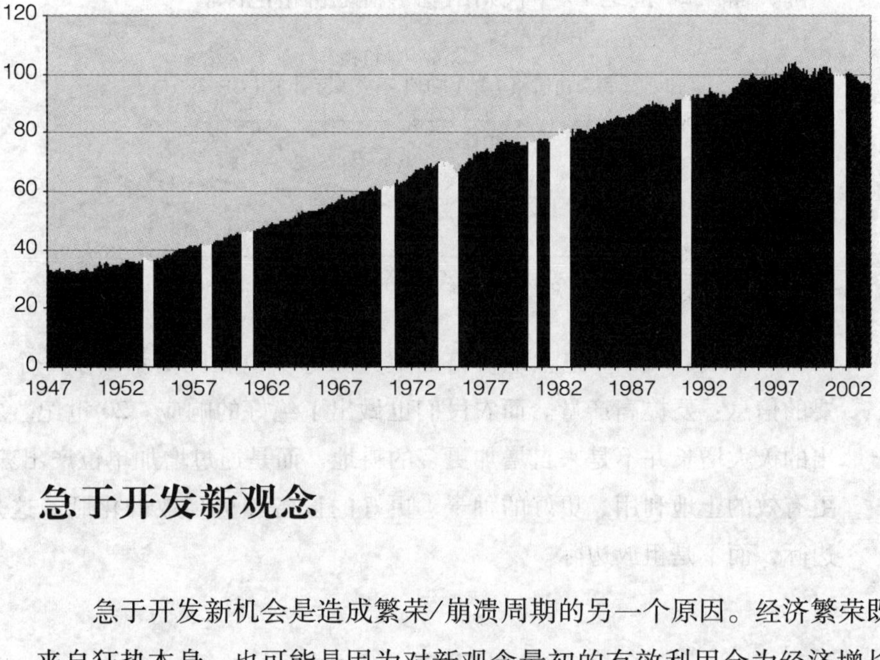

11.4　急于开发新观念

急于开发新机会是造成繁荣/崩溃周期的另一个原因。经济繁荣既可以来自狂热本身，也可能是因为对新观念最初的有效利用会为经济增长带来最大的动力。在讲述这一观点之前，我们需要在你的词汇表里增加两个词：集约边际（intensive margin）和粗放边际（extensive margin）。

11.4.1　集约边际和粗放边际

农民通过耕种更多的土地来增加收成被称为粗放式经营。为了理解这些词，我们把农田想象成一个地块，而农民则在扩大耕种面积——在现有农田的边缘（margin）增加更多的土地。这就是粗放边际。

19 世纪美国农业的西部大开发就是一种粗放式增长。尽管第一批到达者可以在西部边远地区免费得到未开垦的土地，但随着向西部的逐渐推进，免费的土地被耗尽了，美国各地的耕地价格开始无情地上涨。20 世纪初，美国耕地的价格就上升到每英亩 500 美元。而到 20 世纪末，价格已经提高到 1000 美元，每年实际增加 0.4%，其中，20 世纪 30 年代耕地价格大幅下降，而在 20 世纪 70 年代则出现了耕地价格泡沫。

农业用地价格

每英亩价格（按1996年不变美元计）（CPI）

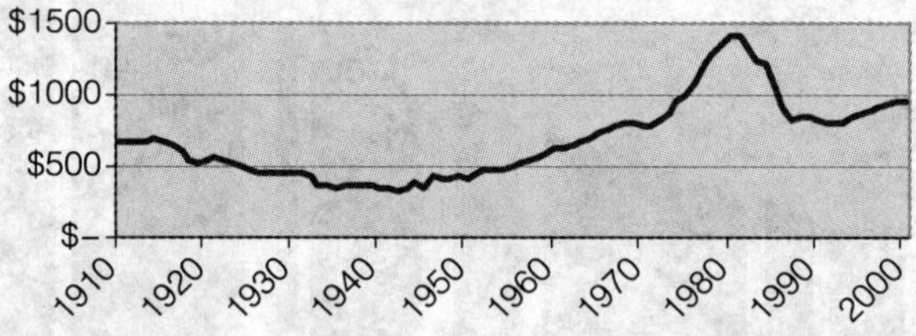

19 世纪与 20 世纪土地价格的上升为每一位农民揭示出了一个非常重要的信息：要提高产量。而农民们也做出了绝好的响应。20 世纪，农业产出的极大增长并不是来自增加更多的耕地，而是通过增加单位产出获得的：更有效的土地利用、更好的种子、更好的设备和更高效的化肥。这是集约边际，而不是粗放边际。

http：//www. pbs. org/goldrush/intro. html

就在这里，在这个沉睡的山谷里，美国梦得到重新定义。在这条名不见经传的美国河流附近，一个偶然的发现将永远改变这个年轻的国家。人们将不再满足于简朴的生活。这里将会出现一种全新的生活方式：创业、机会、自由自在。新的美国梦是：去发财，去赚大钱——快。

财富唾手可得。在整个美国，年轻人都下定了去加州的决心。

加州，我来了。自 1849 年淘金热（Gold Rush）以来，加州一直在为人们提供无限的阳光、丰富的土地、自由、机会和财富。加州人口的大幅增长发生在第二次世界大战期间和 20 世纪 50 年代，当时美国人成群结队地来到加州，不是为了淘金，而是为了住在郊区洒满阳光的别墅里。新修建的高速公路年复一年地向远处延伸，新的汽车不断被生产出来，这就扩展了住宅建造商所能到达的范围，使得“边际”住宅用地的价格保持在中产阶级有能力支付的范围内。但在 20 世纪 80 年代，加州被“填满了”，高速公路变成了“死路”，使得只有那些不在乎通勤时间的人才会购买“边际”土地。土地使用模式也慢慢地由城市边缘的单户家庭住宅转向了市中心的多家庭建筑。被用光的不仅仅是土地，还包括水甚至阳光，因为太阳将汽车排出的废气转变成了有毒的烟雾，粗放式的增长也转变为更慢、更加困难的集约式增长。

11.4.2　用简单的农业观点解释急于开发新观念

并非只有土地具有集约边际和粗放边际，思想也有。一个重大技术创新如铁路、电动机或因特网为新的商业应用开启了巨大的空间。随着创业者蜂拥而入来开发这些新机会，很自然地就会出现一次加速增长。随着思想越来越成熟，其应用越来越平淡无奇，越来越不具备创新性，高速的粗放式增长也会不可避免地让位给较慢的增长。我们可以讲一个关于周期的故事，在这个故事中，周期围绕着粗放边际和集约边际来回摆动。

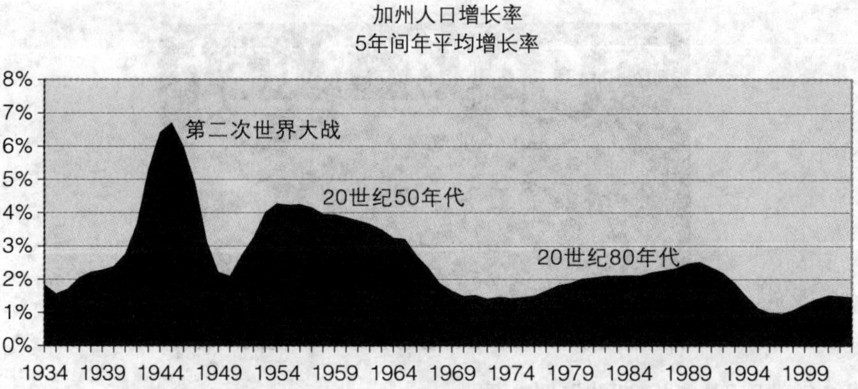

让我们从一个挂满了成熟思想的果园开始讲起。在复苏之初，企业蜂拥而上去采摘低垂的果实。不可避免地，机会越来越难找到，企业被迫寻求贷款融资来建造梯子，以便从较高的枝头采摘果实。第一批获得贷款的企业发现条款非常有利，债权人提供了很低的利率，并要求较低的担保。但这种采摘会增加人力成本和梯子的成本。随着越来越多的企业申请越来越多的贷款来修建越来越高的梯子，银行和其他贷款来源开始担心这些企业会破产，并开始收取更高的利率、要求更多的担保，并要求提供明确的证据表明那些枝头上所挂的果实质量很高。当贷款越来越难以借到、劳动力成本过高、剩下的机会越来越无利可图时，扩张就结束了，企业不再继续采摘，而让果园休养生息。当树上再次结满果实的时候，那些创业者们就会“像虫子一样”［熊彼特（Schumpeter）语］涌来，周期又重新开始了①。

这一模型体现出的基本经济病症是缺乏财产权。没有人拥有果园中的机会。如果果园归某人所有，那么采摘活动就会被限制在一个可持续的速

① Schumpeter（1939），*Business Cycles：A theoretical，historical and statistical analysis of the Capitalist process.* New York and London：McGraw-Hill. 这一关于周期的故事与扎诺维茨（Zarnowitz，1999）讲述的故事非常相似，但他“将利润、投资信贷、股票价格、通货膨胀和利率结合在一起”，使故事更加复杂。

度范围内①。第二个病症是蜂拥而至或称传染（contagion），这是追逐新机会的典型特征（我不知道那里是否有黄金，但当我看到你正在朝那个方向跑时，我是不是应该马上朝那里跑，而且越快越好）。

根据这一观点，货币政策不应该试图将扩张扩展至其正常寿命之外，而应该利用适当的高实际利率对人们进行限制，努力使收获的速度与补充的速度保持一致，并因此使得一次扩张永远持续下去。如果技术保持稳定，而且我们可以根据历史经验来确定最优收获速度，那么这一任务就会比较容易完成，但如果对公众收获成果进行了最恰当的控制而随后新技术（如因特网）破灭了，那么就需要对“机会果园”的本质具有深刻的洞察力，而这种洞察力是不大可能获得的。尽管如此，我们知道因特网“果园”被严重地过度收获了，是不是？

11.4.3 康德拉季耶夫的长波理论②

在粗放边际与集约边际之间的摆动是康德拉季耶夫长波（long wave）的一部分。20 世纪 20 年代，前苏联经济学家尼古拉·康德拉季耶夫（Nikolai Kondratieff）研究了两个世纪（1700 ~ 1920 年）以来商品价格、利率、工资、对外贸易与煤炭和生铁的生产/消费，以及铅和黄金的生产。利用这些数据以及主要战争的发生时间，康德拉季耶夫得出结论：在较短的、更频繁发生的商业周期之上，资本主义经济还具有 50 年的周期。为了解释这一周期而讲述的这个“故事”（具有很强的假说性质）将地缘政治

---

① 从本质上说，这与史密斯（1974）提出的捕食者/猎物（predator/prey）周期中体现的想法是一致的。在此，猎物是商业投资机会，而捕食者是那些企业家。沃特拉（Volterra，1926）的捕食者与猎物模型的方程式如下（其中 E 代表企业家，而 O 代表投资机会）：

$$\dot{O} = aO - bO^2 - cOE$$
$$\dot{E} = -eE + c'OE,$$

其中，投资为 OE。这些方程式是说明性的，并不一定是对最优化问题的解答。另一个生物学上的参考是戴蒙德（Diamond，1982）的椰子模型（coconuts model），它是对最优化问题的解答：何时采摘椰子；在采摘十分密集的期间，何时找到一位贸易伙伴的可能性较大。

② 照片引自 http：//faculty. washington. edu/ ~ krumme/207/development/longwaves. html. Kondratieff, Nikolai D. “Bol'schije cykly konjunktury”（“The Major Economic Cycles” or “Long Economic Cycles”）, Voprosy konjuktury (Problems of Economic Fluctuations) 1（1）1925.

—— “Die Langen Wellen der Konjunktur”（“The Long Waves in Economic Life”）, Archiv fur Sozialwissenschaft und Sozialpolitik (Archives of Sociology and Social Legislation) 56（3）1926：573 - 609. German translation of “Bol'schije cykly konjunktury”（“TheMajor Economic Cycles” or “Long Economic Cycles”）, Voprosy konjunktury (Problems of Economic Fluctuations) 1（1）1925.

—— “The long waves in economic life,” Review of Economic Statistics. 17（6）Nov 1935：105 - 15. English translation byW. F. Stolper of “Die LangenWellen der Konjunktur”（“The LongWaves in Economic Life”）, Archiv fur Sozialwissenschaft und Sozialpolitik (Archives of Sociology and Social Legislation) 56（3）1926：573 - 609.

的竞争性冲击与传播机制结合在了一起①。

尼古拉·康德拉季耶夫
（1892~1938年）

一场稀缺资源争夺战会产生一个明确的胜利者，但资本存量将会大量减少。在全球资本主义国家追逐因战争破坏而创造的投资机会的过程中，战后20年全球经济出现了强劲的增长。在这次长期的上升中，利润和增长来自粗放边际，衰退十分短暂、温和。但不可避免的是，稀缺性将人们的关注点从粗放边际（找到更多的资源和劳动力）转向了集约边际（更高效地利用资源和劳动力）。在长期的经济下滑中，对集约边际的关注和对稀缺资源的争夺为我们带来了技术突破，当下一次长期增长来临时，这些技术突破就会创造出新的未被利用的粗放边际，并为形成新的增长源做好了准备②。

11.5　庞氏骗局和资产泡沫

庞氏骗局（Ponzi scheme）是另一个关于周期的故事。

① 尽管数据涵盖的时期足以确定长波是否存在，但它还不足以令我们毫无疑问地断言这些长波具有周期性。尽管如此，我们相信，现有的数据足以令我们断言这种周期性是很可能存在的。

② 每一波都以低谷战争（trough war）开始，以顶峰战争（peak war）结束。在美国，低谷战争包括法国—印第安人战争（French and Indian War，1754~1759年）、的黎波里战争（Tripolitan War，1801~1805年）、墨西哥战争（Mexican War，1846~1848年）、美西战争（Spanish American War，1898年）、朝鲜战争（1950~1953年）和波斯湾冲突（1991~1992年）。顶峰战争包括美国独立战争（American Revolution，1775~1781年）、1812年战争（War of 1812，1812~1815年）、美国内战（American Civil War，1861~1865年）、第一次世界大战（World War I，1914~1918年）和越南战争（Vietnam War，1964~1972年）。

卡洛·查尔斯·庞齐（Carlo“Charles”Ponzi）发现，在西班牙用大约 1 美分买进的邮政礼券，可以购买价值 6 美分的美国邮票。如果一个人能够在美国为这些邮票找到买主，那么这就是一台印钞机。你想要投资于这一企业，对不对？在投资之前，也许你应该想清楚：在西班牙购买邮政礼券，并兑换成美国邮票，然后找到美国邮票的买主，这一系列事情容易做到吗？也许你应该问一问为什么庞齐先生需要你的血汗钱来实施他的骗局，为什么他愿意与你分享万无一失的利润。答案就是：如果他以一己之力实施他的计划，则不太可能产生效果——太多的官样文章和太多的长时间延误将使他挣不到一分钱。但通过将这一想法卖给最初的投资者（承诺每 90 天的收益率为 50%），然后用后来投资者的钱来支付最初投资者的收益，他利用这一骗局创造了巨额利润（参见 http：//home. nycap. rr. com/useless/ponzi/）。

> “估计有 40000 人将大约 1500 万美元（大约相当于今天的 1.4 亿美元）的资金委托给庞齐的计划。对其账簿的最终审计得出结论，他骗取的资金能够购买大约 1.8 亿份邮政礼券，但实际上他只购买了 2 份。”

海曼·明斯基（Hyman Minsky）讲述了一个以庞氏融资（Ponzi finance）而告终的金融周期的故事①。对于明斯基来说，庞氏贷款以资产为抵押，而这种资产并不能产生足够的收益来偿还债务，甚至不能偿还债务利息。这一贷款的可行性完全取决于抵押物价值的升值。这是一种庞氏骗局，因为它依赖于越来越多的购买者对资产报出越来越高的价格。以下是它在商业周期中如何发挥作用的：在经济扩张的初期，住宅所有者和企业的违约风险（default risk）很低，因为充当抵押物的住宅和可靠的企业资产的实际价值和估值不断提高——随着经济的增长，它们拥有特殊的稀缺价值（scarcity value）［价值和估值不是一回事。实际价值（real value）是指在经济不断增长（经济增长会对住宅的存量和企业的产能造成压力）的背景下，这些资产提供的服务的价值。而估值（valuation）是指我们在财务报表上记录的这些资产值多少钱］。在扩张的初期，价值和估值是一致的。但由于违约风险很低，出借人会积极地寻找借款人，结果，贷款很容易得到，这就促使人们去购买现有住宅和企业，使得估值的增加速度快于价值的增加速度。同时，新住宅的建造和新企业产能的建立降低了现有

① “Longer waves in financial relations：Financial factors in more severe depressions”, 1964, *American Economic Review*.

资产的稀缺价值，进一步扩大了估值与价值之间的缺口。资产泡沫会自行破灭，或者被通货紧缩刺破，因为通货紧缩会使信贷难以获得。

11.5.1 住宅泡沫

住宅是美国经济最欢迎的庞氏骗局。支撑住宅资产泡沫的虚构的事实是：住宅用地只有这么多，而美国人迫切地需要更多的住房，因此其价格只会上涨。这是一种完全不合逻辑的观点，实际情况并非如此。如下图所示，图的左边是价格数据，它显示出，实际价格在每次衰退中基本都是下降的，只有一次例外。购买者不可能独自创造这些价格周期。他们需要出借人提供大力帮助。出借人通过以“可比销售”（comparable sales）的价格来为住宅估值，并通过提供高杠杆的贷款（0预付），甚至提供2倍或更多倍的收入证明（即伪造的收入证明），来帮助他们购买住宅。更好的是，选择性可调整利率贷款（option ARM loan）使你能够选择每月的还款——如果它不足以补偿利息费用，那么出借人（即放高利贷的人）则会直接把这部分金额加到你的未偿还余额中。试着在证券市场中找到这类贷款进行投资吧！

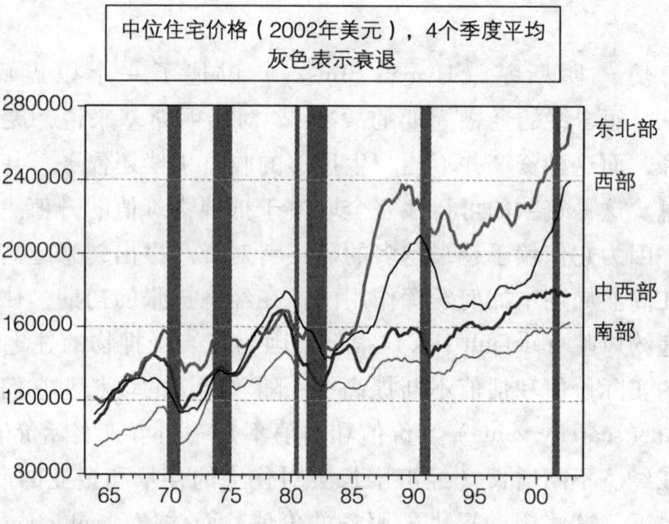

第三部分 C

衰退的早期预警

12 CHAPTER

第 12 章 线索：GDP 要素的时间顺序

现在，我们需要做一些侦探工作，以找到引起衰退的原因，然后提出一些恰当的应对策略和预防措施。

寻找周期推动因素的合理的着手点是 GDP 的投资要素：库存、企业在设备和软件上的支出、企业在建筑物（办公楼和工厂）上的支出、消费者在耐用品上的支出、消费者在新住宅和住宅装修上的支出。这些支出很可能波动剧烈，因为它们都可以推迟。你那辆老汽车还可以再开一年，你也可以推迟建造新的房子。企业不必在今天购买新计算机，而且它们可以将建新办公室或工厂的计划向后推一段时间。如果我们所有人都在同一时间推迟我们的支出计划，那么很可能就会出现衰退，因为原本生产这些投资品的工人和资本就可能被闲置，直到我们结束等待为止。

12.1 来自夏洛克·福尔摩斯的帮助

福尔摩斯："那么，华生医生，我们应该寻找些什么呢？"

华生医生："很简单，福尔摩斯先生。我们要看一看在衰退前的几个季度内这些投资项目（investment item）是否大幅减少。那些最早出现下滑的支出项目就是造成衰退的原因。”

福尔摩斯：“在这些方面寻找线索是对的，华生医生，但不要急于得出结论。变量的时间顺序（temporal ordering）很重要，但不是决定性的。你知道，相关并不意味着因果关系。例如，如果我们发现企业在设备和软件上的支出下降很有规律，总是领先于衰退开始下降，我们自然可以得到符合逻辑的结论，即企业支出能够预测衰退，但断定企业支出的下降造成了衰退则完全是另一回事，这是非常微妙的。根据惯例，天气预报先于天气，但这一事实并不能令人信服地证明天气预报引发了天气。企业投资可能与天气预报非常相似，仅仅能够预测消费者需求的下降，而消费者需求下降有其自己的原因。”①

华生医生：“好，福尔摩斯先生，如果相关并不意味着因果关系，那什么意味着因果关系呢?”

福尔摩斯：“请认真听，华生医生，因为我要告诉你的这些话，理解的人并不多，至少那些经济学博士不理解。相关性存在于数据中，因果关系存在于观察者的头脑中。”

华生医生：“我听得很认真，但我一点儿都不明白你在说什么。”

福尔摩斯：“‘引发’（cause）这个词是指某种假设干预（hypothetical intervention），就像用枪对着天气预报员的头让她说‘晴’一样。如果我们真的进行这一实验，我们就可以得到一些直接的证据，证明天气预报是不是能够引发天气。但是，作为侦探，我们被迫利用我们拥有的证据开展调查，而我们拥有的只是关系。为了根据非实验数据（nonexperimental data）做出因果推断（causal inference），我们就要依赖我们头脑中的因果模型（causal model），而不是数据。你我都接受过一些科学训练，也就是教化，这使我们非常怀疑天气预报会引发天气。我们不认为如果天气预报员的头被枪指着，天气预报与天气的历史关系还会维持下去。”

“为了清晰起见，搞清楚干预是非常重要的。我们不应该说跨国公司造成了美国的工资较低，因为是否拥有跨国公司不在我们的控制之下。‘没有跨国公司’这种假设是含糊不清的，而如果进行了清晰的定义，那就会很荒唐②。我们可能会假设美国跨国公司在国外的收入被课以重税会提高我们的高中毕业生的收入。这也许是一个极好的因果关系陈述，因为

---

① 遗憾的是，经济学家在进行“格兰杰因果关系”（Granger Causality）检验时混淆了时间顺序和因果关系。C. W. J Granger. “Investigating causal relations by econometric models and cross-spectral methods.” *Econometrica*, 37：424 - 438, 1969.

② McCloskey, D, “Counterfactuals,” *The New Palgrave Dictionary of Economics*, Vol. 1, 1987, pp 701 - 703. “如果哥伦布没有发现美洲大陆会怎么样”就是一个不符合事实的假设，它或者模糊不清，或者很荒谬。参见 Preston McAfee, “American Economic Growth and the Voyage of Columbus”, *American Economic Review*, September 1983, 735 - 740.

它指的是我们能够控制的事情。”

华生医生：“我的头都晕了。这与我们寻找造成衰退的原因有什么关系?”

福尔摩斯：“最好知道这一点：实际上，可以用来影响经济发展路径的手段并不多。联储能够影响利率，国会可以改变政府支出和税收。财政部可以买入或卖出美元。伯南克（Bernanke）主席可以发表声明，而布什总统可以进行预言。就是这些了。我们需要保留‘引发’这个词来指代这些干预之一。如果我们断定在住宅上的支出下降引发了衰退，这也就是在证明，利率或汇率的变化、政府支出的变化、政府税收的变化或官方的论调可以改变在住宅上的支出，并通过这一途径改变经济的发展路径。”

华生医生：“完了吗？我们还需要考虑其他事情吗?”

福尔摩斯：“完了。让我们看一看数据。”

12.2　对 GDP 增长的贡献

哇，太难懂了。别担心。如果需要的话，我们还会再讨论这个问题。现在，让我们去看一看时间顺序。我们要找出哪种投资品最先发生变化，哪种紧随其后。

第一件事就是为 GDP 各组成部分选择一个合适的尺度（scaling），以便对一种要素和另一种要素进行对比。经济分析局制作了一张非常有用的表格，请见下表：

对实际 GDP 变化百分比的贡献
季度性调整后的年率
经济分析局

行		2004 - Ⅰ	2004 - Ⅱ	2004 - Ⅲ	2004 - Ⅳ
	按年率计算的百分比变化：				
1	**GDP**	**4.5**	**3.3**	**4**	**3.8**
	按年率计算的百分点：				
2	**个人消费支出**	**2.9**	**1.1**	**3.57**	**2.89**
3	耐用品	0.19	-0.02	1.37	0.27
4	非耐用品	1.33	0.03	0.94	1.21
5	服务	1.39	1.1	1.26	1.41
6	**国内私人投资总额**	**1.86**	**2.85**	**0.4**	**2.13**
7	固定投资	0.69	2.07	1.37	1.52
8	非住宅	0.42	1.21	1.27	1.4
9	建筑物	-0.19	0.16	-0.03	0.03

（续表）

行		2004－Ⅰ	2004－Ⅱ	2004－Ⅲ	2004－Ⅳ
10	设备与软件	0.61	1.05	1.3	1.37
11	住宅	0.27	0.86	0.09	0.12
12	私人库存的变化	1.17	0.78	－0.97	0.6
13	**商品和服务的净出口**	**－0.76**	**－1.06**	**－0.1**	**－1.43**
14	出口	0.7	0.7	0.59	0.24
15	商品	0.6	0.41	0.64	0.13
16	服务	0.1	0.3	－0.06	0.11
17	进口	－1.46	－1.77	－0.69	－1.67
18	商品	－1.43	－1.52	－0.62	－1.85
19	服务	－0.03	－0.25	－0.07	0.18
20	**政府消费支出和总投资**	**0.48**	**0.41**	**0.13**	**0.22**
21	联邦政府	0.48	0.18	0.33	0.12
22	国防	0.47	0.09	0.45	－0.02
23	非国防	0	0.1	－0.12	0.14
24	州和地方政府	0	0.23	－0.2	0.1

在这一表格中我们可以看到，2004 年第四季度的 GDP 增长估计为 3.8%。3.8%是各要素贡献之和：消费支出为2.89%，投资为2.13%，政府支出为0.22%，净出口为－1.43%。这一信息显示在图 12.1 中，这是一张正常增长概况图，根据“正常”增长期间的历史数据绘出，而没有考虑衰退、复苏或加速增长，这一问题将在第 16 章讨论。在这一金字塔的底

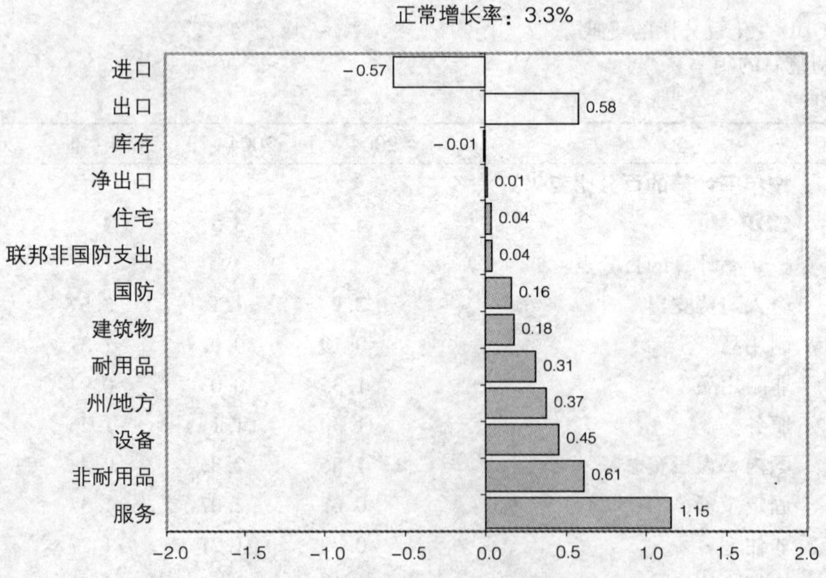

图 12.1　正常增长概况图

部是对正常增长贡献最大的要素：消费者服务（consumer service）。服务对总正常增长率（3.3%）的贡献为 1.15%。紧随其后的是耐用消费品，然后是设备和软件。沿着该图向上看，你会看到国防支出相当微不足道，而联邦非国防支出、住宅、净出口和库存几乎可以忽略不计。顺便说一下，在该图的顶部，我单独绘制出了进口和出口，但用白色的条形图显示。我们可以看出，出口 0.58% 的贡献几乎被进口 -0.57% 的贡献完全抵消。

另外，请注意消费要素，服务（1.15）、非耐用品（0.61）和耐用品（0.31）加在一起等于 2.1，而总正常增长率为 3.3。因此，如果评论员说消费支出占 GDP 的 2/3，他大致是对的：2.1/3.3。

我们正在努力寻找造成衰退的原因，第一步就是问一问衰退与正常增长有什么不同。看一看图 12.2，该图是一张衰退概况图，将其与图 12.1 进行比较。它们的差别非常明显。在衰退时库存增长率为负数，且数值很大，而在正常增长情况下则几乎没有增长。衰退时净出口为一个很大的负数，而正常增长时则几乎没有增长。衰退时住宅（居住）增长为一个很大的负数，而在正常增长时期则为一个很小的正数。

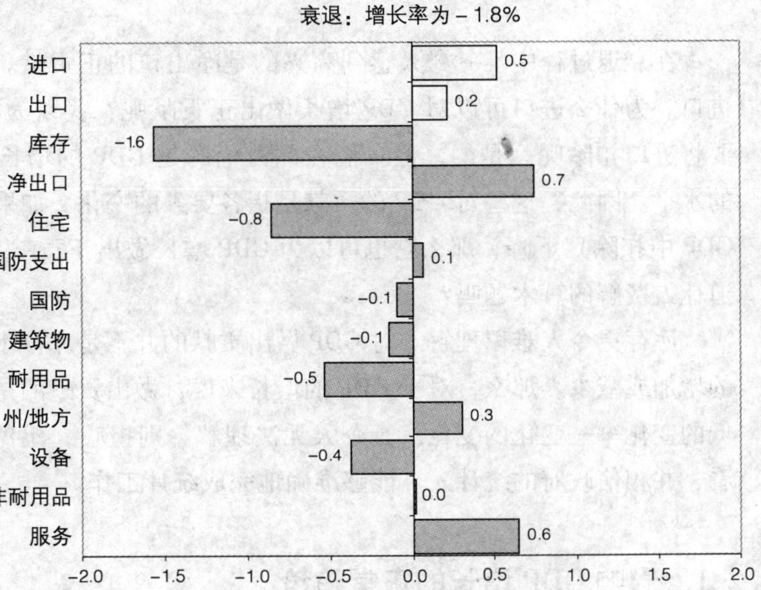

图 12.2　衰退概况图

如果我们注意一下两者之间的差别，那么衰退与正常增长的比较就会容易得多，如图 12.3 所示。该图非常清楚地告诉我们衰退与正常时期的差别。在负值一侧，最大的问题是库存。紧随其后的是住宅，然后是耐用消费品（汽车和洗衣机）以及营业设备。这是一个重要的线索。请记在脑子里：库存、住宅、汽车和设备。

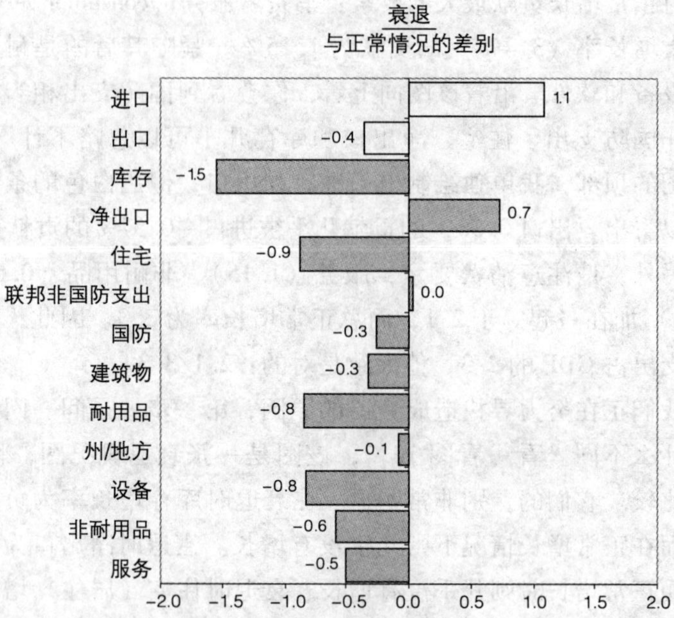

图 12.3　衰退概况图：与正常情况的差别

在衰退过程中唯一令人感到高兴的是净出口的正贡献。这主要归功于进口。为什么进口可以对 GDP 增长做出正贡献呢？我以为在计算 GDP 时要将进口扣除呢。是的，但我们在此讨论的是 GDP 的增长，而不是 GDP 的水平。因此，这些对 GDP 的贡献是指各要素的变化。如果进口（需要从 GDP 中扣除）下降，那么它也可以为 GDP 增长做出正贡献[①]。你能理解这道让人费解的算术题吗？

库存更令人难以理解。对 GDP 做出贡献的并不是库存水平，而是库存的增加或减少。那么，对于 GDP 的增长来说，做出贡献的是库存增加或降低的变化——变化的变化。真令人无法理解。别担心。让我们先继续往下看，并相信政府的统计人员能够准确地完成统计工作。

12.2.1　影响 GDP 增长的正常趋势

我们刚刚讨论的那张图对比了衰退时期和正常时期（各要素）对 GDP 增长的贡献，它没有考虑正常贡献会随时间而改变这种可能性。但是，

① 让我们换一种方式说得更明白一些，支出减弱中的一部分是针对外国进口商品的。将下列要素的反常贡献值加起来：非耐用品（-0.6）、设备（-0.8）、耐用品（-0.8）、库存（-1.5），结果为 -3.7。由于进口为 +1.1，那么在衰退期间大约有 1/3（即 1.1/3.7）的需求下降是对外国进口品的需求下降。

2001 年 GDP 某要素的疲软与 1948 年的疲软可能具有很大的差别，因为在这半个世纪的时间里，经济结构可能会发生重大变化。

在此，我们的目的是要强调 GDP 各要素的时机。这会有些困难，你需要和我一起忍受。我知道这些内容暂时有些难懂，但如果你坚持下去，你就会看到一些非常值得记住的数据。

我已经利用许多种可能的方式来考虑长期中对变化的正常贡献，但看起来最好的方法是在一个时间趋势（time trend）上的累积贡献的分段回归（piece-wise regression），这要求我们考虑 3 种不同的趋势。我们选择了这些趋势线中的两个转折点（break-point）来最大限度地对回归进行拟合，条件是每个时期的长度至少为 10 年。这一针对 GDP 的练习的结果显示在图 12.4 中，它描绘出了累积 GDP 增长数据（除以 4 将季度数字转换成年度数字），以及最好地捕捉到这一序列中趋势变化的三趋势线（three-trend line）。这一“正常贡献”在 1973 年第一季度和 1983 年第三季度出现了转折点，但在这张图中你很难看到。整个序列的转折点以及相应的均值和标准差可以在附表 12.3 中找到。

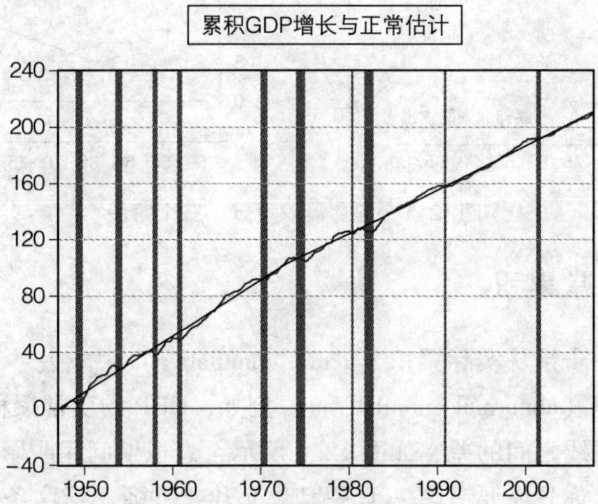

图 12.4　GDP 增长累积与“正常”累积

三趋势“正常”累积对国防支出累积的拟合并不太好，因此我选择了一个开始于 1955 年的趋势。

图 12.5 显示了三个要素对增长的累积贡献。要记住，在这里，重要的是这些曲线的斜率，而不是其水平。这些斜率是正常贡献，它区别于实际贡献（actual contributions）与那些表示反常贡献的斜率。在这些正常累积中，有很多实际上是直线，意味着只有一种正常贡献。然而，1987 年后进出口的快速增加以及 1997 年后出口增长缓慢是很明显的。

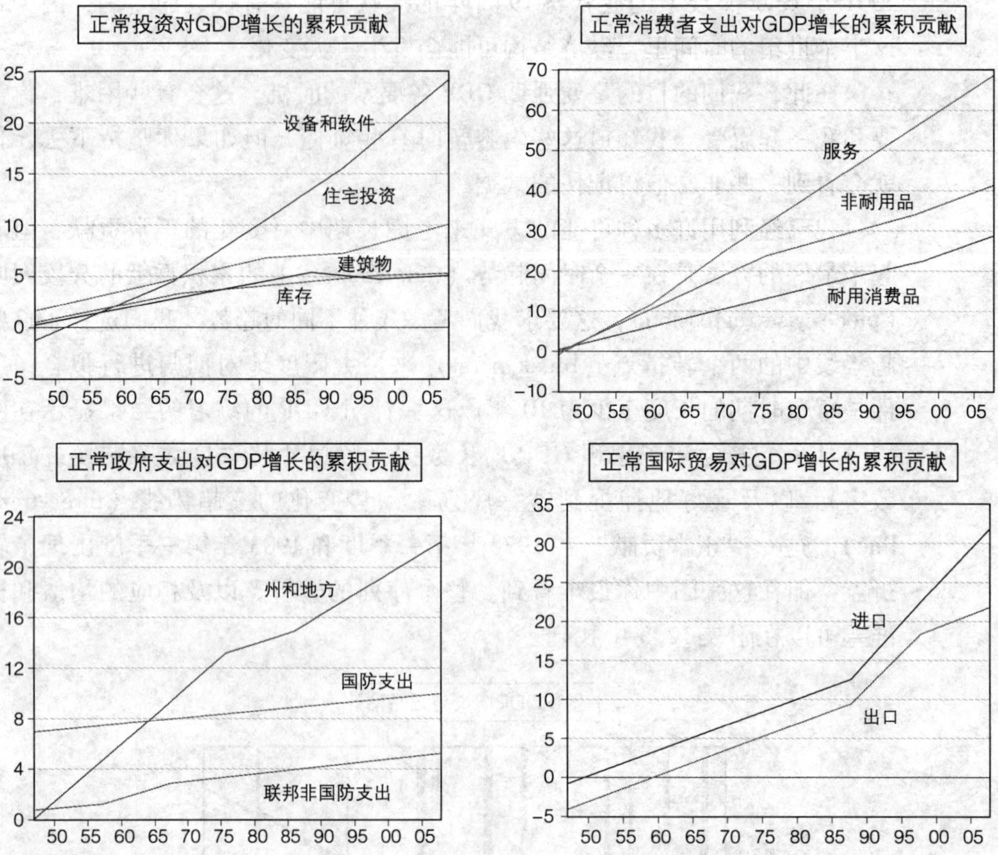

图 12.5　正常累积贡献：三个阶段

12.2.2　反常累积

下一步是从实际累积（actual cumulative）中减去“正常”累积以得到反常累积（abnormal cumulative）。例如，GDP 的反常累积是指图 12.4 中显示的两条线之间的差，如图 12.6 所示，衰退期间用阴影表示。为了理解这一图形，你只需要考虑一下平坦、上升或下降。当这条线平坦的时候，就意味着逐季的增长是正常的，因为为了得到不变的反常累积，让反常等于 0 是必要的，这样逐季实际累积就等于正常累积。当曲线上升时，增长就超过了正常水平；当曲线下降时，增长就低于正常水平。

在本图中，官方确定的衰退用阴影表示，GDP 增长的疲软非常明显，因为在每一次衰退中，曲线都急剧下降。一般来说，经过几个季度的快速下降后，曲线就会向反方向运动并快速上升。这就是好于正常增长的复苏。在这里，我们很难看到平坦的部分，因而也就很难看到持久的正常增长时期，但你可以在这一序列的末端看到两次正常增长：1991 年初至 1995 年和 2002 年至 2007 年。

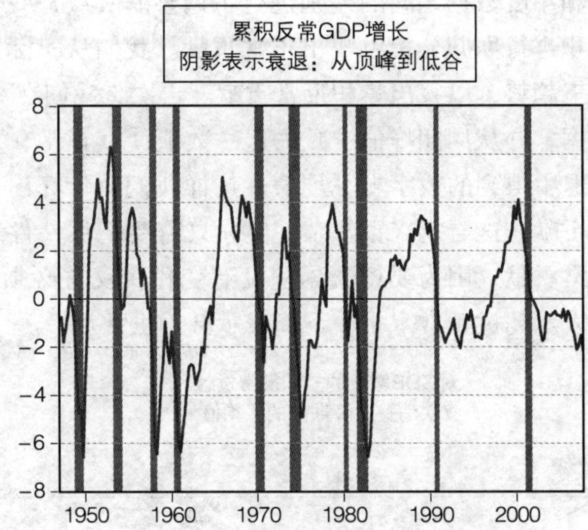

图 12.6　GDP 从正常累积的背离

接下来就要分析一下这些反常累积，看看它们在衰退即将到来之时是否以某种特殊的形式发生变化，并因而对未来的困境发出预警信号。图 12.6 揭示出在衰退时期 GDP 增长非常疲软，但在衰退即将来临之前这种疲软并不是非常明显，因而不能用来预测衰退。

12.3　一般时间顺序：是一个消费者周期而不是商业周期

我们已经找到了关于哪些因素引发衰退的一些线索。在衰退过程中出现的四大问题是库存、住宅、汽车和企业设备。下一步就是看一看时间顺序：哪个问题最先出现？哪个领域在衰退前即表现出疲软？哪一个是先行指标？

为了考察时间顺序，我们首先看一看在 7 次衰退中对 GDP 的累积反常贡献的平均值，然后再分别研究一下这 10 次衰退。我们从其中排除了 3 次与众不同的衰退：2001 年的因特网报复、1953 年的国防部大幅削减支出、1948 年的消费下降（这是一次典型的消费下降，但在复苏时却非同一般地强劲）。我们很快就会对这些衰退一一进行分析。

在 7 次衰退期间，GDP 增长的投资要素的平均累积反常贡献（average cumulative abnormal contributions）如图 12.7 所示。GDP 其他要素的相应数据显示在图 12.8 中。这些数据是通过几步计算得到的。首先，我们利用经济分析建立的表格找到了累积贡献，以及跨时期的累积，但通过除以 4 对季度数据和年度数据之间的差别进行了调整。其次，我们对 3 条最优趋势线上的累积进行回归分析以找出正常贡献。我们从实际累积贡献中减去这一正常的三趋势，以找出累积反常贡献。再次，我们在 10 次衰退中减去累积反常数据，并从周期峰值中减去这一数值使其正常化。最后，我们对在这 7 次衰退中得到的数字求平均值。这样我们就计算出了各次衰退的平均累积反常贡献。这看起来很复杂，但你只需要记住一件事：曲线平坦代表一系列正常贡献，因为要想让累积没有变化，反常必须为 0。平坦表示正常，上升表示超过正常水平，下降表示低于正常水平。

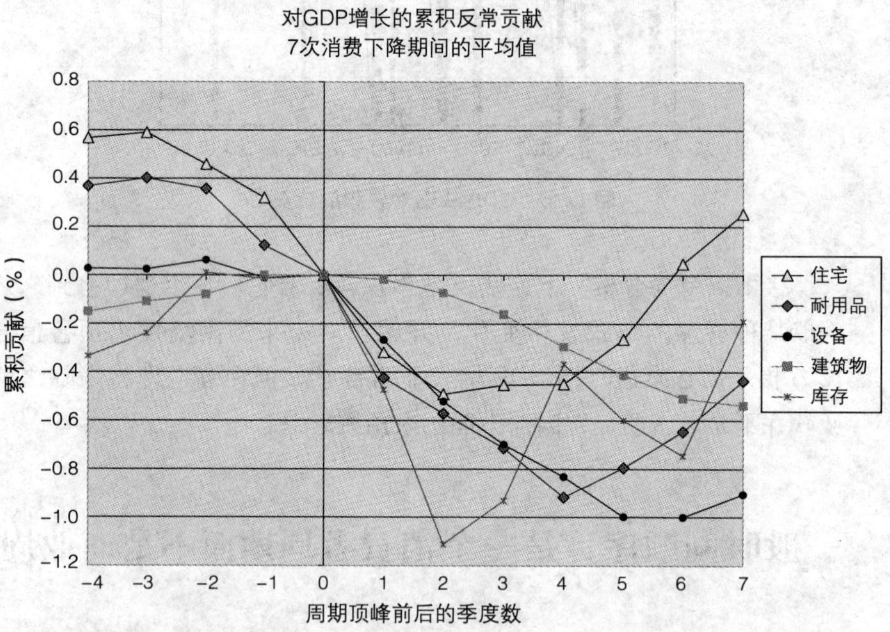

图 12.7　7 次消费下降过程中 GDP 的投资要素

看一看图 12.7 和图 12.8。你能看到曲线的平坦、上升或下降吗？这两张图的横坐标是正式认可的 NBER 峰值前后的季度数。第 0 期是峰值，第 1 期是衰退的第一个季度。在每种情况中，第 0 期的数据都是 0：我们从每次衰退的数据中减去了周期峰值时的数值。请注意，纵轴表示这一因素对 GDP 的累积影响与周期峰值时期的比较。

在发生时间（timing）和每一种平均贡献的波动范围（amplitude）方面存在着很大的不同。住宅曲线顶峰发生在官方确定的周期曲线顶峰出现前的 3 个季度，而在衰退正式开始之前，住宅支出的减少使 GDP 大约下降了 0.6%。（你能在图上看到这一数字吗？）在衰退开始后最初的两个季度中，住宅支出的减少又使 GDP 下降了 0.5%，但随后出现的强劲增长使得住宅支出在衰退出现后的第 6 个季度超过了周期高峰时的数值。

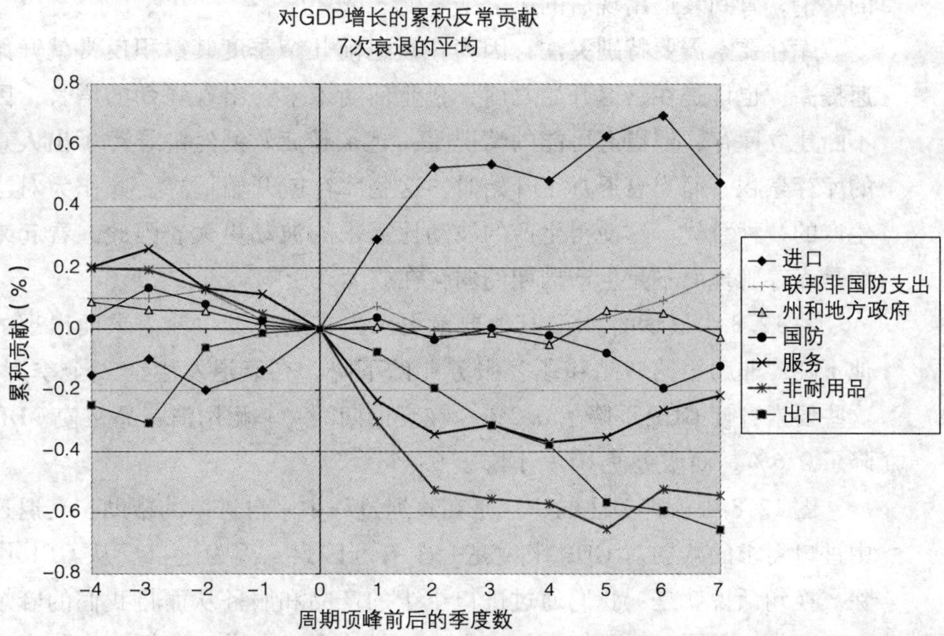

图 12.8　7 次消费下降期间 GDP 的其他要素

对比一下住宅和设备、软件上的支出模式。在设备和软件中，在衰退即将来临之际，它们只是略显疲软——表示设备的曲线在原点左侧差不多是水平的。衰退刚刚开始，在设备和软件上的支出就立刻大幅下降，而且一直没有恢复正常，直到衰退出现后的第五个季度曲线才达到最低点。设备和软件支出疲软的累积影响是使 GDP 整整下降了 1 个百分点。而且直到第七个季度，因在设备和软件上的支出疲软而损失的增长仍然没有恢复。

那么，谁先开始改变：企业还是消费者？是消费者。这是一个消费周期，而不是商业周期！企业等着看消费者采取什么行动。企业是乘客，而不是司机。

耐用消费品和企业建筑物又怎么样呢？它们也讲述了一个类似的故事。在耐用消费品上的支出在官方确定的周期顶峰出现前两个季度就开始显著减少。耐用消费品的支出下降与住宅投资的下降相当一致，但是耐用品消费在 GDP 整体下降过程中下降了 1.4 个百分点，大于住宅性投资 1 个百分点的下降。且耐用消费品的最低点比住宅的最低点晚出现一两个季度。在这些平均的基础上，耐用消费品支出上的减少与住宅投资的减少同样都是预测衰退即将到来的优秀指标，但当我们单独分析所有的衰退时，另一个结论出现了——平均值在各次衰退期间掩盖了耐用消费品数据中相当多的噪音。应该依靠住宅而不是耐用消费品来预测衰退。

企业在建筑物支出周期上的波动幅度最小，也是这 4 个因素中最滞后的一个，直到衰退出现后的第七个季度才恢复正常。

库存要素需要特别关注，因为在衰退前几个季度其累积反常就开始迅速提高。也许是在衰退开始之前，企业预期未来会出现强劲的增长，因此不断建立库存，但更有可能的情况是：越来越疲软的经济导致了出人意料的库存累积，而当衰退真正开始时，这些库存就开始下降，并作为对当前生产的一种替代，这使得生产的波动比需求的波动更大。因此，看起来好像是库存管理而不是生产周期的弱化在放大其影响。

图 12.8 中显示的 GDP 其他要素揭示出在衰退发生前需求面出现的其他下降：非耐用消费品和顾客服务业的下降。在衰退发生前 3 个季度内，这些要素各使 GDP 下降了 0.2%。在衰退期间，非耐用消费品又使 GDP 下降了 0.6%，而服务使 GDP 下降了 0.4%。

图 12.8 中值得关注的一点是在衰退过程中来自进口的帮助。衰退过程中进口需求的减弱对 GDP 来说是一个有利因素，因为进口要从 GDP 中扣除。换句话说就是：我们通过进口更少的产品和服务从而将我们的麻烦出口到国外。但同时，我们也在以出口减弱的方式来进口麻烦。为什么会这样？为什么美国经济的疲软会导致我们的出口低迷？是不是出口美国生产的零部件，在海外进行组装，然后再进口到美国？是不是因为美国的需求减弱而使得向美国输出商品的那些经济体出现了普遍的衰退？

别忘了：这是一个消费周期，而不是商业周期。企业是乘客，而不是司机。

12.4 8 大消费周期、裁军导致的下降和因特网热的报复

尽管许多衰退发生之前都会出现住宅和耐用消费品需求的显著下降，但这 10 次衰退并非完全相同，而平均值掩盖了许多重要的差别。我们需要对这 10 次衰退逐一进行认真的研究。

图 12.9 显示了在 7 次消费下降中住宅投资的累积反常贡献的平均值，并分别显示了 10 次衰退。在该图中你可以看到我们为什么将 1953 年和 2001 年的衰退（住宅没有发出警告）以及 1948 年的衰退（复苏非常强劲）排除在外。尽管 1973 年的下降非常猛烈，但其他年份则与平均值曲线相当一致。

图 12.10 至图 12.15 显示了耐用消费品、设备和软件、建筑物、库存、国防和出口的类似情况。仔细看一看这些图，它们提供了大量信息。下面是我从中看出的一些信息：

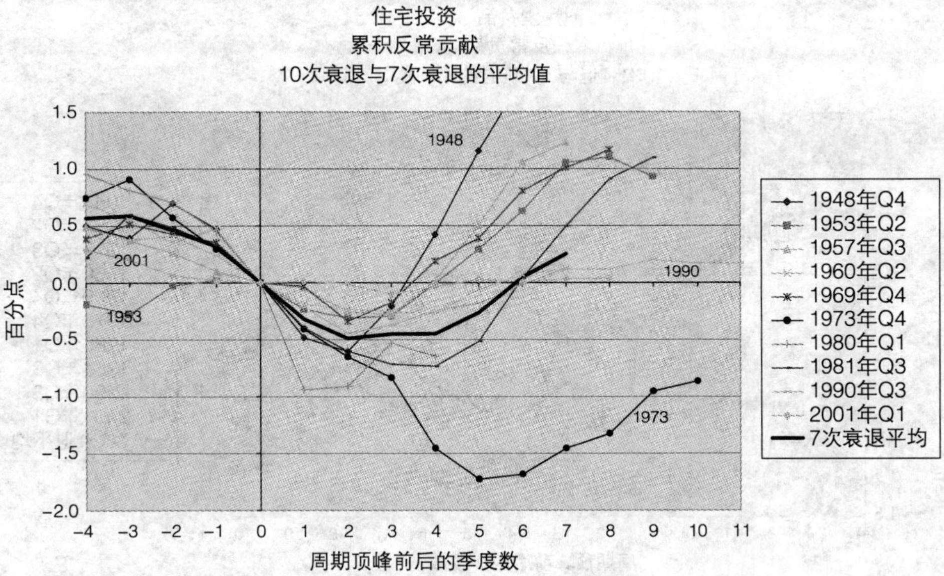

图 12.9　10 次衰退中的住宅投资

- 耐用消费品特别是库存的平均值存在着大量的“噪音”。这种“噪音”使得根据这些 GDP 要素预测衰退的可靠性大大降低。
- 尽管设备和软件需求在衰退期间确实非常疲软，但在衰退之前它的表现却各不相同。
- 企业建筑物（办公楼和工厂）滞后于衰退，而且很少会产生重大影响。
- 设备和软件在 2001 的衰退出现之前和衰退期间造成了特别严重的负面影响。
- 1953 年的衰退与众不同，因为在这些图中，衰退之前都没有出现疲软的迹象。尽管直到衰退开始时一切都是正常的，但国防支出使得 GDP 在 8 个季度中下降了几乎 4%。由于在 4 个季度内 GDP 的正常增长率为 3%，因此这是一个巨大的打击。
- 在显示国防的图中，1953 年的衰退非常引人注目，而 1969 年的国防支出下降也相当巨大。
- 出口也是一个问题，尤其是在 2001 年的衰退中。

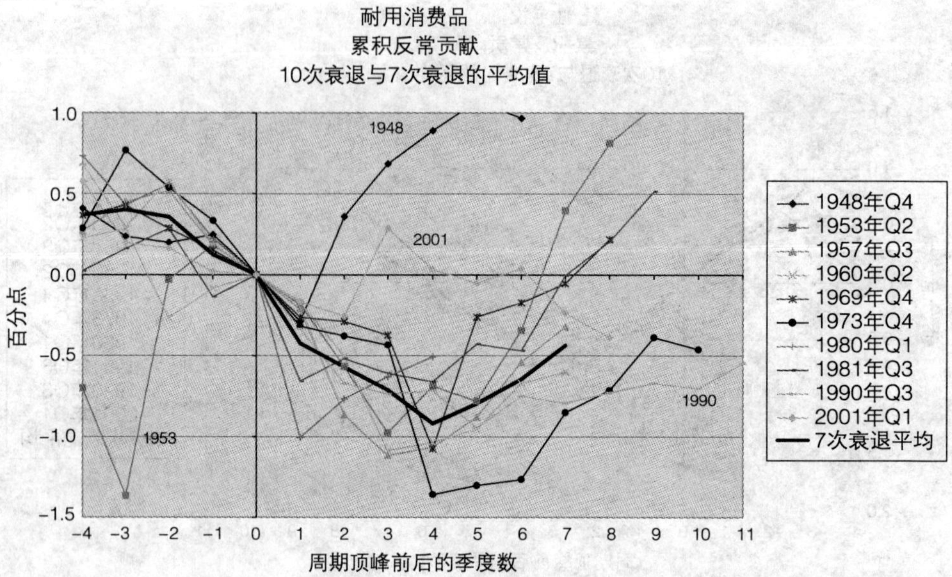

图 12.10　10 次衰退中的耐用消费品

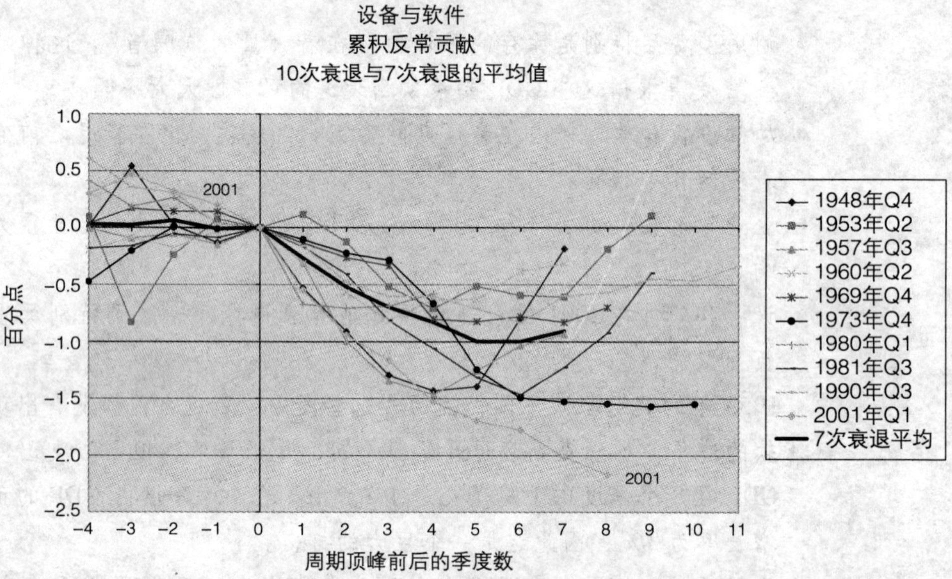

图 12.11　10 次衰退中的设备与软件

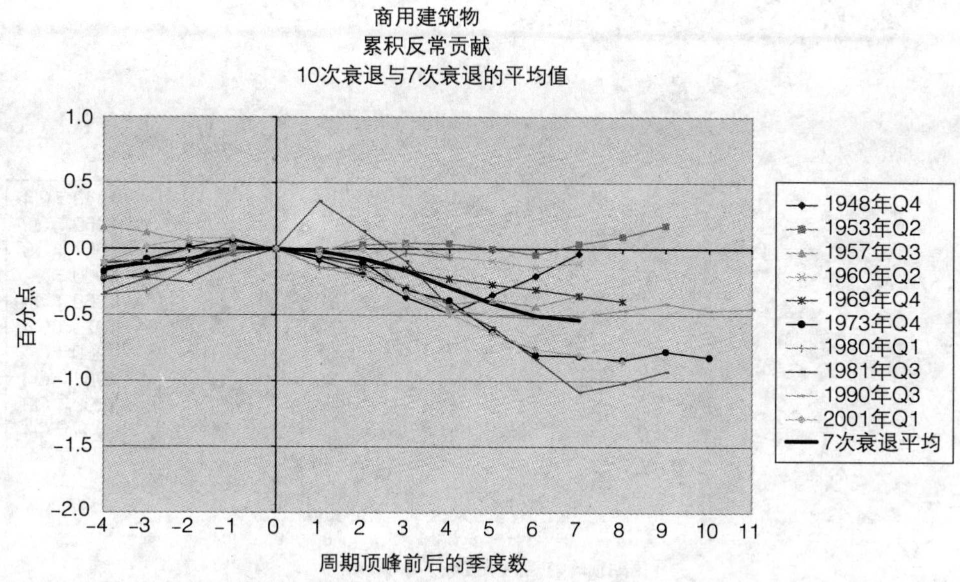

图 12.12　10 次衰退中的商用建筑物

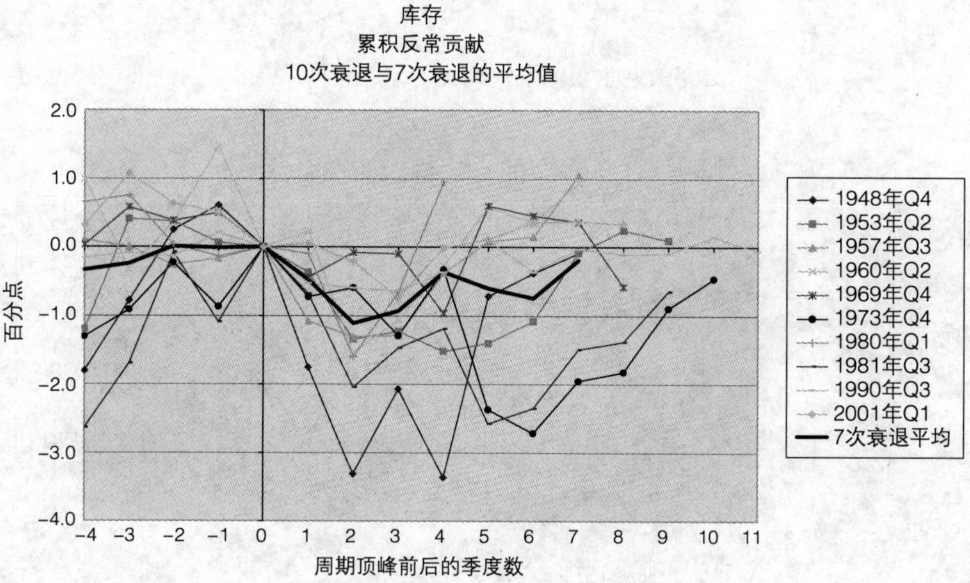

图 12.13　10 次衰退中的库存

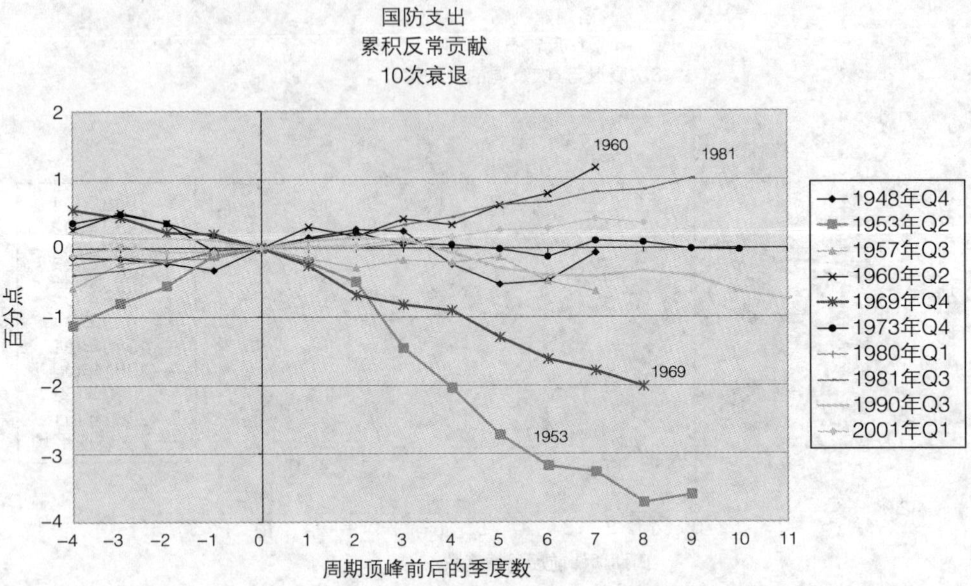

图 12.14　10 次衰退中的国防支出

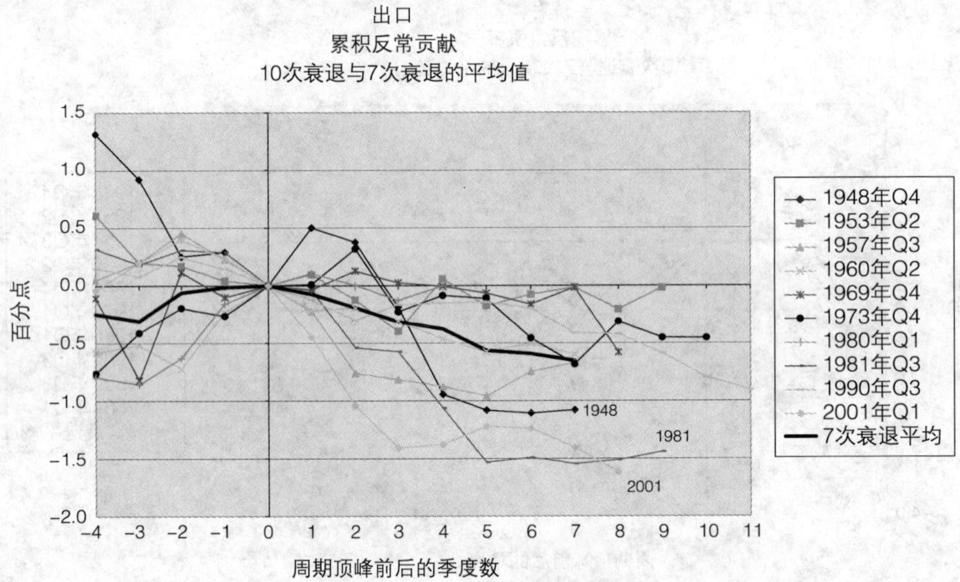

图 12.15　10 次衰退中的出口

12.4.1　1953 年的国防支出下降

1953 年衰退中 GDP 各要素的累积反常贡献如图 12.16 所示。请注意，在衰退来临之前，任何支出项目都没有发出警告。朝鲜停战协议于 1953 年 6 月 27 日签署，而正式的衰退从下个季度即 1953 年第三季度就开始了。在这个季度之前，国防支出一直在以一种对 GDP 增长的超常贡献推动经济向前发展，但在停战后则立即改变方向，国防支出本来是一个促进经济增长的强大因素，而现在则变成了一个同样强大的拖后腿因素。最初主要表现为库存水平的下降，这些库存是前些年人们预期这种敌对态度会持续下去而逐渐建立起来的。停战协议签订后，库存在短短两个季度之内就使 GDP 下降了 1.5%，可能是因为预期到在未来几个月中国防支出肯定会削减。转化为年率后这一数字为 3%，几乎等于正常的增长率。在 8 个季度中，国防支出的削减使 GDP 下降了将近 4%。在衰退期间，财政支出削减的乘数效应对住宅、耐用品和企业设备的需求具有非常明显的影响。

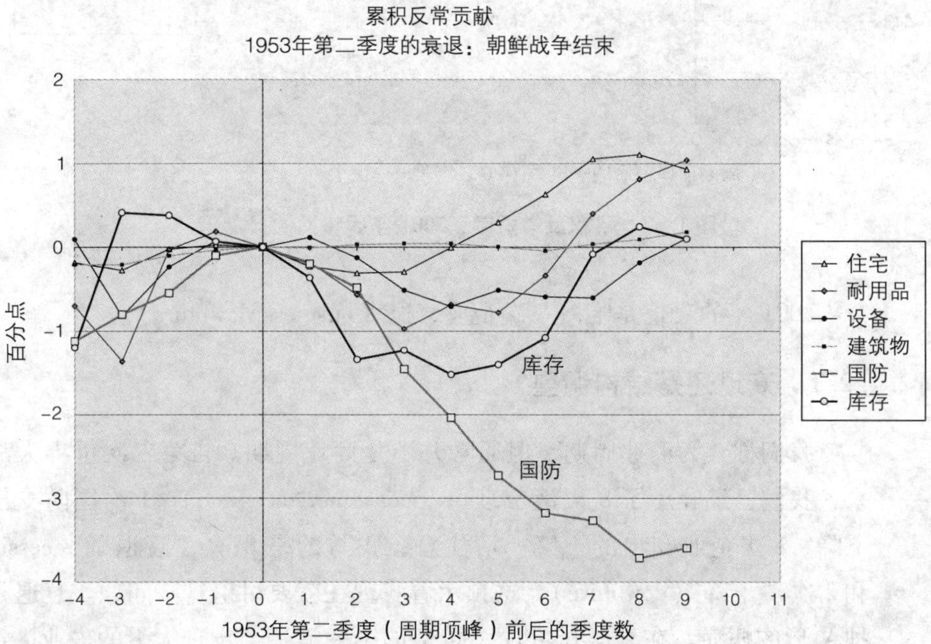

图 12.16　1953 年国防支出下降

1953 年国防支出下降造成的衰退从反面很好地证明了“凯恩斯主义者”（Keynesian）依赖于政府支出将经济从衰退中拉出来，政府支出对于消费支出具有明显的乘数效应，同时对库存和企业设备投资也具有加速效应。

12.4.2　2001 年因特网的报复

2001 年衰退中 GDP 波动要素的累积反常贡献如图 12.17 所示。在该图中你可以看出来自设备和软件的拖累在衰退前和衰退期间各有多大，以及库存水平在衰退之前下降了多少。你还可以看到企业建筑物在衰退开始后的第三个季度出现的问题。住宅投资和耐用消费品都没有出现疲软。

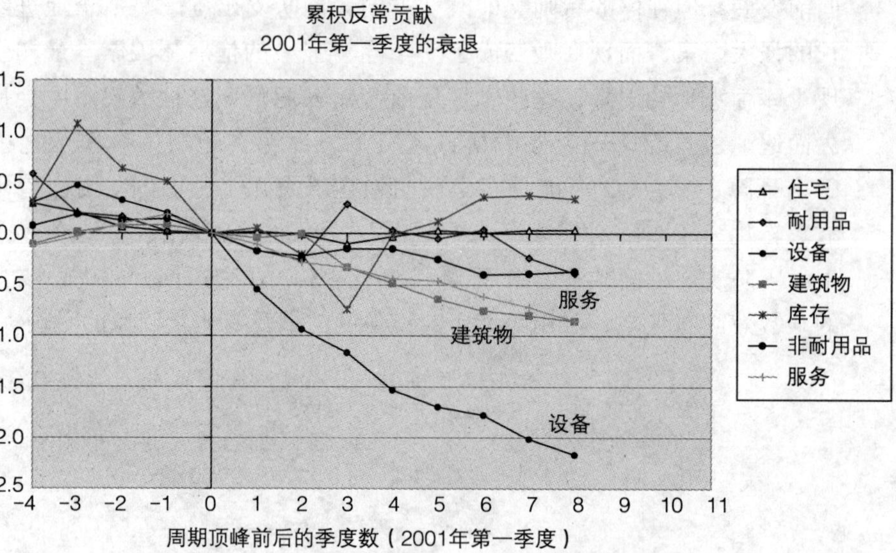

图 12.7 累积反常贡献：2001 年因特网的报复

2001 年的衰退是唯一一次企业衰退（business downturn）。

12.4.2.1 衰退还是结构调整？

我们称其为商业周期，但通常并不是商业周期。自第二次世界大战以来，我们已经经历了 8 次消费衰退（consumer recession）、1 次国防支出的下降、1 次企业支出的下降。请注意，我写的是 8 次“衰退”（recession）和 2 次“下降”（downturn）。这预示着我现在就要讨论这一问题。衰退是一种 V 形的病症。在衰退开始时（即 V 的第一笔）会出现大量的失业。这种情况只会持续几个季度。在开始复苏时（V 的第二笔），大多数失业者都会重新回到原来的工作岗位上。当“疾病”痊愈后，经济会像衰退出现之前一样继续增长。为了理解这一点，请想一想联合汽车工会（United Automobile Works）或建筑工种工会（Building Trades Union）的成员。在衰退期间，这些人一定对临时解雇毫不陌生。

但是，除了 V 形衰退外，还存在着要求 GDP 各组成要素发生根本变化的结构调整（structural adjustment），而且永远也无法回到经济回落前的状态。朝鲜战争停战协议就是一个明显的例子。那些“下岗”的军人再也没有被“重新雇用”。自 1953 年衰退开始，国防承包商的订单锐减。这是一种战时经济向和平时期经济的结构调整。

2001 年的回落也是结构调整的一部分。我所谓的 2001 年“报复”，是指 1996～2000 年推动因特网热（Internet Rush）的狂热，当时美国的每一家企业都要建一个最酷的网站或在网站上做广告。图 12.18 显示出了设备和软件对 GDP 增长的累积贡献。在这张图中你可以看到在因特网热期间设备和软件的超常贡献，以及其随后的崩溃。能够最恰当地描述这一插曲的周期故事就是“急于利用一个新的想法”。

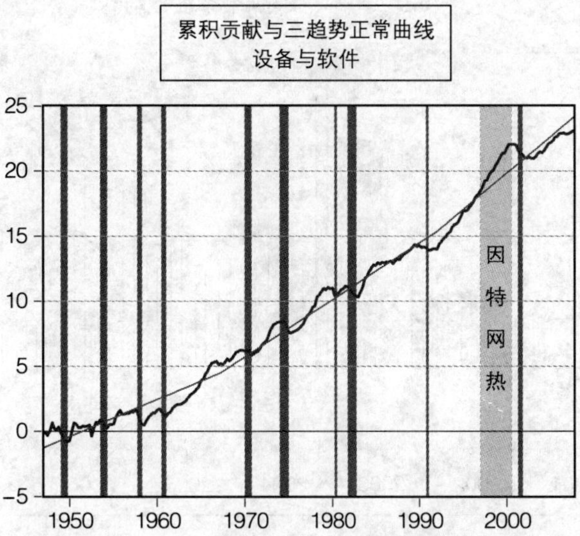

图 12.18　设备与软件对 GDP 增长的累积贡献

在图 12.17 中你可以看出，在 2001 年“报复”中，非耐用品和服务有一点儿疲软，而住宅和耐用品则没有出现疲软。非耐用品和服务的疲软并不令人感到意外，因为已经出现了工作减少的情况，而令人吃惊的是，耐用消费品和住宅投资没有同时出现疲软。当另外两种消费性支出（服务和非耐用品）疲软时，是哪些因素维持着这两种消费支出（住宅和汽车）的强劲增长呢？答案是极低的利率，这是格林斯潘先生的恩赐。

2001 年“报复”的独特性十分重要，因为它极大地降低了历史证据同我们对 2002 年、2003 年、2004 年预测的关联性。你可以从图 12.7 所示的正常周期中看出，在复苏的第五季度至第七季度，住宅和耐用消费品通常都会对 GDP 增长做出超常的贡献——它们正在爬出谷底，并恢复到衰退前的水平。在复苏期间，GDP 增长速度超过正常水平（5%），工作市场不断改善，盈利能力也不断增强。但是，2001 年“报复”根本就不会出现耐用消费品和住宅的复苏，因为消费根本就没有出现下降。如果在 2002 年或 2003 年存在着企业面的“复苏”，那就要等到帕洛阿尔托（Palo Alto）某个车库里的家伙（网络创业家）告诉我们如何从因特网中榨取利润。这种事情没有发生过。底线就是：我们并不认为 2001 年衰退之后出现了像往常一样的增长速度很快的复苏。实际上，从图 12.19 中我们可以看到真实的情况。2002 年和 2003 年上半年的增长速度低于 3% 的正常增长速度。但在 2004 年和 2005 年，美国经济挂上了高速挡，经济增长速度高于正常增长速度。为什么呢？想一想利率。想一想住宅。

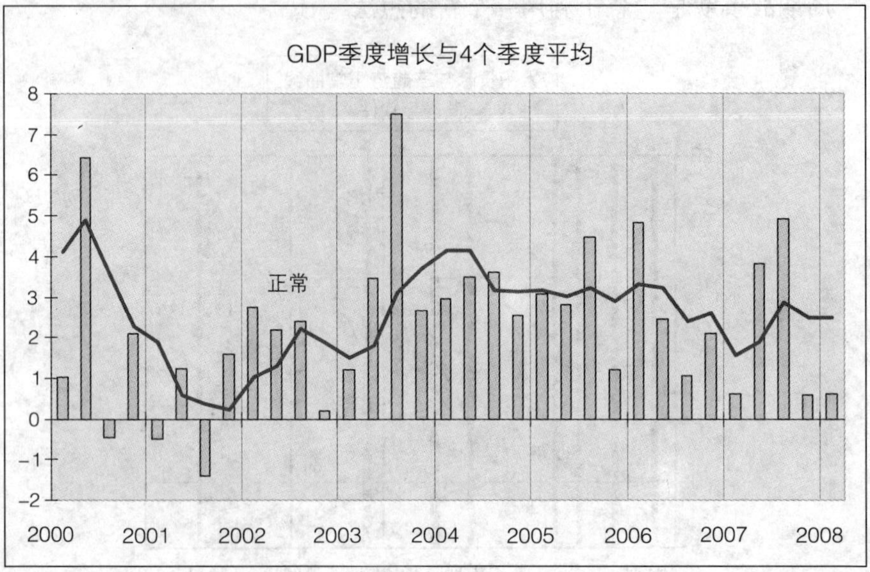

图 12.19　2000～2008 年 GDP 的增长

2001 年"报复"的特殊性为货币政策和预测带来了问题。不同的疾病需要不同的治疗方法。2001 年，利用低利率和所得税削减来刺激消费支出是在治疗一种经济中没有出现的病症。格林斯潘和布什两位"医生"，请注意听，你们需要理解，利率会影响人们购买住房和汽车的时机，但不会影响购买的总量（totals）。在一次正常的消费衰退中，在住宅和汽车上支出的疲软使得需求受到压抑，而在衰退中的低利率会使得销售在时间上提前，实现了本不该在衰退期间进行的销售。但是，在 2001 年的"因特网报复"中，住宅和汽车的销售量并没有减少。那么，你认为 2003～2005 年的销售来自哪里？它们来自未来。格林斯潘先生正在把销售向后推迟，而不是提前。这使得 2003～2005 年经济强劲增长，但当住宅和汽车的潜在购买者越来越少时，经济会不可避免地出现疲软。换一种方式说就是：货币政策需要被明确地作为一个跨期控制（intertemporal control）问题，今天制定的决策会影响以后的选择。你可以现在就刺激消费，也可以以后再刺激消费，但不能兼顾二者。不管怎样，就算是利率很低，你的车库里能停几辆汽车呢？

换句话说，格林斯潘先生把事情搞糟了。其 2001 年的低利率帮助我们将"疾病"控制在企业一侧，但 2001 年之后，他应该提供能够维持住宅和汽车销售率的利率，以及能够维持住宅升值的利率。但是，格林斯潘先生和他的团队患上了严重的通货紧缩恐惧症，他们举着利率之剑胡乱挥舞，希望杀死幽灵似的通货紧缩。当他们挥舞着利剑并正式宣称不断战胜通货紧缩时，他们为我们在 2006 年、2007 年、2008 年（以及未来的年份）经历的困难埋下了祸根。

问题开始于 2002 年，当时经济正在走出衰退。在一个寒冷的冬季夜晚，格林斯潘先生和一大群联邦公开市场委员会（FOMC）的人熬夜观看科幻频道的经典恐怖电影“哥斯拉和通货紧缩如何摧毁日本岛”。自那时起，FOMC 的人就没有再睡过一晚好觉。他们的目光短浅，但决心要防止哥斯拉或通货紧缩攻击美国，他们建议执行越来越低的利率。他们没有理解的是，全面的通货紧缩是经济低迷的一个症状，而不是原因。需要防止的通货紧缩是资产价格通货紧缩（asset price deflation）。这种通货紧缩会造成严重的问题，我们在 2007 年和 2008 年已经痛苦地体会到了，当时住宅价格持续下跌。尽管 2007 年和 2008 年美国很多地方的住宅租赁市场一直非常景气，似乎说明应当继续建造住宅，但由于住宅价格不断从其最高水平下跌，建造和购买新住宅已经不大可能，因为与购买一所价值不断受到侵蚀的新住宅相比，人们觉得租赁一所现有的住宅更合算。请记住，就算利率下降到 0，你的住房的价值还是在不断降低。如果你预期价值 100 万美元的新住宅在 1 年内会损失 10% 的价值，那你就要将这 10 万美元包含在拥有这套住宅的成本之中，然后与租一套同样的住宅所需的成本进行比较。在住宅价格、税收和维护成本很高的情况下，盈亏平衡分析会表明租赁大大优于购买。

12.5　住宅的“假阳性”与“假阴性”

我们已经知道，在第二次世界大战以后的 10 次衰退中，有 8 次衰退发生前出现了住宅支出下降，而且住宅支出降低对 1953 年下降的影响显著。但在其他的住宅支出下降中，有多少次预示着衰退即将发生呢?

通过展示住宅和国防对 GDP 增长的累积反常贡献，图 12.20 回答了这一问题，其中的阴影表示衰退期间。实际上，10 次衰退中有 8 次是住宅支出下降在先。图中标注着“FP”的两次“假阴性”（false negative）是 1953 年的裁军和 2001 年的“因特网报复”。

只有两次“假阳性”（false positive）。1951 年末，住宅销售十分疲软，但没有出现衰退。为什么呢？是由于 1950 年 6 月爆发的朝鲜战争。看看那

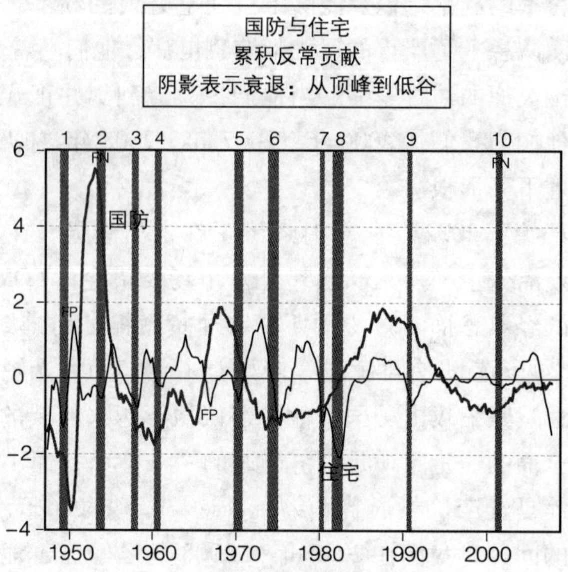

图 12.20　住宅投资

时国防支出的影响有多大，它完全抵消了住宅支出的疲软。住宅在 1966 年和 1967 年也很疲软。国防部又开展了一次营救，这次是越南战争。

12.6　消费周期的故事：我们共同的两极病

住宅是“罪魁祸首”。我们需要讲一个好听的故事来记住我们的发现。下面是我要讲的故事。

从住宅的角度看，我们都在忍受一种共同的两极病之苦：在疯狂购买和消沉等待两个极端之间摇摆不定。

疯狂和消沉对于住宅市场来说都是不正常的。经济学家的市场效率模型的关键在于“向下倾斜的需求曲线”：当价格下降时，人们会购买更多商品。如果需求曲线向下倾斜，而建筑商不合意的未售出住宅增加，那么他们就可以降低价格以卖出更多的房屋。当建筑商无法满足市场的需求时，他们可以提高价格以降低销售率。但在疯狂和消沉之中，需求曲线是向上倾斜的，而不是向下倾斜的。在疯狂中，如果价格上升，较高的价格会使人联想到更高的价格，购买者会蜂拥而上，以免自己出手太晚。因此，更高的价格会带来更多的购买者。在衰退期间，当价格下跌时，降价会使人们联想到更大幅度的降价即将到来，而购买者决定等待，以获得一笔更好的交易。较低的价格反而导致购买者更少。

这些向上倾斜的需求曲线使我们不得不忍受可怕的过度调节(overshooting)：价格会上涨到足以令我们冷静下来的水平，或者降低到足以使购买者摆脱沮丧的情绪。

如果没有那些发放抵押贷款的人的帮助，住宅购买者也就不会身受疯狂和消沉之苦。当住宅的价值升高时，住宅贷款就可以实现自我担保(self-collateralizing)，任何人只要能在街上爬行，就能够得到贷款并购买一所住宅。但当住宅的价格低迷或不断下跌时，贷款就无法实现自我担保，出借人将不得不更加仔细地评估违约风险，并把那些可疑的借款人筛选出去。

这不可避免地在住宅不动产领域制造了繁荣与萧条的交替循环。这一周期影响着整个经济，因为在繁荣期间，建造住宅或销售住宅的每一个人（包括经纪人和银行）的收入都会显著增加。住宅价值的提高也为住宅所有者的个人资产负债表中加入“幽灵资产”（phantom asset)，他可以用这种纸面上的财富（paper wealth）去融资购买汽车和其他耐用消费品。当不动产泡沫破裂时，这些收入和“幽灵资产”就不复存在，使人们不得不勒紧裤带。

同时，企业只不过是在对消费者方面发生的情况做出响应。它们是乘客，而不是司机。与其他人一样，它们也不知道庞氏骗局何时会崩溃，它们也在等待恰当的时机做出响应。企业方推迟的时间取决于企业资产的寿命。寿命较短的资产（如设备和软件）调整的速度最快。工厂和办公楼漫长的规划、建筑过程以及使用寿命使得这些构成 GDP 要素的资产在消费周期波动中的调整最滞后。

12.7 如果图形不足以说明问题，就使用数字

12.7.1 用回归分析来支持图形的含义

这些图形断定 GDP 各要素的波动能够预示衰退的来临，但我们需要用一些数值分析来确认这些想法。让我们首先看一看 GDP 过去的行为能够在多大程度上预测 GDP 的增长。增长有惯性（momentum）吗？一个季度疲软是否预示着下一个季度也不景气？还是预测 GDP 增长就像是在抛硬币——连续出现正面并不会影响下一次出现背面的可能性？答案是：GDP 增长与抛硬币非常相似。从 1948 年第二季度到 2004 年第四季度，能够利用前 4 个季度的数字来解释的 GDP 增长逐季波动的部分只占 14.1%，如表 12.1 最上面的一行所示。这就是统计学家们所谓的 R^2（r-squared)。R^2 统

计量的取值范围从 0%（表示完全不可预测）到 100%（表示完全可以预测）。R^2 统计量的值等于 14.1% 会导致可怕的预测错误，而且会使客户怒不可遏，因此你最好还是把它当成 0 来看待，并得出结论：GDP 增长无法根据其过去的表现进行预测。不存在什么惯性，也没有必然会出现的结果。它是一个随机变量，就像抛硬币一样。

表 12.1　由以前增长贡献解释的 GDP 增长百分比方差

	R^2
根据 GDP 自身进行预测	14.1%
根据各要素预测 GDP	
消费	
非耐用品	15.0%
耐用品	9.1%
服务	17.4%
投资	
设备和软件	14.1%
库存	5.1%
住宅	30.2%
建筑物	6.6%
净出口	
出口	6.2%
进口	7.5%
政府	1.6%

表 12.1 还表明，解释 GDP 增长的统计量 R^2 是 GDP 各要素以往行为的函数。下一个季度的 GDP 是根据 6 个变量进行预测的：本季度的要素贡献、其平方值及立方值，以及前 3 个季度的相应数值。这使得我们可以选取较长的时间间隔并利用非线性关系，如阈值效应（threshold effect），在这种效应中，数值较小时不起作用，而数值较大时则会发生较大的作用。

表 12.1 传递出的信息是：住宅的影响最大①。对 KB Homes 公司（美国的住宅建筑商——译者注）有益的事，对这个国家就有益。

过去在住宅上的支出可以解释 GDP 增长波动的 30%。这个比例足够大，可以使你的客户紧皱的眉头略微舒展一些。它离 100% 还差很多，但比 14.1% 好多了。排在第二位的数字是顾客服务业，但只有 17.4%，并不比 GDP 本身好多少。其他的数字都太小了，不足以说明问题。住宅投资

① 要想了解是谁最先发现了这一点，请参见 Green, Richard K. "Follow the Leader: How Changes in Residential and Non-residential Investment Predict Changes in GDP", *Real Estate Economics*, V. 25, 1997, 253 - 270.

（只有住宅投资）在 1948～2004 年这一漫长的时期中始终如一地帮助我们预测 GDP 的增长。

总而言之，尽管在住宅上的支出对于正常增长的贡献相当微不足道，但对于预测衰退和复苏来说，在住宅上的支出却是最重要的 GDP 要素。

让我们再说一遍：住宅、汽车、设备、工厂。这是下降的顺序，同时也是复苏的顺序。住宅、汽车、设备、工厂。

如果你对 GDP 预测感兴趣，只要关注住宅就行了。在杰克森·霍尔（Jackson Hole）的一次会议上，我发表了一篇论文：住宅就是商业周期①。

12.7.2　汇总表

在研究了这么多的图形后，我们该用数字进行一些总结了，这可以让我们确保自己看到了应该看到的一切，以及没有显示出来因而我们看不到的东西。表 12.2 总结了在 10 次衰退出现之前和衰退期间 GDP 各要素的累积反常贡献。一个促成衰退发生的要素会先于正式的衰退开始日期而对 GDP 下降产生累积反常贡献。从前一次高峰下降的数量显示在表 12.2 的上部。在衰退期间以及衰退后做出负面贡献的要素显示在表的下部。本表中列出的数字是从衰退开始后某一要素造成的增长下降的最大累积数量。本表中没有数据的要素是对 GDP 增长做出反常正贡献的要素。在衰退期间，当景气普遍低迷时，这样的要素并不多。

在这张表中，我将库存从其他要素中独立出来，因为库存的减少是经济其他领域疲软的症状，而且不应该被当成推动因素。出于同样的原因，进口也被独立出来：进口（可以认为它对 GDP 增长造成了负面影响）的增加是 GDP 其他要素之一发生变化的一种症状。

在表格的上下两部分，每次衰退中最大的负值用深灰色阴影表示，而与这一极值相近的数值用浅灰色阴影表示。本表最右边的一列显示出了表中各项的 7 次衰退的平均值（将最前面两次衰退和最后一次衰退排除在外，原因在前面已经讲过）。

看一看表格上半部分中的平均值一栏，我们发现了一些我们在图形中看到的东西：住宅支出的减少领先于衰退的正式发生。一般来说，住宅支出的减少是正式衰退开始之前经济疲软的最主要的原因，它使实际 GDP 降低了 0.66%。紧随其后的因素是库存（－0.62%）和耐用消费品（－0.53%）。本表提供的详细资料给我们造成了一种印象：有时候该表中的内容与我们在

① "Housing and the Business Cycle," in Housing, Housing Finance and Monetary Policy, A Symposium Sponsored by the Federal Reserve of Kansas City, August 2007.

表 12.2　对 GDP 增长的反常贡献

	1948 年第四季度	1953 年第二季度	1957 年第三季度	1960 年第二季度	1969 年第四季度	1973 年第四季度	1980 年第一季度	1981 年第三季度	1990 年第三季度	2001 年第一季度	7 次衰退平均
衰退之前											
第 0 期前的最大累积负值（如果为负）											
耐用品	-0.41	-0.18	-0.52	-0.28	-0.43	-0.77	-0.74	-0.28	-0.68	-0.58	-0.53
非耐用品	-0.25	-0.07		-0.14	-0.30	-0.79	-0.21	-0.17	-0.20	-0.18	-0.30
服务	-0.11	-0.02	-0.30	-0.07	-0.09	-0.28	-0.52	-0.79	-0.03	-0.18	-0.30
住宅	-0.70	-0.02	-0.49	-0.69	-0.51	-0.91	-0.95	-0.60	-0.48	-0.29	-0.66
设备	-0.54	-0.10			-0.17	0.00	-0.41		-0.61	-0.47	-0.30
建筑物			-0.17		-0.06	-0.07				-0.08	-0.10
国防				-0.52	-0.56	-0.49			-0.22	-0.03	-0.45
出口	-1.31	-0.61	-0.45		-0.11			-0.31	-0.25	-0.40	-0.28
其他要素，如果小于以上 8 个要素中的最小值，则加上阴影											
库存	-0.61	-0.41	-0.10	-1.47	-0.58		-0.75		-0.21	-1.07	-0.62
出口	-0.33	-0.40	-0.05	-0.01	-0.52		-0.03	-0.54			-0.23
衰退之中											
衰退来临之后最小的累积负值（如果为负）											
耐用品	-0.29	-0.98	-1.12	-1.09	-1.08	-1.36	-1.00	-0.66	-0.95	-0.39	-1.04
非耐用品	-0.73	-0.99	-0.89	-0.68	-0.54	-1.65	-0.61	-0.26	-0.84	-0.40	-0.78
服务	-0.78	-0.51	-0.16	-0.45	-0.28	-0.45	-0.66	-0.53	-0.77	-0.86	-0.47
住宅	-0.61	-0.31	-0.28	-0.27	-0.34	-1.73	-0.94	-0.74	-0.44	-0.10	-0.68
设备	-1.43	-0.71	-1.47	-0.81	-0.83	-1.55	-0.71	-1.47	-0.83	-2.17	-1.09
建筑物	-0.49	-0.04	-0.44	-0.14	-0.40	-0.84	-0.15	-1.09	-0.53	-0.86	-0.51
国防	-0.52	-3.71	-0.63		-2.01	-0.12			-0.41		-0.79
出口	-1.11	-0.40	-0.96	-0.60	-0.58	-0.68	-0.13	-1.55	-0.42	-1.62	-0.70
其他要素，如果小于以上 8 个要素中的最小值，则加上阴影											
库存	-3.36	-1.52	-1.31	-1.55	-0.97	-2.71	-1.60	-2.58	-0.64	-0.75	-1.62
进口	-0.24		-0.22		-0.03	-0.01		-0.78			-0.26
周期的推动者											
衰退前	X	X	D/R/X	R	W/R/D	R/D/N	R	S/R	D/E	D/E	
衰退中	E	W	E	D/E	W/D	R/N/E	D/R/E	X/E	D/N/E	E	

D 代表耐用品，E 代表设备，N 代表非耐用品，R 代表住宅，S 代表服务，X 代表出口，W 代表战争。
最大的负值用深灰色表示。
接近最大负值用浅灰色表示。

图形中看到的情况不太一致。也许 1969 年的衰退应该像 1953 年的局面一样被称为国防支出的下降！也许 8 次消费衰退、1 次国防支出下降和 1 次

“因特网报复”这种分类方法不是太明确！也许我们应该对出口有更清晰的理解。

本表揭示出，住宅支出在 10 次衰退中有 3 次成为了早期疲软的最大影响因素。耐用消费品也有 3 次是最重要的因素。其他对衰退前的疲软影响最大的因素是服务（1981 年）、出口（1948 年和 1953 年）以及国防支出（1969 年）。库存对其中的 8 次衰退造成了负面影响，在其中的 3 次衰退中，其影响大于其他要素。

现在看一看表格的下半部分，我们可以看出，几乎所有的 GDP 要素都对这些衰退造成了负面影响，除库存之外，设备和耐用消费品的影响略大一些。耐用消费品在 3 次衰退中成为最大的问题，设备和软件也是 3 次成为最大问题，国防支出为 2 次，出口为 1 次，住宅为 1 次。

表 12.2 底部的两行显示出了将我们推入衰退的 GDP 要素以及在衰退过程中影响最大的要素。在“衰退前”一行中有 6 个代表住宅的“R”。在“衰退中”一行中，有 8 个代表设备和软件的“E”。

12.8　本章小节

要形成衰退，必须有一种或多种支出要素快速下降，并使 GDP 增长下降整整 1 个百分点。随后，这一问题要持续下去，并影响到经济的其他部分。

并非所有的衰退都以同样的方式开始。本章的图形表明，我们有过 8 次消费衰退、1 次国防支出下降和 1 次“因特网报复”。数字为我们讲述了一个具有更加细微差别的故事。

自第二次世界大战以来，美国经历了 6 次纯消费衰退，这些衰退都是由住宅、耐用消费品和服务中的问题造成的（1957 年、1960 年、1973 年、1980 年、1981 年、1990 年）。

在 1969 年的衰退中，国防支出和消费者支出都产生了巨大的影响。

我们经历了一次国防支出下降（1953 年）和一次企业“报复”（2001 年）。

1948 年的衰退是一种“全身不适”（general malaise），出口造成的影响很大。（影响是什么？1947 年时我们在出口什么？）

附录：三个阶段的正常贡献

表 12.3　三个增长的阶段

开始	结束	均值	标准差	观察值	开始	结束	均值	标准差	观察值
		GDP							
1947Q2	1972Q4	4.00	4.85	103					
1973Q1	1983Q2	2.50	5.00	42					
1983Q3	2007Q4	3.24	2.19	98					
		3.44	4.05	243					
	耐用消费品					设备和软件			
1947Q2	1987Q3	0.47	1.68	162	1947Q2	1967Q1	0.26	1.12	80
1987Q4	1997Q3	0.34	0.76	40	1967Q2	1991Q4	0.36	0.81	99
1997Q4	2007Q4	0.55	0.77	41	1992Q1	2007Q4	0.57	0.70	64
		0.46	1.44	243			0.38	0.90	243
1947Q2	1975Q4	0.78	1.13	115	1947Q2	1968Q1	0.16	3.50	84
1976Q1	1996Q3	0.55	0.55	83	1968Q2	1997Q3	0.08	2.45	118
1996Q4	2007Q4	0.64	0.40	45	1997Q4	2007Q4	-0.05	1.40	41
		0.68	0.86	243			0.08	2.72	243
	消费者服务					住宅投资			
1947Q2	1959Q4	0.93	0.62	51	1947Q2	1980Q4	0.18	1.21	135
1960Q1	1969Q4	1.29	0.42	40	1981Q1	1992Q2	0.09	0.75	46
1970Q1	2007Q4	1.16	0.56	152	1992Q3	2007Q4	0.10	0.50	62
		1.13	0.56	243			0.14	0.99	243
	国防支出					企业建筑物			
1947Q2	1957Q4	0.72	2.69	43	1947Q2	1987Q3	0.12	0.46	162
1958Q1	1976Q4	-0.06	0.89	76	1987Q4	1997Q3	0.01	0.31	40
1977Q1	2007Q4	0.12	0.48	124	1997Q4	2007Q4	0.05	0.36	41
		0.17	1.30	243			0.09	0.43	243
	联邦非国防支出						进口		
1947Q2	1957Q1	0.12	1.02	40	1947Q2	1987Q3	-0.36	1.13	162
1957Q2	1967Q1	0.17	0.72	40	1987Q4	1997Q3	-0.77	0.75	40
1967Q2	2007Q4	0.05	0.31	163	1997Q4	2007Q4	-0.85	1.05	41
		0.08	0.57	243			-0.51	1.08	243
	州和地方						出口		
1947Q2	1975Q3	0.46	0.39	114	1947Q2	1987Q3	0.24	1.15	162
1975Q4	1985Q4	0.19	0.49	41	1987Q4	1997Q3	0.88	0.60	40
1986Q1	2007Q4	0.29	0.27	88	1997Q4	2007Q4	0.43	0.87	41
		0.35	0.39	243			0.38	1.06	243

13 CHAPTER 第13章 更多的线索：利用经济咨商局的先行指标指数进行阶段性预测

我们已经在GDP要素的时间顺序中找到了一些关于衰退的原因：住宅、汽车、设备和建筑物。这是从下降进入衰退的顺序，也是复苏的顺序。通常是这样，但并非总是如此。1953年的衰退就不是这样，2001年的衰退也不是。

我们不应该只关注GDP的要素，还应该关注一系列额外变量，以分析与衰退的原因相关的额外线索。幸运的是，经济咨商局（Conference Board）的统计学家和经济学家们已经对这些数据进行了长期挖掘，并列出了一个“简短”的变量列表，将这些变量组合成为一个总体“先行指标指数”（Index of Leading Indicators）。

总指数的行为如图13.1所示，在该图中，美国的衰退用阴影表示。这一指数在衰退前的下降似乎对即将到来的衰退发出了一些警告，但有很多次下降后并没有出现衰退。这被称为“假阳性”（false positive）。我们有可能通过区别对待各个要素来改善这一指数。因此，让我们为本章设定两个目标：找到衰退即将来临的早期预警信号，同时看一看我们能否在经济咨商局自己的游戏中打败他们。

13.1 先行指标指数的构成

表13.1列出了经济咨商局先行指标指数的组成部分。为了便于记忆，我将这些要素进行了分组：劳动力市场、住宅市场、金融市场、制造业订单以及公众（man-on-the-street）的预测。

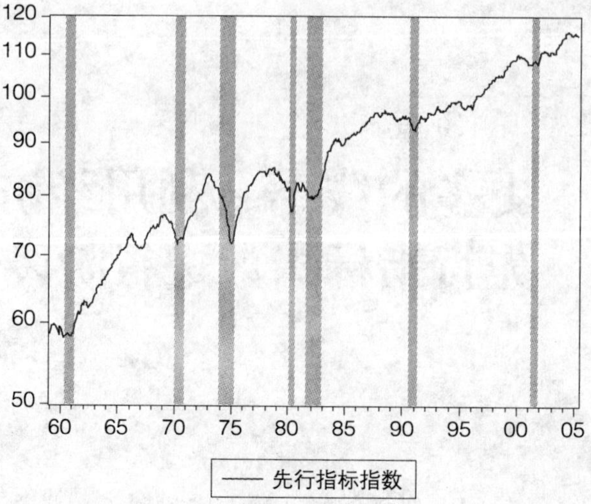

图 13.1　经济咨商局先行指标指数，对数坐标，阴影表示衰退

表 13.1　先行指标指数的组成以及标准化因数

先行指数	标准化因数
劳动力市场	
1. 制造业每周平均工作小时数	0.1963
2. 每周平均首次申请失业保险人数	0.0255
住宅市场	
3. 新私有住宅建筑许可证	0.0205
金融市场	
4. 利率差额，10 年期国债利率减去联邦基金利率	0.3295
5. 股票价格，500 支普通股	0.0291
6. 货币供给，M2	0.2778
制造业订单	
7. 制造企业的新订单，消费品和原材料	0.0587
8. 制造企业的新订单，非国防资本品	0.0149
9. 供应商表现，延缓交货扩散指数	0.0293
公众的预测	
10. 消费者预期指数	0.0185

这些要素的名称一般来说都非常明确，除了“供应商表现，延缓交货扩散指数”（vendor performance，deliveries diffusion index）之外：

“供应商表现建立在国家采购管理协会（National Association of Purchasing Management，NAPM）进行的月度调查基础之上，在调查中，NAPM 会询问采购经理，与上个月相比，其供应商发货的速度是更快了、更慢了还是没有变化。延缓交货扩散指数等于回应者报告发货变慢的比例，再加上报告发货速度没有变化的比例的一半。”

你可以在本章附录中更详细地了解这一要素以及其他要素。

13.2　忘掉那个预期变量

为“消费者预期指数”加上“公众”的标签有一些贬义的意思，我是有意这样做的，因为我们应该高度怀疑这种就未来经济状态所做调查的预测价值。经济咨商局的消费者预期指数（Conference Board’s Index of Consumer Expectations）是根据对下列 3 个问题的回答而建立的：

（1）对回答问题者的家庭在未来 12 个月中的经济展望。
（2）对国家在未来 12 个月中的经济展望。
（3）对国家在未来 5 年中的经济展望。

这样做很奇怪。我们到底为什么想要知道公众对国家在未来 12 个月甚至是 5 年的经济展望？专业预测人员衰退预测失败的糟糕记录屡见不鲜，甚至包括格林斯潘先生，在 1990 年的衰退期间，他预言道：“经济还没有滑入衰退之中。”[①] 为什么公众能知道关于经济走向的特别信息呢？也许关于问题回答者家庭的那第一个问题有一些价值，因为在这一话题上，回答者可能知道一些我们不了解的情况，但其他问题只是在询问最近报纸上的内容。这一点我们早就知道了。

但是，我们需要研究一下数据，看看我们的说法是否正确。结果证明，这个预期指标本身不是最糟糕的衰退预测先行指标，但它所包含的少量信息都会体现在其他变量之中。

我不知道你会不会被下面将要讲到的计量经济学分析说服，但我认为数据中的确有一些东西非常有说服力。“9·11”恐怖袭击大概能够最好地证明这些消费者意见变量的有效性。经济咨商局的消费者预期指数在恐怖袭击之后直线下降，这一点你可以在图 13.2 中看出，2001 年的衰退用阴影表示。

① 1990 年中期，经济处于全面衰退之中。除了格林斯潘之外，每个人都知道一点。直到那一年的 10 月，他还对他的联储成员说：“经济还没有滑入衰退之中。”参见 http：//www. townhall. com/columnists/brucebartlett/bb20001226. shtml.

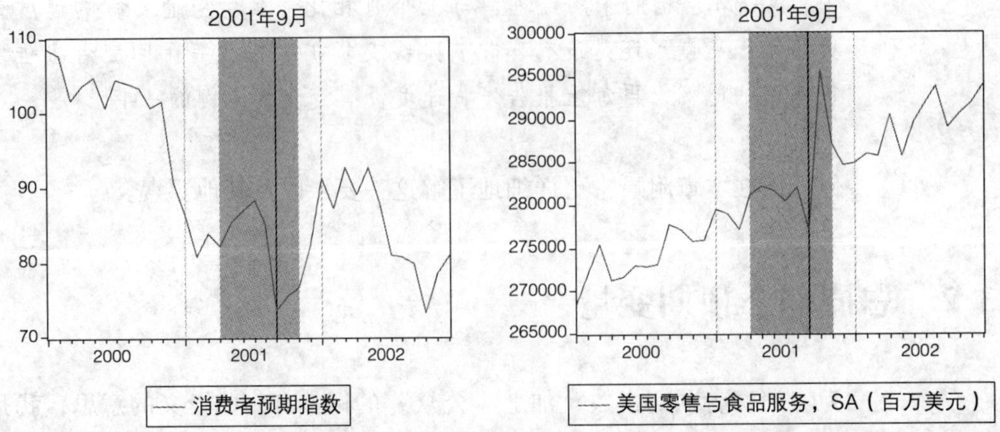

图 13.2　2001 年的衰退与“9·11”的影响

如果消费者的心理真的很重要，那么这一全国性的恐慌就应该预示着一次更严重、更持久的衰退，但实际上几个月后衰退就停止了。如果消费者的心理真的很重要，那么“9·11”之后这一指数的直线下降应该在零售业中明显反映出来。但是，尽管零售业在 2001 年 9 月出现了下跌，但这些销售的减少在创记录的 10 月份即得到了彻底弥补，随后销售又恢复正常。

我们有一个很好的理由来证明为什么这些调查的用处不大。重要的不是你的感觉，或者对自己的感觉发表一些什么看法。重要的是你做了些什么。如果你的感觉很好并且去购物，这对经济来说就是个好消息。如果你的感觉很糟糕但也去购物，这对经济来说也是个好消息。

那么，为什么最新发布的消费者预期指数被如此醒目地刊登在每一份报纸的商业版中，有时甚至刊登在头版上？不妨再印上土拨鼠查克的照片（Chuck the groundhog，每年 2 月 2 日是北美传统的土拨鼠日，据说在这一天冬眠的土拨鼠会出洞，伸伸懒腰东张西望，如果看到自己的影子，它就会立刻回到洞中继续睡大觉，因为严冬还将持续 6 周，如果看不到影子，则意味着春天马上来临。查克就是预报气候的土拨鼠之一——译者注）。

我们知道其中的原因。报纸需要在各种广告之间插上一些文字。而优秀的故事有其自己的生命，不用担心缺乏支持性的数据。两极分化的消费者经历了疯狂抢购、狂热地工作，混杂着单独在家时的沮丧，这就是一个很好的故事，不是吗[①]？它值得我们一次又一次地重复。你可以想象到它的标题：不断上涨的原油价格是造成萧条的罪魁祸首。

① 当衰退变得更加严重时，我们就称之为萧条（depression）。这像是一种心理学上的隐喻，但也可以把比喻为一个过程，就像一次“软着陆”（soft landing）或“路上的凹坑”（pothole in the road）——衰退正在发生。

13.3　这些要素中只有少数可以预测即将到来的衰退

我质疑消费者预期变量的作用，这也让我很烦恼，因为在经济咨商局的方法论中似乎无法根除不相关指标（irrelevant indicator）。他们所做的一切就是“标准化”这些变量，以使其波动性一致。表13.1的最后一列显示了“标准化因数”(standardization factor)，用它乘以要素就可以标准化这一要素的波动性——波动性大的要素的标准化因数较小，在指数中的权重也较低。但波动性并非问题所在。问题是可预测性。低波动性的指标可能是一个糟糕透顶的指标①。

我们可以进行一些数值分析，以便去芜存菁。首先，再回顾一下图13.3中的指数，但这次要看一看衰退（加阴影的部分）之前的年份，而忽略衰退之中以及每次扩张的第一年。接下来要进行的统计分析提出了这样一个问题：指数在阴影区域与在其他区域有多么大的差别？如果答案是“差别巨大”，那么这一指数就可以作为未来12个月可能出现的衰退的一种预测。从图13.3中你可以看出，先行指标指数在阴影区域的行为的确与其他时期的行为非常不同。尽管这一指数总体上是不断上涨的，但在衰退开始前的年份中它却大幅下降。这一指数的下降肯定可以准确地预测即将到来的衰退。

一定要搞清楚为什么要忽略衰退和扩张的第一年。问题是要预测即将到来的衰退，而我们正处于扩张之中。为了做到这一点，我们需要对扩张结束时的数据与最近的前期数据进行比较。到那个时候，上一次衰退和复苏已经成为古老的、不相关的历史。如果我们将那些数据包括进来，将对估计造成巨大的破坏。尽管很难将扩张的结束与衰退区分开来（因为在两种情况下指数都是下跌的)，但这不是我们的任务。尽管区分扩张的结束（指数不断下降）与扩张的第一个（复苏）阶段（指数快速反弹）非常容易，但那也不是我们的任务。我们需要将衰退和复苏排除在外。

---

① 在本章的附录中，我们从经济咨商局的网站上截取了一段描述这些要素如何被结合成一个单一指数的文字。语言有些难以理解，但我们可以通过以下方式来理解。

首先请注意，这些要素中的大多数在长期中都会增长，但另外一些是比率，它们并不增长。其中的两个比率是扩散指数（diffusion index）和利率差额（interest rate spread)。其他都是有计量单位的，不是百分比，这些要素都会随着经济的增长而增长。我们将这些稳定的“比例”要素归类为 Z，其他要素归类为 X。然后，通过下列公式使指数 I 的对数成为要素 X 和要素 Z 的函数：

$$\log(I_t) = \sum_i s_i \log(X_{it}) + \sum_t s_j Z_{jt}$$

其中，s 是标准化因数，它使得 $s_i \log(X_{it})$ 的变化和 $s_i Z_{jt}$ 的变化具有相同的标准差（等于1)。这一看起来难以理解的公式只不过暗示指标的百分比变化可以写成：

$$\frac{I_t - I_{t-1}}{(I_t + I_{t-1})/2} = \sum_i s_i \frac{X_{it} - X_{i,t-1}}{(X_{it} + X_{i,t-1})/2} + \sum_t s_j (Z_{jt} - Z_{j,t-1})$$

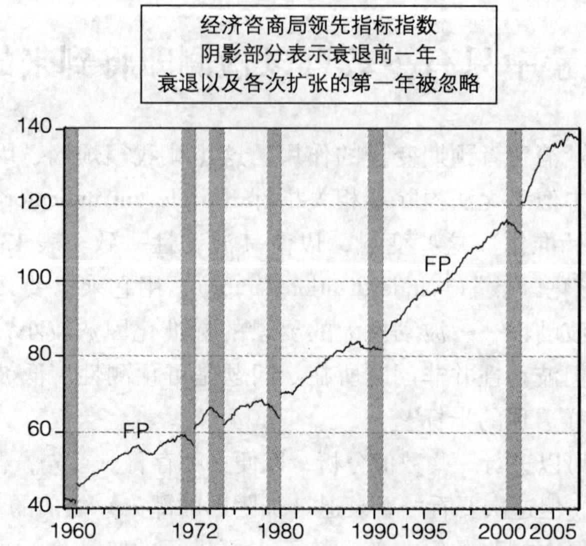

图 13.3　经济咨商局领先指标指数（衰退以及扩张的第一年被忽略，阴影表示扩张的结束）

我们仅仅通过观察就可以完成刚刚进行的统计分析。结果记录在表 13.2 中，该表提供了一个 Probit 模型，它根据先行指标指数的对数来预测扩张的结束。不要被 Probit 一词吓住。常规的回归分析使用的是假设可以在无限范围内变化的因变量，而 Probit 分析使用的则是二值变量（binary variable），它只有两个值：衰退前的一年取值为 1，其余年份取值为 0。用来预测这一二值变量的变量是当月、6 个月前、12 个月前、18 年月前的指数值。*z* 统计量（z-statistic）表明了各变量的统计显著性（statistical significance），超过 2 的数值用粗体字表示。这些都是统计学家们认为“在统计上显著”的系数。这些粗体字传递出的信息是：要关注最近 6 个月。如果指数在最近 6 个月不断下降，那就要为衰退担忧了。你能从图 13.3 中看出这一点吗？

表 13.2　利用先行指标指数预测衰退

因变量：REC_ 12MO_ BEFORE

方法：ML-Binary probit［二次攀峰方法（quadratic hill climbing）］

衰退及扩张最初的年份被排除在外：382 个月的观察数据

变量	系数	标准差	*z* 统计量
C	0.2	1.5	0.1
Log（index）	−40.1	5.0	**−8.1**
Log（index（−6））	32.8	8.7	**3.8**
Log（index（−12））	0.2	9.9	0.0
Log（index（−18））	7.0	6.1	1.2
McFadden R^2		0.34	

这一统计分析可以用来构成图 13.4 所示的扩张结束的预测概率(predicted probability)。这些预测概率总是在衰退前的年份中提高超过 50%。1967 年出现过一次明显错误的衰退警告，1995 年出现过一次较为轻微的错误警告①。

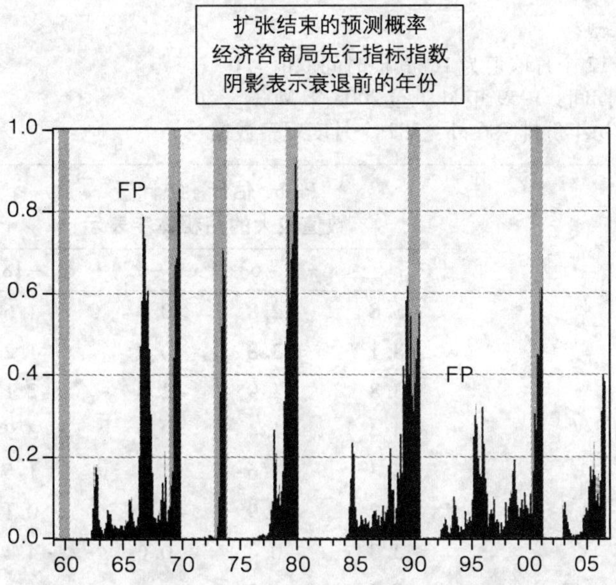

图 13.4　即将发生的衰退的预测概率（根据总体指数）

以下表格总结了预测衰退的准确性：

	没有衰退	发生衰退
未预测到	0	0 次假阴性
预测到	2 次假阳性	5

表 13.2 还总结了 McFadden R^2（McFadden R-squared）。该数值度量了模型的总体拟合度。你只需要知道这一数值介于 0 和 1 之间，0 表示拟合度差，1 表示拟合度好。

表 13.3 报告了对指数总体进行的相同分析、分别对 10 个要素的分析、失业率分析、原油的实际价格分析以及采购经理指数（Purchasing Managers Index）分析（据说这是格林斯潘主席最喜欢的指数）。这差不多包括了你能在报纸上读到的一切。这 14 个模型根据 McFadden R^2 进行排序，对衰退预测最佳的数值排在最上面。最佳预测值是利率差额，比排在第二位的总体指数

① 图 13.2 表明，这一指数可能没有预测出 1960 年的衰退，但我们的模型需要衰退开始前 18 + 12 个月的数据，而我们没有这些数据。

要好很多。接下来预测比较准确的是申请失业保险人数（claims for unemployment insurance）以及建筑许可证（building permit）。令人奇怪的是，尽管消费者信心从 McFadden R^2 的角度看很差，但它排在第五位。

表 13.3　预测衰退，每次一个预测指标

14 个预测衰退的模型
因变量：衰退前的 12 个月取值为 1，其他时间取值为 0
先行指标可获得的期间：1959 年 M01 至 2005 年 M03
将衰退和扩张的最初年份排除在外：382 个月度观察数据

	Probit 估计 z 统计量 数值较大的用粗体字表示				McFadden R^2
	x	$x(-6)$	$x(-12)$	$x(-18)$	
1. 利率差额	**−5.8**	**−2.8**	0.9	−1.6	0.59
2. log（index）	**−8.1**	**3.8**	0.0	1.2	0.34
3. log（claims）	**5.8**	−1.9	**−2.3**	**−2.1**	0.26
4. log（permits）	**−4.4**	1.4	0.0	**3.9**	0.22
5. 消费者信心	**−6.3**	1.6	1.3	1.6	0.18
6. 失业率	**4.2**	**−2.9**	−0.8	0.1	0.16
7. 原油实际价格	**3.3**	−0.4	0.6	**−4.2**	0.13
8. 制造业每周工作时间	**−5.4**	1.3	1.1	1.0	0.11
9. log（M2）	**−4.0**	**2.8**	−1.6	1.7	0.08
10. log（Ordrs cap）	0.1	**2.0**	1.4	**−3.4**	0.07
11. PMI	**−2.8**	**2.2**	0.7	1.9	0.06
12. log（Ordrs cons）	**−4.3**	**2.3**	0.9	−0.2	0.06
13. 发货	1.8	1.6	0.0	0.6	0.06
14. log（S_ and_ P）	**−3.9**	**3.3**	−0.4	−0.3	0.05

建立在利率差额基础上的衰退预测概率如图 13.5 如示。将其与图 13.4 利用总体指数获得的结果进行对比。根据利率差额获得的概率在衰退之前的年份更接近 1，而在其他时候概率则更接近 0，当然，这正是我们想要的——一个将扩张的结束与其他时期彻底区分开来的模型。

但是，利率差额并不完美，1967 年它就发出了错误的警报，1995 年发出了一个非常微弱的警报，1998 年又在长期资本管理公司（Long Term Capital，一家主要从事定息债务工具套利活动的对冲基金——译者注）危机和俄罗斯违约（Russian default）的过程中发出了一个新的错误警报。这是 10 年期利率占主导地位的情况下非常少见的例子之一，产生了一条倒挂的收益曲线（inverted yield curve），随后，伴随着联邦基金利率的下降，收益曲线再次恢复正常。

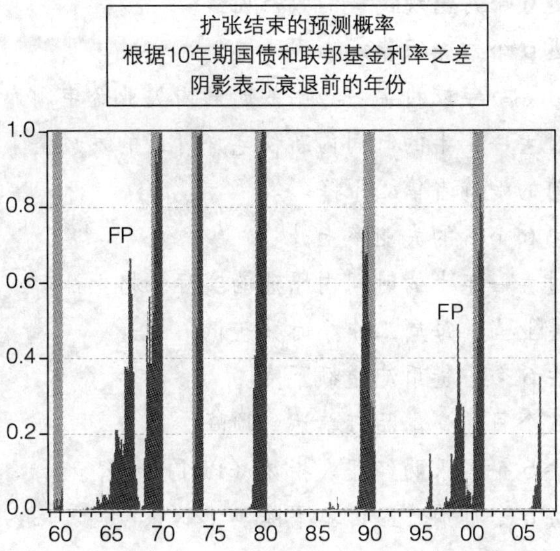

图 13.5　即将到来的衰退和预测概率（根据利率差额）

13.4　将各要素结合到总体指数中

通过将各个要素整合成一个总体指数，我们应该能够做得更好。经济咨商局把它们结合在了一起，但其预测衰退的准确度无法超过利率差额的预测准确度。这令人极度失望。但是，我们应该能够做得更好。

我们应该考虑的一件事是：有些要素有助于预测衰退，而另一些则对预测衰退没有帮助。表 13.3 的列表中最上面的一些指标单独来看都很好，我们也许希望把注意力集中在它们上面。经济咨商局完全忽视了这种可能性，而是将各个要素"搅和"在一起，利用不同的权重（等于表 13.1 中的标准化因数）将它们结合起来。这使得各个要素具有了同样的标准差(1)。这些权重与预测衰退的准确性关系不大，我们可以很容易地对这种方法进行改善。

但是，仅仅考虑表 13.3 列表中最上面的变量也不是一个好主意，因为两个最好的个别预测指标——利率差额和首次申请失业保险人数——可能在本质上包含着一些相同的信息。将利率差额与表格下面的变量甚至是最下面的一个变量（股票市场的表现）结合起来可能会更好。

另外，经济咨商局"将各要素混合在一起"并没有解决下面这个问题：表 13.3 的预测性时间模式（predictive time patterns）并非对所有变量都是一样的。预测即将到来的衰退的指标是：

- 最近6个月出现倒挂的收益曲线。
- 最近6个月先行指标出现下降。
- 在过去一年或过去一年半的时间内失业金申领人数增加。
- 在过去一年半的时间内新住宅许可证的发放量下降。
- 当前的消费者信心下降。
- 过去6个月的失业率上升。
- 在过去一年半的时间内原油的实际价格上涨。
- 制造业当前每周工作小时数较低。
- 过去6个月货币流通额下降。
- 在6个月前资本品订单达到顶峰。
- 过去6个月采购经理人指数（PMI）下降。
- 过去6个月消费品订单下降。
- 过去6个月发货迅速。
- 过去6个月股市下跌。

因此，我们需要一种方法，这种方法要能够解决这 13 种预测指标在时间选择（timing）以及准确性上的差别。进行结合的一种方法是将所有的变量写到一个方程式中，然后让数据去说话。这种方法在这里无效，因为我们没有足够的数据。如果我们能够利用如此少量的数据获得有意义的结论，我们就可以摆脱困境。办法之一是限制我们的模型，使它们每次只包含 3 个预测指标。看起来 3 个指标应该足够获得大部分信息。但包含哪 3 个呢？很简单。让我们逐一尝试，看看有没有明显令人满意的组合。

13 个变量可以构成 13 × 12 × 11 = 1716 种三变量模型。结果表明，如果我们使用与表 13.4 所示相同的滞后结构（lag structure），每一个指标拥有 4 个滞后值［x、$x(-6)$、$x(-12)$ 和 $x(-18)$］，那么计算机就会停下来，并对你说：请不要用那么多变量。出于这一原因，我尝试了两种不同的滞后结构：一个是一年滞后结构［x、$x(-6)$ 和 $x(-12)$］，另一个是二年滞后结构［x、$x(-12)$ 和 $x(-24)$］。

每一种滞后结构的最优模型与次优模型显示在表 13.4 中。它们根据 McFadden R^2 进行排序，最优模型排在最左边。这 4 个模型中包括利率差额和原油的实际价格（它们分别是表 13.3 所示的“赛马比赛”中的 1 号和 7 号赛马）（如果你想组建最优秀的运动队，那就不要只选择两名最好的运动员）。最佳模型使用一年滞后结构，并将新住宅开工许可的数量作为第三个变量。次优模型的第三个变量竟然是消费者信心指数！在具有一年滞后结构的第三个模型中再一次出现了新住宅开工许可（permits），但第四个模型中选择的是发货指数（deliveries index）。发货指数是倒数第二个指数。

表 13.4　将 13 个可能的指标结合起来的 4 个模型

预测即将来临的衰退的 4 个模型
因变量：REC_12MO_BEFORE
方法：ML-binary probit（二次攀峰方法）
衰退和扩张第一年被排除在外：328 个月度观察数据
两种滞后结构，每种结构的两个最优模型
模型数量：3432

	z 统计量			
	1	2	3	4
SPREAD	-4.2	-4.2	-5.0	-4.5
SPREAD（-6）	-4.5			-3.7
SPREAD（-12）	-1.5	-4.3	-4.7	0.6
SPREAD（-24）		0.3	3.5	
LOG CRUDE	-1.9	3.3	2.8	-0.2
LOG CRUDE（-6）	3.2			2.7
LOG CRUDE（-12）	-3.8	-0.8	0.7	-3.4
LOG CRUDE（-24）		-3.8	-4.1	
LOG PERMITS	0.5		3.5	
LOG PERMITS（-6）	2.5			
LOG PERMITS（-12）	1.0		1.0	
LOG PERMITS（-24）			-0.6	
CONFIDENCE		-1.4		
CONFIDENCE（-6）				
CONFIDENCE（-12）		-1.4		
CONFIDENCE（-24）		-3.1		
DELIVERIES				4.5
DELIVERIES（-6）				-2.0
DELIVERIES（-12）				-2.6
DELIVERIES（-24）				
McFadden R^2	0.827	0.796	0.787	0.784

图 13.6 显示了来自表 13.4 中最优模型的衰退预测概率。将该图与仅基于利率差额的预测概率（如图 13.5 所示）相比较，并与经济咨商局的组合预测概率（如图 13.4 所示）相比较，看一看这个模型比它们好多少。我们很难看到带阴影的衰退前年份，因为概率忽然上升为 1。在此，我们看到 1965 年和 1987 年出现了微弱的错误警报，1998 年出现了一次短暂的重要警报。

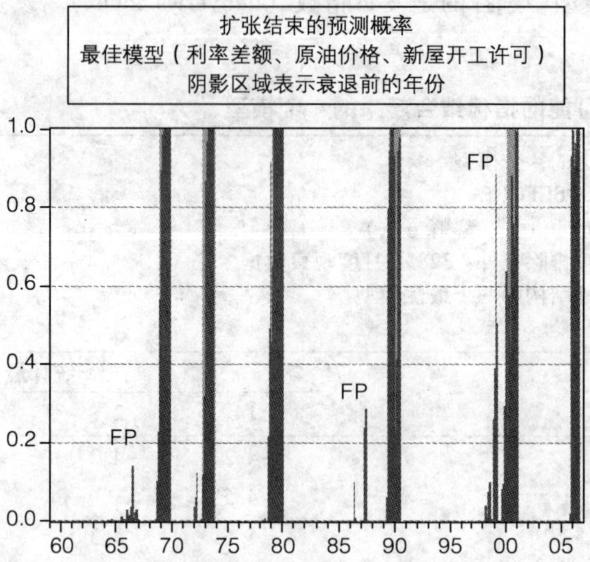

图 13.6　即将到来的衰退的预测概率（根据 3 个最佳指标）

请注意，2006 年的警报十分明显，这使得 2007 年的衰退实际上肯定会发生。

我不这样认为，但数据让我们这样认为。

附录：先行指标

资料来源：http：//www.conference-board.org/economics/bci/component.cfm.

先行指标的构成

BCI－01 制造业平均每周工作小时数

制造业企业中的生产工人平均每周工作小时数一般来说会领先商业周期，因为雇主通常在增加或减少工人数之前先调整工作小时数。

BCI－05 每周平均首次申请失业保险人数

新申请失业保险金的人数通常比总就业率或失业率对总体商业形势更敏感，这一数据通常会领先商业周期。包含在先行指标中时，它是反向的，逐月变化的符号也是反过来的，因为当就业状况变差时，首次申请者人数就会增加（即失业人数增加，而新就业人数减少）。

BCI－08 生产商的新订单、消费品和原材料（以 1996 年美元计）

这些商品主要供消费者使用。新订单扣除通货膨胀后的价值领先于实际生产，因为新订单直接影响未完成的订单和库存水平，而企业在制定生产决策时要监控这些因素。经济咨商局利用价格指数（根据产业层面的不同数据和连锁加权综合价格指数公式进行构建）对订单数据（按当前美元计）进行调整。

BCI－32 供应商表现与延缓交货扩散指数

这一指数度量的是工业企业收到其供应商发出的货物的速度。发货速度下降会使这一指数提高，通常与对制造业所需物料的需求有关（不是对供应的负面冲击），因此，它通常会领先商业周期。供应商表现是根据国家采购管理协会（NAPM）进行的月度调查得到的，在调查中，NAPM 会请采购经理说一说其供应商发货的速度与上个月相比是快了、慢了还是没有变化。延缓交货扩散指数计算回答问题者声称发货速度减慢的比例，再加上声称发货速度没有改变的一半。

BCI－27 制造商新订单和非国防资本品（以 1996 年美元计）

非国防资本品产业中的制造商获得的新订单（按扣除通货膨胀后的美元计算），对应于 BCI－08 中的生产商。

BCI－29 建筑许可证与新私人住宅数量

发放的居住用建筑许可数是建筑活动的一个指标，它通常领先于大多数经济生产。

BCI－19 股票价格与 500 种普通股

标准普尔（Standard & Poor）500 股票指数反映了在纽约证券交易所上市的普通股价格的变化，其选择范围十分宽泛。股票指数上升（下降）可以反映投资者的一般心态和利率的波动，这是未来经济活动的另一个良好指标。

BCI－106 货币供应量（以 1996 年美元计）

这是指货币供应中的 M2，扣除通货膨胀因素。当货币供应量无法跟上通货膨胀的步伐时，银行的实际贷款就会下降，使经济更加难以扩张。M2 包括现金、随时可提取的存款、其他活期存款、旅行支票、储蓄存款、小额定期存款以及货币市场共同基金中的余额。通货膨胀的调整是根据个人消费支出的隐性通货紧缩指数（implicit deflator）进行的。

BCI－129 利率差额与 10 年期国债利率减去联邦基金利率

长期利率与短期利率之间的差额或差距被称为收益曲线。这一数据是利用 10 年期国债和联邦基金利率、银行间隔夜拆借利率（overnight interbank borrowing rate）构建的。它是反映货币政策和一般金融状况的指标，因为当短期利率相对较低（高）时，利率差额就会上升（降低）。当它变成负数（即短期利率高于长期利率，收益曲线倒挂）时，作为预测衰退的指标，其表现极佳。

BCI－83 消费者预期指数

这一指数反应了消费者对未来经济状况看法的变化，因而它是先行指标中唯一一个完全建立在预期基础上的指数。密歇根大学调研中心（University of Michigan's Survey Research Center）会逐月收集数据。与经济状况相关的问题的回答被分成三类：正面、负面、不变。预期数据来自对下面3个问题的回答：（1）对回答问题者的家庭在未来12个月中的经济展望。（2）对国家在未来12个月中的经济展望。（3）对国家在未来5年中的经济展望。

第三部分 D

衰退的原因

14

CHAPTER

第 14 章 利用非实验数据进行因果推断的艺术

我们的下一个任务是设法找出衰退的原因。

在第 12 章中我们发现，住宅投资通常在衰退正式发生前即开始下降。在第 13 章中，我们学到了“倒挂的”收益曲线和制造业每周工作小时数的下降通常领先于衰退。在讨论这些重要的发现之前，我们一定要注意，不要仅仅根据这些时间顺序（temporal ordering）就急于得出因果解释（causal interpretation）。这些早期预警信号的变动可以预测衰退，但这与我们说它们“造成”了衰退并不一样。我们知道，尽管天气预报总是领先于天气，但天气预报并不会引发天气。同样，尽管在夏季来临之前总有一段诗人们称之为“春天”的鲜花盛开的时间，但植物开花也不是夏季到来的原因。

14.1 后此谬误

“江湖医生”（empiric）一词是指那些将医疗建议建立在经验而不是理论基础之上的老医生。中世纪的经验主义者得出结论：放血可以改善健康状况，因为一般来说放血之后患者的健康状况会得到改善。但是我们知道，尽管我们将诺贝尔奖颁发给了那些利用时间顺序推断因果关系的人，但时间顺序并不意味着因果关系①。为了说得更清楚一些，我们称之为推理谬误（fallacy），用拉丁语说就是：Post Hoc Ergo Propter Hoc，即“它发生在后，故而它是由前者引起的”。

① Granger, C. W. J. (1969), “Investigating causal relationships by econometric models and cross-spectral methods,” *Econometrica* 37: 424 – 438.

为了得到在科学上有充分根据的因果推断，我们需要一次实验，我们需要一个控制组（control group）和一个实验组（treated group）。这样，实验组的结果与控制组的结果之间的差别就是实验效果的一个度量指标。

在宏观经济学领域，我们无法随意进行实验。我们所拥有的只有时间顺序：先出现这个，然后是那个。

在只有时间顺序而没有实验证据的情况下，我们所做的就会和其他人一样：信赖故事。对于每一种时间顺序，我们都会附加上一种预测性叙述（predictive narrative）或因果性叙述（causal narrative），或二者兼有。当因果性叙述很有说服力而找不到有说服力的预测性叙述时，我们就会得出可靠的具有因果关系结论。这是一种文字学问，而不是科学。

例如，让我们以利率为例。一个相当有吸引力的故事是我们所谓的衰退这一风暴来临时恰好遇到了利率的降低。当风暴不可避免地消散后，我们无法仅仅根据具有因果关系的顺序（先降低利率，然后是复苏）来得出利率引起复苏的结论。有时候我们觉得我们携带的雨伞可以使暴风雨停下来，但我认为这只是在开玩笑，对不对？

我们经济学家非常不喜欢预测性故事。预测性故事会侵蚀掉我们这一职业的所有基础。与其他社会科学不同，经济学是一门主张干预的学科。其他社会科学满足于描述，而我们则喜欢开处方。我们为企业提供如何制定价格的建议，为政府提供如何选择税率和利率的建议。为了设计这些干预措施，我们必须坚信因果关系。我们不能容忍由于预测性故事造成的模棱两可和不确定性。因此，为了不让初学者感到迷惑，我们的经济学教科书中从来不提这种预测性故事：降低利率就像天气预测一样，它可以预测衰退的复苏，但不能引发复苏，相反，我们用 IS-LM 模型来教导学生们（如果你一点都不知道 IS-LM 模型是什么意思，别担心。它只不过是一个经济模型的名称，该模型表明，降低利率可以“刺激”经济，增加 GDP）。对某些人来说，IS-LM 模型因果故事的力量完全被“卢卡斯批判”（Lucas Critique）这一预测性故事的力量所抵消。卢卡斯批判在经济学中的地位相当于尼采的那句名言“上帝死了”在哲学中的地位[①]。

卢卡斯认为，由于我们所有人都在猜测联储的下一次利率调整，因此利率波动的可预测部分肯定早就被考虑到了，不可能产生真正的效果。对于大多数实证经济学家（empirical economist）来说，“卢卡斯批判”的认知假设（knowledge assumption）使得那个故事不太令人信服，在思想中，我们把它归类为可怕的神话故事。也许是因为信念服从需要，IS-LM 因果

① Lucas，Robert（1976）. *Econometric Policy Evaluation*：*A Critique*. Carnegie-Rochester Conference Series on Public Policy 1：19 -46.

关系思想非常有活力，世界各国的财政当局和货币当局都在实践这一模型。

最好记住：当我们研究非实验数据时，相互关系体现在数据中，而因果关系存在于观察者的头脑中或心中。在人们的头脑中既能产生经过深思熟虑的判断，也能产生痴心妄想。

现在你明白了：这是一种基于信念的决策，受倡导者口才的影响极大。我将准确地表达因果关系观点的科学有效性，如果印刷像素降低 50%，那你就很难看清楚我写了些什么，而如果我的吐字非常含糊，那么你也很难理解我在说什么。

放弃声明：它发生在后，故而它是由前者引起的。

请删掉前面的段落。在你的个人硬盘中删掉任何关于从时间顺序中得到可靠的因果结论的警告。这就是我们要做的。我们要从时间顺序中得到可靠的因果结论，并消除利用华丽词藻堆砌出的结论的根本性不足。

14.2　原因 = 干预

我们讲述的将时间顺序转变成因果结论的故事通常都非常含糊。为了获得一个有说服力的因果推断，我们必须首先搞清楚“引发”（cause）一词的涵义：它或明确或隐含地指一种干预（intervention）、一种假设的改变、一种“要不是”（but-for）假设。当我们说“天气预报不会引发天气”时，我们可能想象通过行贿以得到受人欢迎的预报，而当我们说“开花不会让夏天来临”时，我们可能会想象在春天就将花掐掉。我们没有做过这一实验，但我们中的大多数人坚信，贿赂不会对天气造成什么影响，而就算你把花掐掉，夏天仍然会来临。即使面对这些非常明确的时间顺序（先是天气预报，然后是天气；先是开花，然后夏天来临），我们仍然坚持这种观点。

不要因为这种模棱两可而感到沮丧。你一直在进行非实验性推断（nonexperimental inference），而且成功率很高。别忘了，我们早已发现，“我的头脑中”有一个明确的衰退原因。不是住宅支出的下降。没有明确的“要不是”干预。我们揭示出的原因是国防支出。将其当成一个原因，是因为我们可以想象出一个相当清晰的关于国防支出的“要不是”假设命题（but-for hypothetical）：要不是 1953 年国防支出显著缩减，那么……

国防支出削减的这一“要不是”假设看起来已经够明确了，但事实并非如此。可能性有很多种，每一种可能性都会带来一种不同的结果。战争的结束可能来得更早，也可能来得更晚，相应地，衰退也可以早一些或晚一些到来。美国有可能永远不参加朝鲜战争，也可能永远不会在 1951 年增加国防支出。这样，始于 1951 年、被朝鲜战争阻止的衰退就有可能发展下去，而不会在 1953 年因裁军而出现经济严重下滑。战争结束后，国防支出的减少也有可能更加缓慢。这种缓慢的节奏有可能使从国防工作中释放出来的劳动力和资本被其他部门吸收，我们也就有可能不会看到 1953 年的衰退，或不久之后的另一次衰退。尽管这些场景各不相同，但它们都有一个共同的重要特点：不会出现 1953 年的衰退。从这个意义上我们可以相当轻松地断定：国防部造成了 1953 年的滑坡。

为了看清楚为什么住宅不能被说成是造成衰退的原因，我们需要尝试着建立一个明确的与住宅支出相关的“要不是”假设。假设 1981 年的住宅支出没有下降到底意味着什么？由成千上万名实际购买者和潜在购买者以及建筑商操纵的杠杆决定着在住宅上的支出量。你想到控制着所有这些杠杆、决定我们每一个人在住宅上支出多少的政府了吗？大概没有。这太荒唐了。这不是在计划经济国家。这是一个没有实际依据的问题，而这种与事实不符是许多因果结论的基础——它们不是含糊不清，就是十分荒唐[①]。开始的时候它们有些含糊，当我们试图进行澄清时，它们通常会变得十分荒谬。我们可以做得更好。只有当存在明确的、听起来很有道理的“要不是”式的干预时，我们才应该考虑它是原因。

14.2.1 我们假定的干预很少

能够实现我们的目标的干预措施列表实际上非常短。联邦政府可能会选择不同水平的支出，或者不同水平的税率。联邦储备委员会可能会选择不同的短期利率。就这么多了。对于这些干预，我们将试图通过两个步骤建立起因果关系。第一步，我们将寻找时间顺序——一个政策的变化之后出现了衰退。第二步，我们将寻找因果路径（causal path）。我们将特别关注住宅。我们想要知道这些政策杠杆对住宅的周期具有多大的影响。如果我们能够通过住宅进而对整体经济的政策选择进行跟踪，那么我们将会说政策造成了衰退。

除财政政策和货币政策之外，我们还要在衰退原因列表中加上原油价格。我们不会将美国的出口加入其中，因为我们为它编一个令人信服的故

① 参见 McCloskey, D, “Counterfactuals” *The New Palgrave Dictionary of Economics*, Vol. 1, 1987, pp 701 – 703.

事实在太难了[①]。与原油相关的“要不是”假设是一种延伸，但还在我们的控制范围之内。原油价格的波动可能会受到多变的对外关税（external tariff）的影响——当原油价格低时，关税就会高；当原油价格高时，关税就会低。这是一个不错的“要不是”假设。

14.3　在获得因果推断的过程中有很多障碍

令人遗憾的现实是：寻找衰退的原因是一项几乎无法完成的任务。毕竟我们只有 10 次衰退可供观察。所有衰退的因果关系可能是一样的，也可能各有各的特征。对于这 10 次非实验性的事件，也许有上百个甚至上千个变量需要验证。

造成问题的原因并非只是缺乏数据。还存在着大量的困难。

在政策杠杆中寻找衰退的原因需要包括“不作为的错误”（errors of omission）以及避免“作为的错误”（errors of commission）。医生拒绝给你注射流感疫苗，你就可以说是他造成了你生病——要不是医生犯了错误，你可能就不会生病。当发生了某些有益的变化，而我们的领导人仍然紧紧抓住财政和货币操纵杆时，我们就可以说由于他们的疏忽造成了衰退。

寻找衰退的原因需要认真研究一下衰退之前一年的情况。冷却住宅狂热的最佳时机是可能的买主有些狂热但还没有狂热到失控的地步之时。重新点燃人们购买住宅的愿望的最佳时机是他们感到迷茫但还没有完全失去兴趣之时。当我们那些位于华盛顿的领导人直到住宅的最高峰和最低谷出现才试图影响这一狂热周期时，他们就已经因其缺乏远见和警惕一手制造了这种周期。

寻找衰退的原因还需要应对政策改变而造成的间接的、可能的意外结果。想一想“将血汗钱还给人民”的减税政策。根据凯恩斯的思想，减税提供了一种“财政刺激”（fiscal stimulus），它能鼓励消费者多花钱，这样就会产生更高的经济增长。但是，如果仔细想一想，人们就会认识到，如果没有支出的削减，就不可能有税收的削减。这只不过是税收的延期。当

① 如果美元贬值有助于增加美国的出口，那么“要不是”假设实际上是指美国货币政策和财政政策影响了美元的价值。因此，出口不是一个原因，它们只不过是因果链中的一环。但当我们说出口引发了美国经济增长时，我们想到的也许是其他国家的财政政策和货币政策。这也有些说不通。因为某些出口要素的波动可能与外交政策相关，但并非所有的波动都与外交政策有关。例如，对于一些美国的出口来说，其间接目的地是美国的市场，运送到国外只不过是为了进行一些加工。这些出口是美国需求的表现，与其他地方的财政政策和货币政策没有多少关系。你也许已经开始感受到复杂性了。得出关于出口的因果关系是可能的，但这已经超出了本书的范围。

前的政府支出迟早是要偿还的。如果人们认真想一想，他们就会把因减税而得到的钱全部存入银行，以备将来政府不得不提高税收以偿还债务和利息。如果人们把所有的钱都存入银行，那么减税就不会产生效果。这被称为“李嘉图等价”（Ricardian Equivalence）[①]。

更一般地来说，当我们宣称找到了一个衰退的原因时，我们需要非常清楚，在我们最喜欢的政策杠杆发挥作用时，什么是保持不变的。例如，如果我们计划减税（在任何 GDP 水平下），那么从理论上说，同时保持政府支出和政府赤字不变是不可能的。如果我们声称减税能够刺激经济，我们需要明确，减税是伴随着长期中支出的减少还是赤字的变化。尽管没有明确说明，但制定减税政策的人很清楚：现在增加债务，未来的支出就会减少。在设计货币政策时，决定保持什么不变更加困难。我们的货币当局控制着短期利率，那长期利率呢？当我们试图描绘短期利率的一些假设的变化造成的影响时，我们是否应该令长期利率保持不变？根据经验，我们发现长期利率通常随着短期利率而改变，但有时两者的变化方向相反。因此，当我们设计下一次短期利率的变化时，我们应该对长期利率做出何种假设？通货膨胀和通货膨胀预期呢？当我们考虑短期利率或其他政策工具在过去的变化时，哪些应该保持不变，哪些可以对变化做出响应呢？

困难还不只这些。最大的问题可能是所谓的“卢卡斯批判”，它使得经济随着政策规则的改变而改变，这一不幸的可能性使我们很难考察历史数据以揭示政策的影响[②]。凭借这些智慧，罗伯特·卢卡斯（Robert Lucas）获得了诺贝尔经济学奖[③]。这个故事相当简单。如果我们面对的是一套耐用的机械系统，随着机械设备慢慢磨损，在长期中我们对拉动一个手柄的反应也会逐渐改变。在那种情况下，政策与结果之间的历史关系就可以用来筹划未来的政策。但对于我们称之为“经济”的有机人类系统来说，任何试图控制它的努力都会立刻改变它的行为。这使得我们很难进行因果推断，因为回顾那些似乎曾经发挥作用的政策并不能保证同样的政策在未来仍然有效。如果你是家长，那你就会知道这一点。家长教训孩子是为了在一定程度上对不受欢迎的行为产生立竿见影的效果，而更重要的是让孩子牢牢记住某些行为（这些行为是父母希望禁止的）的可怕后果。一旦理解了这些规则，孩子和父母就会过上幸福的生活；孩子永远也不会做

① Robert J. Barro (1974) “Are Government Bonds Net Wealth?” *Journal of Political Economy* 82: 1095 – 1117.

② Lucas, Robert E., Jr., (1976), “Econometric policy evaluation: a critique,” Carnegie-Rochester Conference Series on Public Policy, 7 – 33.

③ 实际上是“纪念阿尔弗雷德·诺贝尔瑞典中央银行经济科学奖”（The Sveriges Riksbank Prize in Economic Sciences in Memory of Alfred Nobel）。

错事，而父母也永远不必处罚孩子。如果你是一个孩子，你也会完全理解“卢卡斯批判”。孩子的行为失当部分原因是他们很享受那一刻，更重要的是让父母牢牢记住他们那些不受欢迎的管教会造成多么严重的后果。一旦父母知道了他们试图控制孩子将会产生哪些后果，他们就会退却，这样人人都会更幸福。

父母与孩子之间复杂的博弈使得父母很难搞清楚哪些有效、哪些无效。更糟糕的是，对于父母来说，孩子永远在改变，从婴儿、可怕的两岁（terrible two，指两三岁的孩子很难管教——译者注）、儿童到十几岁。如果你不得不依赖自己的经验，那你就会感到绝望，但幸运的是，很久以来成千上万的父母积累了无数的经验（但在不断地变化），并把这些经验编成指南，供痛苦的父母们参考。

我们要找出美国经济衰退的原因，但我们只有一个孩子可供观察，而且“不良行为”只出现在 10 个时期，有些出现在 20 世纪 50 年代的婴儿期，有些则出现在 20 世纪 80 年代的“可怕的两岁”时期。既然我们面对的是一个年轻人，那么我们该怎么做呢？

14.3.1　就算我们做不到，我们也可以假装得到了因果推断

抵消这些警告的是我们异常坚定地认为我们的领导人控制着这种复杂且含糊不清的环境（setting）。当收成不好的时候，我们很愿意向伟大的牧师格林斯潘表示忠诚，如果需要的话，我们还会献上一些祭品。当收成很好的时候，我们同样愿意把礼物献给联储理事会（Board of Governors），因为是美联储的“教皇”和“红衣主教”的所在。

很容易看到为什么我们可能对格林斯潘先生的力量得出错误的结论。沿着预定的航线随波逐流的小船可能需要一名船长，当小船向右漂时，他会把舵拉向左边。因为小船能够根据他的动作来修正方向，所以船长和乘客们都会很自然地得出“船长控制一切”的结论。如果这位船长拥有格林斯潘那种模棱两可的语言天赋和演戏的天资，那么一切都变得更加简单。在办公室里坐了一年后，我们感觉伯南克（Bernanke）先生似乎是一位不同类型的表演者。

因此，自从联储在衰退的早期降低利率后，我们都认为是联储引发了复苏，或至少对复苏做出了贡献。但我们不知道如果联储采取了不同的措施，会出现哪种形式的复苏。当联储提高利率，而衰退接踵而至时，我们也会被迫得出结论：是联储制造了衰退。但我们不知道如果联储没有提高利率会出现什么情况。

就像我们每个人都保留了一些原始禀性一样，我们发现，我们更愿意

将衰退归咎于联储或阿拉伯石油生产商或恐怖分子，而不是承认就应对和预防衰退而言，我们还处在中世纪的医生靠放血治病的阶段①。

鸽子和人类的差别并不是很大。我在 1978 年出版的一本书（*Specification Searches*，319 页）里曾经这样写道：

> "我来描述一下斯金纳（Skinner）② 的'随机引致行为'（randomly induced behavior）实验。如果以随机时间间隔来喂饥饿的鸟，我们就可以观察到一些奇怪的头部运动，即使劲地从一侧转到另一侧，或其他一些奇怪的动作。显而易见的解释是：这只鸟假定食物是对它刚刚做出的动作的奖励，它这样做就能得到食物。如果在食物到来之前这只鸟恰好在扭动它的头，那么它自然会尝试再次扭动头部。头部扭动频率的加快使它更加确定扭动头部后就会得到食物，结果，这只鸟就会频繁地扭动头部，而食物也总是随着头部的扭动而到来。对这种关系的信念如此强烈，以至于在完全不再提供食物后，这只鸟也许还要扭动头部多达 10000 次。"

面对如此复杂的事物，我们准备怎么做？答案是"谦逊"（humility），要采用三值逻辑（three-valued logic）。传统的逻辑是二值逻辑：是或否；真或假。还有第三个选择：无法确定（undecidable）。当我们试图从非实验数据中得出因果推断时，我们应该承认，在第三个类别（即"无法确定"类别）中存在着许多问题。我知道你不喜欢这一点，但现实世界就是这样。

如果你不喜欢这个结果，那么你可以选择"自欺欺人法"（Wizard of Oz approach），去聆听对格林斯潘"主教"和他的继任者所说的每一句话的欢呼声。

14.4 用生物学隐喻，而不用机械隐喻

我们讲述的故事是哪些因素将时间顺序转化成因果结论。经济学家关于经济的故事建立在两种不同的隐喻上：生物（biological）隐喻和机械（mechanical）隐喻。我们采用哪种隐喻非常重要，因为这些隐喻会对我们的思维方式产生微妙且重大的影响。当听到一个不熟悉的隐喻时，在你采

① 在医生逐渐认识到放血并不能有效治病的时候，他治疗过的病人远远超过 10 个。

② Skinner, B. F.（1948），"Superstition and the pigeon," *Journal of Experimental Psychology*, 38：168－172.

纳它之前，你应该明智地认真思考其隐藏含义。当我说经济处于正常状态，想工作的人就能可以得到一份工作，但偶尔会遭受一段时间的病痛之苦（我们称之为衰退）时，我在可能就是在无人注意的情况下在谈话中引入了衰退是一种疾病的隐喻。

“现代”宏观经济学家都喜欢从物理学和工程学中拉来一些隐喻。今天的宏观经济学家一般都会说到经济的“运动定律”（laws of motion）。他们寻找各种“冲击”（shock），这些“冲击”根据复杂的动力学方程（dynamical equation）在系统中传播①。事情并非总是如此。约翰·梅纳德·凯恩斯（John Maynard Keynes）的名字成为了一个商业周期分析学派的名称，就连理查德·尼克松（Richard Nixon）总统也在 1969 年声称拥护凯恩斯：“现在我们都是凯恩斯主义的拥护者。”从狭义上说，这句话表明，尼克松总统开始相信：衰退是一种疾病，政府可以通过明智地选择税收和支出政策来进行治疗。从广义上说，更重要的是，这意味着尼克松总统正在放弃共和党（Republican Party）的基本原则：市场自身可以有效运行，政府应该尽可能少地进行干预。这是从凯恩斯主义反周期政策（counter-cyclical policy）到政府供应的医疗保健（government supplied medical care）再到极权主义（totalitarianism）的灾难性的急速下滑。你让我大吃一惊，尼克松总统！

凯恩斯爵士是一位逻辑学家和数学家，尽管他选择用英语而不是数学作为写作《通论》的语言，但他的语言对一些人来说意味着一系列公式②。约翰·希克斯（John R. Hicks，牛津大学的一位数学专家）和保罗·萨缪尔森（Paul Samuelson，物理学学士）将凯恩斯的语言翻译成了数学语言。在肯尼斯·阿罗（Kenneth Arrow，数学学士和硕士）和保罗·萨缪尔森的领导下于 20 世纪 40 年代和 50 年代非常成功地将其数学化之前，经济学一直是一系列含糊不清的口头上的原则。

在将数学当成经济学的语言的同时，20 世纪 50 年代和 60 年代经济数据的可获得性也大幅提高。有付出就有收获。这些数据支持了经济数据分析的巨大发展，将一个新词汇引进了我们的词汇表中，那就是计量经济学（econometrics），指的是像物理学家判断真空中的加速度一样来度量经济“常量”（constants）。

计量经济学理论采用了机械/工程隐喻，而不是生物隐喻。计量经济学

① 我在加州大学洛杉矶分校的经济系当主任时，经常能够收到来自工程师们的令人困惑的长信，他们认为自己已经揭示出了经济的“运动定律”。

② 《就业、利息和货币通论》（*The General Theory of Employment, Interest, and Money*），1936 年。

的前提是假设一个人可以写出描述经济的“运动定律”①。但是，这些新数据的第一位分析员忽视了计量经济学理论，而是采用了一种“流行病学”（epidemiological）的方法——寻找模型，以后再整理出一个故事。当时最伟大的成功可能是发现了菲利普斯曲线（Phillips Curve）和自然失业率（Natural Rate of Unemployment）。下面是一张散点图，显示了 1955 ~ 1970 年每个季度的失业率（失业的百分比）和通货膨胀率（价格的变化率）之间的关系。我让计算机在这张散点图中画出了一条能够最好地拟合这些数据的曲线。曲线开始时，每年的通货膨胀率大约为 4.5%，随后稳定下降到每年大约 1.5%，并稳定在这一水平上，而在这一“胶着”状态下，失业率为大约 5.5%。我明白了！我们已经发现了“自然失业率”。当失业率下降到 5% 以下时，通货膨胀率就会上升。我们应该为这一发现创造一个缩略词。我们可以略微改变一下想法，将其称为“非加速通货膨胀失业率”（Nonaccelerating-Inflation-Rate of Unemployment），这读起来很拗口，把它简写成“NAIRU”就好读多了。

1955~1970年的菲利普斯曲线

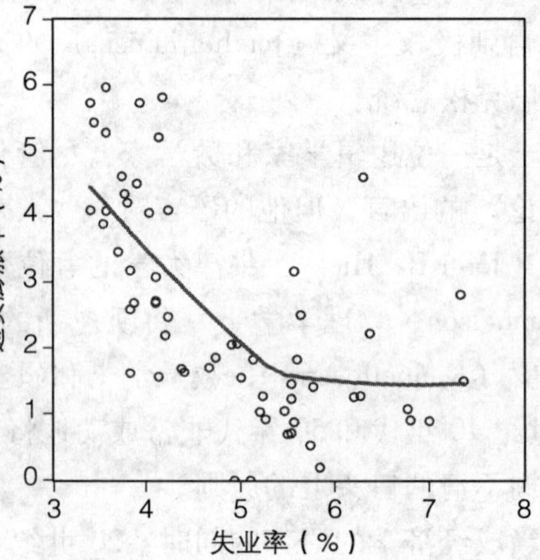

菲利普斯曲线是一个寻找故事的模型。失业率到底为什么以这种方式（NAIRU）影响通货膨胀率一直以来都是经济学家们争论不休的一个问题。对于高失业率可能会影响工资谈判因而限制了“成本推动型”通货膨胀，我们有一个很好的故事，但曲线上“弯曲”部分的故事却是一种真正令人挠头的问题。我们需要理解哪些因素决定了通货膨胀，但现在我只想提醒你要注意推动数据分析的隐喻。一方面，我们拥有机械/物理/实验隐喻，

① 最初由计量经济学学会（Econometric Society）构思的“计量经济学”这一术语包括数学建模和数据分析两部分。后来这一术语逐渐演变为只包含数据分析，而将数学模型当成是对实际经济的如实、准确的描述。

其中的理论限制了数据分析，而问题仅仅是估计决定系统“运动定律”的那些未知常数。另一方面，我们拥有生物/医学/非实验隐喻，这使得理论框架与数据分析之间的联系不太紧密。由医学隐喻推动的数据分析主要是寻找模型。它是探索性的（exploratory），而不是证实性的（confirmatory）。

两种方法既全部正确又全部错误。理论推动的证实性数据分析在很大程度上限制了人们能够在数据中获得的信息，妨碍了真正的发现。利用这种方法，你可以事先编制好数据分析程序，然后只要在计算机键盘上按下一个键就可以得到结果。你甚至可以穿上白色工作服，戴上角质镜框的眼镜，使你看起来像是一位科学家。这套行头真的很酷，但除非你对数据进行了“探索”，否则你就不会知道经济是如何运行的。探索性数据分析是一项蓝领工人的工作。经过几天的摸爬滚打，当你从数据堆中找到一个模型（你认为是一个新的发现）时，你打算怎么说服我呢？我早已见识过太多的伪装成发现的模型了。如果你想要说服我，那么你需要准备一个有说服力的故事。寻找没有令人信服的故事作为支持的模型是一个重大错误，因为你肯定会找到一些实际上并不存在的模型①。

菲利普斯曲线是探索性数据分析失败的极佳例子。下面的图中显示了 1970 年以来的数据。从中我根本看不出 NAIRU（非加速通货膨胀失业率）！

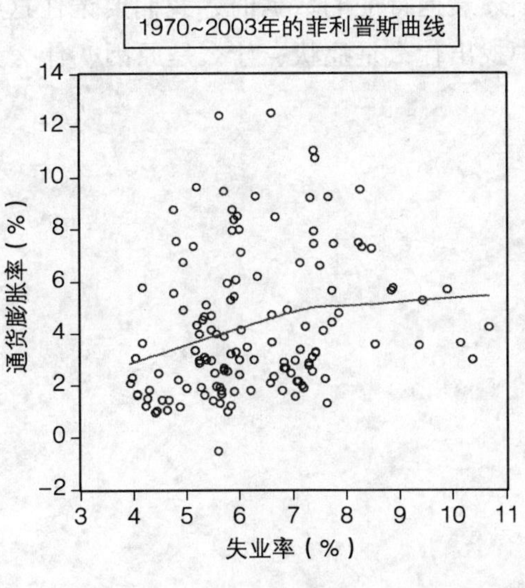

回到正题上，现在我们要做出选择：是机械隐喻还是生物隐喻。对我

① 寻找没有故事作为支持的模型被称为“数据挖掘”（data mining），当我在 20 世纪 70 年代写一本书（*Specification Searches*）时，人们还很看不起它，但美国计算机协会（Association of Computer Machinery）却把它当成了最受欢迎的活动。它们将其称为 KDD（Knowledge Discovery and Data Mining，即“知识发现和数据挖掘”）。谁在和谁开玩笑？[在英语中，“开玩笑”（kidding）和 KDD 的发音有些类似——译者注。]

自己来说，我不愿意谈论我的生活中的“运动定律”，因为用一种机械隐喻来制定影响我的生活的决策似乎无法达到预期的目标。我认为，对于复杂的人类系统——经济——来说，这一点也是正确的。经济不是由皮带轮和发动机构成的系统。它是一个有机的、不断进化的、能够自行修复的系统。衰退并不是一种“冲击”在长期中的传播。衰退是一种疾病。我们的工作不是找到“冲击”及其传播机制。我们的工作是确定其症状和原因：

- 总是出现的界定性症状（如不断上升的失业率）。
- 经常出现的附属性症状（如负的 GDP 增长）。
- 原因（这是我们要找的）。

我们研究这三个问题的原因是：我们要制定行动计划，使得衰退不太极端，发生得不太频繁。因此，这一工作的目标有两个：

- 找到一种治疗方法。（注射大量的货币政策和财政政策药物?）
- 找到一种预防措施。（定期、低剂量地注射货币政策和财政政策药物?）

当观察描述衰退特征的数据时，我们要记住这些目标。我们能够在宏观经济数据中找出什么是症状、什么是原因、什么是治疗方法、什么是预防措施吗？

15 CHAPTER 第15章 寻找衰退的原因

上一章传递出的信息是：从非实验数据中得出有说服力的因果推断需要下列条件：

(1) 在统计上清晰的来自历史数据的时间顺序（先是这个，然后是那个）。
(2) 一个明确的“要不是”假设（一种干涉，对过去的改变）。
(3) 一个有说服力的故事，将观察到的关系和时间顺序转化为对可能看到什么的信任。

让我们看一看能否找出这3个因素，并找到衰退的某些原因。这不容易做到。我们正在进入一个受“不确定性”和“模棱两可”主宰的领域。如果想要在这一领域中轻松一些，那么你就需要“信心”（faith）。

对于大多数经济学家来说，信心来自于努力学习“正统经济学教派”牧师的说教，这一“教派”在两个剑桥［指英国剑桥（英格兰东部城市，剑桥大所在地）和美国剑桥（马萨诸塞州东部城市，哈佛大学和麻省理工学院所在地）——译者注］以及芝加哥拥有巨大的“总教堂”，较小一些的“教堂”遍布世界各地。在新入会者学习和祈祷的同时，经济牧师们则在黑板前和个人电脑前深思了无数个小时，希望能够获得关于经济的因果关系的启示。在获得某些观点后，牧师们就会骄傲地将这些智慧传授给崇拜他们的信徒。

我推荐另一种方式——马丁·路德（Martin Luther）的方式——“信者皆为祭司”（the priesthood of all believers）。我认为你有能力阅读并讨论这些故事和模型，然后构建自己关于经济因果关系的信念。我知道这会令你们中的一些人感到十分不安。我理解你们来到大学里是为了学习古老的教科书，并吸取那些得到公认的智慧。你最不希望听到的就是：根本就没有什么智慧（Wisdom），注意“W”是大写的。当你听到掌握知识是你自己而不是教授的责任时，你一定会感到反感。但是我认为，如果你感到自己有权利凭自己的力量创造知识，那么你的生活就会更加富有。首先，它会使你在某一领域中成为一个更令人瞩目的人。其次，它还能让你找到一份更好的工作。在吸收前人的智慧并在恰当的时间展现出来方面，电子计算机做的比你好得多。但最重要的是，“正统经济学教派”的牧师们在很大程度上忽视了现实世界的数据，相反却依赖沉思来寻求智慧。真是太糊涂了。

但是，做到这一点并不容易。你不可能通过在数据中漫无目的地乱撞而创造智慧。

> “机会偏爱有准备的头脑。”
>
> ——路易斯·巴斯德（Louis Pasteru）
>
> “天才就是1%的灵感加上99%的汗水。”
>
> ——托马斯·爱迪生（Thomas A. Edison）

我希望能够在这些金玉良言中加入我自己的意见。需要的不仅是努力工作，还要在数不清的挫折面前保持坚定的信心。

> “成功就是99%的失望加上1%的胜利。”
>
> ——爱德华·里默（Edward Leamer）

15.1 我们正在寻找什么？

在试图找出衰退的原因时，我们要记住：支出是保持经济发动机持续运转的燃料。没有这一燃料，发动机就会慢慢停止转动。让我们找出经济中支出出现快速、显著下降的那一部分，并推测一下如果我们采取措施阻止支出的下降会出现什么情况。

请记住，起作用的不是你一个人的支出。你很重要，但还没有重要到那种程度。我们需要的是成千上万的消费者同时减少支出，在一年中缩减1000多亿美元的支出。要想让这种情况发生，就需要有某种协调力量，使得数量巨大的消费者同时勒紧裤带。有一个挥金如土的人能够独自发挥重大影响，他就是“山姆大叔”（Uncle Sam）。

同样，在寻找衰退的原因时，回顾一下第11章讨论过的那些用来解释商业周期的故事会有所帮助：

- 供应链的牛鞭效应。
- 疯狂地利用新观念/网络外部性。

- 庞氏骗局和资产泡沫/公众的疯狂。
- 过度溺爱子女的新父母。

根据供应链牛鞭效应，长寿资产如办公大楼、住宅和飞机的修建与制造不可避免地要经历繁荣与萧条的交替——当办公大楼全部出租、住宅销售一空、飞机上的座位全部售出时充满活力，而当这些资产大量闲置时则一片沉寂。当最新的办公大楼或大片新住宅建成后，这些资产可能会从人满为患变成门可罗雀。此时建筑物的价格就会直线下降。

想得很好，但这不是一个非常好的故事。办公室和住宅是在不同的州、不同的城市、不同的街区以完全不同的速度建造的。在同一时点，不大可能在所有地点都出现过量建造的情况。为了使供应链的故事有效，我们需要一种协调机制。会是什么呢？也许是利率。当耐用品的价格处于低水平时，经济就会希望建立耐用品（包括住宅和办公大楼）的存货，并扩大提供这些产品的供应链的能力（capacity）。如果利率出人意料地大幅上涨，那么耐用品的合意存货就会下降，而我们会突然发现住宅、汽车和办公大楼都出现了过量建造的情况。

对于供应链的牛鞭效应，我们可以说缺乏信息是造成周期的原因：如果生产商和投资者能够更准确地预测未来，那么过量建造就不会太显著。但要说是因为缺乏信息造成了周期，我们就需要设想出一种能够缓解信息问题的措施。一种假设是完美地预测未来，但这种假设很可笑，因为这是不可能实现的。也许我们需要对投资者进行测试，其中包括一些有关预测的问题，最好由 UCLA 安德森预测部签字认可。这一假设看起来也很可笑，但与 2007 年为防止再一次出现次级贷款危机（subprime mortgage meltdown）而采取的措施相比还不是太可笑。一位布隆伯格新闻（Bloomberg news）的评论员说道："所有美国人的智商得分都需要提高 10 分。"（里默又聪明了一次！）

在理性王国中，有一种更常见的方法——联储会选择多种不同的利率。如果具有家长作风的联储认为过度建筑开始成为一个问题，那么他们就会通过提高利率来降低人们的一些热情。因此，供应链的牛鞭效应就是一个"不作为的错误"（error of omission）——当情况失控的时候没有提高利率。但是，你真的希望联储这样做吗？他们知道什么？

联储可能会犯"作为的错误"（errors of commission），也可能犯"不作为的错误"。如果建筑过度是由于联邦基金在过长的时间里保持过低的利率造成的，又因为利率提高而猛然刹车，那么这就是一种"作为的错误"（实际上是两个错误——利率在过长的时期中保持在过低的水平上，随后又过快地提高）。

急于利用新观念具有类似的特征——信息不足。当在一座离海岸不远的小岛上发现黄金时，人们会蜂拥而来，这就刺激了人们迅速修建桥梁，以便让一部分淘金者比其他人更早地到达小岛。在桥梁的修建过程中，工作机会非常丰富，而桥梁建成且黄金被开采一空后，就没有什么工作机会了。此时，衰退就开始了。针对这一问题，有什么对策吗？较高的利率和税率会使淘金竞赛慢下来。与供应链中的牛鞭效应一样，我们的货币当局和财政当局既不知道那里蕴藏着多少黄金，也不知道为了开采那些黄金我们需要多少座桥梁。我又想到了因特网热。还记得吗，1996 年，作为因特网聚会（Internet Party）的迟到者，格林斯潘先生做了其著名的评论："非理性繁荣"（irrational exuberance）。根据他的天性，他本来可能会在 1996 年通过大幅提高利率来试图阻止因特网泡沫的发生，而这样做会减缓因特网普及的速度，也会降低我们利用其优势的速度。

庞氏骗局是另一个与信息相关的问题。在玩抢座位游戏（musical chairs）时，我们都希望在音乐停止的时候找到一个座位，但每个人都知道某个人会找不到座位。人们的预期并不符合情理。同样，当我们以过高的价格购买一项资产时，我们每个人都希望其他人会支付更高的价格，尽管我们知道当音乐停止的时候，某个人会两手空空。为了阻止这一情况发生，我们需要依赖那些大师们在适当的时候抬高利率以提高抢座位游戏入场券的价格。

与急于利用新观念相比，庞氏骗局的泛滥很容易识别。2002 ~ 2006 年，当我们将美国居住用地的价值从 4 万亿美元提高到 8 万亿美元的时候，那并不是急于利用新观念。围绕着你的住宅走一走，看看能否发现为什么其价值是几年前的两倍多。周围的景观更漂亮了？离好学校更近了？没有。住宅用地提供的服务流（service flow）与几年前以及未来几年后提供的服务流是一样的。那么为什么在实际价值完全没有变化的情况下，其会计价值能够增加如此多呢？土地会计价值的变化主要来自于更容易获得且更便宜的抵押贷款以及失控的庞氏骗局①。

2007 年的实际利率比 1999 年低，金融创新使得抵押贷款更容易获得，这两者都支持了更高的估值。许多经济学家非常相信市场的集体理性，以至于他们认为这些金融创新使价格上升是完全合理的。想象合理化的空间（capacity for rationalization）是无限的，后见之明（hindsight）也是如此。少数人拥有先见之明②，而大部分人具有后见之明，很明显，我们正处在一次

① 其他可能性是外国人需求的增加或者新住宅建设的浪潮，但两者的变化都不足以使价格翻一番，甚至不会使价格出现显著提高。

② 不应该将格林斯潘在 1996 年做出的"非理性繁荣"的评论作为准确预测的一个例子，因为他的担心出现得太早了，而且在格林斯潘自己屈服于新经济非理性的诱惑后很快就收回了这种说法。同样，罗伯特·希勒（Robert Shiller）在其《非理性繁荣》（Irrational Exuberance, Princeton University Press）一书中发出的警告太早，而且也太刺耳了。

巨大的庞氏骗局之中，联储通过在很长时期内保持极低的利率对其起到了刺激作用。

毫不奇怪，我们的“家长”（联储）不希望接受这份“抚养”的工作，他们既不愿意承担这份责任和功劳，也不愿接受指责：

> 美联储理事本·伯南克
> 国家企业经济学会纽约分部
> 2002 年 10 月 15 日
> “我认为，联储作为‘证券投机或证券价值的仲裁者’既不可取，又不可行。”

> 美联储理事弗雷德里克·米什金
> 纽约预测者俱乐部
> 2007 年 1 月 17 日
> 在实施货币政策过程中资产价格的特殊作用需要 3 个关键假设。第一个关键的假设是中央银行能够发现正在形成的泡沫。我发现这一假设极不可靠，因为我们很难相信，与自由的市场相比，中央银行拥有这一信息优势。
> 证明资产价格特殊作用的第二个假设是：货币政策无法恰当地应对泡沫破灭的结果，因此需要预先采取必要的行动以防止泡沫出现……然而，有几个理由使我们相信，对泡沫破灭的担忧可能被夸大了。首先，资产价格泡沫的破灭通常不会导致金融的不稳定……**我们有更充分的理由相信，住宅价格泡沫的破灭不大可能造成金融不稳定。**
> 证明实施货币政策时有必要特别关注资产价格的第三个假设是：中央银行实际上知道为消除泡沫应该采取哪些货币政策。利率对资产价格泡沫的影响是高度不确定的。
> **（黑体字是笔者改的，它应该获得 2007 年最差预测奖。）**

尽管我们的“家长”（联储）不想要这份工作，但我还是打算把这一工作交给他，并在联储“作为的错误”和“不作为的错误”中寻找衰退的原因。那么，到底为什么他们要在 2003 年/2004 年长时间保持如此低的利率呢？如果他们做出不同的选择，可能会发生什么情况呢？

15.2 财政政策既能造成衰退，也能预防衰退

让我们从最简单的情况——联邦政府的税收和支出——开始讨论。

1940 年以来，联邦支出的大幅波动是由于国防支出造成的。朝鲜战争和越南战争开始时的快速重整军备似乎从两次衰退的边缘挽救了我们，而这两次战争后的快速裁军则造成了两次衰退。

数据中还包括联邦税收的 3 次大幅削减：肯尼迪政府减税、里根政府减税和布什政府减税。肯尼迪政府减税始于肯尼迪扩张的早期，当时的增长十分疲软，而减税可能有助于刺激经济的增长。里根政府减税和布什政府减税始于从衰退到复苏的过程中，随后的增长可能只不过是复苏过程中的正常增长。

15.2.1 国防部对 1953 年和 1969 年的衰退负有责任

我们早就发现了 1953 年衰退的明显原因，而且我们应该看一看在其他衰退中国防部是否也扮演着重要的角色。我们一定要找出“假阳性”——国防支出急剧下降后没有出现正式衰退的那些时期。如果国防支出的大幅下降有时候会造成衰退，而有时候不会造成衰退，那么我们就需要知道其中的原因。

国防支出占 GDP 的份额如图 15.1 所示——在朝鲜战争激战正酣的时候占 14%，现在则降低到只略高于 4%，但作为反恐战争的结果，这一比例又开始上升。在总体下降趋势中存在着一些相当大的波动。

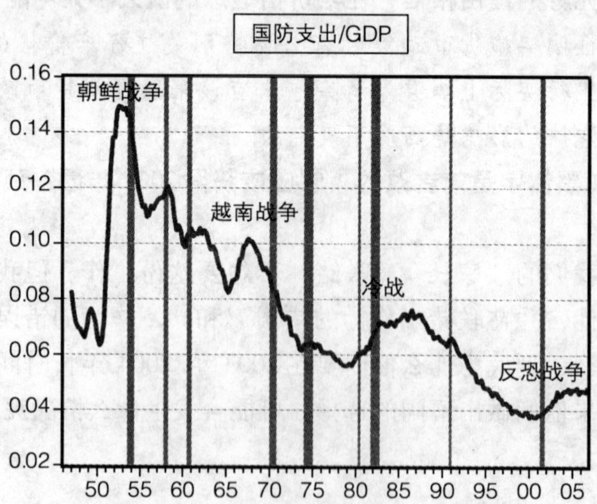

图 15.1 国防支出占 GDP 的份额

图 15.2 使我们能够更清楚地看出国防支出对 GDP 增长的重要性，该图显示了国防支出对 GDP 的累积贡献。当累积贡献增长时，国防支出促进 GDP 的增长。当累积贡献下降时，国防支出降低 GDP 的增长。要记住，GDP 每年的增长率约为 3%，因此，累积贡献每年 1% 的增长率可以解释正常增长率的 1/3。该图中的箭头显示了这种提高的速度。

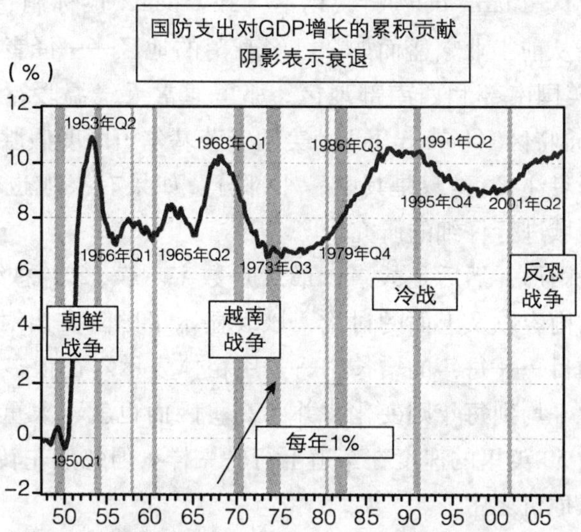

图 15.2　国防支出对 GDP 增长的累积贡献

1947 ~ 2004 年，总体国防支出累积贡献只有 10%，每年大约为 0.18%，与年均 3.0% 的 GDP 正常增长率相比，这一数值相当小。实际上，自朝鲜战争结束以来，国防支出根本就没有对总体 GDP 增长做出贡献。在一些裁军时期，支出的下降会使 GDP 增长率降低，而这些下降或多或少会被扩军时期完全抵消，在扩军时期，国防支出会刺激 GDP 的增长。

从这两张图中你可以看到，在朝鲜战争期间国防支出大幅上升，而在 1953 年第三季度（恰好是官方确定的衰退开始的第一个季度）开始突然反转。这样，裁军与转折恰好同时发生。1953 年衰退是由于国防部造成的。

越南战争裁军的时机有所不同，它开始于 1968 年第二季度，比 1970 年的衰退早了两年。越南战争裁军的规模与朝鲜战争裁军的规模相当，但持续的时间更长——22 个季度而不是 11 个季度。这就是为什么裁军开始后肯尼迪/约翰逊政府的扩张仍然持续了两年的原因。慢一些好，快了则不好。但是，在 1970 年衰退中不断降低的国防支出来的正是时候，这使得在 1970 年放慢裁军的步伐成为了可能，也使得温和的衰退有可能变得更加温和。

冷战裁军则选择了另一个时机——1990 年衰退之后，而不是在衰退之前或衰退之中。我们需要寻找另外的原因来解释那次回落。南加州和美国其他地区经历一次持续时间很长的衰退，一直持续到 20 世纪 90 年代中期，因为许多高工资的国防工作消失了。从洛杉矶的角度来看，20 世纪 90 年代的冷战裁军肯定拖累了经济的增长。这就提出了一个令我们无法忽视的观点：美国的数据是许多具有不同经济周期的地区的数据之和，这些地区包括农业区（farm belt）、铁锈区［rust belt，也称制造区（manufacturing belt），指从前工业繁盛而如今已经衰落的地区——译者注］、阳光区（sun belt，指美国南部和西南部地区，那里通常天气温暖，阳光灿烂——译者注）、波希特区（borscht belt，美国卡茨基尔山区度假胜地，犹太人经常光顾——译者注），这只是其中一小部分。如果有兴趣也有精力，我们可以对这些区域进行仔细的研究。

先是图形，然后是故事，最后是数字。表 15.1 总结了我们在图 15.2 中看到的内容以及上面的讨论，该表显示了国防支出对 GDP 增长的影响。重要的项目——每年的增长率——用粗体表示。在很多个季度中发生的大规模变化平均到每年则变化率并不高，因而也就不太重要，就像你的汽车以每小时 50 英里的速度在车道上行驶一样。但忽然左转会使汽车翻转，使经济陷入危机之中。

表 15.1　战争期间国防支出对美国 GDP 增长的贡献

国防支出对美国 GDP 增长的影响				
	朝鲜战争	**越南战争**	**冷战**	**反恐战争**
扩军				
低谷季度	1950 年 Q1	1965 年 Q2	1979 年 Q4	2001 年 Q3
高峰季度	1953 年 Q2	1968 年 Q1	1986 年 Q3	2007 年 Q3
总计	11.3	2.89	3.23	1.30
季度数	13	11	27	24
年平均	**3.48**	**1.05**	**0.48**	**0.22**
裁军				
高峰季度	1953 年 Q2	1968 年 Q1	1991 年 Q2	
低谷季度	1956 年 Q1	1973 年 Q3	1995 年 Q4	
总计	-3.90	-3.62	-1.37	
季度数	11	22	18	
年平均	**-1.42**	**-0.66**	**-3.0**	

朝鲜战争扩军始于 1950 年第二季度，在 1953 年第二季度达到顶峰，在那一时期中对 GDP 增长的总贡献为 11.30%。这发生在 13 个季度中，因而每年为 3.48%，这一数字很大。还记得吗，正常 GDP 增长率仅为每年 3%~3.5%，因此，当仅国防一项就使 GDP 获得 3.48% 的增长时，毫无疑

问，经济增长一定非常强劲。

上升的还会降下来。朝鲜战争裁军在 11 个季度内使 GDP 增长率下降了 3.9%，平均每年使增长率下降 1.4%，其下降的速度和持续的时间足以将我们拖入一次衰退之中。

随后的扩军与裁军规模越来越小，速度越来越慢，因而其作为美国经济健康决定因素的重要性也越来越低。最近，反恐战争对 GDP 的增长做出了贡献，在 24 个季度中一共推动其上升了 1.3%。国防支出每年推动 GDP 增长 0.22%，这支持了经济增长，但与朝鲜战争扩军期间的每年 3.48%、越南战争扩军期间的每年 1.05% 和冷战扩军期间每年 0.48% 相比，这一数字并不高。

15.2.2　联邦税收可能很重要

战争期间支出的激增相当于随机实验，数据之间的因果效应（如果存在的话）非常明显。对于税收政策来说，这一点也是正确的，但不是那么明显。但是，重要的立法要经过一系列阶段：意识到问题、研究、通过议案、总统批准和实施等，完成这一过程后，引起讨论的条件早已不复存在。这使得减税政策至少在某种程度上像是随机实验（真是胡扯）。

联邦收入占 GDP 的份额如图 15.3 所示。联邦政府税收减免（tax bite）的增加发生在几次扩张的后期，最明显的就是 20 世纪 60 年代肯尼迪/约翰逊政府的扩张和 20 世纪 90 年代布什/克林顿政府的扩张。收入增加主要不是来自税率的提高，而是来自于经济的强劲增长（经济增长为税级较高的人带来了资本收益和收入）。随着衰退的来临，这一情况会逐渐消失，这就自动地促进了经济的稳定。

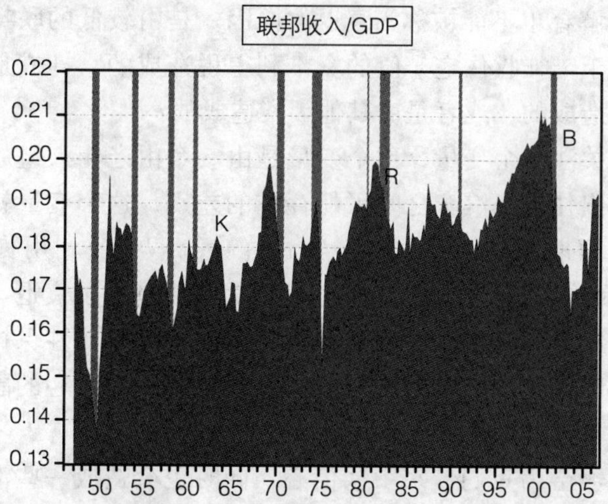

图 15.3　联邦收入占 GDP 的份额

在图 15. 3 中，你可以看到 20 世纪 60 年代中期肯尼迪政府的减税，与 2001 年开始的布什政府减税相比，肯尼迪政府的减税规模实际上要小得多，但是，2001 年政府收入下降差不多有一半是由衰退造成的，特别是股票市场收益的暴跌。

这些减税的影响很难确定。在第 16 章中，我将讨论肯尼迪/约翰逊时期的扩张在 1963 年不断减弱，但由于肯尼迪政府的减税政策而得以继续。里根政府和布什政府的减税政策紧随衰退而来，我们很难确定如果不进行减税会发生什么情况，因为即使不减税，复苏也会发生。

15. 3 经由住宅与汽车的因果路径

现在我们知道了，要得到一个具有因果关系的结论，我们需要一个明确的假设干预（hypothetical intervention）。在这一方面，对国防支出是造成 1953 年衰退的一个原因进行怀疑是很有意义的，因为有一些方面（其中，1953 年下半年国防支出的减少可能没有发生）似乎引导我们得出同一个结论：根本不存在 1953 年的衰退。

接下来我们需要面对一个更加困难的问题：消费者在住宅和汽车上的支出。在这一点上，我们有一个问题。住宅和汽车支出可能有无数种不同的方式，而如此多的假设可能不会就衰退风险得出相同的结论。出于这一原因，得出"住宅和汽车造成衰退"这一结论似乎是不恰当的。这就好像是说云彩造成了下雨一样。如果不对"要不是"假设（可能会造成住宅价格升高的不同路径）进行认真分析，那么即使具体到"住宅价格过度提高"这样的解释也不能被称为衰退的原因。是由较低的联邦基金利率造成的，还是由于未征收住宅升值的资本利得税造成的，抑或是由中国的 1 万亿美元储备造成的，或者是由其他因素造成的?

我们要关注一个变量，这个变量是由一个由老年人组成的委员会选择的，以显示出住宅和汽车之间可能存在的差别，这个变量就是联邦储备委员会选定的短期利率。我们将考察这样一个假设：利用货币政策的影响（通过住宅和汽车这些渠道发挥作用），美联储制造了衰退。当然，联储的工作包括控制通货膨胀，而我们需要对下面这种可能性保持警惕：住宅和汽车周期是联储正确实施的反通货膨胀政策的一种无心的副产品。下面我们将详细讨论这一问题。

这一练习会为我们带来一些信心，同时也会造成一些混乱。这是对专家意见的准确概括。彼得·特明（Peter Temin）在一篇名为《美国商业周期的成因：经济史随笔》（*The Causes of American Business Cycles: An Essay in*

Economic Historiography）的文章开头引用了鲁迪格·多恩布什（Rudiger Dornbusch）的一句话："在过去 40 年中的美国经济扩张都未能寿终正寝，每一次扩张都是被美联储谋杀的。"其思想与语言之清晰同约翰·科克伦（John Cochrane）适成对照，特明也引用了科克伦的话："对于可观察的冲击的常用解释没有一项能够充分说明商业周期波动中产出的巨大改变。"

至于我自己，我不断地在得意洋洋和绝望之间摇摆。有时候我认为自己理解了，有时候则感到还没有弄明白。下面这些内容在很大程度上取决于我写作时的情绪。

15.3.1　住宅预测衰退

思考住宅与衰退的第一步是确定住宅是否足够重要。图 15.4 显示了住宅对美国 GDP 增长的累积贡献。整个时期的累积贡献为 10%，与国防支出的贡献相同。这一数字平均到每一年只有 0.18%，对于每年 3% ~3.5% 的增长率范围来说并不十分重要。但其间的波动相当大。

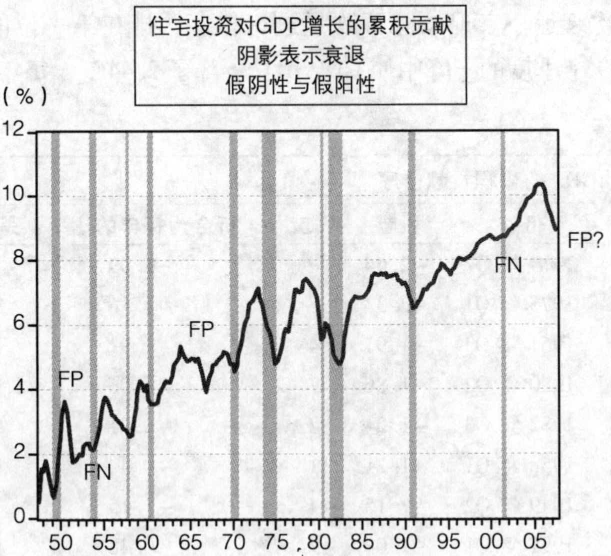

图 15.4　住宅的累积贡献

在图 15.4 中你可以看出，住宅是美国衰退的一个优秀的预测指标。几乎每次出现住宅价格的大幅下跌，都会伴随着一次全国性的衰退。而且，几乎每一次衰退之前都会出现住宅价格的大幅下跌。非常不祥的是，在我写作本书的时候，我们正处在一次住宅价格下跌之中，这次价格下跌与以前将我们带入衰退的价格下跌同样严重。

住宅并不是完美的衰退预测指标。图 15.4 中有两次"假阴性"——没有被住宅价格下跌预测到的衰退。虽然住宅价格的下跌与衰退的同步性并不太明显，但住宅价格并没有预先警告1953年的衰退即将来临。我们理解那一次的情况。它是一次因裁军引起的经济回落。在2001年的衰退中，住宅没有发挥任何作用。我们也理解那一次的情况。那次是由“因特网的报复”造成的。但是，我们还需要知道为什么在2001年面临股票市场7万亿美元账面损失的情况下，住宅价格仍然得以维持。在编织我们的因果关系故事时，最好记住这一点。

图15.4中也显示出两次“假阳性”——住宅价格的警报并没有引发衰退。一次出现在1951年，另一次出现在1967年。这两次不是错误的警报。它们是有效的警报，揭示出了经济的疲软，但恰好被朝鲜战争和越南战争期间国防支出的大幅提高抵消了。

如果这些图形还没有说明问题，那么请看一看表15.2中的数字：在美国的每一次住宅低迷时期住宅投资对GDP的贡献。该表显示出了住宅顶峰和低谷出现的季度（图中的顶峰与谷底）、由于住宅问题造成的GDP增长下降、衰退的季度数、每年的下降比率、是否在每次住宅价格出现问题之后或同时发生一次衰退。衰退按总下跌量进行排序，排在第一位的是当前的住宅低迷，在9个季度的下降中使GDP增长下降了2.44%，每年为-1.09%。

表15.2　住宅回落

住宅收缩：根据对GDP的累积贡献排序

	高峰	低谷	贡献	季度	折合为每年的比率	是否出现衰退	滞后*
1	**2005年Q4**	**2008年Q2**	**-2.44**	**9**	**-1.09**	**????**	**8+**
2	1973年Q1	1975年Q1	-2.33	8	-1.16	1974年Q1	3
3	1950年Q3	1951年Q3	-1.91	4	-1.91	没有出现	
4	1978年Q3	1980年Q2	-1.86	7	-1.06	1980年Q2	6
5	1980年Q4	1982年Q3	-1.24	7	-0.71	1981年Q4	3
6	1955年Q2	1958年Q1	-1.21	11	-0.44	1957年Q4	5
7	1948年Q2	1949年Q2	-1.15	4	-1.15	1949年Q1	2
8	1988年Q4	1991年Q1	-1.08	9	-0.48	1990年Q3	2
9	1966年Q1	1967年1	-1.04	4	-1.04	没有出现	
10	1959年Q2	1960年Q4	-0.70	6	-0.47	1960年Q3	4
11	1969年Q1	1970年Q2	-0.66	5	-0.53	1970年Q1	3
12	1964年Q1	1964年Q4	-0.45	3	-0.60	没有出现	
13	1994年Q2	1995年Q2	-0.33	4	-0.33	没有出现	
14	1953年Q2	1953年Q4	-0.24	2	-0.47	1953年Q3	0
15	2000年Q1	2000年Q3	-0.14	2	-0.27	2001年Q2	4
16	1984年Q2	1985年Q1	-0.05	3	-0.07	没有出现	

除了在笔者写作本书时正在发生的收缩外，以前还有15次住宅的回

落。其中有 10 次引发了衰退。严重性排在第三位的那次住宅收缩发生在 1950 年第三季度至 1951 年第三季度之间，但随后并没有发生衰退。你还记得为什么，对不对。那是因为朝鲜战争。1966 年第一季度至 1967 年第一季度也出现了一次重大的住宅收缩，但随后也没有发生衰退。原因是一样的——国防部再一次出来解围，这次是因为越南战争。

1964 年、1984 年和 1995 年还出现了几次不太严重的住宅问题，没有导致衰退。这几次回落出现在 3 次长期扩张之中：肯尼迪/约翰逊时期的扩张、里根时期的扩张和布什/克林顿时期的扩张。在第 16 章中我称之为“增长冲刺”（sputter），即预示的衰退并没有发生。为什么呢？其原因是肯尼迪政府的减税、刺激性货币政策，以及因特网热。下面我们将详细讨论这一问题。

15. 3. 2　耐用消费品支出预测衰退

在衰退之前造成疲软的另一个重要因素是耐用消费品。如果我们要阻止衰退的发生，那么既关注住宅也关注耐用消费品是很明智的。耐用消费品对 GDP 的累积贡献如图 15. 5 所示，主要的下降期间如表 15. 3 所示。

图 15. 1 所示的住宅与图 15. 5 所示的耐用消费品有一些重要的差别和相似之处。

表 15. 3　耐用消费品的下降

美国耐用消费品的周期
住宅对美国 GDP 增长的贡献
主要的收缩期间：按每年对 GDP 增长的贡献排序

高峰	低谷	贡献	季度数	每年的比率	是否造成衰退
1950 年 Q3	1952 年 Q3	−3. 19	8	−1. 60	否
1960 年 Q2	1961 年 Q1	−0. 76	3	−1. 01	是
1955 年 Q3	1956 年 Q3	−0. 90	4	−0. 90	否
1957 年 Q1	1958 年 Q2	−1. 09	5	−0. 87	是
1990 年 Q1	1991 年 Q1	−0. 84	4	−0. 84	是
1981 年 Q1	1981 年 Q4	−0. 61	3	−0. 82	是
1973 年 Q1	1974 年 Q4	−1. 36	7	−0. 78	是
1953 年 Q1	1954 年 Q1	−0. 72	4	−0. 72	是
1978 年 Q2	1980 年 Q2	−1. 35	8	−0. 67	是
1969 年 Q1	1970 年 Q4	−0. 73	7	−0. 42	是
2007 年 Q4	没有数据				

（1）对于长期增长来说，与住宅投资（每年对 GDP 增长的贡献只有 0. 15%）相比，耐用消费品的重要性是它的 3 倍（每年对 GDP 增长的平均

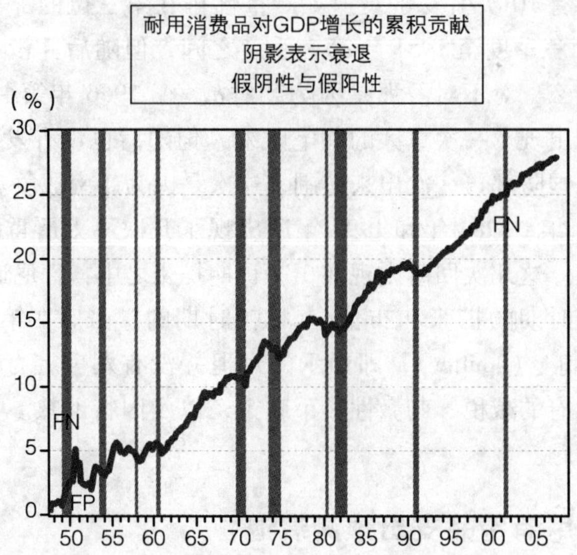

图 15.5　耐用消费品对 GDP 增长的累积贡献

贡献差不多为 0.5%）。

（2）与住宅类似，耐用消费品经常出现疲软，进入衰退之中。尽管这些图形显示，与住宅投资的周期相比，耐用消费品周期的重要性较低，但表 15.3 中的数字表明，耐用消费品对衰退的推动作用与住宅投资相同。

（3）在 2007 年笔者写作这部分内容时，住宅投资大幅下降已经于 2006 年初开始，但还没有出现耐用消费品支出的大幅下降，这是我们还没有处于衰退之中的原因之一。

15.3.3　利率可以用来预测住宅和耐用消费品

在了解了如此多的关于住宅周期和耐用消费品周期之后，我们也许会有些沾沾自喜，但请记住，住宅和耐用消费品都不能被称为“原因”。它们是根本原因的外在表现，而根本原因可能是货币政策。我们需要重新分析一下货币政策与财政政策和经济波动之间的关系。

能够将住宅与耐用消费品同利率联系起来的一个方法是估计如表 15.4 所列出的“回归”。该表列出了针对 GDP 的 13 个要素以及总体 GDP 的估计方程（estimated equation）。每一个回归都包括前一季度该要素的取值、前一季度联邦基金利率的变化、前两个季度该要素的取值，以及一个常量 C。这样，我们就可以探讨一下能否利用联邦基金利率的变化来预测（造成？）对 GDP 贡献的变化。

表 15.4　对 GDP 贡献的回归解释

取样时间：1970 年第一季度至 2007 年第三季度
统计显著的系数用粗体字表示

动态分析	GDP	GDP 的要素											
		住宅	耐用消费品	非耐用消费品	服务	州和地方政府	国防	联邦非国防	设备和软件	建筑	进口	库存	出口
*(−1)	**0.25**	**0.55**	−0.15	**0.20**	**0.34**	**0.18**	0.15	−0.25	**0.39**	**0.35**	**0.30**	−0.25	0.09
D(RATE_FF(−1))	0.27	−0.29	−0.12	−0.06	−0.17	0.01	0.00	0.01	0.11	0.03	−0.17	**0.87**	0.23
D(RATE_FF(−2))	−1.08	−0.11	−0.28	−0.10	0.05	−0.03	0.01	0.01	−0.08	**0.10**	**0.30**	−0.68	0.02
C	**2.30**	0.04	**0.51**	**0.45**	0.77	**0.23**	0.02	**0.08**	**0.27**	0.04	−0.45	0.07	**0.48**
调整后的 R^2	0.16	0.48	0.10	0.07	0.17	0.02	0.00	0.05	0.18	0.22	0.15	0.27	0.09
因变量均值	3.09	0.11	0.46	0.57	1.16	0.27	0.03	0.06	0.45	0.05	−0.65	0.05	0.53
Rate_FF 系数之和	−0.82	−0.40	−0.40	−0.16	−0.12	−0.02	0.01	0.02	0.03	0.13	0.13	0.19	0.25

定义：
*(−1) 表示上一个季度的贡献
RATE_ FF = 联邦基金利率
D (RATE_FF (−1)) = RATE_FF (−1) − RATE_FF (−2)

表 15.4 的第一列显示了总体 GDP 增长的方程。GDP(−1) 前的系数 0.25 表示一个季度中 GDP 反常增长的 25% 会传递到下一个季度。这一系数用粗体字印出，表示在统计上不为 0，而统计学家们常常使用“统计上显著”（statistically significant）这种具有误导性的描述方式。联邦基金利率滞后一个季度在统计上并不显著，但滞后两个季度则在统计上显著。因此，这一等式表明，联邦基金利率的变化需要两个季度才能发挥作用，联邦基金利率提高不利于增长（预示着疲软?），而该利率下降则会刺激增长。

该表中 GDP 各要素是根据这两个联邦基金利率系数之和进行分类的。这使得住宅投资和耐用消费品出现在最左边——它们受联邦基金利率下降影响的可能性最大。

该表表明：我们应该担忧汽车，但更应该担忧住宅。在 GDP 的各要素中，住宅投资具有以下特征：

- 可预测性最高（调整后的 R^2 值最大）。
- 持续性最高［*(−1) 的系数最大］。
- 对联邦基金利率变化最敏感（联邦基金变量的系数最大）。

15.3.4　不要过快得出结论

担忧是一件事，而相信（belief）则是另一件事。我们已经揭示出联邦基金利率的变化可以帮助我们预测住宅和耐用消费品支出方面的变化，但我们还没有揭示出利率的变化造成了支出的变化。为了用科学的方法得出这一因果结论，我们需要设想利率变化是随机的，但人们并不是靠掷硬币来决定利率的，对不对？联储的工作就是预测到经济中的问题，当情况有可能变糟时降低利率。出于这一原因，利率可能像天气预报一样——是预测而不是原因。

我们可以利用实际数据来生成一个实例，以使这一“天气预报”的观点更加明确。我们讲一个在其他方面都很聪明的经济学家的故事，他认为联储很重要，而实际上并非如此。让我们从经济中真正需要关注预测的一个部门开始。住宅建筑部门的成功取决于对劳动力市场的准确预测，因为当失业率上升时，住宅很难销售出去。失业率上升的时候，就是拖欠债务和丧失抵押品赎回权（foreclosure）的高发期，也是贷款标准收紧的时期。让我们对一个简单的方程式进行评估，该方程式解释了住宅投资对 GDP 的贡献（作为失业率和失业率变化的函数），看一看我们能否证明住宅建筑商通过其建房或不建房的决策来预测劳动力市场。让我们尝试将住宅投资对 GDP 的贡献（用 I_ RES 表示）解释为下列变量的函数：上一季度住宅投资 I_RES(-1)、上一季度失业率 $U(-1)$、失业率的变化 $D(U(-1))=U(-1)-U(-2)$。详细数据参见本页下面的注释①。方程式如下：

$$\text{I\_RES}=0.60^{*}\times \text{I\_RES}(-1)+0.11^{*}\times U(-1)+0.52^{*}\times D(U(-1))-0.6$$

由于我们会经常用到这一形式的方程，所以请记住，对于变量 X，$D(X(t))=X(t)-X(t-1)$，D 代表变化。

你在这个方程式中看到什么奇怪之处吗？该式表明，当失业率居高不下而且持续上升的时候，住宅的建造应该加强［$U(-1)$ 和 $D(U(-1))$ 的系数是正的］。你能讲一个故事来说明这合乎情理吗？我能。我的故事取

①

因变量：I_RES

样本（经调整）：1970 年第一季度至 2007 年第三季度

变量	系数	标准差	t－统计量	概率
I_RES（-1）	0.600	0.076	7.85	0
$U(-1)$	0.106	0.040	2.63	0.009
$D(U(-1))$	0.517	0.185	2.79	0.006
C	-0.610	0.250	-2.44	0.016
R^2	0.39	因变量均值		0.11
调整后的 R^2	0.38	因变量标准差		0.82

决于前一季度住宅投资前面较大的系数：0.6×I_RES(−1)。0.60 这一系数表明，住宅投资的持续性很高——如果企业在一个季度增加了建筑量，那么它在下一个季度也将继续增加建筑量。这样做有一个很好的理由。从一块荒地到住宅建成需要一年甚至更长的时间，而建筑的过程一旦开始就很难逆转。由于延迟的时间很长，因此住宅的建造在市场一片黑暗而在隧道的另一端已经见到光明时就要重新开始。那是衰退中最黑暗的日子，失业率居高不下，而且不断上升。这就是为什么居高不下且不断上升的失业率预示着未来建筑业的发展。

面对这一现实，让我们看看“爱德华联储”（Ed Fed）会做些什么。“爱德华联储”非常关心失业率，因此，当失业率居高不少且不断上升时，它会降低利率。通过反复尝试，“爱德华联储”无意中发现了下面的利率变化规则：

$$
\begin{aligned}
D(\text{RATE\_ED}) &= \text{RATE\_ED} - \text{RATE\_ED}(-1) \\
&= -0.11 \times U(-1) - 0.52 \times D(U(-1)) + 0.67
\end{aligned}
$$

我们可以证明，在失业率居高不下且不断上升的时候，该方程式的确要求降低利率。你也许同时注意到了“爱德华法则”（Ed rule）与住宅投资的估算方程（estimated equation）之间的相似性。看起来“爱德华法则”只不过是那一方程式中与失业率相关的部分。如果失业率能够有效地预测住宅投资，那么“爱德华法则”同样也能预测。为了证明其利率制定法则能够对住宅投资产生合意的影响，爱德华推导出下面的方程式，其中住宅投资是“爱德华利率”变化 $D(\text{RATE\_ED})$ 的函数[①]。

$$
\text{I\_RES} = 0.60 \times \text{I\_RES}(-1) - 1.0 \times D(\text{RATE\_ED})(-1) + 0.06
$$

①

因变量：I_RES
方法：最小二乘方
样本（经调整）：1970 年第一季度至 2007 年第三季度

变　量	系　数	标准差	t－统计量	概　率
I_RES(−1)	0.60	0.07	9.2	0
D_RATE_ED(−1)	−1.00	0.23	−4.4	0
C	0.06	0.05	1.1	0.26
R^2	0.39	因变量均值		0.11
调整后的 R^2	0.38	因变量标准差		0.82

（要确保自己知道为什么“爱德华联储”变量的系数恰好是1.0。这是“爱德华联储”选择利率方式的结果。）这一方程式使得“爱德华联储”非常高兴，因为它“证明”了利率下降100个基点会在下个季度使住宅投资对GDP的贡献增长1.0%。这已经由普通最小平方回归（ordinary least squares regression）这一工具的科学魅力（scientific pizzazz）所证明，它为我们提供了一个较高的R^2值和统计上十分显著的系数。没有人完全知道那意味着什么，但听起来非常令人满意，每个人都可以回家庆祝了。这是“自欺欺人法”在发挥作用。

希望你理解了这一问题。“爱德华联储”受到误导，认为他们正在影响着经济，因为他们采用了一套利率制定规则，这套规则是模仿天气预报的规则制定的，由经济中具有前瞻性的部门——住宅部门——使用。我警告你，我们正在进入一个充满不确定性和模棱两可的领域，其中复杂的非实验性数据很容易将我们引入歧途。

也许你认为你可以通过下列方式取得一些进展：为住宅投资设计一个包含失业率和联邦基金利率的方程式，以便看一看在控制失业率的水平和变化率之后联邦基金利率是否能够预测变化。这就像在一个降雨预测模型中包含云的覆盖度（cloud coverage）一样。如果在控制了云量后，我们发现天气预报有助于预测降雨，那么这一定是一种因果关系，对不对？错。这只不过说明天气预报和降雨都依赖于某些共同的变量，如大气压。随着我们加入越来越多的关于预期如何建立、在回应（response）中会出现哪种类型的延迟、谁能观察到什么的假设，事情只会更加糟糕。对于这一问题，通常的解决方法是推出一些十分沉重且声音巨大的计量经济学“大炮”，朝着因果关系目标射击。大炮开火时的噪音和火光彻底掩盖了它们根本没有打中目标这一事实。但是，计量经济学的这种表演只不过是一张幻灯片。正统经济学教堂里的牧师们正在冥思苦想，努力寻找关于经济因果结构的智慧，以至于根本就没有听到大炮开火时的噪音，也没有看到大炮的闪光。同时，联储对自身重要性的信任根本没有受到大炮开火或神父吟唱圣歌的影响。

这太让人讨厌了。让我们忘掉这些难以捉摸的问题，看一看能否说服自己是联储造成了衰退。我们将通过研究联储在衰退前的行为来做到这一点。如果联储能够准确地预测即将到来的衰退，他们可能会降低利率，而不是提高利率。如果我们发现在扩张的末期利率提高了，那么就可以证明这种预测是错误的，或者是一种因果关系。（我想是这样的。也许不是。我不知道……）

15.3.5　联储在扩张的末期提高短期利率

根据这一间接证据，美联储因为在扩张末期提高利率而应该对几乎所有的衰退承担部分责任。

看一看图 15.6，该图显示出了自 1947 年以来的 10 次衰退过程中短期利率的行为。该图右侧的垂直线是各周期的顶峰。在垂直线的右边是衰退过程中的数据。仔细看一看垂直线左边扩张期间的数据。你可以看出，结束于 2001 年第一季度的布什/克林顿时期的扩张是持续时间最长的一次扩张，持续了 40 个季度。你还可以看到其他持续时间很长的扩张：结束于 1969 年第四季度的肯尼迪/约翰逊时期的扩张和结束于 1990 年第三季度的里根时期的扩张。

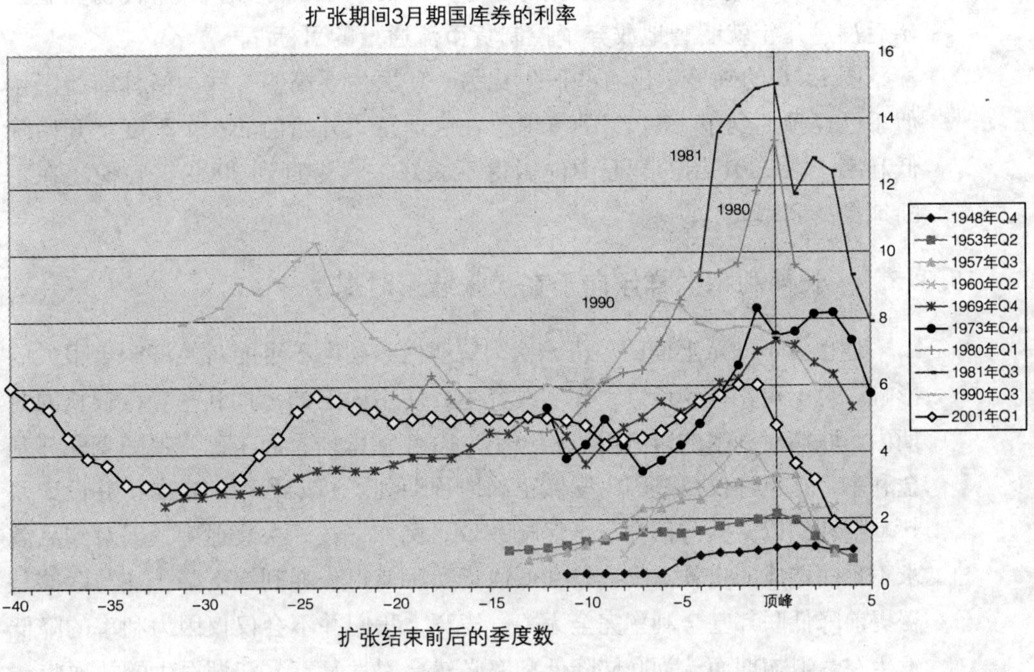

图 15.6　扩张结束时短期利率的提高

现在看一看周期顶峰之前的利率行为。在每一种情况下，利率都是在衰退开始前的两年期间内不断上升。这让我想到：提高利率中止了增长，使经济陷入衰退之中。

开始于 1954 年的 3 次扩张显示出相当稳定的利率增长，随后在衰退刚刚发生时就出现了急速下降，仿佛是在说：“对不起，我们做得稍微有点儿过分。”在 1973 年和 1980 年的衰退发生之前，利率急剧提高，1973 年提高了 400 个基点，1980 年提高了 800 个基点。当 1979 年利率的巨幅提升导致 1980

年出现衰退时，联储大呼“哎哟”，并将利率降低了 400 个基点。但是，经济刚刚开始重新增长，利率马上又提高了 450 个基点，并在随后的 3 个季度中又提高了 150 个基点。联储又一次大呼“哎哟”，1981 年严重的衰退开始了。

什么样的医生会像这样开药方呢？在联储将目标对准“货币流通量”（monetary aggregates，包括你钱包里的现金和活期存款账户中的余额）的短暂期间，就是这样用药的。那时的理论是：如果活期存款账户余额较大，那么你很快就会出去把它们花掉，因而引发了通货膨胀。如果余额的增长速度超过经济增长的速度，那么联储就会迫不及待地通过向我们出售利率高得诱人的债券而把我们多余的钱收回去（为了购买这些债券，我们不得不减少活期存款账户余额）。这一理论在实际中的效果并不好。控制货币流通量的尝试造成了利率的剧烈波动，而联储在 20 世纪 80 年代初实验开始后没过几年就明智地放弃了控制货币流通量的目标①。

图 15.6 的确显示出有些医生比另一些医生要高明一些。格林斯潘医生似乎已经预期到了 1990 年的衰退，在衰退正式开始前的 6 个季度就开始降低利率。在 2001 年的衰退中他做得不太好，因为直到 2000 年底他还在不断地提高利率。

15.3.5.1 长期利率同样倾向于在扩张结束时提高

你也许不同意上面的分析，认为短期债券利率不可能对经济产生很大的影响，对不对？直到最近，住宅融资主要使用固定的长期利率。在较长的时期内，联储对利率的影响可能相当小。10 年期国债看起来确实追随着联邦基金利率，这也许仅仅是因为联储正确地预期到了长期利率的走向，并设定联邦基金利率以使其与债券市场保持一致。例如，在一次衰退中，因对产品需求不足而造成的贷款需求疲软和低通货膨胀使得长期利率下降，这与联储是否提前降低联邦基金利率完全无关。毕竟，我们并不会仅仅因为利率的降低发生在衰退初期而认为联储降低利率必然会引发复苏。江湖医生的放血疗法的效果也是如此。

10 年期国债的利率如图 15.7 所示。由于 10 年期国债只是到了 1953 年才开始发行，所以有几次扩张在图中没有显示出来。对于图中显示出的扩张，长期利率一般都是在扩张的末期提高。也许正是这一点扼杀了住宅业。也许即使联储不采取行动，这种情况也会发生。

---

① Remarks by Chairman Ben S. Bernanke At the Fourth ECB Central Banking Conference, Frankfurt, Germany November 10, 2006 “Monetary Aggregates and Monetary Policy at the Federal Reserve. A Historical Perspective”. http://www.federalreserve.gov/Bomddocs/speeches/2006/20061110/default.htm.

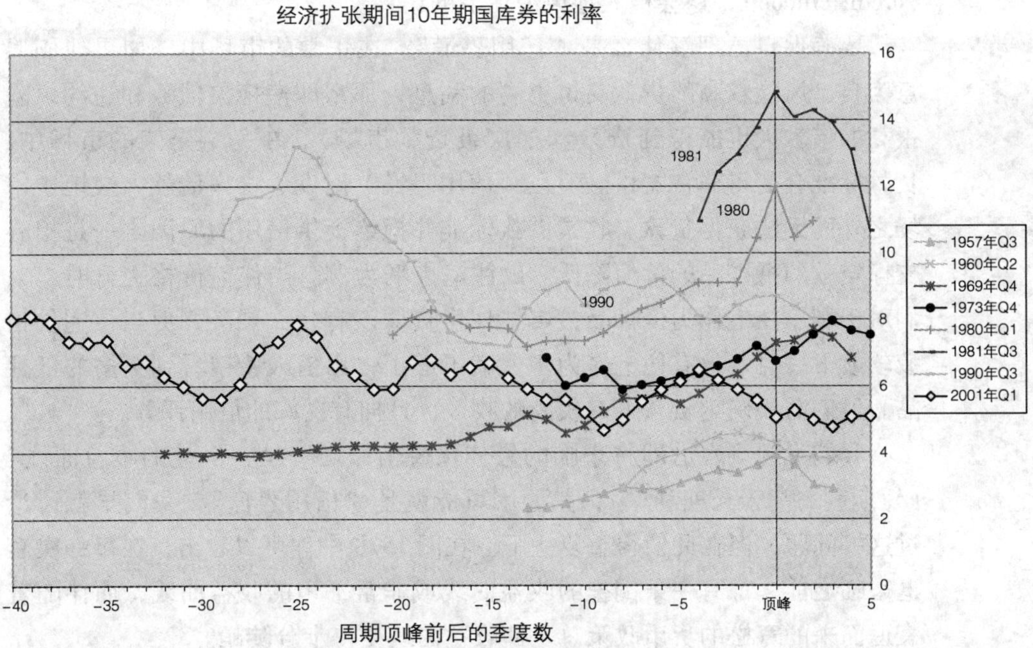

图 15.7　扩张结束时长期利率的提高

15.3.5.2　利率差额也许是衰退的关键决定因素

尽管联储的行为对较长期债券利率的影响不一定很大，但通过快速改变短期利率，联储的确控制着收益曲线的斜率——长期利率与短期利率之间的差额。这一差额非常重要，因为零售银行（retail banking）的业务是吸收短期存款并发放长期贷款，这被称为金融中介（financial intermediation）。当利率差很大时，银行的每一笔贷款都会获得高额的中介利润。在长期利率下降时，银行仍然可以通过对未偿还贷款设定较高的利率而获得资本收益。抵消这些利润的是来自不良贷款（nonperforming loan）的损失。但是，对于那些收入流稳定的人和住宅升值的借款者来说，拖欠债务和违约的风险很低。这就为银行提供了一条陡峭的收益曲线，长期利率不断降低，贷款申请人的收入持续增加，住宅升值，这些因素使得贷款能够自我担保（self-collateralizing），实际上银行非常高兴，它们会激烈竞争以寻找想要获得抵押贷款的人。当所有的好事都发生时，任何能够在街上行走并能够填写申请表的人就都能获得贷款。

但是，如果收益曲线变得平坦，或者总体收入增长减缓，或者住宅不再升值，那么银行就无法赚取中介利润，它们就必须履行另一项职能——认真地找出那些违约风险低的贷款者。当出现这种情况时，贷款的核准就会困难得多。如果大量的贷款被拒绝，我们就说出现了“信用恐慌”

(credit crunch)，这会极大地束缚住宅的销售。

要确保自己理解什么是“信用恐慌”。在正常的市场中，如果他们愿意为自己风险较高的贷款支付更高的利息，那么即使拖欠债务和违约风险很高的借款人也能得到贷款（如次级贷款市场）。在一个繁荣的市场中，贷款标准会变得非常宽松。但在“信用恐慌”时期，许多借款人被拒于市场之外而无法获得贷款。收紧借款标准并拒绝提供信用的原因之一是担心支撑贷款的抵押品的价值降低。以住宅市场为例。当住宅价格上升时，人们对于利用住宅作为抵押品去申请住房贷款没有什么疑义，但当住宅价格疲软或下跌时，仅有住宅作为担保就不够了，出借人希望看到更多的抵押品。他们需要确定贷款人有较高的收入，且拥有良好的信用评分。

我们说预测衰退即将来临的最佳预警信号之一是“倒挂的收益曲线”(短期利率高于长期利率)，其原因可能就是“信用恐慌”。我们早就讨论过这一问题，但在此值得重复一下。在图 15.8 中你可以看出，在每一次衰退来临之前，都有一条倒挂的收益曲线或非常平坦的收益曲线，而伴随着衰退而来的宽松的货币政策总是使收益曲线变得十分陡峭。

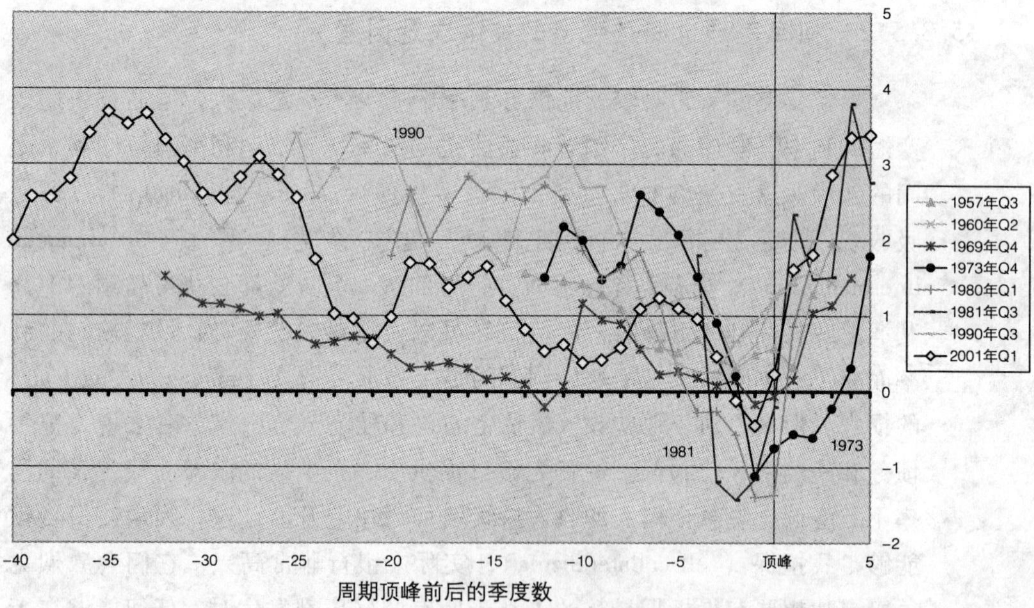

图 15.8　扩张结束时的利率差额

通过创造一次“信用恐慌”，我们就可以说“倒挂的收益曲线”造成了衰退，并可以预测衰退的来临。没有什么保持不变，而且历史也不一定能够为未来提供指南。

2007 年的一个非常大的预测问题是：如图 15. 9 所示，收益曲线最近的一次倒挂是否会造成“信用恐慌”，并可能使经济陷入衰退。有些人抱有希望，认为过去的事情已经成为历史。在黑暗的过去，借款人和出借人在银行的办公室中会面，互相握握手，并彼此盯着对方的眼睛。当住宅市场疲软且收益曲线平坦或倒挂时，出借人就会紧张得浑身冒汗，担心借款人是否真的会偿还这笔贷款，而借款人同样也会紧张得浑身冒汗，担心出借人提供的贷款过高。在神经过敏和大汗淋漓中，贷款没有被批准，潜在的借款人松了口气，他可以名正言顺地解除购房合同，而信贷员也松了一口气，他不必担心账簿上再多出一笔不良贷款。

图 15. 9　1999 ~ 2008 年短期与长期利率

然而，2003 ~ 2005 年，大多数抵押贷款都被打包成“抵押担保证券”（mortgage-backed securities），并卖给那些迫切需要在低利率条件下仍能维持 50 个基点收益的心甘情愿的华尔街投资者。由于抵押贷款经纪人每发放一笔贷款都能收取一笔“交易费”（transaction fee），而且他们的机构不会将这笔贷款保留在其账簿上，因此这些抵押贷款经纪人毫不在意违约和拖欠债务的风险。在某种程度上，正是由于这种漠不关心，申请借款不再进行面对面的谈话，而是借助互联网进行，并以借款人“宣称的”收入（也被称为“伪造的收入”）为基础。没有了传统上面对面的紧张，出现“信用恐慌”的可能性微乎其微，而这种“信用恐慌”原本会堵住大多数购买者获得抵押贷款的道路。如果出现问题，风险扩散（risk spreads）的范围可能会大一些，但抵押贷款的窗口仍然对所有人开放。

但是，当联储在 2005 年和 2006 年提高利率并创造出一条倒挂的收益曲线时，你猜发生了什么？不错，“信用恐慌”开始产生影响，而对次级抵押贷款市场影响尤其大。

2008 年初，在笔者写作本书时，尽管银行在抵押贷款市场中遭受重大损失后努力改善其资产负债表，但人们还在非常担心“信用恐慌”会扩散到住宅领域之外。我们将继续关注这一事件……

15.3.5.3 通货膨胀在推动债券市场并强迫联储采取行动吗？

在衰退的因果关系故事中，现在我们需要加入真正的罪魁祸首：通货膨胀。是通货膨胀造成了长期利率的上升，同时迫使联储提高短期利率。图 15.10 显示了各次扩张末期的通货膨胀率。除了 1948 年和 1953 年早期出现的插曲外，在扩张结束时，通货膨胀率通常都会提高。

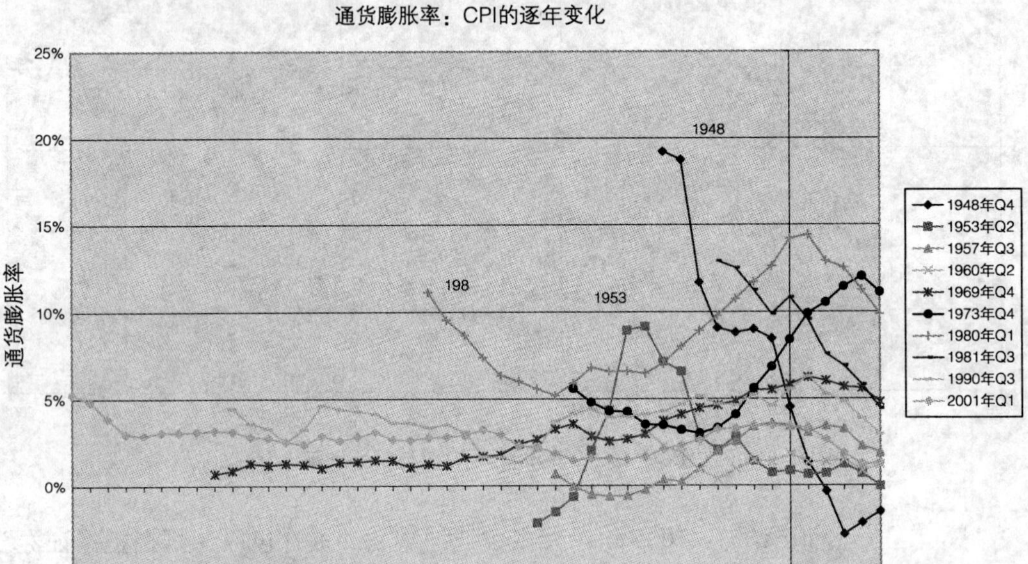

图 15.10 扩张结束时的通货膨胀率

尽管对扩张结束时出现通货膨胀的担心可能会迫使联储提高利率，但并不存在某种神秘的、无法控制的力量使通货膨胀率上升，而是由于联储在扩张初期的漫不经心造成的。

15.3.6　来自住宅的副作用：财富效应？

尽管短期利率的变化有助于预测住宅的疲软，而且住宅领域的问题能够近乎完美地预测衰退，但还不足以创造出一个有说服力的因果故事。仅仅因为住宅投资的疲软还不足以产生衰退。回想一下我们在第 12 章中讨论的顺序：住宅、汽车、设备和建筑物。衰退之前的疲软主要出现在住宅领域，但耐用消费品在衰退之前也会出现疲软。在衰退过程中，疲软来自耐用消费品、企业设备和企业库存。

因此，如果我们认为平滑住宅周期的货币政策会防止衰退的发生，那么我们需要解释这一政策也将对耐用消费品、设备和库存支出产生影响。否则，一种新的货币政策可能只会引发一次新的、更加温和的衰退。

解释设备和库存支出的降低比较容易——那是对消费者支出疲软的反应。维持消费者支出的政策很可能也会鼓励在设备和软件方面的支出。

将 GDP 中消费者要素的疲软加入我们的因果故事中要困难得多。为什么 GDP 中这些要素的下降只比住宅略晚一些时候出现？如果我们利用不同的利率政策保持在住宅上的支出，那么可以同时保持在耐用消费品和其他消费品上的支出吗？

这里至少有 3 种可能性：

1. 在耐用家具上的支出直接与住宅相关：新住宅减少意味着在新家具上的支出也会减少。
2. 汽车在耐用消费品中所占的比例更大，而且波动性也更大，它在某种程度上受到住宅财富效应（wealth effect）的推动，特别那些信用受到限制的家庭，如果没有住宅价格的升值，他们就不能获得购买新汽车的借款。
3. 控制住宅周期的利率政策也能很好地控制耐用消费品的周期，因为在住宅和汽车上的支出受到同样的利率周期和贷款标准的影响。

我们也许应该探讨一下这 3 种可能性，但我感觉你已经迫不及待地想要看一看这部“小说”的最后一章。那就继续看吧。

15.3.7　货币政策如何引发衰退的两个故事

首先要承认：在所有这些模型中，能不能说货币政策引发了什么事情或者只是对无论如何都会发生的事情做出的反应，这仍然是一个谜。但如果我认为必要，我就会放弃怀疑，并充满信心地讲述下面的故事。

15.3.7.1 我的故事

在扩张的初期，通货膨胀相当驯服，因为经济有很大的增长空间——办公大楼和工厂远没有被充分利用，寻找工作的合格工人非常多。由于产能过剩，企业通过增加产出而不是提高价格来应对需求的增长。

需求的增长必然快于产能的形成，企业开始面对产能约束。当这种情况发生时，企业就拥有定价的力量，面对需求的增加，它们提高价格，并造成通货膨胀压力。

但是，在通货膨胀不断积累的过程中，联储开始采取欺骗行为。非常慢的通货膨胀不足以引起联储的反应，但就像灌木丛中的小火灾一样，通货膨胀很快就会失控。同时，住宅开始进入“庞氏骗局”阶段，住宅的购买取决于人们对住宅价格进一步上涨的预期。等到数据到来时，联储利率制定委员会早已经过深思熟虑，认为改变货币政策的时候到了，通货膨胀之火已经熊熊燃烧起来，需要更高的利率这一“灭火剂”来扑救。这就制造出一条倒挂的收益曲线、对住宅的“信用恐慌”和令人厌恶的衰退。哎呀，对不起，联储的长官们说，他们降低利率，以试图使住宅和经济的其他部分重整旗鼓。

那么，联储的做法为何会如此不同呢？我称之为“里默法则”（Leamer rule），创造出这个词，是因为笔者很不谦虚（uncontrollable immodesty）。由约翰·泰勒（John Taylor）[①] 提出的“泰勒法则”（Taylor rule）要求依据通货膨胀偏离通货膨胀目标的程度以及 GDP 偏离 GDP 增长趋势的程度来决定联邦基金利率。在这一规则的 GDP 部分存在两个问题：

- GDP 与 GDP 增长趋势的比较含糊不清，因为在确定 GDP 趋势方面存在着问题。
- “在趋势之上且不断提高”与“在趋势之上且向趋势线降低”之间存在着差别。前者需要“踩刹车”，而后者则不需要。

“里默法则”要求联邦基金利率根据下列因素确定：通货膨胀的长期移动平均值偏离目标通货膨胀率（2%）的程度、新住宅开工数量（housing starts）偏离正常状况（每年约 150 万）的程度，以及与上一年相

---

① Taylor, John B.（1993）: *Discretion versus Policy Rules in Practice*, Carnegie-Rochester Conference Series on Public Policy 39, 195－214.

比新住宅开工的变化方向。通货膨胀率决定了利率的长期变化和住宅的短期变化。

图 15.11 对 5 年平均通货膨胀率和每年 2% 的目标通货膨胀率进行了比较，该图表明，当通货膨胀率高于目标值时，应该执行严格的货币政策。如果目标值与发生的通货膨胀之间的差距相当恒定（如 1999 ~ 2008 年发生的情况），那么联邦基金利率的波动应该完全是由住宅市场的变化造成的。

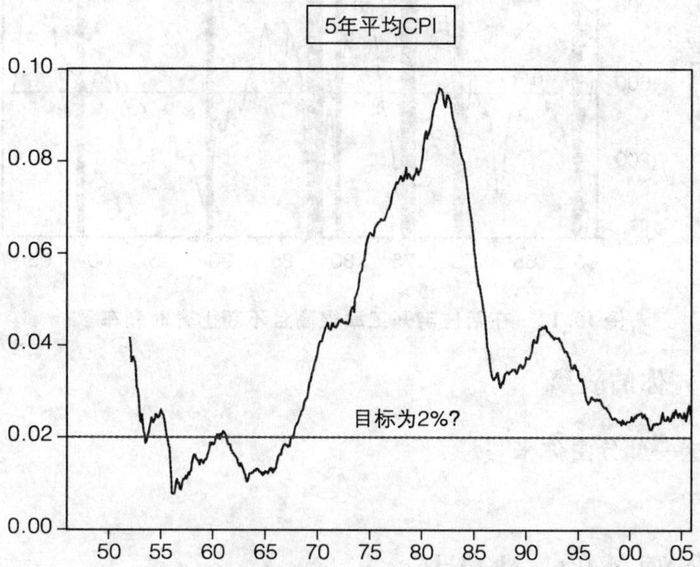

图 15.11　5 年平均通货膨胀

控制住宅市场很像是推着你的女儿荡秋千。你选择在周期中的某一特殊时点进行干预，此时你的推动将产生最大的效果。对于联储来说，当住宅市场非常强劲且不断走强时，利率政策就特别重要。这正是联储“踩下刹车”的时机，以防止住宅“山峰”的形成，因为有山峰必然会有山谷。这一做法显示在图 15.12 中，该图与历史上平均 155 万套的新住宅开工率进行了比较。箭头所指的地方表示住宅市场十分强劲且不断走强。这时，我们需要更高的利率来冷却住宅部门，同时防止住宅“山峰”的形成。

“里默法则”其实是要人们认识到：联储能够影响新住宅建设的时机，但对总量不会造成很大的影响。因此，在经过一次由住宅引领的正常衰退之后，利率降低就特别有效，因为建筑业会争分夺秒——实现在衰退过程中没有实现的销售。但在一次衰退（如我们在 2001 年经历的衰退，在这次衰退中，住宅市场奋力前进，几乎没有受到经济低迷的影响）之后，随之而来的低利率水平将不可避免地刺激本该在几年后才能实现的销售。这就埋下了当销售机会不多时住宅市场崩溃的种子。

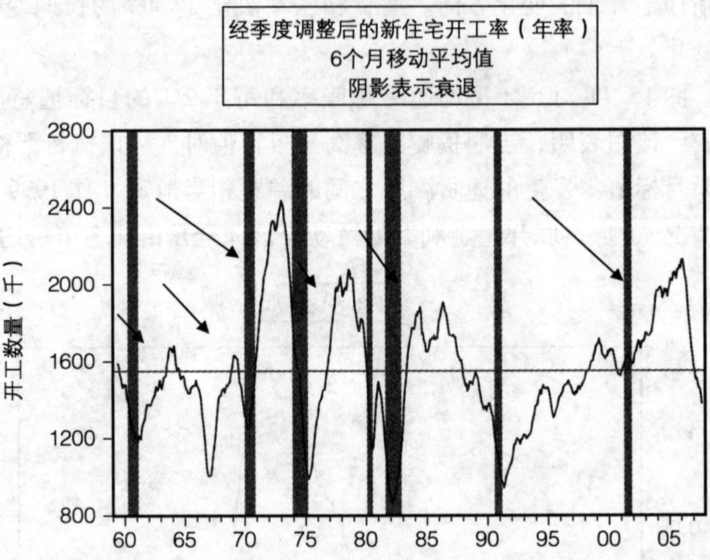

图 15.12　在新住宅开工率很高且不断上升时刹车

15.3.7.2　你的故事

这一部分由你来写。

附录：两个额外的“原因”

解释货币政策和财政政策如何造成衰退令我筋疲力尽，我怀疑你也疲惫不堪了，但是如果你想多学一点，那么我们就需要在石油价格和出口方面花一点儿时间。

石油价格提高领先于某些衰退

拉谢和塔托姆（Rasche and Tatom，1977）、汉弥尔顿（1983）是最早发现在很多次衰退之前石油价格飞涨的人①。这在经济学家之间引起了争论：石油价格的上涨能否被认为是造成衰退的原因，如果是，那么是如何造成的。一种观点是：石油价格的急剧上升就像税收增加一样，降低了人们购买其他物品的能力。另一种观点是：石油价格的飞涨会鼓励汽车和住

① Rasche, R. H., and J. A. Tatom (1977), "Energy Resources and Potential GNP," *Federal Reserve Bank of St. Louis Review*, 59 (June), pp. 10–24.

Hamilton, James D. (1983), "Oil and the Macroeconomy Since World War II," *Journal of Political Economy*; 91, pp. 228–248.

宅的购买者推迟他们的购买计划，直到他们搞清楚能源效率是否真的很重要。第三种观点是：石油价格的上涨使联储陷入与通货膨胀对抗的狂热中，这会导致不明智地提高利率。这第三种愚蠢的观点恰好得到了联储主席本·伯南克（Ben Bernanke）的支持①。

图 15.13 显示了自第二次世界大战以来原油实际价格的变化路线。你必须透过有色眼镜，经过相当长时间的努力研究，才能得出“石油价格能够预测衰退”的结论。在 10 次衰退中，有 3 次（1948 年、1980 年和 2001 年）在衰退的末期石油价格的确上升了，但到 2001 年官方确定的衰退发生时，原油价格恰好在下降。1973 年衰退发生前，原油价格正在温和地上涨，但随后在 1974 年 1 月突然上涨了 135%，尽管按照 NBER 的说法，回落已经从上一个月即 1973 年 12 月开始了。如果你愿意的话，可以将衰退变得更加严重的原因归于这一价格“冲击”，否则就会存在很多次与衰退似乎没有任何关系的原油实际价格的波动。

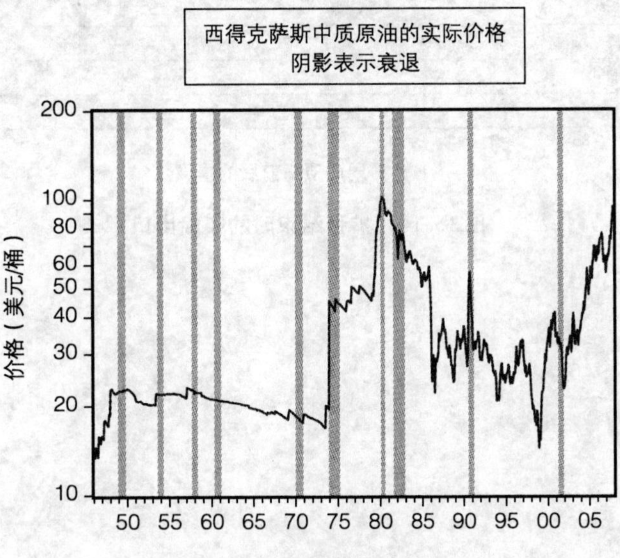

图 15.13　原油的价格

出口的疲软没有引发过美国衰退

在很多国家，衰退都是由出口中的问题引发的，很可能是因为贸易伙伴的衰退造成的。人们常常这样来描述这种观念：美国打个喷嚏，加拿大

---

① Bernanke, Ben S., Mark Gertler, and Mark Watson (1997). “Systematic Monetary Policy and the Effects of Oil Price Shocks,” Brookings Papers on Economic Activity, 1: 1997, pp. 91 – 142.

Bohi, Douglas R. (1989), Energy Price Shocks and Macroeconomic Performance, Washington D. C.: Resources for the Future.

就会感冒。美国与众不同。美国的大多数问题都产生于国内。图 15.14 可以证明这一点，该图比较了各扩张期间的实际出口。在 1948 年和 1953 年衰退发生前，出口正在急速下降。那时候我们究竟在出口什么？（当国防部把坦克、枪炮和食品运到国外的士兵手中时，它们也被计算到出口中。）除了这些事件外，尽管在几次衰退中出口品销售（sales of exports）的疲软也发挥了作用，但出口问题引发衰退的情况很少。

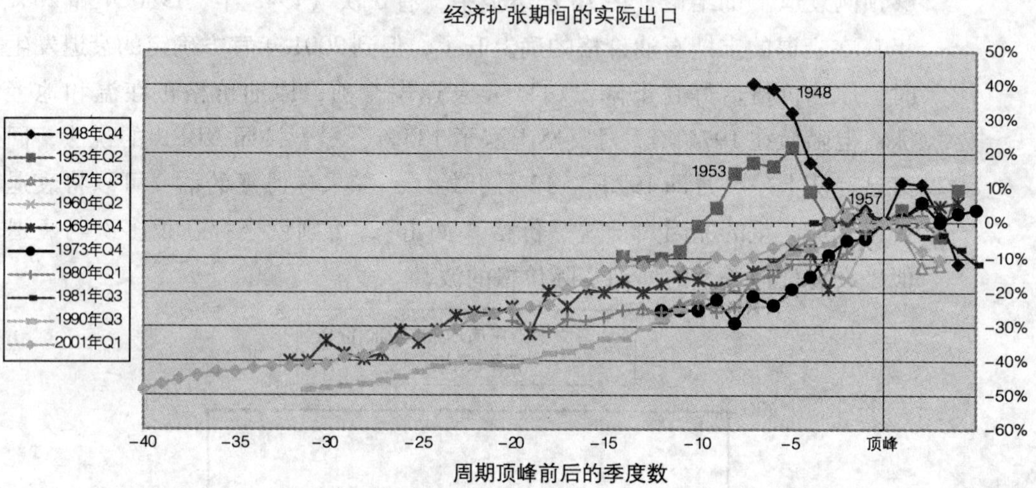

图 15.14 扩张结束时的实际出口

第四部分

扩张：加速与停滞

16

CHAPTER

第16章 美国扩张的生命周期：停滞与加速

在前一章中，我们对数据进行了分析，似乎美国经济一直在正常地增长，偶尔被回落所打断。我们不是在寻找一个周期。我们仔细地分析了衰退之前、衰退期间和衰退之后的数据，以努力找出引发衰退的"病毒"。

现在，我们要从一个非常不同的角度来看一看相同的数据。我们将把注意力转向扩张，因此，我们的问题也从寻找造成衰退的原因转向寻找使扩张持续下去的因素。问题框架的这一微小变化会对我们如何看待经济产生巨大的影响。研究过这些模型后，我们将讲述关于扩张"生命周期"的故事：健壮的青年期、平常的中年期、摇摇欲坠的老年期。除了仅仅寻找令经济偏离其正常增长轨道并进入衰退的冲击或疾病外，我们还要寻找使已经缺乏动力的扩张恢复活力的补药。

我们还要寻找一些关于扩张的生命周期阶段的证据，特别是在劳动力市场：朝气蓬勃的青年时期伴随着疯狂的行为：工作时间长，失业率不断下降。中年时期具有一个正常的工作市场，足以使失业率保持在不变的水平上，但不足以使失业率下降。最后，老年时期会不可避免地到来，生活的节奏也减慢了，每周工作小时数下降就是一个证明。由于没有返老还童的灵丹妙药，扩张变得越来越脆弱，并很快陷入衰退之中，失业率不断上升。

在下面的5个例子中，扩张不断减弱，在即将终止的时候，又重整旗鼓，出现了一次增长冲刺（spurt of growth）。这5次衰退如下：

	杜鲁门	肯尼迪	约翰逊	里根	克林顿
增长停滞的最后一个季度	1951年Q4	1963年Q1	1967年Q2	1985年Q1	1996年Q1
爆发的动力	战争	减税	战争	利率、原油价格	动物精神

杜鲁门和约翰逊时期的增长“冲刺”是由于在朝鲜战争和越南战争期间国防支出大幅增长的推动形成的。肯尼迪时期的“冲刺”是由于1963年肯尼迪政府的减税政策造成联邦收入占GDP的份额下降2%造成的。我们称这些增长“冲刺”为“财政政策推动的‘冲刺’”（fiscal spurt），是指联邦政府的税收和支出政策推动的扩张。里根政府时期的“冲刺”出现得很慢，而且从来也没有十分强烈。它是由联邦储备委员会（Federal Reserve Board）大幅降低利率以及石油价格急剧下降造成的。我们称之为“货币政策推动的‘冲刺’”（monetary spurt）。最后一次是克林顿时期的“冲刺”，它以因特网热期间企业大量投资于设备和软件为特征。你可能早就忘记了，但是即使到了1995年，人们对因特网一词还很陌生。短短的几年后，几乎所有的美国企业，从《财富》500强中的企业到夫妻小店，都拥有了自己的网站，而且突然之间冒出了无数的网络公司，在网络上淘金。我们称之为“动物精神（Animal Spirits）推动的‘冲刺’”。

16.1 扩张期间的生产与就业

16.1.1 经济扩张期间的实际GDP增长

在第二次世界大战以来的10次经济扩张中实际GDP的表现如图16.1所示，该图显示了实际GDP的累积增长。横坐标上的第0期是NBER低谷，第1期是扩张的第一个时期。这些数据一直显示到官方确定的NBER峰值出现的季度，在那以后经济就陷入官方宣布的衰退之中。该图使我们能够清楚地看出各次扩张的持续时间和强度。你能看出哪次扩张持续的时间最长，哪次扩张最强劲吗？

各次经济扩张中实际GDP增长的数据总结在表16.1中，包含了按季度计算的时间长度、平均增长率、增长率的标准差（这是一个度量波动性的指标），以及累积增长。该表以数字的形式总结了我们在图16.1中应该能够看到的内容：

- 布什/克林顿时期的扩张是最持久且最平稳的。
- 杜鲁门时期的扩张是最强劲且波动性最大的。
- 肯尼迪/约翰逊时期的扩张为我们带来了最大的累积增长。
- 卡特/里根时期的扩张时间非常短暂，几乎可以忽略不计。

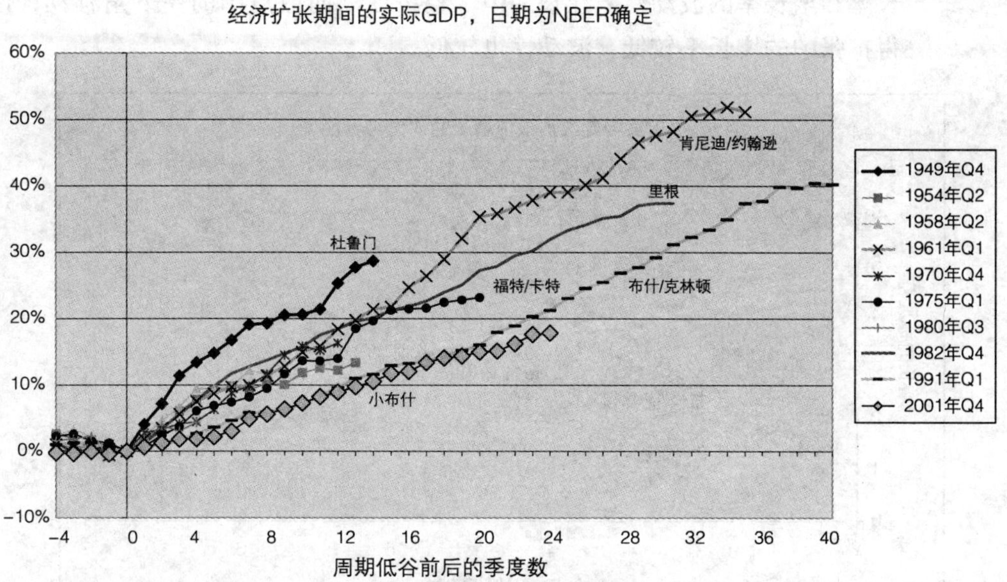

图 16.1　扩张期间的实际 GDP

表 16.1　美国各扩张期间的实际 GDP 增长

		联储主席	NBER 低谷	NBER 高峰	增长率			
					季度	均值	标准差	总计
1	杜鲁门	麦克凯/马丁	1949 年 Q4	1953 年 Q2	14	6.2	5.4	28.8
2	艾森豪威尔Ⅰ	马丁	1954 年 Q2	1957 年 Q3	13	3.3	4.5	13.3
3	艾森豪威尔Ⅱ	马丁	1958 年 Q2	1960 年 Q2	8	4.7	5.2	12.3
4	肯尼迪/约翰逊	马丁	1961 年 Q1	1969 年 Q4	35	4.6	3.3	51.6
5	尼克松	伯恩斯	1970 年 Q4	1973 年 Q4	12	4.0	4.3	16.4
6	福特/卡特	伯恩斯/米勒	1975 年 Q1	1980 年 Q1	20	3.8	4.8	23.7
7	卡特/里根	沃克	1980 年 Q3	1981 年 Q3	4	1.3	6.3	4.3
8	里根	沃克	1982 年 Q4	1990 年 Q3	31	4.0	2.7	36.9
9	布什/克林顿	格林斯潘	1991 年 Q1	2001 年 Q1	40	3.4	1.9	39.4
9a	因特网热之前	格林斯潘	1991 年 Q1	1995 年 Q4	19	3.0	1.5	
9b	因特网热	格林斯潘	1996 年 Q1	2001 年 Q1	21	3.9	2.2	
10	布什/奥巴马	格林斯潘/伯南克	2001 年 Q3		24 +	2.8	1.6	15.9
全部					201	3.9	3.6	

16.1.1.1　更慢更稳定

我们需要暂停一下，以便记录我们关于平均增长率与波动性（由标准差衡量）的发现。一般来说，最近 50 年的增长变得更加缓慢，但更加稳定，我们可以从图 16.2 中看出这一点，这张图比较了各次扩张中的平均增长率和增长率的波动性。在长期中，经济逐渐向散点图的左下角移动，使得扩张中的增长率较低，波动性也较低。

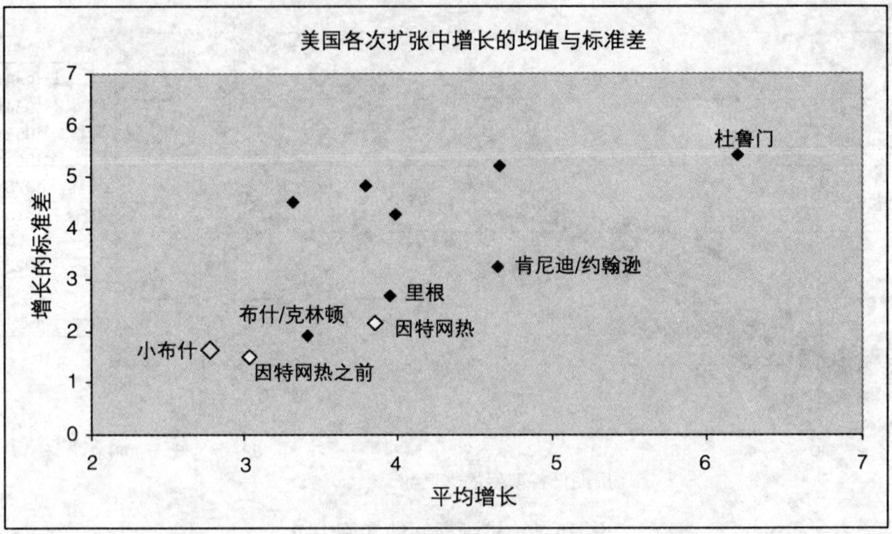

图 16.2　扩张期间增长的均值与标准差

在图 16.2 中我绘制出了两个点，分别代表布什/克林顿时期扩张的两个阶段：第一个阶段自 1991 年第二季度至 1995 年第四季度，以及 1996 年第一季度至 2000 年第一季度的因特网热。因特网热之前的 20 世纪 90 年代的均值和标准差都比较低，处于较靠近左下角的位置。这一结果使得许多分析家认为，美国已经进入了一个成熟的阶段，大幅增长的机会存在于美国之外的新兴市场中。但在因特网热期间，美国似乎获得了新生，展示出的数字与里根时期的数字非常相似。许多联储的官员、公司、政府团体和个人都对这一表现的持续性抱有极大的期望。但不幸的是，经济并没有兑现它的承诺。布什时期的数字是迄今为止最差的，其均值很低，而标准差也很低。

16.1.2　在扩张期间劳动力市场有时候会出现两次吃紧

劳动力市场吃紧是扩张的一个特征，如图 16.3 和图 16.4 所示，这两张图显示出了失业率与扩张开始前 6 个季度失业率水平（这大致相当于前一次扩张结束时的失业率）的对比。图 16.3 中的数据来自持续时间较短的扩张，而图 16.4 中的数据则来自 3 次持续时间较长的扩张。在这两张图中我们可以看出，衰退期间失业率上升，领先于扩张的开始，但通常会持续上升，甚至在扩张开始后的第一个季度也会不断上升。在经过一两个季度的销售增长后，企业开始大量雇用人员，失业率开始慢慢下降。布什/克林顿时期的扩张初期 GDP 增长缓慢，不足以逆转失业率不断上升的趋势，直到第六个季度失业率才开始下降，大约晚了 4 个季度。

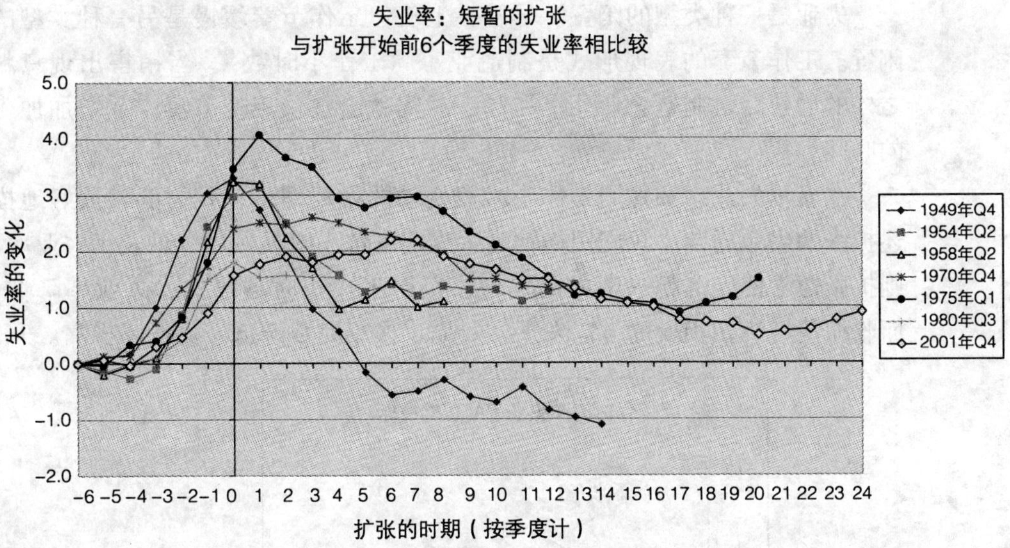

图 16.3　短暂扩张期间的失业率

在失业率经过一段时期的快速下降后，工作形成（job formation）的速度也有所放缓，劳动力的增加也有所下降，失业率出现了一个稳定期（plateaus），其水平有时高于衰退前的水平，有时低于衰退前的水平。图 16.4 显示的持续时间较长的扩张在第一次稳定期出现后，会出现一次我所谓的“增长冲刺”，失业率也不断下降，直到出现第二次稳定期。

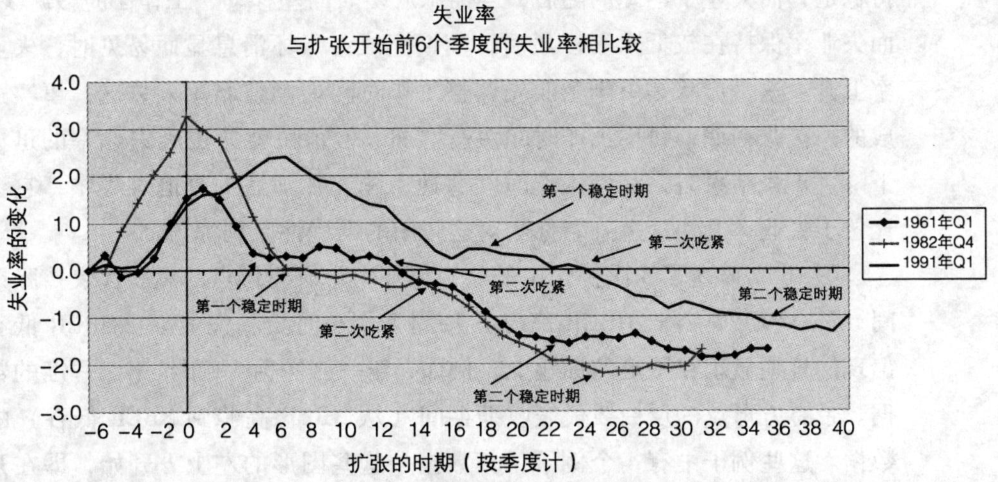

图 16.4　长期扩张期间的失业率

16.1.3 每周工作小时数和失业率的循环

失业是一种类型的闲置。尽管在上班但工作节奏缓慢是另一种类型的闲置。工作节奏的表现形式是制造业每周工作小时数[①]。当销售出现意料之外的增长时，制造企业几乎在同一时间就会加快工作节奏，并增加加班的时间。

在显示失业率和每周工作小时数变动的循环图中，我们能够最好地描述扩张的生命周期。我们用横轴表示每周工作小时数，用纵轴表示失业率，则扩张通常使经济朝东南方向发展，每周工作小时数增加、失业率降低；而收缩使经济朝相反的方向发展，每周工作小时数降低、失业率提高。

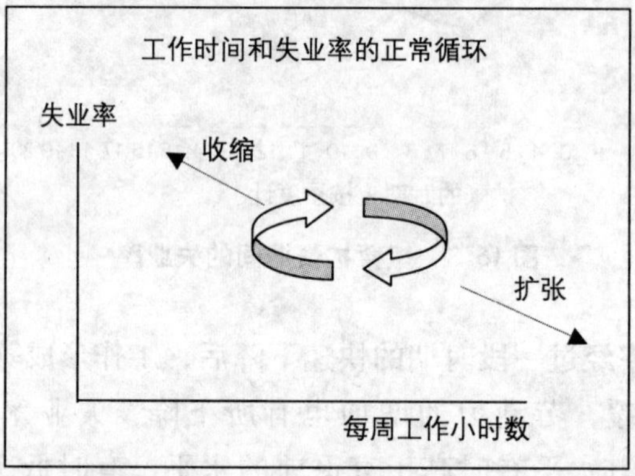

在一次扩张中，这一数据的变化路径通常是：循环开始时向右移动，失业率相当稳定，而工作小时数增加。接下来是向下移动，工作小时数保持稳定，而失业率下降。随后，当需求放缓时向左移动，工作小时数减少，而失业率保持在较低水平。最后，周期完成，当坏消息显而易见时，失业率上升。这一形状是由于企业先调整工作时间再调整雇用人数这一事实造成的。扩张初期，每周工作时间快速增加，但很快就让位于失业率的迅速下降。扩张结束时，每周工作时间急速下降，在随后的衰退过程中，它会让位于失业率的快速上升。你会对这张图的准确性感到惊讶。

图 16.5 描述了 5 次扩张中的这一循环。带有菱形点的黑线代表扩张期间（从 NBER 低谷到 NBER 高峰）每周工作小时数和失业率。NBER 低谷出现的日期显示在图形的标题上，例如，第一张图为 1954 年第二季度的数据。带有方形点的反白线代表收缩期间（从 NBER 高峰到 NBER 低谷）的数据。这些例子中有 4 个例子，其数据从这些图形的左上方开始，即在开

① 在此将焦点集中在制造业有两个原因：第一，在衰退期间造成的失业中，制造业工人被解雇的比例是最高的；第二，在制造业之外的许多部门中，工作小时数很难度量。

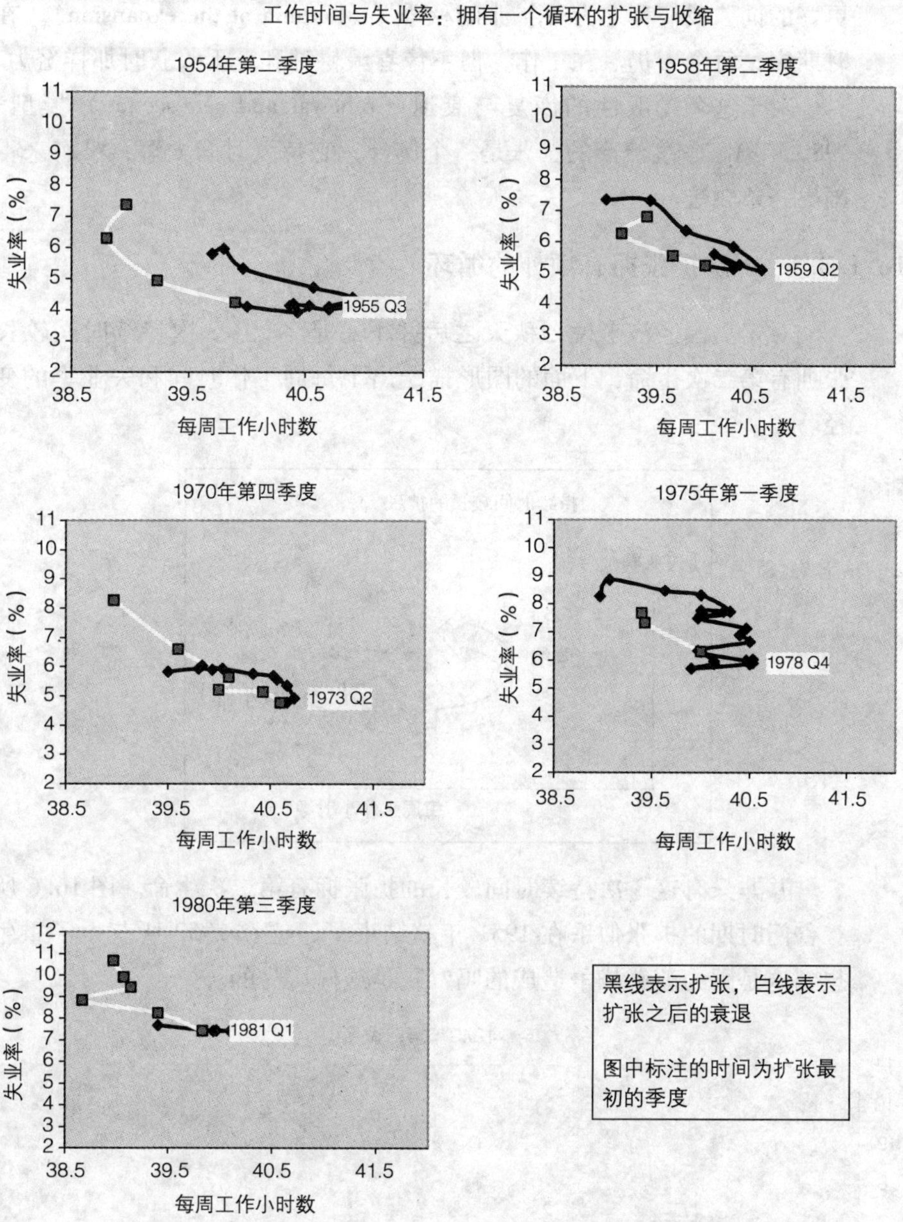

图 16.5　每周工作小时数与失业率的循环

始的时候失业率高、每周工作小时数较少。

随着扩张的持续，这些数字逐渐向右下方移动，但在扩张结束时，则向左下方移动，勾画出一个具有预示性的躺倒的 U 形（lying-down U）。我们在前一章中发现的失业率稳定期（unemployment plateaus）是指这些扩张结束时的几个季度，此时失业率保持不变，而每周工作小时数不断下降。由于每周工作时间不断下降，我们需要找到一个比“稳定期”（plateau）

更好的词。我们称之为“扩张的秋季”（autumn of the expansion）。在这一时期中，每个人仍然在工作，但不像春天耕种和夏天收获时那样努力。

对于这个一般性的恢复与衰退（renewal and senescence）模型来说，1980 年第三季度流产的扩张是一个例外，它持续时间太短，没有来得及勾画出一条轨迹。

16.1.3.1　4 次扩张拥有额外的循环

对于美国经济来说，秋天之后并不总是冬天。3 次持续时间较长的扩张拥有第二次生命，下面的图形描绘出了每周工作时间和失业率的变化路径。

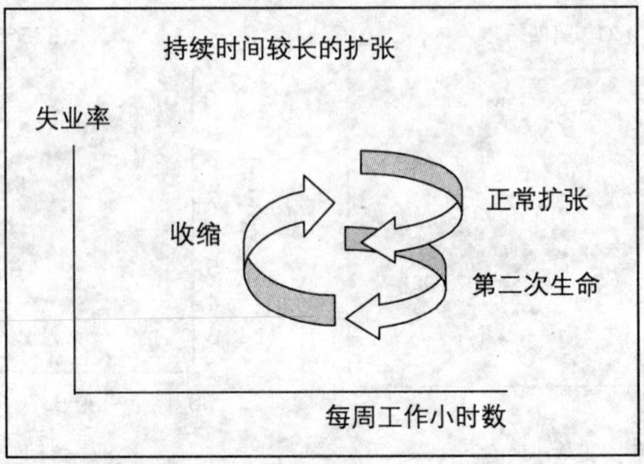

并非只有这 3 次持续时间较长的扩张拥有第二次生命。图 16.6 所示的杜鲁门时期的扩张似乎在 1951 年就结束了，但在 1952 所获得了重生。你想到这是因为朝鲜战争造成的吗？我是这样认为的。

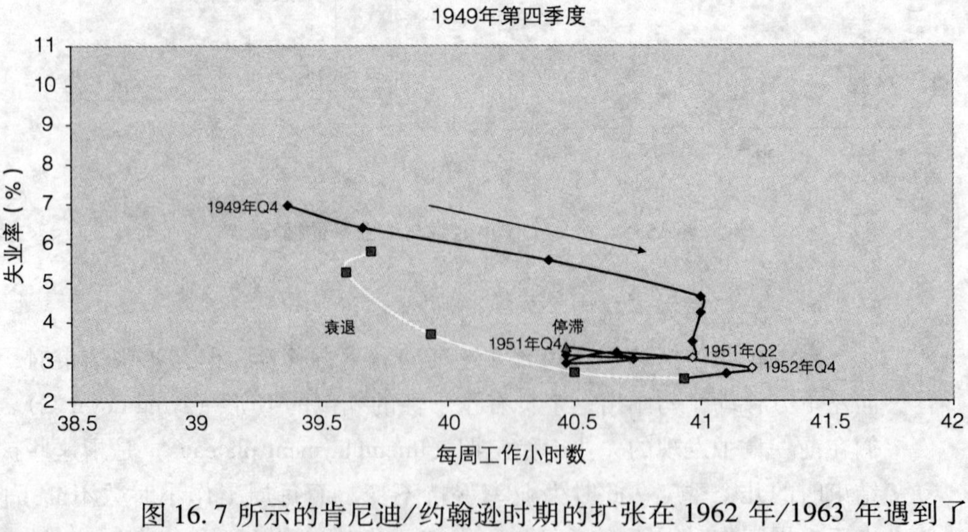

图 16.7 所示的肯尼迪/约翰逊时期的扩张在 1962 年/1963 年遇到了一些麻烦，我将其看成一个循环。这是一个三循环的扩张。图 16.8 所示的里

根时期的扩张拥有第二个循环，而图 16.9 所示的布什/克林顿时期的扩张拥有三个循环，尽管每三个循环并不像第一个和第二个循环那样明确。

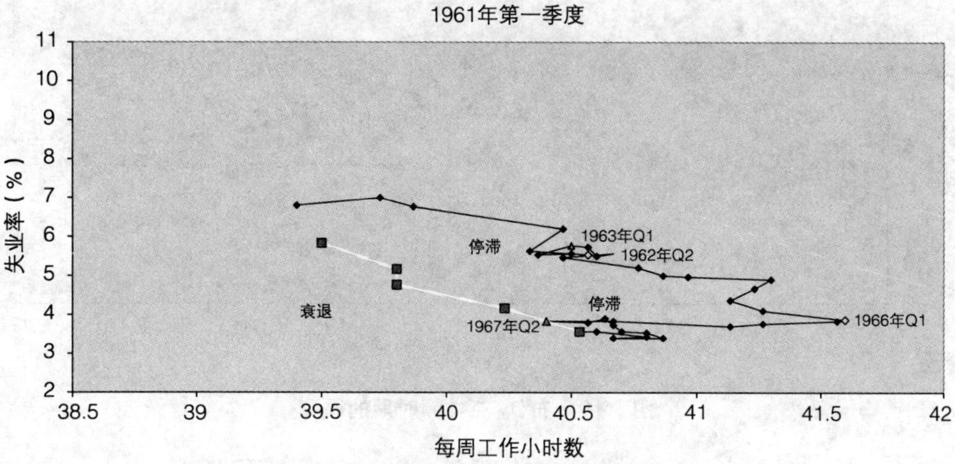

图 16.7　肯尼迪/约翰逊时期的循环

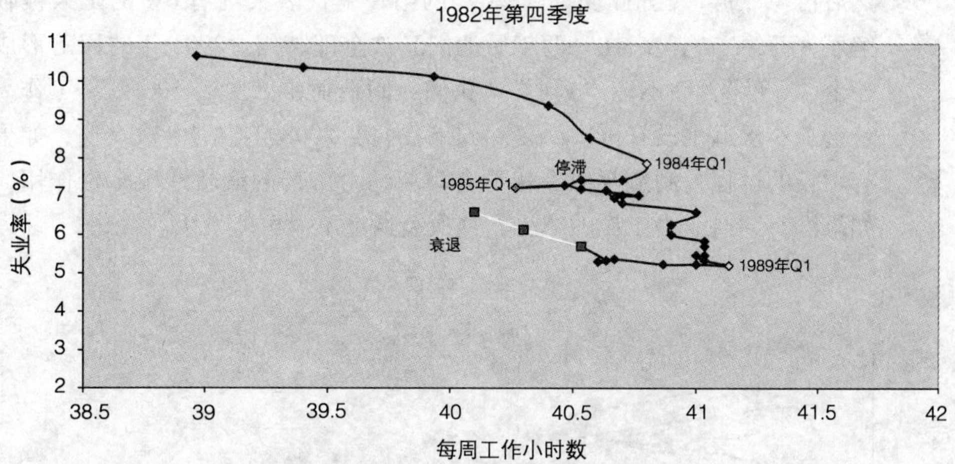

图 16.8　里根时期的循环

是什么原因造成了这些额外的循环？我们需要找到答案。

当你刚刚认为自己已经理解的时候，新的情况又发生了。图 16.10 所示的小布什时期的扩张与其他扩张在两个方面有所有同。第一，失业率和每周工作时间的波动比以前的波动小得多，因此我使用了一种不同的坐标，以便看清楚发生了什么。第二，因制造业每周工作小时数相对快速和早期的变动而产生的循环路径不是很明显，特别是在右下方（这使得失业率在制造业每周工作小时数出现下降之前于 2006 年开始不断上升）。我们一直认为，自 2005 年 12 月起，就开始出现一些新情况。回忆一下，我们在第 8 章曾经讨论过这样一种现象：衰退中大多数工作减少都来自于制造业和

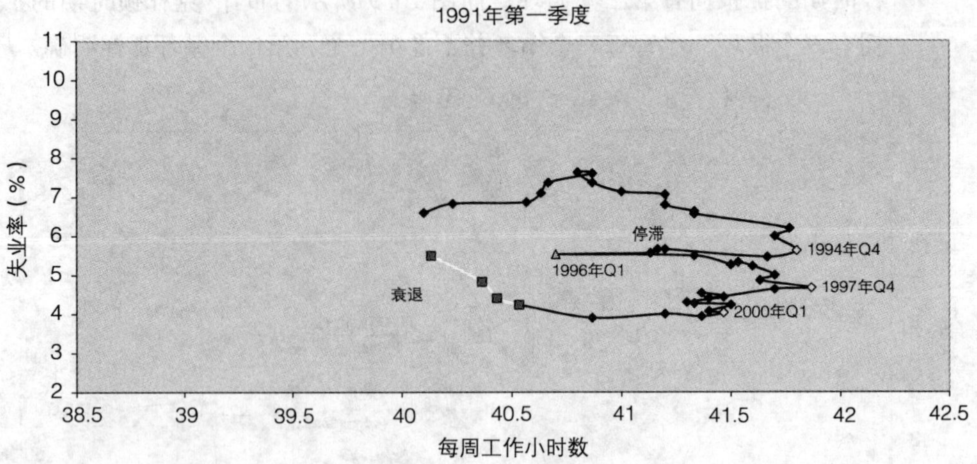

图 16.9　布什/克林顿时期的循环

建筑业。制造业的衰退讲述的是一个“V 字形”的故事，先是“减肥”，然后再“长胖”，如此反复。“V”的第一笔代表大约有 8% 的工人被临时解雇，而第二笔代表在一两年后他们又被全部聘用。2001 年的回落形成了一个“L 形”，而不是“V 形”。我们在制造业中减少了 300 万份工作，而这些工作永远也没有再次恢复。如果我们在 2008 年遭遇一次衰退，如果没有增长的过程，制造业似乎就不会对劳动力市场的疲软产生多少作用，而如果没有制造业中工作的减少，这次衰退也不大可能发生。

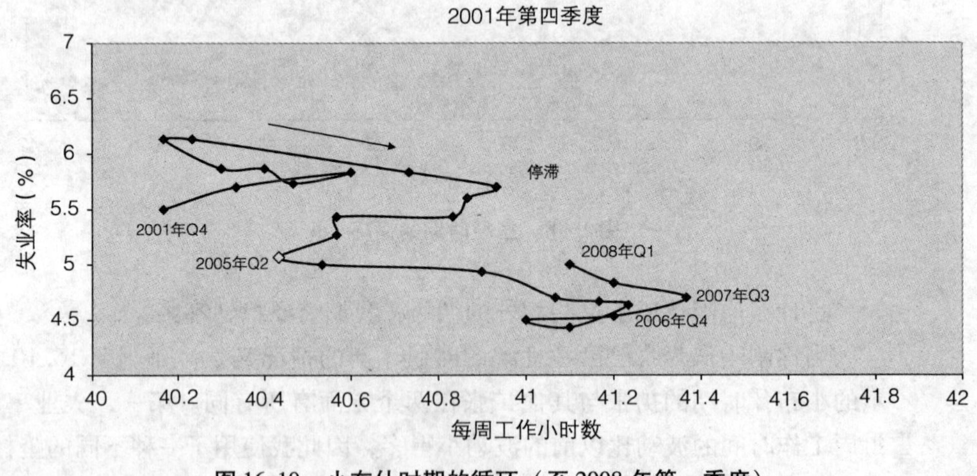

图 16.10　小布什时期的循环（至 2008 年第一季度）

16. 1. 4　加速增长比较图

16. 1. 4. 1　失业率

为了研究增长停滞与加速增长，我们将采用并行比较图（side-by-side comparison graph），其中第 0 期代表增长停滞的低谷，第 1 期代表加速增长的第一个季度。前两张比较图为我们提供了观察失业率和每周工作小时数的另一个视角，而这些数据我们在周期图中早已分析过。这两张加速增长图揭示出一些我们早已知道的东西，但也有一些新的东西。从循环图中我们没有看出的，是 5 次增长停滞和增长“冲刺”（如图 16. 11 所示）中失业率变化路径的极度相似性。在增长停滞出现之前，失业率快速下降，但在停滞期间保持稳定。在增长“冲刺”过程中，在几个季度中失业率保持在同一水平上，随后几年则快速下降。

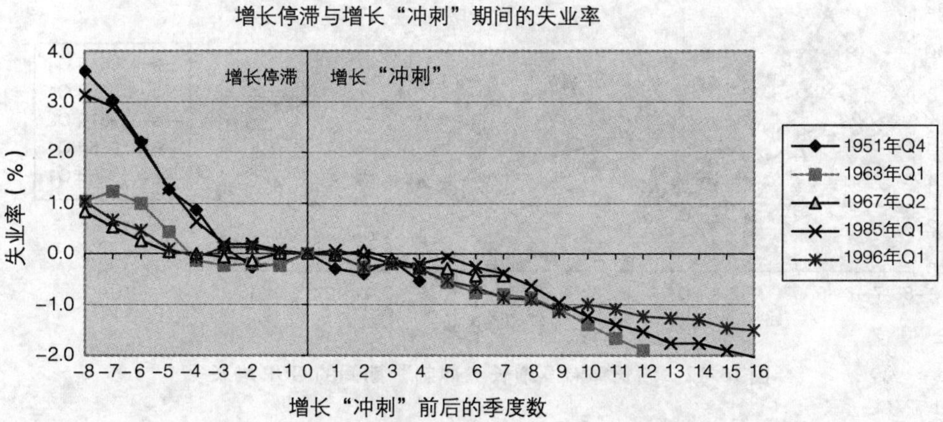

图 16. 11　增长停滞与增长“冲刺”期间的失业率

16. 1. 4. 2　GDP

在增长停滞期间，GDP 的增长应该变弱，而在增长“冲刺”期间，GDP 的增长则应该非常强劲。实际上，情况的确如此，但也并不像你想象的那样。图 16. 12 显示了 5 个季度 GDP 增长率的移动平均值。看一看该图中描述的 GDP 增长，我们应该记住，自 1948 年以来，美国的增长率略低于 3. 5%，而自 1970 年以来，增长率则略高于 3%。自 1948 年以来，就业增长率的相应数字为 1. 6%，而自 1970 年以来则为 1. 7%。因此，3% ~ 3. 5% 的正常增长率范围足以带来 1. 6% ~ 1. 7% 的工作增加，并使得失业率保持稳定。如果经济增长率超过 4%，则足以鼓励企业以超常的水平更快、更多地雇用工人，失业率将下降。增长率大大低于 3% 时，则增长速度太慢，工作数量的增加不足以赶上劳动力市场中新进入者增加的速度，失业率则倾向于上升。在图 16.12 中，这一 3% 的正常增长率以粗的水平直线表示。令人奇怪的是，不管是在增长停滞期间还是在增长“冲刺”期间，5 个季度的移动平均值都位于 3% 这条线的上方。但是，增长停滞并非真正的回落，它只是有可能回落。在每一种情况下，增长都会急速下降，从而进入停滞期。在增长“冲刺”之前的年份，失业率的稳定是由 GDP 增长率的这种下降造成的，尽管这些期间中有两次的增长率仍然保持在 4% 左右。增长“冲刺”期间，GDP 增长率为 4% 或高于 4%，但里根时期的增长“冲刺”用了几年的时间才达到这一数值。再看一看图 16.11，你会发现，尽管从 1986 年第一季度起每周工作小时数就开始上升，但里根时期的增长“冲刺”持续时间不足 8 个季度。

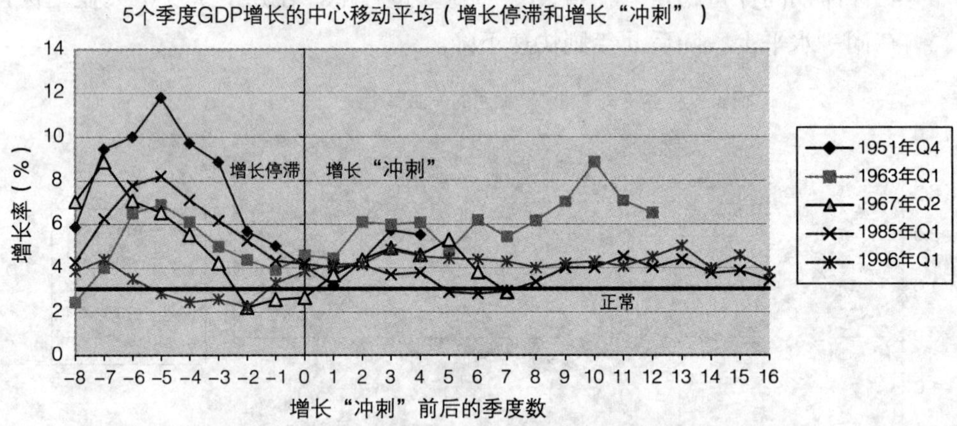

图 16.12　增长停滞及增长“冲刺”期间的 GDP 增长

16.2　哪些因素促成了增长“冲刺”？

找出促成增长“冲刺”原因的第一步就是确定增长“冲刺”开始的日期。对于 4 次带有增长“冲刺”的扩张来说，国家经济分析局的周期峰值和周期低谷出现的日期以及在上一节中笔者选定的增长“冲刺”出现的日期记录在表 16.2 中。例如，根据 NBER 的观点，1949 年第四季度出现的周期低谷和 1953 年第二季度出现的周期高峰界定了杜鲁门时期的扩张。但此次扩张在 1951 年第二季度至 1951 年第四季度期间出现增长停滞，而通过杜鲁门时期的增长“冲刺”获得了新生，于 1952 年第四季度达到高峰，那时，扩张速度开始一路下跌，而且再也没有恢复到原来的水平。对于此次扩张，NBER 于 1953 年第二季度正式发出“死亡通告”，晚了两个月的时间。

表 16.2 拥有增长停滞和增长“冲刺”期间的 4 次扩张

	初 期	增长“冲刺”时期	结 束
杜鲁门时期的扩张			
低谷	**1949 年 Q4**	1951 年 Q4	
高峰	1951 年 Q2	1952 年 Q4	**1953 年 Q2**
肯尼迪/约翰逊时期的扩张			
低谷	**1961 年 Q1**	1963 年 Q1/1967 年 Q2	
高峰	1962 年 Q2	1966 年 Q1/1969 年 Q1	**1969 年 Q4**
里根时期的扩张			
低谷	**1982 年 Q4**	1985 年 Q1	
高峰	1984 年 Q1	1989 年 Q1	**1990 年 Q3**
布什/克林顿时期的扩张			
低谷	**1991 年 Q1**	1996 年 Q1	
高峰	1994 年 Q4	2000 年 Q1	**2001 年 Q1**

注：1951 年第四季度的低谷和 2000 年第一季度高峰出现的日期有些不明确。
正式确定的 NBER 周期的低谷和高峰用粗体字表示。

16.2.1 重大财政刺激会使增长停滞的经济获得三次重生

16.2.1.1 国防支出推动了杜鲁门和约翰逊时期的增长“冲刺”

图 16.13 显示了增长快速上升和回落的两个最重要的来源：住宅投资和国防支出。加阴影的波动区域代表住房投资对 GDP 增长的贡献，曲线代表国防支出对 GDP 增长的贡献。我们应该将这些数字与正常增长率（约 3%）进行对比。

在几乎所有的衰退中，住宅的贡献都为大约 -1%。在 10 次衰退中，有 2 次衰退过程中没有出现住宅投资的大幅下降：1953 年的国防支出回落以及 2001 年的衰退（你可以在这张图中看到：1953 年/1954 年的国防支出下降造成 GDP 大幅下跌了 2.5%）。

住宅部门在三个不同的时期制造了麻烦（1951 年、1963 年和 1967 年）。在 1951 年和 1967 年，国防支出完全弥补了住宅支出的不足。

16.2.1.2 减税在肯尼迪时期的增长“冲刺”中发挥了作用

在肯尼迪时期增长“冲刺”的第四个季度，税收被大幅削减，收入减少占 GDP 的 2%。从图 16.14 中可以看出，这是增长“冲刺”期间唯一一次减税。此次减税的时机似乎有些不恰当，但也许你可以讲一个故事，说明经济已经在几个季度前预期到了这种激励。无论如何，显然它是在计划之中的。

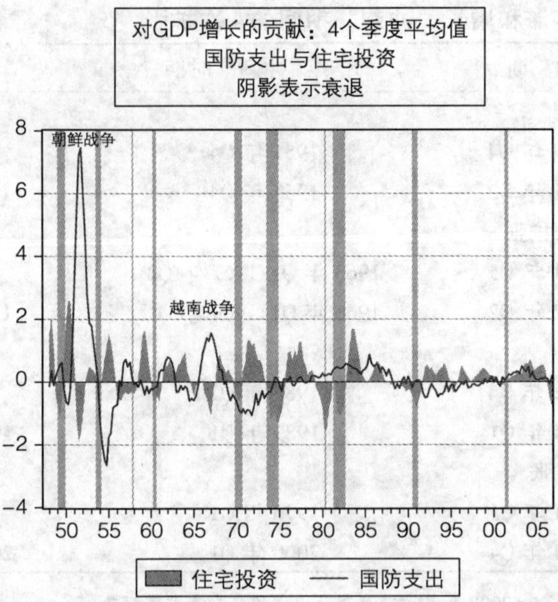

图 16.13　国防支出和住宅投资对 GDP 的贡献

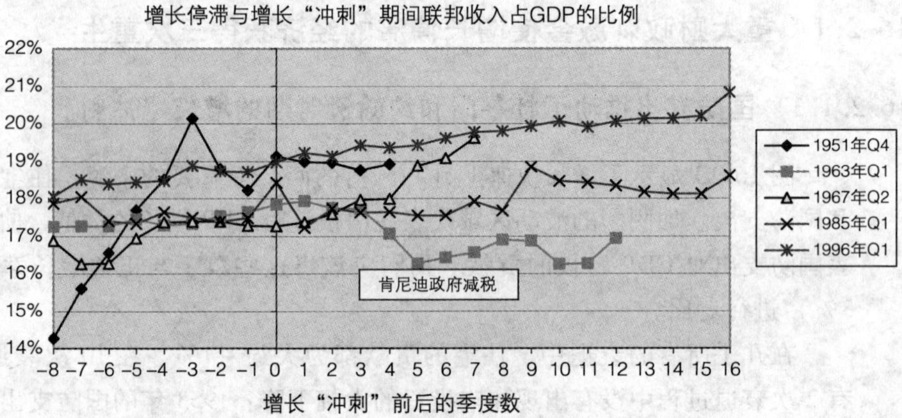

图 16.14　联邦收入占 GDP 的比例

考虑到这一点，1964 年肯尼迪政府的减税占国民收入的 1.9%。这与 1981 年里根政府的减税（占国民收入的 1.4%）和 2001 ~ 2003 年布什政府的减税（占国民收入的 2%）相当。看起来肯尼迪政府的减税似乎将经济从增长停滞中拉了出来，而里根政府和布什政府的减税从经济扩张之初就开始了。如果你仔细分析一下上一章展示的实际 GDP 数据，你就会注意到，里根时期的扩张拥有一个良好的开端，很可能是受到了减税的刺激，但布什时期的扩张很脆弱，不足以成为减税刺激经济增长的典范。要记住，GDP 增长率处于一个非常狭窄的走廊中（每年的增长率为 3%）。看起来财政政策和货币政策对衰退出现的时间具有影响，但它们对于长期增长没有明显的影响。

税收法规	以现值美元计的减税（10 亿美元）[a]	以 2003 年不变美元计的减税（10 亿美元）	减税占国民收入的百分比[b]	盈余或赤字（-）占国民收入的百分比[b]
肯尼迪政府减税——1964 年税收法案	-11.5	-54.9	-1.9%	-1.0%
里根政府减税——1981 年经济复兴税收法案	-38.3	-68.7	-1.4%	-2.8%
布什政府减税——2001 年经济增长与税收改革协调法案	-73.8	-75.8	-0.8%	1.5%
2002 年创造就业与工人援助法案	-51.2	-52.0	-0.6%	-1.7%
2003 年布什/托马斯提案（自 2003 年 5 月 5 日起实施）	-60.3	-60.3	-0.6%	-3.2%
布什政府减税（合并到 2003 年）	NA	-188.1	-2.0%	—

a. 第一年的估计值。
b. 国民收入（National Income）由国民生产净值（Net National Product）来衡量。
资料来源：http：//www.taxfoundation.org/ff/taxcutperspective.html.

16.2.2　税率下降、石油价格下跌和美元贬值（刺激出口）促成了里根时期的增长“冲刺”

图 16.15 对比了增长停滞和增长“冲刺”期间的短期利率。降低税率只有一次与增长“冲刺”同时发生。那是在里根政府的增长“冲刺”期间，当时短期利率下降了 300 个基点（3 个百分点），货币政策具有很大的刺激作用。

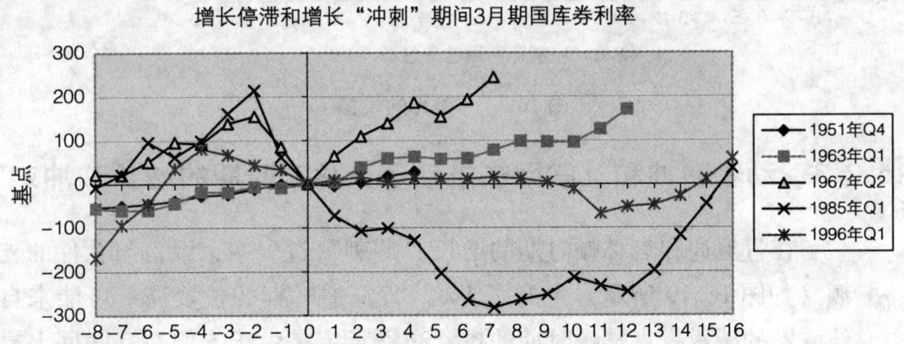

图 16.15　3 月期国库券利率

图 16.16 表明，原油价格的下降促成了里根时期的加速增长，同时也可能刺激了克林顿时期的增长“冲刺”。

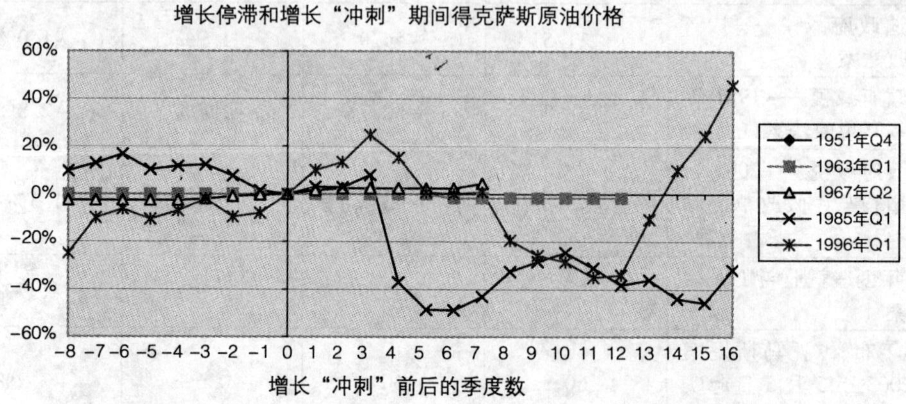

图 16.16　增长停滞和增长“冲刺”期间的原油价格

在里根时期的增长“冲刺”过程中（如图 16.17 所示），美元贬值 40%也促使在这一增长“冲刺”的后期美国出口占 GDP 的份额增长了 2%（如图 16.18 所示）。

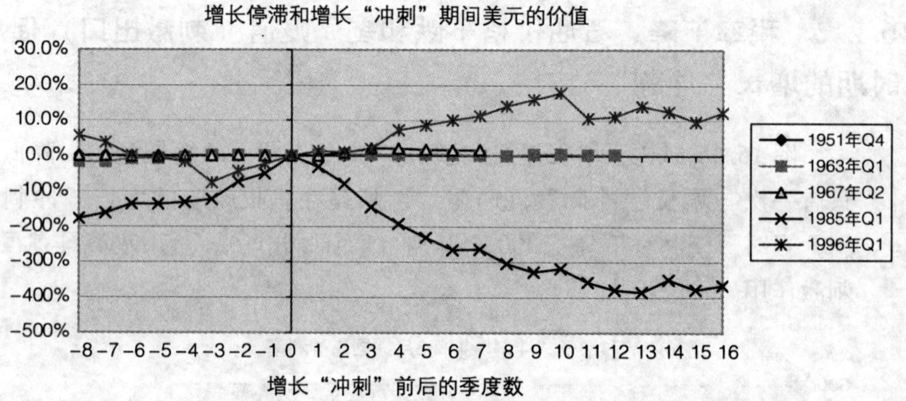

图 16.17　美元的价值

16.2.3　动物精神和互联网热推动了克林顿时期的增长“冲刺”

在肯尼迪和克林顿时期的增长“冲刺”过程中，设备与软件的支出份额（如图 16.19 所示）上升了 1%。肯尼迪时期的投资高涨可能来自肯尼迪政府的减税。克林顿时期的投资高涨肯定是由于人们在互联网上寻求利润所致。

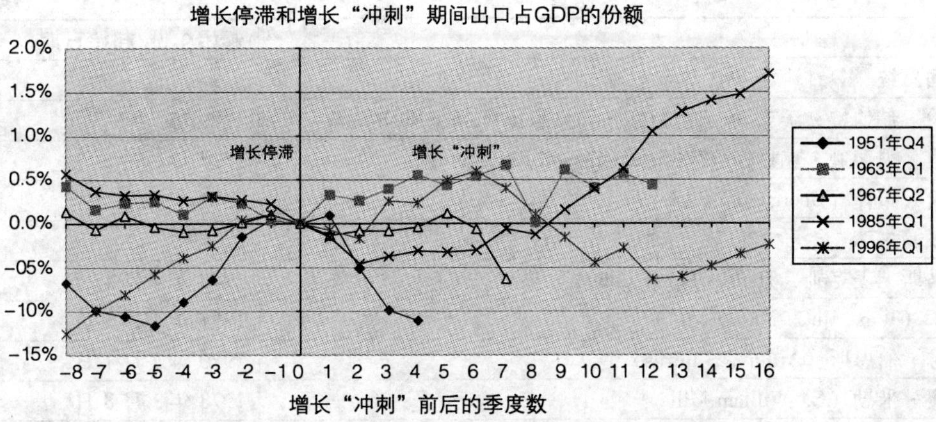

图 16.18　增长停滞和增长“冲刺”期间的出口

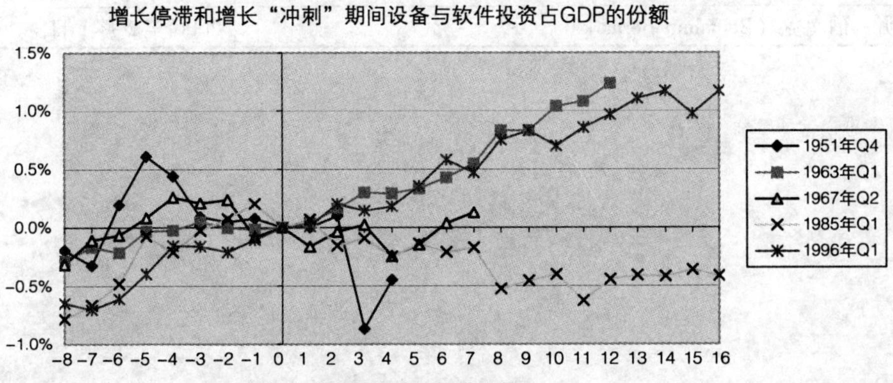

图 16.19　设备与软件投资

附录：总统与联储主席

	起始年份/起始日期
美国总统	
哈里·杜鲁门（Harry S. Truman）	1945 年
德怀特·戴维·艾森豪威尔（Dwight David Eisenhower）	1953 年
约翰·菲茨杰拉德·肯尼迪（John Fitzgerald Kennedy）	1961 年
林顿·贝恩斯·约翰逊（Lyndon Baines Johnson）	1963 年
理查德·米尔豪斯·尼克松（Richard Milhous Nixon）	1969 年
杰拉尔德·鲁道夫·福特（Gerald Rudolph Ford）	1974 年
詹姆斯·厄尔·卡特（James Earl Carter）	1977 年
罗纳德·威尔逊·里根（Ronald Wilson Reagan）	1981 年

（续表）

	起始年份/起始日期
美国总统	
乔治·赫伯特·沃克·布什（George Herbert Walker Bush）	1989 年
威廉·杰斐逊·克林顿（William Jefferson Clinton）	1993 年
乔治·布什（George W. Bush）	2001 年
美联储主席	
托马斯·麦克凯（Thomas B. McCabe）	1948 年 4 月 15 日
马丁（Wm. McC. Martin, Jr.）	1951 年 4 月 2 日
亚瑟·伯恩斯（Arthur F. Burns）	1970 年 2 月 1 日
威廉·米勒（G. William Miller）	1978 年 3 月 8 日
保罗·沃克（Paul A. Volcker）	1979 年 8 月 6 日
艾伦·格林斯潘（Alan Greenspan）	1987 年 8 月 11 日
本杰明·伯南克（Benjamin Bernark）	2006 年 2 月 1 日

第五部分

长期中的储蓄、投资、政府借款、外国贷款和你的住房

17 CHAPTER 第 17 章 储蓄与投资

到目前为止，我们一直在关注一两年后的事情，试图指出下一次衰退何时来临，以及经济回落会对你的钱袋产生什么影响（如果你没有准备好的话）。现在让我们戴上一付不同的眼镜，来看一看更遥远的未来，将注意力集中在你的退休、子女及孙子辈的福利上。

我们通过储蓄和投资在经济上为未来做准备。如果我们担心未来，那么我们就不会将所有的收入都花在疯狂的聚会和最时髦的衣服上，我们可能会选择为未来的购买存一些钱。这就是储蓄（saving）。当我们把那些钱存入储蓄账户中时，它会找到进入投资者手中的道路，这些投资者将利用这些贷款为其新的生产性资产如新工厂、办公大楼和购物中心的建造投入资金。这就是投资（investment）。

17.1 NIPA 对储蓄的定义：与你想象的不同

17.1.1 投资就是新住宅、新办公大楼、新工厂和新设备

我们首先要搞清楚金融投资（financial investment）和实际投资（real investment）之间的区别。

在提到为未来做准备的时候，个人和集体之间存在着巨大的差别。作为个人，你可以通过增加金融资产——你的银行账户、共同基金、401K 计划和其他退休账户——为未来做好准备。但是，你为这些金融资产赋予的价值只不过是存储在你的计算机硬盘中的一些数字而已。我们需要实际的生产性资产来支撑这些数字。我们需要工厂、办公大楼、住宅和知识。正是这些实际资产使得未来的工人能够生产出足够的产品来支持你退休后那种奢侈的生活方式，剩下的还足够那些正在工作的人及其子女使用。

尽管它们只是计算机中的一些数字，但我们依赖这些会计数字来显示我们是否为穷困的日子和退休后做好了准备。这些会计数字差不多就是我们所拥有的一切了。出于那一原因，在我们为未来做准备的时候，我们都要听任金融体系的摆布。只有当我们积累下有助于在未来进一步提高物质福利的实际生产性资产时，那些数字才会增长。但在金融泡沫中，尽管未来没有那么光明，但金融财富还是能够快速增长。

除了告诉我们自己有多么富有外，当我们每年把一些钱存入我们的退休账户中时，我们依赖于金融体系将那笔钱为新的实际资产投资——建造工厂、住宅和办公大楼——提供资金，以便使我们的财富尽可能快地增长。更重要的是，我们依赖这一金融体系准确地预测今天的投资对 20 年后（或 30 年后，取决于我们何时退休）的影响。这就是实际回报率。为了确定储蓄多少钱才算够，我们需要知道实际回报率。作为一位预测者，我可以告诉你：我们很难看到 1 年后的情况，20 年后更是一个遥远的、模糊不清的未来。

金融体系在其 3 个主要任务——准确评估当前资产、找出最佳投资、告诉我们新储蓄的实际回报率——中的表现不佳，这没什么可奇怪的。在因特网热中，我们存下的血汗钱被用在拉斯维加斯的奢侈聚会上，以促销最新的网络公司的商业计划，来自资本市场的消息说，每年的回报率将高达 20%。在如此高的回报率下，我们只要存一点点钱就可以支撑我们未来的退休生活。

现实和理性慢慢地回归了。当股票市场在 2000 年和 2001 年出现调整时，报纸称“7 万亿美元的财富消失了”。但如果你曾经在美国旅行，你会看到人们并没有背井离乡，工厂也没有被付之一炬。除了我们的妄想外，一切都没有破灭。改变的只不过是计算机硬盘中存储的一些数字。但那些数字极端重要。它们告诉我们是否为将来做好了准备。事实证明，我们并不像自己想象的那样富有，未来也不是我们过去想象的那样。

因此，不要忘了：当我们谈到投资的时候，我们所说的并不是你购买了多少份共同基金（mutual fund）。我们是指那些生产未来 GDP 所需的工厂和设备。你购买的共同基金只不过是这些实际资产的一个影子，这个影子有时候比实物长一些，有时候比实物短一些。

17.1.2 流量而不是存量

第二堂词汇课要告诉读者存量（stock）和流量（flow）之间的差别。当你谈论你的储蓄和投资时，你可能是在谈论你的资产的价值。而我们则要用这些词来指你每年在这些资产中增加多少。一个是存量，一个是流量。

我们最好搞清楚存量和流量之间的差别。“水库中存有多少水”与

“有多少水流入水库”是不同的。前者是“存量”，以加仑来计量，而后者是“流量”，用每月流入的加仑数来计量。当你我谈到储蓄时，我们讨论的通常是存量：我们的账户里有多少钱。但在此处以及本书中的任何地方，我们将按经济学家的方法去做，用“储蓄”一词来指流量：每年存入我们账户里的钱数。

也许存量能够比流量得到更精确的计量。我很清楚在我的退休账户里有多少钱，但不清楚我的房子值多少钱。这些是存量，而不是流量。根据经济学家和国民收入会计师的定义，储蓄是一种流量，按每年存入多少美元来计量，而不是按美元来计量的存量①。我自己也没有从这种意义上追踪储蓄：我真的不知道每年额外存多少钱才能为未来做好准备。

17.1.3　储蓄取决于如何计算消费

尽管你我都没有追踪自己的储蓄，但我们的政府试图完成这一工作。回想一下国民收入核算恒等式：

$$\mathrm{GDP} = C + I + G + (X - M)$$

其中，C 代表消费，I 代表投资，G 代表政府支出，X 代表出口，M 代表进口。我们可以利用这一定义为国民储蓄（national saving）找到一个表达式。储蓄是我们的收入减去我们的消费支出。为了估计储蓄量，我们首先要找出收入是多少。那就是 GDP。GDP 中的“P”代表生产（production），而 GDP 就是我们生产了什么，但它也是我们的收入，因为产品的所有价值都分给了工人或借款人或贷款人。就连生产出来但没有销售出去的商品也被计算在股东的收入之中。我们对当前消费（current consumption）的支出是 $C + G$，C 是指我们购买的食物和衣服，而 G 是指政府的服务②。因此，我们的会计师将国民储蓄定义为：

$$\text{国民储蓄总额} = \text{收入} - \text{当前消费的支出} = \mathrm{GDP} - C - G$$

如果你试图用这一定义来计算你的储蓄，那么要注意从收入中减去什么。应该从收入中减去花在快餐上的钱，但不要减去花在改造住宅上的钱。那是投资的一部分，而不是当前消费。你买的那辆汽车应该如何计算？它

① 顺便提一下，GDP 也是一种流量而不是存量。它是指每年的生产量。

② G 中有一小部分实际上是政府投资。

是不是也算投资？是的，但政府会计师并不这样计算。为了计算国民储蓄，在耐用消费品上的支出被包含在消费 C 中，并从 GDP 中扣除。但另一方面，如果购买汽车的是一家企业，它就会被当成投资的一部分。为什么会这样？没办法，生活中充满了折中。人们需要在 C 和 I 之间的某个地方画一条线。投资（I）是指获得一种资产，这种资产在未来能够生产出一系列服务，如一所新的住房。消费（C）是指仅在支出当天带来快乐的支出。两者之间的分界线非常模糊。如果我们允许你将汽车作为一种投资，那么有些人就会把它们的维生素和激素类药物当成投资，而另一些人将希望把他们的墨西哥之旅也当成投资，这些令人愉快的想法永远也说不完。

尽管我们不准备将你购买的新汽车当成一种投资，但我们将把企业购买的新汽车算成投资。那是其"库存"的一部分。如果你想让你的汽车被算成投资，那就把它租出去。这样，这一资产就仍然保留在企业的资产负债表上，而我们的经济分析局将会把它当成一种投资。（折中总是包含着矛盾，不是吗？）

对于在大学中教书的人来说，经济分析局（BEA）所犯的最大的错误是没有把教育当成一种投资。也许有一些学生完全是因为课程的娱乐价值才来读 MBA 的，但绝大多数学生到这里来读书是为了获得技能和知识，以便在未来更具生产力。但在我们的国民经济核算中，教育支出被当成是"消费"而不是"投资"。

当然，将教育支出分成投资和儿童看护可能会遇到一些困难，但企业在研究与开发（research and development）方面的投资应该没有什么不清楚的。它显然是一种投资。但经济分析局却将研发支出当成一种当前企业支出（current business expense），与每天晚上清洁建筑物的工作没什么两样①。

还要明白，资本收益（capital gain）并不是储蓄的一部分，就如它们不是 GDP 的一部分一样。你投资的企业的未分配利润是收入的一部分，但你购买的共同基金的资本收益不包含在内。你拥有的住宅提供的住房服务包含在收入中，被称为"业主等价租金"（owner-equivalent rent），但你的住宅的资本收益不包括在内②。

很好，但是如果你在你家后院的树下发现了一坛黄金，又会怎么样呢？

---

① BEA 正在着手进行将研发支出当成投资而不是费用的研究。参见 http: //www. bea. gov/bea/an/1194od/maintext. htm.

② 实际上，住宅的资本收益与损失可能包含在 GDP 中，只不过其净值为 0。你可以将住宅增加的价值计为个人收入的一部分，但恰好被将来打算购买你的住房的那对年轻夫妇的损失所抵消，因为他们要支付令人难以置信的高价格。因此，当你的住房价格提高时，那并不是生产，而只不过是把他们口袋里的钱转移到你的口袋里。除非你进行过改造，否则你的住房价值的变化就只不过是一个会计数字。同样的土地，同样的建筑物，与上一年没有什么差别。没有实际的储蓄，没有实际的投资，只不过是你的硬盘中的一个数字。

那是收入，对不对？它是 GDP 的一部分吗？也许是，也许不是。如果你聘用承包人去在你的土地上寻找一坛黄金，那么不管他们能否找到黄金，你支付给他们的工资都是 GDP 的一部分，而如果你从事寻找黄金的工作，你发现的黄金的价值也是 GDP 的一部分，但如果你 5 岁的儿子碰巧找到了那坛黄金，那它就不是 GDP 的一部分①。当然，如果你坚持，那么你可以将你儿子发现的黄金作为应纳税收入报告给美国国税局。这样我们就会把它包含在 GDP 中。

想一想 GDP 中的“P”——生产。为了包含在 GDP 中，必须有某个人劳动，必须有可以记录的销售和可以记录的收入。那意味着在建立 Google 搜索引擎的才智闪现出来时没有被包含在 GDP 中，而且永远也不会包含其全部价值。包含在 GDP 中的是 Google 的收入（如果有收入的话）。当 Google 通过广告获得收入时，它似乎被当成了一种发布广告的新手段，而你我通过其搜索引擎获得的价值则完全被忽略，因为我们并没有对此付费。通过依赖“市场价值”（market value），我们遗漏了很多免费供用户使用的、与因特网相关的服务。

简言之，对于制造型社会（manufacturing society）来说，我们对 GDP 的度量可以做到相当准确，因为在这种社会中，资产和产品是物质的，工作是有形的：工人们操作设备生产出衬衫，并用卡车运送出去。但是，在知识经济（knowledge economy）中，我们无法准确地度量 GDP 或储蓄，因为在这种经济中，资产是想法和技能，工作是思考，而产品是通过电子方式交付的建议。

结论：这一切令人难以理解。它使得我们为老龄化的美国制定的集体规划非常糟糕。

17.1.3.1　不要忘记折旧

为了确定我们的储蓄是否足够，一定要扣除折旧（depreciation）。从储蓄中减去折旧来自于一个重要的概念：只有储蓄超过折旧，你的养老金才会增加。

当我们停下来思考储蓄的时候，我们中的许多人会忽视折旧，但如果你租用了一辆汽车，那么你就不会忽视折旧。每月的租车费用中，一部分是信贷费用（finance charge），这取决于利率，另一部分是对折旧的收费，因为当你在租期结束交还汽车时，它在二手车市场上的价值将大打折扣，

① 对飓风和洪水等自然灾害的处理也带来了同样的问题。关于 BEA 对这些问题的处理办法，请参见 http：//www.bea.gov/bea/faq/national/disasters faq.pdf.

你必须对这一事实做出补偿①。如果你租用了一辆汽车，那么每个月你就会被从收入中拿出足以抵消折旧的数额。如果你用借来的钱购买这辆汽车，你每月的支付将只包含信贷费用②。因此，你或许会忘掉折旧。如果你是用现金来购买这辆汽车，那就根本不需要每月还款，因此你可能会忽视折旧和被你放弃的那笔钱的收益。

17.2 我们存的钱够多吗?

17.2.1 美国 2004 年的储蓄

抛开前面所有与度量问题相关的限制，2004 年美国的储蓄数据列在表 17.1 中。净储蓄为 1367 亿美元，由总储蓄 15720 亿美元减去折旧 14353 亿美元得到。

表 17.1 美国储蓄的核算

2004 年的储蓄（10 亿美元）	
经济分析局	
总储蓄	1572.0
净储蓄	136.7
净私人储蓄	549.1
个人储蓄	151.8
经过存货估价和资本消耗调整后的未分配企业利润	397.3
净政府储蓄	-412.3
固定资本消耗（折旧）	1435.3
私人	1206.2
国内企业	973.3
家庭和机构	232.8
政府	229.1

美国少得可怜的净储蓄是由 5490 亿美元的私人储蓄减去 4123 亿美元的政府超支后得到的。下一章将对这一问题进行更多的讨论。作为国内净产值（net domestic product）一部分的净储蓄如图 17.1 所示。储蓄率长期以来一直在下降，从 20 世纪 60 年代的约 12%，下降到今天的 1%。

① 还包含在未来购买/归还这辆汽车的“期权”（option）费用。

② 感谢 2007 年的 EMBA 学员戴维·莫斯科维茨（David Moskowitz）帮助我理解了这一点。

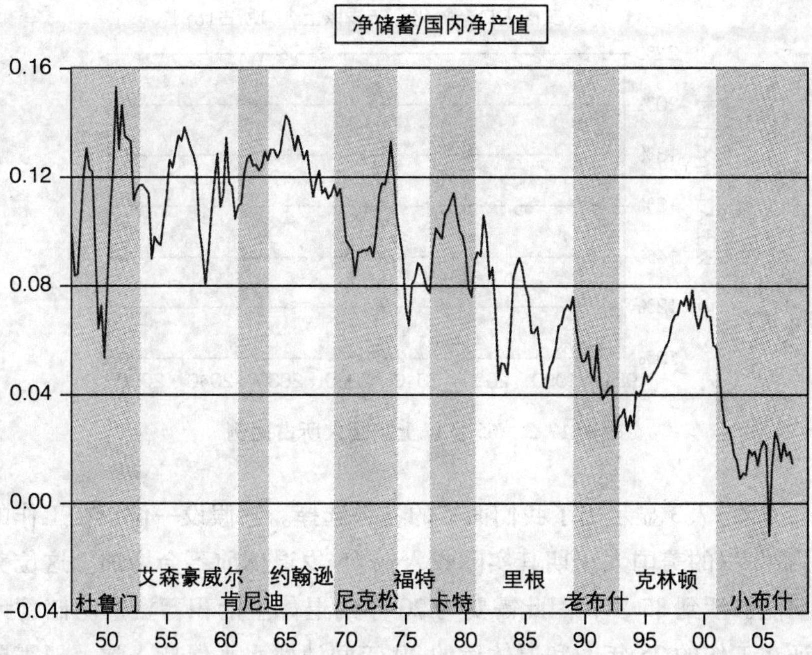

图 17.1　美国的储蓄

17.2.2　我们应该存多少钱?

1%的储蓄率足够吗?为了思考这一问题,我建议我们先回答另一个问题:你的储蓄是否取决于利率?在债券市场中,10 年期的国债只支付 4.5%的利率,这是在告诉我们,不要指望利率再回到我们已经习惯的 20 世纪 90 年代的水平。那么,我们该怎么做?面对更低的回报率,我们是应该多储蓄还是少储蓄?如果这是你正在思考的问题,那最好再仔细想一想①。

我们需要更多储蓄而不更少储蓄的原因是:我们是一个老龄化的社会。当婴儿潮(baby boomer)时期出生的人在 2010 年开始退休时,在 20 年的时间里,65 岁以上的人口比例将从 13%提高到 21%(如图 17.2 所示)。我们需要积累一些必要的资产,以便为不断壮大的老年人群体和强大的美国退休人员协会(AARP)游说团支付退休金。为了为所有这些利益提供资金,如果回报率下降,那么我们就需要存更多而不是更少的钱,因为到那时,我们不能依赖金融市场通过神奇的复利为我们创造出退休金。

① 下面我们用行话来说明一下。较低的利率带来了收入效应(income effect)和替代效应(substitution effect)。较低的利率意味着为了进行更多的当前消费,你需要放弃较少的未来消费——因此,这就产生了一种倾向于当前消费的替代效应。较低的税率还意味着你的收入能够支持的消费流更低。收入效应决定了在你的生命周期中的每个时点上你的消费也会更少。问题是谁占支配地位:收入效应(倾向于更多地储蓄)还是消费效应(consumption effect,倾向于较少储蓄)。

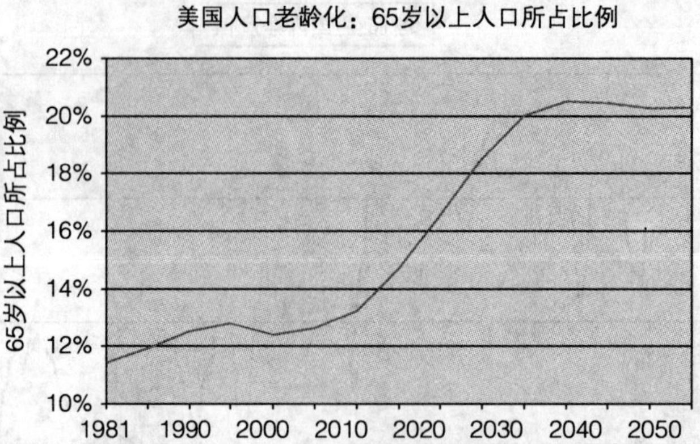

图 17.2　65 岁以上美国人所占比例

图 17.3 显示出了我们面临的各种选择。它假设一位正在工作的、年龄为 40 岁的美国人预期其实际收入在 65 岁退休前不会增加。这位美国人预期能够活到 85 岁，因此需要为 20 年的退休生活积蓄资产。储蓄计划是保证在工作的 25 年间和退休后的 20 年间消费水平保持一致。他需要将收入的多大比例存储起来才能实现这一计划呢？图 17.3 回答了这一问题。如果实际收益率是 12%，那么将收入的 5% 存储起来就够了。但是，12% 的实际收益率比我们的合理预期高出太多了。如果实际收益率（扣除通货膨胀因素）是 3%，那么就需要将收入的 30% 存储起来才能实现目标。从当前收入的 5% 提高到 30%，这是储蓄的巨幅提升。

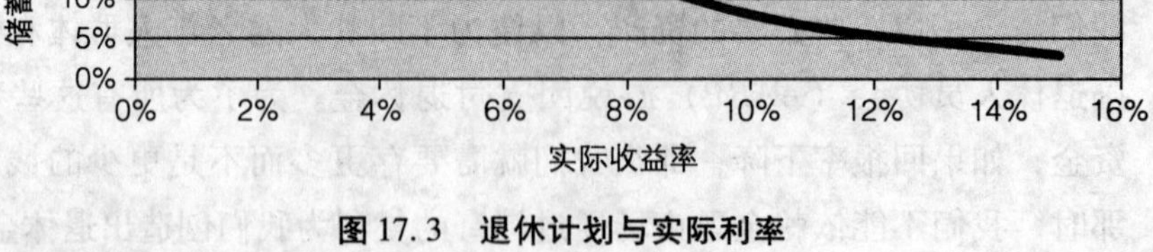

图 17.3　退休计划与实际利率

当然，这一计划并不完全恰当。许多年轻的美国人都预期未来的实际收入会提高，当他们的收入较多的时候，他们就可以增加其退休后养老用的钱。许多人在退休后需要减少支出。但不论你的情况如何，我认为你都会对图 17.3 中提供的数字感到震惊。面对退休计划可能需要如此高的储蓄水平这一令人不愉快的情况，我们中的大多数人会选择储蓄更多的钱。

17.2.3 我们存的钱够多吗？

对比一下图 17.3 和图 17.1，并回答下面这个问题：2% 的储蓄率够高吗？由于我们是一个老龄化社会，需要为退休后积累一些财产，因此我们应该关注 20 世纪 80 年代早期净国民储蓄率的下降（储蓄率从 10% 下降到 6%），而且应该对 2001 年衰退之后净储蓄率下降到约 2% 保持警惕。这太令人悲哀了。

如此低的国民储蓄率预示着一个更加困难的未来，因为未来将有许多吃惊的、不幸福的退休者，或者是许多愤怒的劳动群众，他们将被迫纳税以便支付"消费世代"（Consumption Generation）——"最伟大的一代"（Greatest Generation）之后的一代人——的退休金（由于我属于"消费世代"，因此我要预先感谢下一代人，在我衰老之后他们会照顾我）。

储蓄率如此之低存在着问题，这一点在我看来非常明确，但经济学中的一条"铁律"（iron rule）是：对于每一种被强烈坚持的观点，总存在着一种相反的观点。最值得注意的是，波士顿大学（Boston University）的拉里·科特里柯夫（Larry Kotlikoff）正在推销一个退休金计划工具，这种工具要求的储蓄率比大多数财务规划师使用的工具所要求的储蓄率要低得多。通过利用一种与科特里柯夫不同的复杂模型，舒尔兹（Scholz）及其合作者发现："不到 20% 的家庭拥有的财富低于其最优目标值，那些储蓄不足者的财富赤字（wealth deficit）通常不高。"①

17.3 另一个重要的会计恒等式：储蓄 = 投资

既然我们知道了什么是储蓄，我们就可以把注意力转到投资上。在你的当前收入中，没有花掉的那一部分钱将转化为银行存款，或者用来购买共同基金，或者被压在床垫下面。银行存款、共同基金或被压在床垫下面都是投资的选择。因此你的储蓄等于你的投资。这一点对每个个人以及整个社会来说都是正确的。

我们可以利用国民收入核算恒等式（$GDP = C + I + G + X - M$）来证明

① Scholz, John Karl, Ananth Seshadri and Surachai Khitatrakun "Are Americans Saving 'Optimally' for Retirement?", *Journal of Political Economy*, 2006, vol. 114, no. 4. 607 - 643.

"储蓄＝投资"。在这个等式的两边同时减去 $C+G$，得到：

$$\text{储蓄}=\text{投资}$$
$$\text{GDP}-C-G=I+X-M$$

哎呀，看起来储蓄等于投资加上出口超过进口的差额。某个地方出错了。实际上，我们一点儿都没错。$X-M$ 是外国投资（foreign investment）。当出口超过进口时，我们必须通过进口一些纸片（pieces of paper）——外国人在未来向我们的出口货物付款的承诺——来实现对外收支平衡。当进口超过出口时，我们会通过出口一些纸片——在未来为我们的进口付款的承诺——来实现对外收支平衡。因此，上面的等式表明，总国民储蓄被用来为国内投资和外国投资提供资金。

我们还可以通过一种会计调整，将私人储蓄和政府储蓄区分开来。令 T_x 代表税收，T_r 代表转移支付（特别是社会保障和医疗），我们可以在储蓄中加上再减去 T_x 和 T_r 来区分私人储蓄和政府储蓄：

$$\text{储蓄}=\text{GDP}-C-G=(\text{GDP}+T_r-T_x-C)+(T_x-G-T_r)$$
$$=\text{私人储蓄}+\text{政府储蓄}$$

因此，总储蓄等于私人储蓄（包括转移支付在内的总收入扣除税收后再减去消费支出）加上公共储蓄[①]（public savings，税收减去政府支出，再减去转移支付）。

现在，我们得到了下面这一有趣的会计等式，为了便于以后找到它，我们把它放在一个方框里：

$$\text{储蓄}=\text{投资}$$
$$(\text{GDP}+T_r-C-T_x)+(T_x-G-T_r)=I+(X-M)$$
$$\text{私人储蓄}+\text{政府储蓄}=\text{国内投资}+\text{外国投资}$$

顺便说一下，这一会计等式中"外国投资"一项是指我们在外国的投资，而不是外国投资者购买我们的资产，一定要理解这一点。

17.3.1 美国的储蓄与投资

下面的 4 张图描述了这一会计等式的各个方面。当你分析这些图形时，

① 公共储蓄一般是负的，因此通常被称为"公共赤字"（public deficit）。

参照这个会计等式是很有帮助的。图 17.4 将总储蓄分为私人储蓄和联邦政府储蓄，即会计等式左边的两项。图 17.5 显示了国内投资与总储蓄之间的缺口：事实证明，我们的储蓄不足以为国内投资提供充足的资金。从这个会计等式中我们可以得出，如果储蓄低于国内投资，那么“外国投资”一定是负的，意味着我们要通过从国外借款来为我们的投资提供资金。因此，图 17.5 从对外收支不平衡（$X-M$）的角度说明了储蓄与投资之间的缺口。图 17.7 通过显示出由外国人提供资金的净国内投资（从这个意义上讲，这些投资归他们所有，而不是我们）所占比例，揭示出依赖外国贷款的结果。

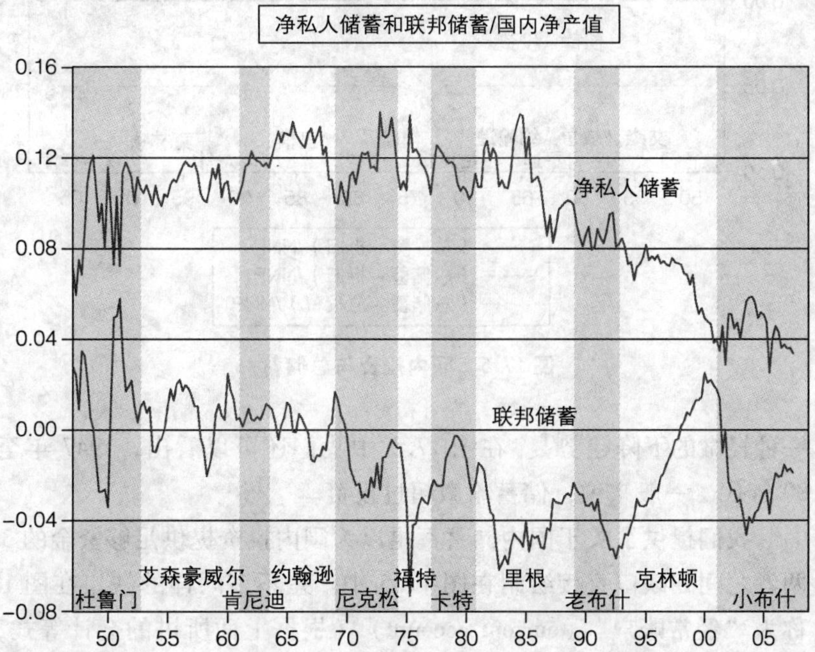

图 17.4　私人储蓄与公共储蓄

在图 17.4 中我们看到，私人储蓄和公共储蓄的下降造成了净国民储蓄的大幅下降。自 1985 年以来，私人储蓄占国内净产值的比例出现了不祥的下降，从 11% 降低到 4%。造成这一下降的，是尼克松总统任期内出现的联邦政府赤字（负储蓄），而在里根总统任期内，赤字一直保持在 GDP 的 4% 这一水平上。最近的好消息是，克林顿政府降低了支出占 GDP 的份额，这得益于因特网热期间税收大增，使得联邦赤字变成了盈余。但是，2001 年的衰退和小布什的减税政策突然之间终结了这些盈余。

图 17.5 揭示出，在商业周期中，国内投资也会不断波动，在长期中有

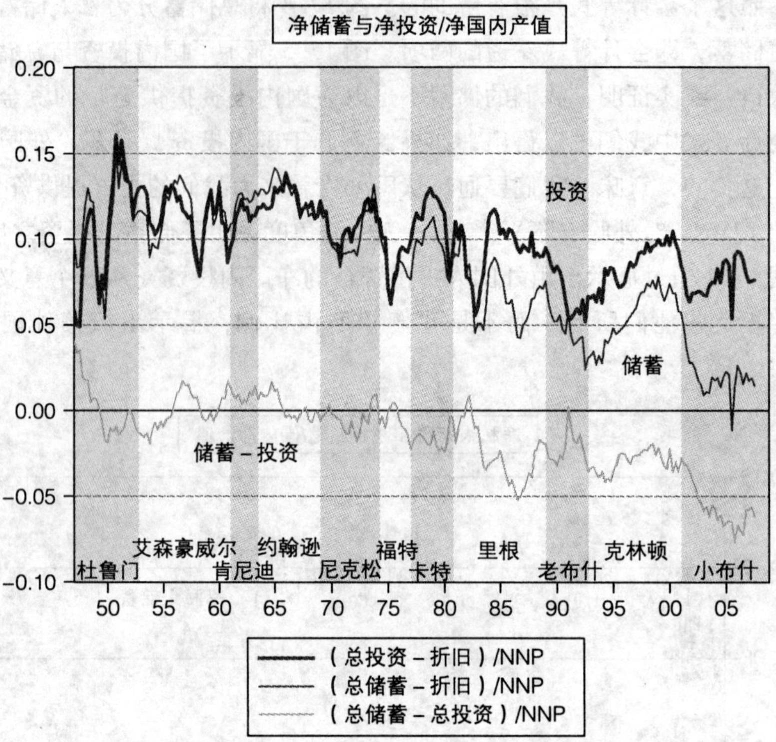

图 17.5　国内投资与总储蓄

一种轻微的下降趋势①。在图 17.5 中我们还可以看出，1947 年至 20 世纪 80 年代，一般来说，储蓄略微超过投资。

我们提供了关于国内储蓄不足以为国内投资提供足够资金的 3 种观点。两者之间的缺口直接绘制在图 17.5 中。差不多同样的缺口在图 17.6 中被称为“经常账户”（current account）（根据上面所讲的会计等式，国内投资与国内储蓄之间的差距等于外国借款）。在图 17.7 中，外国借款被表示为占净国内投资的比例，以说明净投资的多大比例是由外国资金提供的。这一数字高达 80%，高得令人担忧。这意味着美国增长的很大一部分开始记到提供融资的外国人账上。

① 你能想到净投资占国内净产值的份额可能下降的原因吗？下面是我想到的一些：(1) 美国拥有一个成熟的经济，投资机会不多。(2) 计算机价格的下降使我们能够花更少的钱购买更强大的计算能力。(3) 计算机淘汰速度的加快意味着折旧的速度也加快了。(4) 美国经济的增长方式已经从物质投资（material investment）转向了无形的智力资产（immaterial intellectual assets）投资。（顺便说一下，这带来了一个重要的问题：我们的会计制度能够胜任度量后工业时期经济这一任务吗？）

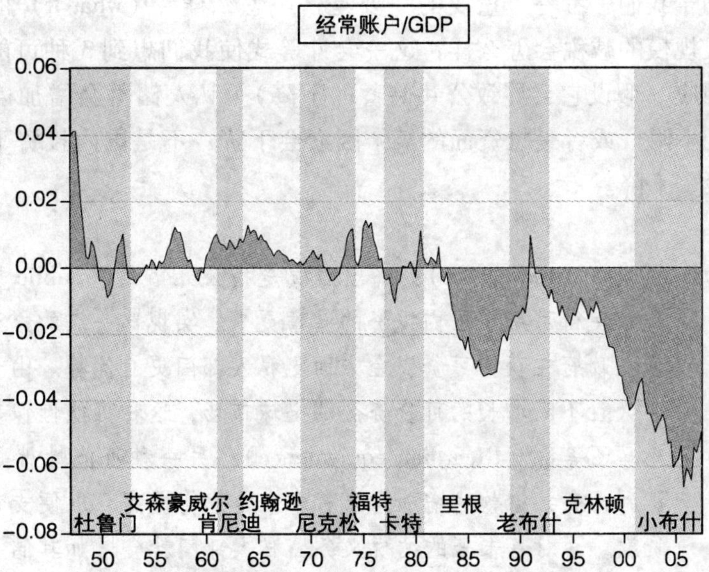

图 17.6　对外国借款的依赖：经常账户

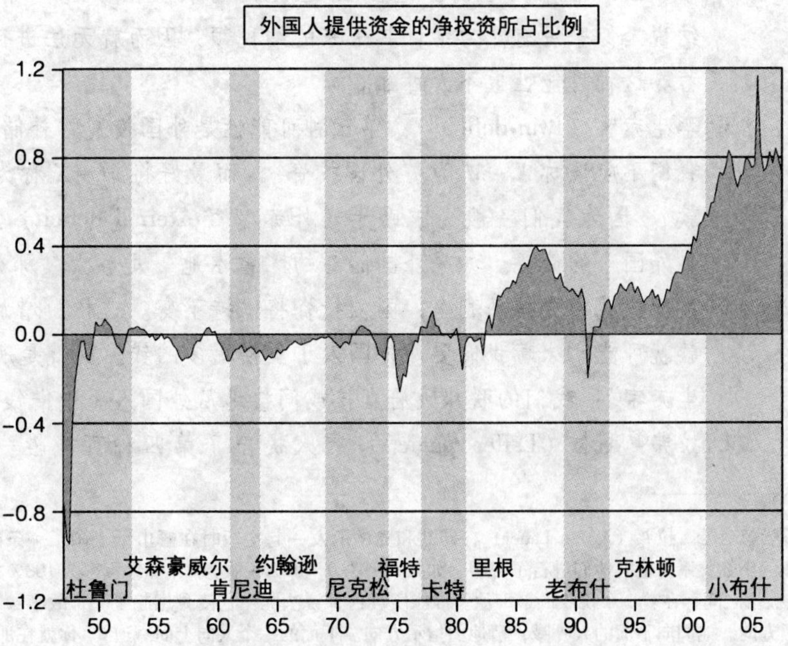

图 17.7　对外国借款的依赖：出卖未来

17.3.2　如果出现大规模减税和公共储蓄下降会怎么样？

会计等式：

私人储蓄 + 公共储蓄 = 国内投资 + 外国投资

有助于我们思考一个重要的“要是……怎么样”（what if）问题：要是出现大规模的减税会怎么样？这一会计等式使我们想到 3 种可能对减税产生的回应（假设它会导致公共储蓄的下降）。私人储蓄会增加以弥补公共储蓄的下降，或者是投资面的某个因素会下降：不是国内投资下降，就是外国投资下降。

1. 挤出（crowding out）：挤出假说是指公开借款（public borrowing）的增加使得可用于国内投资的储蓄更少。实现这一点的方法就是提高利率，政府在获得可贷资金方面比私人部门更有优势。由于存在着一个巨大且不断增长的可贷资金的全球市场，这种可能性似乎很渺茫。
2. 李嘉图等价（Ricardian equivalence）：另一种可能性就是私人部门认识到，公共借款的增加意味着未来税收将提高，以便支付利息、偿还贷款。面对着未来的纳税义务，私人部门就会增加其储蓄，以抵消公共部门的超支。这被称为“李嘉图等价”，是用古典经济学家大卫·李嘉图的名字命名的，他在 19 世纪的时候提出了这一观点。但是，纳税人似乎没有能力估计其未来的纳税额，因而就无法进行相应的储蓄。这种可能性也不大可靠。
3. 孪生赤字（twin-deficits）：第三种可能性是外国投资弥补储蓄的下降。我们不应该称 $X-M$ 为“外国投资”，而最好将 $M-X$ 称为“外国借款”，因为我们一般会求助于对外赤字（external deficit），增加我们对外国人的债务。如果外国储蓄的“蓄水池”足够大，那么增加的公共借款就不会提高利率，国内投资将保持不变。这样，增加的公共借款就可能意味着我们要从外国人手里借更多的钱。这就是所谓的“孪生赤字”：我们的联邦政府直接或间接地从外国人手中借钱。
4. 拉弗[①]魔术（Laffer magic）：有人提出了第四种可能性——拉弗魔

① 经济学家亚瑟·拉弗（Arthur Laffer）在同共和党的朋友一起吃饭时在餐巾纸上画了一条曲线，显示出了税收与税率的函数关系。他向他们进行了说明，如果税率为 0，那么税收为 0，如果税率为 100%，那么税收也为 0，在这些极端之间存在着一个税收的最大值。谁能质疑这种说法呢？它使我想起了一个故事：一些旅行者在气球上迷失了方向，他们向下面的人呼喊，请他们指示方向。下面的一个人向上面喊道：“你就在那上面。”一位旅行者对他喊道：“你是一名经济学家，对不对？”“是的，但你是怎么知道的？”“你回答得很快，而且你说的也绝对正确，但完全没有用。”

亚瑟·拉弗还在《华尔街日报》的专栏上发表了一篇文章，批评“李嘉图等价”假说，以支持最新的布什政府减税政策，因为它们明显对那些不工作的人和不愿意努力工作的人有利：

> “在我们这个世界上，那些转移到退款接受者（rebate recipient）手中的资源不是来自牙仙（Tooth Fairy）。它们来自工人和生产者。如果资源来自那些因此而获得较低收入的工人和生产者（低于没有转移资源时的收入），他们难道不会少花些钱吗？当然，他们会少花钱，而那些得到较少供给的人同样也会少花钱，这种情况会一直持续下去。”参见 http：//online. wsj. com/article/SB120286935977964221. html？mod = Letters

术。减税将刺激国内投资并增加 GDP。GDP 提高将带来更多的税收，足以弥补降低税率造成的影响。这样，税率的降低会产生一种非常有利的效果，使得会计等式中的四项都出现增长：更多的国内投资、更多的外国投资、更多的私人储蓄，甚至公共储蓄也会增加。不要指望马上就会出现这种结果。在更长的时期内，投资增加和更努力地工作有助于经济增长和增加税收，甚至有助于降低税率。但在短期中，由于 GDP 几乎固定不变，我们面临的实际情况是：更多的私人储蓄、更依赖于外国借款，或更少的投资。对于你们当中寻求模型的人来说，别指望能够在实际数据中找到后者的影响。不论是什么影响，在长期中它们都将被其他大量的事件掩饰起来。并不是模型推动着这种观点。这种观点的持续存在及其流行依赖于主观的想法以及在不断重复的故事中才能获得的信念。

17.4 20 世纪 90 年代出现的是挤出、李嘉图等价还是孪生赤字？

应该是哪一个呢：当税收被削减、公共储蓄下降时，会导致挤出私人投资、更多的外国借款还是私人储蓄增加呢？看一看数据会有所帮助，但不要有过高的期望。

私人和公共净储蓄占国民生产净值的比例如图 17.4 所示。如果李嘉图等价的观点正确，私人储蓄和公共储蓄将互为镜像（mirror image）。但是在 20 世纪 90 年代之前，两者之间似乎没有多少关系。20 世纪 90 年代公共储蓄的增加及其 2000 年的快速转向为我们提供了良好的背景，使我们能够观察一下当公共储蓄发生变化时会出现什么情况。私人储蓄弥补了公共储蓄的不足吗？不幸的是，20 世纪 90 年代的这一实验并不完美，因为公共储蓄的增加是由经济快速增长、来自资本利得和股票期权收入的税收大幅增加带来的。不错，随着公共储蓄的增加，私人储蓄下降，但私人储蓄的这种下降至少部分是由于私人部门得益于同样的权益价值增加。因此，我们无法从这一实验中判断："李嘉图等价"是来自于私人部门认识到公共赤字创造了私人债务，还是私人部门和公共部门都受到来自权益市场（equity market）的推动［权益市场增加了公共面（public side）的税收，也提高了公共面的财富感（a sense of wealth）］。在缺乏完美实验的情况下，你不得不做出决定。对我来说，我发现"李嘉图等价"相当牵强。

2000 年后由布什政府减税政策所进行的实验可能好一些，但它受到了同一反向力量的影响：不断降低的权益价值使得储蓄和税收下降，随后不断升高的住宅价格又推动它们朝相反的方向变化。最初我写了很长一段文字来讨论每一次转折，并提供了21世纪前几年的数据，但由于它实在说明不了什么问题，因此我决定把它删去。

从最根本上说，减税“实验”都会受到其他效应的影响。这就像是试图在飓风中测量重力一样。至于我，我坚持“孪生赤字”的观点。我最喜欢那个故事。

18

CHAPTER

第18章 政　府

当我们写出 $GDP = C + I + G + X - M$ 时，G 代表联邦、州和地方政府购买的产品及服务，包括购买激光制导炸弹、为商务部的经济学家们支付工资，甚至为UCLA的教授们支付工资，他们也是加州政府的雇员。这些产品和服务都是从经济的其他部分抽出来的，供政府运营之用。这也是我们向政府提供的服务支付的费用。

停下来想一想，你为消防署、警察局、军队、教师和学校、道路、立法与行政工作支付的费用占收入的多大比例才是合理的呢？1%、5%、10%、20%或者更高？

18.1 政府购买的产品和服务并不像我们想象的那样多

过去50年政府购买的产品和服务占GDP的比重如图18.1所示，除国防支出以外总计只占GDP的15%。这张图中反映出的信息可能令你感到惊讶，因为扣除国防支出后，联邦政府购买的产品和服务一直在降低，目前只略高于GDP的4%，但由于在世界各地发动了反恐战争而使这一比例开始上升。令人惊讶的是，联邦政府的非国防支出（包括那些你不断抱怨的官僚的工资）50年来一直保持在略高于GDP 2%的水平上。在这里，我们很难看出联邦政府“在背后支持人民”。政府购买的增加一直是由州和地方政府带来的，而且全部出现在1975年之前，当时州和地方政府的支出达到顶峰，占GDP的12.9%，而近年来州和地方政府的支出又开始上升。但是，当你开始抱怨州政府的支出时，请记住，我是加州的雇员，而且我正在努力工作，使你们支付给我的工资物有所值。在你对我的印象有些好转的时候，再想想那些学校里的教师、护士、警察、防火队员，他们同样也在你的工资名单中。也许我们应该再多聘用一些这样的人。

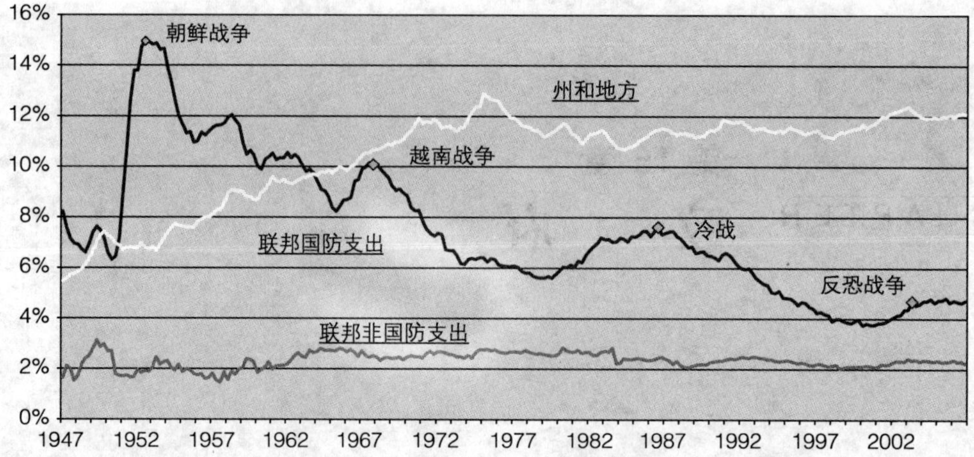

图 18.1 政府采购占 GDP 的百分比

18.2 转移支付

那么，我们抱怨的政府支出增长到底是什么呢？到目前为止我们看到的数字并不是故事的全部。我们的联邦政府和我们的州及地方政府在用我们纳税的钱做两件截然相反的事情。一部分收入被用于购买产品和服务，并支付政府雇员的薪水。我们刚刚分析了这一点。其余的收入又回到了我们手中，转移到了接受政府救助的人手中，还有那些持有政府债券以赚取利息的人手中。

经济分析局编制的表格过去经常将政府救援称为"转移支付"(transfer)，是指政府只将纳税人交纳的税款转移给领受者（当然有手续费）。2004 年改进后的表格为这些"转移支付"起了一个更受欢迎的名字："社会福利"（social benefit）。如果我坚持使用"转移支付"而不使用"社会福利"，你不会介意吧？"转移支付"一词正确地提醒我们，随着这些社会福利而来的是为这些福利买单的社会成本（social cost）——当前和未来税收。

尽管我们在图 18.1（描述了政府购买的产品和服务占 GDP 的份额）中难以看出联邦政府"在背后支持人民"，但图 18.2 和图 18.3 则显示出一些相当不同的情况。图 18.2 显示出了几种类型的联邦支出（包括利息支付和转移支付）占 GDP 的比重，图 18.3 显示出了总收入和总支出，两者之间的差即为联邦政府的盈余或赤字。

从图 18.2 中你可以看出有两个问题造成了联邦支出的上升。从 20 世纪 60 年代林顿·约翰逊（Lyndon Johnson）总统实施"大社会计划"(Great Society）开始，转移支付占 GDP 的比例从 5% 大幅提高到 11%。从

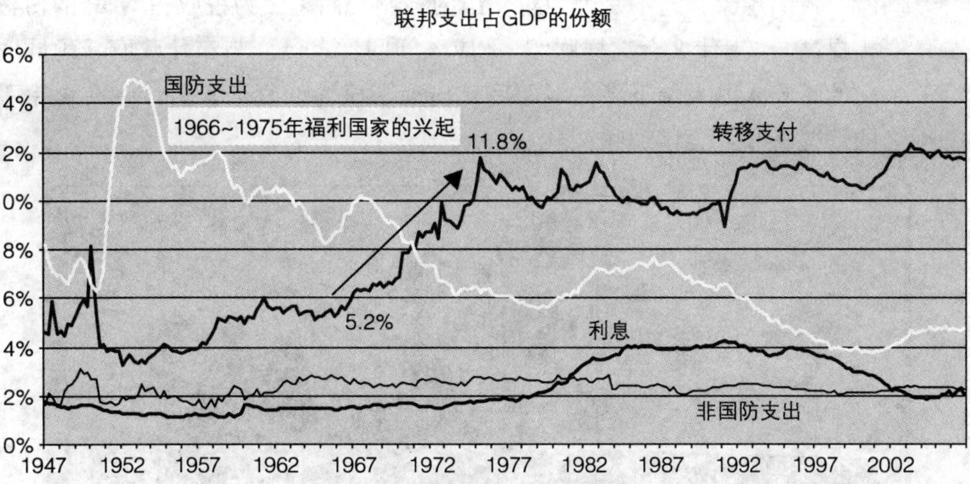

图 18.2　联邦支出占 GDP 的份额

图 18.3　联邦收入与支出

图 18.3 中你可以看出，在 20 世纪 70 年代中期之前，这一支出的上升是与税收收入的增加相匹配的，当时的税收稳定在 GDP 的 18% 左右。当不断上升的支出占 GDP 的份额与税收收入不匹配时，就造成了 20 世纪 80 年代里根政府的赤字，其结果就是偿债的成本上升了。随着 20 世纪 80 年代里根政府“大赤字”（Great Deficit）计划的实施，联邦债务的利息支付占 GDP 的份额从 1977 年的 1.6% 提高到 1991 年的 3.7%。近年来，不断下降的利率降低了联邦债务的支出费用，但你可以相信这一预测：在未来 10 年中，利息费用将会提高，既是因为利率会不断上升，同时也因为债务会不断增加。乔治 · 布什（George W. Bush）总统有他自己的“大赤字”计划，这在图 18.3 中显示得很清楚。幸运的是，布什政府的赤字消失的速度超过了

所有人的想象，这不是因为对支出的控制，而是因为税收占 GDP 的份额大幅提高。“为什么会这样呢?”你应该问问你自己。与布什政府减税同时发生的是收入的大幅下降，但随后就出现了显著的复苏。为什么在税率不变的情况下收入会增加呢?

资源来源：New York Times，8 June 2003.

18.2.1　州政府也在进行转移支付

州政府也在我们这些市民之间进行着转让收入的活动。图 18.4 描述了州和地方政府的转移支付以及联邦政府的转移支付占 GDP 的百分比。目前，这些转移支付占 GDP 的比例略低于 12%，但自 1975 年以来，这一比例一直在上升。

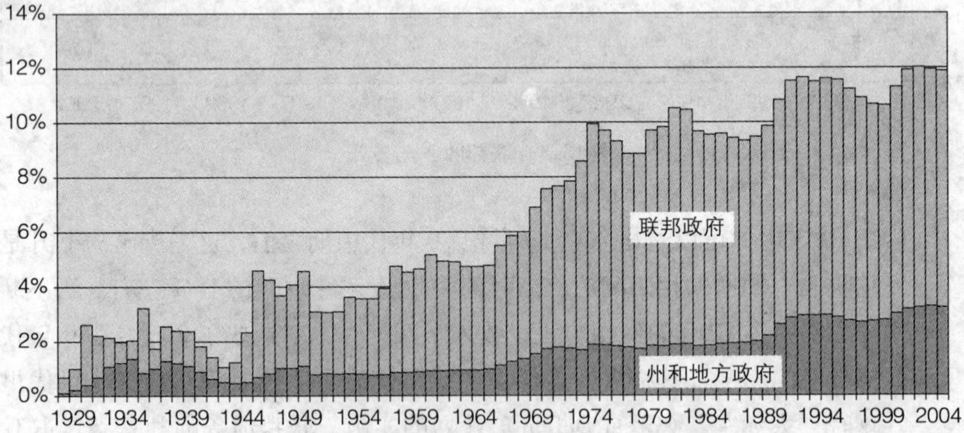

图 18.4　州和地方政府以及联邦政府进行的转移支付占 GDP 的份额

18.2.2　转移支付主要针对社会保障、医疗保险制度和医疗补助

有 3 个项目占了转移支付的绝大部分：老年人、遗属（survivor）和伤残人士的保险（社会保障）；由联邦政府负担的老年人医疗和补充医疗保险（医疗

保险制度)；由州政府负担的穷人的医疗保健（医疗救助)。当然，还有退伍军人的福利、食品券（food stamp）和许多其他计划。详情请见表 18.1。

表 18.1　2005 年政府的社会福利

行		金额（10 亿美元）	份额（%）	占 GDP 的百分比
1	政府社会福利	1484.0	100.0	11.9
2	针对个人	1480.9	99.8	11.9
3	联邦	1078.6	72.7	8.7
4	来自社会保险基金的福利	894.7	60.3	7.2
5	**老年人、遗属和伤残人士的保险**	512.3	34.5	4.1
6	**医院和补充医疗保险**	332.7	22.4	2.7
7	**失业保险**	31.8	2.1	0.3
8	州	31	2.1	0.2
9	铁路员工	0.1	0.0	0.0
10	联邦雇员	0.7	0.0	0.0
11	特殊失业福利	0	0.0	0.0
12	铁路退休	9.2	0.6	0.1
13	退休福利担保	2.7	0.2	0.0
14	退伍军人人寿保险	1.6	0.1	0.0
15	工人的薪酬	2.4	0.2	0.0
16	军队医疗保险[a]	2.1	0.1	0.0
17	退伍军人福利	34.8	2.3	0.3
18	退休金和伤残	32.4	2.2	0.3
19	重新调整	2.4	0.2	0.0
20	其他[b]	0.0	0.0	0.0
21	食品券福利	29.5	2.0	0.2
22	矽肺病福利	0.7	0.0	0.0
23	补充保障收入	33.5	2.3	0.3
24	直接补助	0.0	0.0	
25	勤劳所得的税收优惠	49.2	3.3	0.4
26	其他[c]	36.2	2.4	0.3
27	州和地方	402.3	27.1	3.2
28	来自社会保障基金的福利	17.2	1.2	0.1
29	暂时丧失工作能力者的保险	4.6	0.3	0.0
30	工人的薪酬	12.6	0.8	0.1
31	公共援助	364.2	24.5	2.9
32	医疗保健	315	21.2	2.5
33	**医疗救助**	303.9	20.5	2.4
34	其他医疗事项[d]	11.1	0.7	0.1

（续表）

行		金额（10亿美元）	份额（%）	占GDP的百分比
35	家庭援助[e]	18.3	1.2	0.1
36	补充保障收入[f]	5.2	0.4	0.0
37	一般补助	8.4	0.6	0.1
38	能源补助	2.4	0.2	0.0
39	其他[g]	14.8	1.0	0.1
40	教育	18.2	1.2	0.1
41	雇用与培训	1.1	0.1	0.0
42	其他[h]	1.5	0.1	0.0
43	针对世界其他地方[I]	3.1	0.2	0.0

资料来源：Bureau of Economic Analysis（Table 3.12）.

三大因素用粗体表示。

a. 由现役军人的家属在非军事医疗机构中的医疗费用构成。

b. 包括退伍费、退伍前最后假期的工资、调整后的补偿收益。

c. 主要包括非营利机构的工资、对学生的援助、向为退伍军人及其家属提供医疗服务的非军事医疗机构支付的款项。

d. 包括一般医疗救助和州儿童保健计划。

e. 包括对有子女需要抚养的家庭提供的援助，自1996年起，援助计划在《个人义务与工作机会协调法案》（*PersonalResponsibility and Work Opportunity Reconciliation Act*）的要求之下运行。

f. 1974年以前，包括对老年人、盲人、永久性彻底残障人士的援助，当时这些计划由联邦政府提供部分资金。

g. 包括对妇女、婴儿和儿童的食品补助计划支出，看护费用，收养补助，对非营利福利性机构的支出。

h. 主要包括退伍军人的福利、阿拉斯加红利（Alaska dividend）、对犯罪受害者的赔偿。

i. 包括联邦政府对世界其他地方提供的社会福利。1960年以前，政府为世界其他地方提供的社会福利包含在对世界其他地方的经常性转移支付（净）之中（表3.1）。

三大计划的支出占GDP的份额再加上失业救济（unemployment benefit）如图18.5所示。第一个转移支付计划是始于1938年的失业保险。第二个是1941年的社会保障计划。医疗补助计划（针对穷人）和联邦医疗保险（medicare，针对老年人）来的较晚，分别于1959年和1966年开始实施。

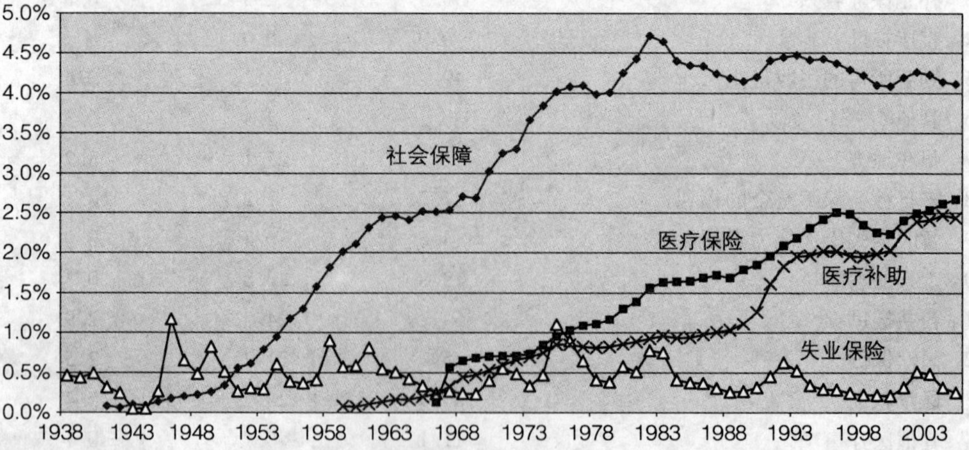

图 18.5　主要转移支付项目占GDP的份额

失业救济在衰退期间快速上升，但其占 GDP 的比重则一直显现出下降的趋势，2005 年只占 GDP 的 0.26%。社会保障支出从 20 世纪 50 年代开始上升，在 1982 年达到最高值，占 GDP 的 4.7%。医疗保健转移支付提高很快，现在已经超过 GDP 的 5%。

18.2.3 州政府不会追求赤字

图 18.6 描述了联邦政府及州和地方政府的收入与支出占 GDP 的份额。与联邦政府相比，州和地方政府的支出几乎与收入完美地平衡。它们在其法规的严格约束下按“现收现付制”（pay-as-you-go）运行。

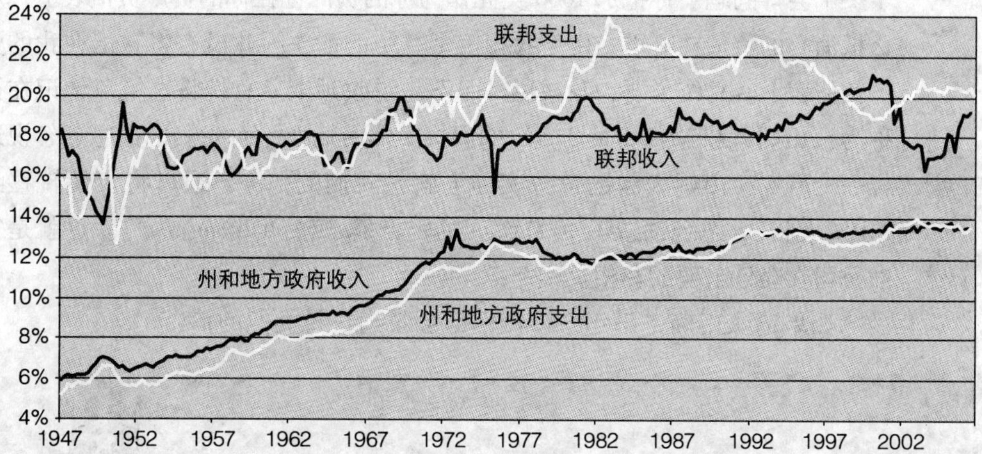

图 18.6 联邦、州和地方政府占 GDP 的份额

18.3 安然公司的会计丑闻：政府借款制造的幽灵资产

那么，联邦政府通过借款得到它需要的钱然后再支付给别人有什么错吗？答案在图 18.2 中。看看 20 世纪 80 年代利息支出的上升（占 GDP 的比例从 1.6% 提高到 3.7%）。不断提高的利息支出有助于理解这一点：没有支出的削减，就不可能有税收的削减，而只能是税收延期（tax postponement）。如果联邦政府的账单没有被当前税收收入支付，那么这些账单迟早是要支付的。政府用借入的钱来付账。但是这些钱不是从那些神奇的阔佬那里借来的，而是从你我手中借来的。而当我们向政府贷款的时候，我们希望得到回报。

因此，我们遇到了 64 万亿美元的问题：谁来偿还联邦政府的这笔债务？但愿不是我。我希望是你。

政府借款造成的问题来自于我们没有进行恰当核算这一事实。假设我应该纳税 1000 美元，因为我现在没有钱来支付这笔税款，因此我从你那里借了这笔钱。你把这笔钱作为资产记录在你的资产负债表上，而我将其当成我的负债，因为我知道如果我不把钱还给你，你会打断我的腿。这一交易不会创造净财富。我的负债恰好抵消了你的资产。另一方面，假设布什总统是我的好朋友，他对我说："爱德华，今年我将为你提供 1000 美元的减税。你工作非常努力，这笔钱是你应得的。"这对我来说太好了，但为总统造成了一个问题，因为他已经承诺要花掉这 1000 美元。他需要从别的地方得到这笔钱，因此，他找到你，要求贷款 1000 美元，你很客气地提供了。现在，我们遇到了一个会计问题。你把那 1000 美元作为你的资产记在你的资产负债表上，那么抵消它的负债在哪里？由于我相信了总统的话，因此没有将它记在我的资产负债表上。总统说要为我减税，而不是税收延期。总统将这笔负债记在被称为"山姆大叔"（Uncle Sam）的虚构实体的账上，而我们也很愿意忽视这样一个事实：山姆大叔的债务实际上就是我们的债务。通过将负债转移给"山姆大叔"，总统创造了 1000 美元的幽灵资产（phantom asset）。这就是安然公司在会计上要的花招。

如果记账正确，每年 5 月份你都会收到一封类似的信：

2003 年 5 月 1 日

亲爱的里默先生：

谢谢你及时支付这一年的税款，但我很遗憾地通知你，你缴纳的税款没有达到联邦政府支出要求你支付的份额。你还要缴纳另外 1000 美元。你可以选择现在支付，但也许你愿意将其添加到你应该缴纳的联邦债务份额中，当前的数额是 28000 美元。在决定现在支付还是添加到你的未偿债务中时，你应该记住，我们提供的借款条件是最优厚的，但与其他债务一样，你将不得不支付利息费用，最后还将不得不偿还本金。在这笔债务被偿还之前，它将影响你获得其他贷款（包括住房抵押贷款）的能力。

要想了解我们为你提供的借款条件，请访问我们的网站：http：//www. no_escape. gov。

你忠实的仆人

山姆大叔

18.4　联邦政府未偿还债务高得令人担忧

联邦债务的幽灵资产高达 6 万亿美元。图 18.7 显示出联邦债务的人均值，这一数值自 20 世纪 80 年代早期以来已经增加了 5 倍，当前为人均 28000 美元。当你计算你的净财富时，一定要将那一债务列在你的资产负债表上。实际上，我不打算将这笔债务记在我个人的资产负债表上，因为我正准备在“我们”提高所得税以偿还那笔债务之前退休。这真是逃避纳税义务的一种好办法！我们可以指望那些 55 岁以下的工人来偿还这些债务，这样也就为我纳了税。太谢谢你们了。

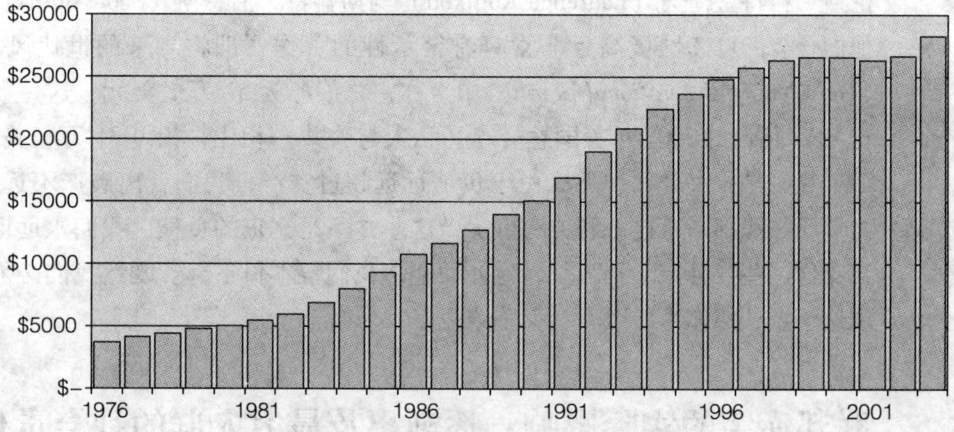

图 18.7　联邦人均债务

但是，事情可能不会这样糟糕。我们需要考虑政府的资产，同时也要考虑其负债。如果联邦政府借款来购置资产，如道路、医院或“人力资本”，那么山姆大叔的资产负债表就会平衡，并有义务用具有类似价值的资产来偿还欠下的债务。这样，将这些资产和相应的负债适当地转移到纳税人的资产负债表上就不会对纳税人的净财富造成什么影响。但是，如果债务只是用于财政转移支付或政府当前的运营，那么就会存在幽灵资产问题。我们都以为会由其他人来偿还这些转移支付，我们花起钱来大手大脚，其实我们并非那样富有。这样，我们就使储蓄率下降到一个不适当的低水平，当政府不可避免地需要提高税率来偿还债务时，我们就会措手不及。

根据经济分析局的说法，2001 年，政府建筑物的价值为 5 万亿美元，另外还拥有价值 1 万亿美元的设备和居住性建筑物。这样，政府的资产差不多抵消了 6 万亿美元的政府债务，因此我们的个人账户中的联邦赤字部分并不像我想象的那样严重。

再想一想。联邦政府还拥有一笔数额十分巨大的负债——对未来退休者的承诺。联邦政府记账的方式与私人企业记账的方式大不相同。拥有固定受益退休金计划（defined benefit retirement plan）的公司必须从当前收益中扣除一定的数额，这一数额应足以满足不断累积的退休负债。股票市场的崩溃对这些企业的退休资产造成了巨大的冲击，但大多数公司目前对收益率的估计十分乐观，而对其退休金计划的融资严重不足。但是，至少这些公司在努力。联邦政府根本就没有付出足够的努力来支持社会保障信托基金。根据彼得·皮特森（Peter G. Peterson）2003 年 6 月 8 日发表在《纽约时报》（*New York Times*）上的名为《赤字与功能失调》（*Deficits and Dysfunction*）一文称，没有资金支持的社会保障和医疗保险制度负债达到了惊人的 25 万亿美元。劳伦斯·科特里柯夫（Laurence Kotlikoff）与斯科特·伯恩斯（Scott Burns）在他们合著的可读性极高且非常具有警示性的著作《即将到来的世代风暴》（*The Coming Generational Storm*）中声称，总债务为 51 万亿美元。这一数值与 BEA 估计的 2001 年美国总资产（私人与公共）相比，相差 31 万亿美元。如果我们是一家公司，那么由于负债远远超过资产，我们就离破产不远了。当然，你我都知道这一痛苦的事实：这些并不是真正的负债。我们永远也不会支付这些社会保险和医疗保险补助金，我们根本付不起。既然我们必须承认这一点，那你为什么不多存些钱呢?

18.5　联邦赤字的实际影响：逐渐惠及最穷人群的社会责任

现在，我们已经拥有了说明罗纳德·里根总统和乔治·布什总统的“大赤字”计划实际影响的所有要素。是转移支付。巨额联邦赤字阴云严重抑制了国会实施更多转移支付计划的热情。里根政府国防支出造成的联邦赤字快速上升，而其减税政策遏制了由联邦政府支持的转移支付项目的增加。布什政府的赤字使其难以扩展医疗保险对穷人和老年人的覆盖范围，甚至使其难以履行其社会保障义务。随着联邦政府不再进行金钱的转移支付，这一职能留给了州政府，而州政府也发现这一工作不好做。《纽约时报》的马特·白（Matt Bai）说得好：

《纽约时报》2003 年 6 月 8 日，星期日

点点滴滴

作者：马特·白

……

> 减税将会中止流向联邦政府的收入，这恰好是保守者想要做的。他们的想法是，华盛顿的钱越少，它浪费的就越少。这意味着国会不能增加对州政府委托管理事项（mandate）的资金支付，而40年来国会一直在增加其对州政府的委托管理事项。例如，国会与州政府分担医疗补助、穷人卫生保健项目的费用，这会大量吞噬州政府的预算。由于华盛顿还没有决定为老年人提供处方药计划（prescription drug plan），因而这也就落到了州政府头上。另一个联邦政府项目——为智障儿童提供特殊教育——也占用了大量的预算。我们不要忘记最近颁布的法令——布什总统的《不让一个儿童落后法》（*No Child Left Behind*）并增加了国土安全支出——联邦政府已经将其转嫁给获得援助最少的地方长官。
>
> ……

尽管如此，你也无法理解布什在2004年竞选时的理念：将税收转嫁给地方使得政府的责任更大了。任何一个电视广告都不会声称：“布什总统，他分散了收入。”相反，布什总统会坚持认为他是有史以来减税最多的总统——如果其他的白痴要提高税率，你就会把他从办公室里扔出去。这充其量是不诚实。在最坏的情况下，它会创造出一个愤世嫉俗的社会，这个社会中的人们认为他们不必为任何东西付费，而他们选举的官员胆子太小，不敢告诉他们应该付费。

18.5.1　成为一个“成年人”

上面引用的马特·白的最后一句话（人们认为他们不必为任何东西付费，而他们选举的官员胆子太小，不敢告诉他们应该付费）是指一种十分严重且基本的冲突：政治上的充足性（Politics of Abundance）与现实中的稀缺性（Reality of Scarcity）。我们让市场来解决我们消费的大部分商品和服务的稀缺性问题。我们可能喜欢用钻石来打扮我们自己，用大量的食物填满我们的胃，并让个人健身教练来修复我们的身体，但我们所有人都无法做到所有这一切。我们没有足够的资源。因此，我们为每一种产品标上价格，让我们每个人来决定什么是真正重要的。你可能想得到钻石，而我则想吃大量的美食。然后我们会想到请个人健身教练。

对于政府提供给我们的产品来说，我们没有一种有效的机制来应对其稀缺性。我们选举那些在新高速公路开通剪彩典礼上拍摄照片的人。但当稀缺出现，高速公路由于车辆拥堵而成为“死路”时，没有哪位政治家愿意参加新建收费站的开始运营仪式并拍摄照片。我们不用价格来控制稀缺性，而是绝望地面对拥挤不通的道路，这些道路仍然被不恰当地称为“高速公路”。当西部电网公司（Western Grid）声称无法在固定费率下建立充足的发电产能来满足需求时，加州州长格雷·戴维斯（Gray Davis）正确地宣布，他可以通过提高费率“在 20 分钟内”解决这一问题，但他不打算对加州（不成熟）的选民这样做。相反，他采用了停电（blackout）和局部暂时限电（brownout）的做法。尽管我们再次选举格雷·戴维斯当州长，但当更好的选择出现时，我们很快就改变了主意。我们派“终结者”（Terminator，指“终结者”的扮演者阿诺德·施瓦辛格，他于 2003 年 11 月当选加利福尼亚州州长——译者注）到萨克拉门托（Sacramento，加州首府——译者注）去做我们希望政府做的事：不要谈论税收。给我们一些好东西，让其他人去付费。

医药可能是我们选举出的官员面临的最重要的问题。但是，州、地方和联邦政府完全没有能力对谁应该接受哪种医疗保健这一极端困难的问题做出决策。如果对这一问题缺乏控制，我们就能使用更好、更昂贵的药物、设备和治疗过程，但账单的金额越来越高。没有问题，我们选举出的官员会回应说，我们不需要提高税率，我们可以借钱。

18.5.2 对社会保障私有化的争论令我们难以理解

我们的经济体系的效率主要来自于这样一个事实：我们关于消费什么的决策是由私人而不是公众制定的。你的服装、住宅和食物是由你选择的。我不必参与你决定穿 T 恤衫和牛仔裤还是穿令你感到自豪的 Armani 牌服装的过程。那是社会保障私有化（privatization of social security）要面对的问题。这会在很大程度上使人们增加对退休后生活的个人控制和个人责任。但是，关于私有化的争论将我们引向了错误的方向。

赞成将社会保障私有化的政治家甚至许多经济学家都承诺，如果进行私有化，那么我们就会拥有一个美好的未来，利用美国 GDP 的很大一部分来照顾我们的老人是轻而易举的事。为了达到这种理想境界，我们只需要将退休基金从历史上回报率很低的债券转换到回报率高得多的股票上。

很遗憾，这是在胡说八道。私有化实际上对未来美国 GDP 没有任何影响。

从理论上讲，赞成私有化的理由一定依赖于下面 3 种观点：

1. 更好的投资：私有化将改善投资的选择，使经济增长更快速，在未来制造出一个更大的“馅饼”，以便退休者能够分得较多的一份。
2. 更多的储蓄：私有化将使“馅饼”更大，不是因为更好的投资选择，而是因为我们将储蓄更多。

3. 更少的争吵：私有化会将退休的责任从联邦政府转到个人，这样就消除了令人烦恼的关于退休者应在国民“馅饼”中分得多大一块的争论。

那么，我们应该选择哪一个？更好的投资、更多的储蓄，还是更少的争吵？

令人惊奇的是，我们选择的不是更好的投资或更多的储蓄。私有化真正的价值是它将福利（benefit）的决定因素从政治舞台中分离出来，结束了两代人之间早已存在且肯定会更加激烈的政治冲突。

大多数评论者都认为，私有化将会有效运转，因为它会使我们进行更好的投资。人们的讨论通常会从比较股票的收益率（10%）与债券的收益率（3%）开始。人们认为，如果我们允许将退休储蓄投入股票市场，那么我们就可以期盼储蓄的收益会大幅提高。这是一种错误的想法，它将个人和社会混淆在一起。回顾一下历史，选择股票的个人比选择债券的个人收益更高，但那并不意味着，如果所有人都转向股票，那么每一个人的收益都会更高。只有当我们共同对能够提高 GDP 的投资项目进行投资时，这种情况才会发生。如果我们以前进行了更好的投资，那么今天的 GDP 就会更高，我们就能够更加轻松地支付所有的退休福利。但是，这并不能成为社会保障私有化的理由，对不对？我们拥有一套先进的金融体系，它能够非常有效地将新储蓄在建筑、设备和研发之间进行配置。对于投资项目的选择并不十分依赖于企业是利用债务还是权益进行融资。因此，在私有化的情况下，经济将进行基本相同的投资，拥有大致相同的公司收益，以用于在债券持有者和权益投资者之间进行分配。金融资产从债券转向股票只会降低股票投资的收益，并提高债券投资的收益，恰好使两者的总支出保持不变。

尽管私有化并不会对美国储蓄的收益率产生多大影响，但美国的总储蓄有可能增加。这会是一件好事。毕竟，净私人储蓄现在接近0。如果我们不储蓄，我们就不会增加自己的资产，而我们的未来看起来也就没有什么希望，特别是当“婴儿潮”时期出生的人全部退休并要求福利的时候。

但是，私有化有一个真实、重要的好处。它解决了政府难以解决的收入分配问题。我们主要通过市场（private market）来决定收入在同一代人之间的分配，但我们通过政治范畴来决定你我为我们上年纪的父母的福利做出多少贡献。这就造成了两代人之间的冲突，现在这一冲突相对温和，只是因为老年人比年轻人更理解老龄化政治学（politics of aging）——有一个美国退休人员协会（American Association of Retired Persons，AARP），但没有美国工作者协会（AAWP），其中的“W”代表“工作者”（working）。

当“婴儿潮”时代出生的人退休后，他们的人数将会压倒一切，而对老年人的关注一定会提高。我们以前也遇到过这种问题。20 世纪 30 年代，加利福尼亚州拥有一群人数巨大、在政治上非常活跃的“老年”人口，他们投票赞成“火腿加鸡蛋”（Ham and Eggs）的倡议，该倡议声称为年龄超过 50 岁的所有人“每周四提供 30 美元”。这一慷慨的向老年人的转移支付是当时加利福尼亚州人均收入的 2 倍，在 1938 年，它吸引了 45% 的人投赞成票。

社会保障私有化的理由是什么：更高的效率还是更少的争吵？是更少的争吵。不要被股票市场的高收益承诺所误导。私有化肯定并非意味着所有人的投资更明智。关键问题是为我们所熟悉的——社会保障是个人责任还是公共责任？私有化会将退休计划从公共范畴中提取出来，将这一负担加在那些拥有最大个人利益的人（即未来退休者和他们的家庭）身上。

18.5.2.1 医疗保险制度急需私有化：一个老生常谈的话题

说到误导，曾经为社会保障私有化辩护的同一群人正在基于同样的理由（效率更高）而推动医疗保险制度的私有化。

《纽约时报》2003 年 6 月 9 日：

布什总统、国会中的大部分共和党人以及一些民主党人都认为，医疗保险制度不应该像向医生、医院和其他医疗保健提供者支付费用那样为处方药支付费用：用一个死板的、复杂的公式进行计算，而不太考虑当地医疗保健市场的情况。根据白宫前发言人纽特·金格里奇（Newt Gingrich）的说法，共和党人坚持认为医疗保险制度是过时的、陈旧的，因为它没有涵盖药物，而且因为它依赖于“命令—控制结构来控制成本”。

上一周在一次参议院会议上作证之前，金格里奇先生说：“我们即将迎来知识大爆炸，这将彻底改变我们对科学和人的身体的认识。”他说，在未来 20 年间，生物学和工业技术的突破将与整个 20 世纪的技术进步相当，而利用这些发现的最佳方式就是将医疗保险制度由政府垄断转化为各种保险计划在市场上进行竞争，这样老年人将拥有更多的选择。

“选择创造了竞争，而竞争会使价格下降。”金格里奇先生简明扼要地陈述了这一启迪了共和党人的大多数提案的哲学。

也许是吧，但我不这样认为，金格里奇先生。当然，竞争和效率非常重要，但更大的问题是不加限制地使用。我为你的父母和祖父母支付医疗保险账单，而你为我的父母和祖父母支付这些账单。由于你为我买单，所以即使是最昂贵的治疗我们也不会拒绝。你也一样。现在，我们将 GDP 的 14% 投入到医疗保健中，将 GDP 的 1% 用于生命的最后一个月。这些巨大的数字主要不是来自提供医疗保健时的无效率，而主要是由我们支付（或不支付）医疗保健的方式造成的。

因此，私有化的最大好处就是将最困难的决定（谁得到哪种类型的治疗、使用哪些药物）交给了市场。在私有化的情况下，不论是我还是我选出的代表都不会参与讨论你上了年纪的父母是否应该使用最新的、能够延长生命的药物。这一切都由你和你的家庭来决定。

依靠市场来决定谁享受或不享受医疗保健能够对一个困难的决策提供令人满意的解决方案，但不一定是公平或合乎道德的解决方案，因为它使得富人能够得到更多。这是否公平取决于市场对努力工作和偶然的运气提供多少奖励。对于我自己来说，我经历了一段非常难熬日子，在那段日子里，我认为迈克尔·乔丹（Michael Jordan）是一个比我更有价值的人。但我的看法并不重要。市场已经证明：迈克尔·乔丹的价值是我的 1000 倍，甚至更高。

那么，我们应该选择哪一个呢，是更高的效率、更多的公平，还是更少的争吵？

是更少的争吵。

19

CHAPTER

第 19 章 对外赤字与美元的价值：应该由中国负责吗？

不久之前，在研究美国商业周期时，人们还能够忽略美元的价值和对外赤字（进口超过出口的部分）而不会造成较大的误差。在 20 世纪 50 年代和 60 年代期间，国际市场对美国的影响非常小。进口占 GDP 的比例只有 4%，而今天这一数值已经达到 15%。对外赤字占 GDP 的比例从略高于 +1% 达到了今天的 -6%。世界上许多国家的汇率被政府牢牢地控制着。美国政府通过将每盎司黄金的价格稳定在 35 美元而维持着美元的实际价值，但现在每盎司黄金已经超过了 1000 美元。

美元价值的升高，部分原因是由中国大量采购以美元计价的美国资产造成的，中国的出口商品大量涌入美国，而更重要的是，美国经济的健康越来越依赖于中国的决策。

但是，这一问题主要是由美国自己造成的。我们让储蓄率下降到低得可怜的水平，而越来越依赖于外国人为我们的国内投资提供资金。在储蓄无法满足投资需求的情况下，我们能有什么选择呢？我们应该找到某种方法来消除这些投资机会吗？等一等，你可能会问自己：中国与美国的储蓄和投资有什么关系？为了回答这一问题，我们需要掌握一个重要的会计等式：经常账户 = 资本账户。

这一会计等式并不神秘。你肯定知道这一事实：如果你花的钱多于你赚的钱，你或者需要借钱或者需要减少存款账户中的余额来弥补这一差额。支出与收入发生在你的经常账户（current account），而借钱和从储蓄账户中提款发生在你的资本账户（capital account）。

如果你开始感到糊涂，那么情况只会变得更糟。这是经济学中最难以理解的领域之一。

19.1　重要的会计等式：经常账户 = 资本账户

让我们先解释一下外部交易（external transaction）。我们试图回答的是下面这个问题：我们送到国外的美元有多少？又有多少回到了美国？要记住，我们将美元送到国外出于两个不同的原因：购买外国的商品和服务，以及购买外国的资产。前者是“经常账户”交易，而后者是“资本账户”交易。

表 19.1 显示了 2000 年和 2006 年的经常账户余额以及这一期间的年化增长率（annualized rate of growth）。这一“经常”账户记录了所有的国际收支，包括购买或销售商品、在外国工作或在外国投资获得的收入。

表 19.1　贸易差额与经常账户（10 亿美元）：经济分析局

	（贷方为 +，借方为 -）	2000 年	2006 年	增长率（%）
1	**商品和服务的出口与收入**	**1421.5**	**2096.2**	6.7
2	商品与服务的出口	1070.6	1445.7	5.1
3	商品，国际贸易差额基础/2/	772.0	1023.1	4.8
4	服务/3/	298.6	422.6	6.0
5	美国军方销售合同下的转移支付/4/	13.8	17.1	3.7
6	旅游	82.4	85.7	0.7
7	客运费	20.7	22.2	1.2
8	其他运输	29.8	46.3	7.6
9	版税和许可证费用/5/	43.2	62.4	6.3
10	其他私人服务/5/	107.9	187.8	9.7
11	美国政府的杂项服务	0.8	1.2	6.6
12	收入进项	350.9	650.5	10.8
13	美国在外国拥有的资产带来的收入	348.1	647.6	10.9
14	直接投资收入	151.8	310.2	12.6
15	其他私人收入	192.4	335.0	9.7
16	美国政府收入	3.8	2.4	-7.6
17	员工薪酬	2.8	2.9	0.3
18	**商品和服务的进口及收益付款**	**(1780.3)**	**(2818.0)**	8.0
19	商品和服务的进口	(1450.4)	(2204.2)	7.2
20	商品，国际贸易差额基础/2/	(1226.7)	(1861.4)	7.2
21	服务/3/	(223.7)	(342.8)	7.4
22	直接国防支出	(13.5)	(31.1)	14.9
23	旅行	(64.7)	(72.0)	1.8

（续表）

	（贷方为+，借方为-）	2000 年	2006 年	增长率（%）
24	客运费	(24.3)	(27.5)	2.1
25	其他运输费用	(41.4)	(65.3)	7.9
26	版税及许可证费用/5/	(16.5)	(26.4)	8.2
27	其他私人服务/5/	(60.5)	(116.5)	11.5
28	美国政府的杂项服务	(2.9)	(4.0)	5.7
29	收入付款	(329.9)	(613.8)	10.9
30	对外国所有的美国境内的资产的收益付款	(322.3)	(604.4)	11.0
31	直接投资支付	(56.9)	(136.0)	15.6
32	其他私人支付	(180.9)	(334.6)	10.8
33	美国政府支付	(84.5)	(133.8)	8.0
34	员工薪酬	(7.5)	(9.4)	3.8
35	**单边转移支付，净值**	**(58.6)**	**(89.6)**	7.3
36	美国政府拨款/4/	(16.7)	(27.1)	8.4
37	美国政府退休金和其他转移支付	(4.7)	(6.5)	5.6
38	私人汇款和其他转移支付/6/	(37.2)	(55.9)	7.0
39	**贸易差额：(2)＋(19)**	(379.8)	(758.5)	12.2
40	**净收入支出：(12)＋(29)**	21.1	36.6	9.7
41	**经常账户：(35)＋(39)＋(40)**	(417.4)	(811.5)	ct

贸易差额（trade balance，进口与出口之间的差额）是经常账户的一部分。2006 年，我们购买了价值 28180 亿美元的外国商品和服务。这一数值被销售美国商品和服务获得的 20962 亿美元部分抵消，贸易逆差为 7585 亿美元。

正如你和我一样，当美国在商品和服务上花的钱越过它赚的钱时，缺口必须以某种形式进行填补。在外国投资的收入会有所帮助。表 19.1 显示出美国在这一科目中有 366 亿美元的盈余，896 亿美元的“单边转移支付”（unilateral transfers）赤字（包括美国政府的拨款，还包括在美国工作的外国人将钱汇回本国的部分）足以抵消这一盈余。

将贸易差额、收入进项以及转移支付加总起来就可以得到经常账户的赤字为－8115 亿美元。

经常账户：－8115 亿美元

贸易差额：商品和服务的净出口：－7585 亿美元

＋

来自外国的要素收入的净值

- 投资收入的流入与流出：366 亿美元
- 拨款、汇回和其他转移支付：－896 亿美元哎呀，8115 亿美元是一大笔钱。与你我一样，美国的经常账户出现赤字表明支出大于其收入，这一缺口必须通过降低外国储蓄账户（foreign savings accounts）余额或向外国贷款人借钱来弥补。这些是资本账户交易。表 19.2 显示出 2000 年和 2006 年的资本账户。表 19.2 中“美国在外国拥有的资产，净值（增加/资本流出（－））”为－10552 亿一项令人难以理解，它是指我们不是通过从外国“储蓄账户”中提取资金来弥补经常账户赤字（current account deficit）。实际上，我们的外国资产增加了 10552 亿美元。我们弥补经常账户缺口的方法是大幅增加我们的外国债务，总计达到 18596 亿美元。在这一总额中，4403 亿美元是外国官方持有的美国资产（foreign official assets）：想一想外国的中央银行。看一看最后一列，从中找出 2000～2006 年间增长最快的科目。又是它：外国官方购买的美国资产以每年 48% 的速度增长，2000～2006 年增长了 10 倍！我们将在后面继续讨论这一问题，但同时要记住：8115 亿美元的经常账户赤字中有超过一半可以被外国官方购买的以美元计价的资产抵消。我不知道为什么那些政府要购买所有这些资产。中国应该对此负责吗？

表 19.2　资本账户（10 亿美元）：经济分析局

	资本账户			
	美国国际交易账户数据 经济分析局 [10 亿美元]			
	（贷方为＋，借方为－）	2000 年	2006 年	增长率（%）
1	**资本账户交易，净值**	**（1.0）**	**（3.9）**	25%
2	**美国在外国拥有的资产，净值（增加/资本流出（－））**	**（560.5）**	**（1055.2）**	11%
3	美国官方储备资产，净值	（0.3）	2.4	
4	黄金/7/	–	–	
5	特别提款权	（0.7）	（0.2）	－18%
6	在国际货币基金组织中的准备金头寸	2.3	3.3	6%
7	外国货币	（1.9）	（0.7）	－14%
8	美国政府资产，除官方储备资产外，净值	（0.9）	5.3	
9	美国贷款及其他长期资产	（5.2）	（3.0）	－9%
10	对美国贷款及其他长期资产的偿还/8/	4.3	8.3	12%
11	美国外币持有额和美国短期资产，净值	（0.0）	0.0	
12	美国私人资产，净值	（559.3）	（1，062.9）	11%
13	直接投资	（159.2）	（235.4）	7%
14	外国证券	（127.9）	（289.4）	15%

（续表）

资本账户

美国国际交易账户数据
经济分析局
［10 亿美元］

	（贷方为 +，借方为 -）	2000 年	2006 年	增长率（%）
15	美国非银行机构报告的美国对非关联外国人的要求权	(138.8)	(83.5)	-8%
16	美国银行报告的美国要求权，不包括别处	(133.4)	(454.6)	23%
17	**外国人在美国拥有的资产，净值（增加/资金流入（+））**	1046.9	1859.6	10%
18	外国在美国的官方资产，净值	42.8	440.3	47%
19	美国政府证券	35.7	380.7	48%
20	美国国库券/9/	(5.2)	189.2	
21	其他/10/	40.9	191.6	29%
22	美国政府其他债务/11/	(1.8)	3.1	
23	美国银行报告的美国债务，不包括别处	5.7	22.0	25%
24	其他外国官方资产/12/	3.1	34.4	49%
25	在美国的其他外国资产，净值	1004.1	1419.3	6%
26	直接投资	321.3	180.6	-9%
27	美国国债	(70.0)	(35.9)	-11%
28	除美国国债外的美国证券	459.9	592.0	4%
29	美国通货	5.3	12.6	15%
30	美国非银行机构报告的对非关联性（附属）外国人的负债	170.7	235.8	6%
31	美国银行报告的美国负债，不包括别处	117.0	434.4	24%
32	**金融衍生品，净值**	**n. a.**	**28.8**	
33	统计误差（以上各项之和，负号相反）	(67.9)	(17.8)	-20%
	资本账户：(1)+(2)+(17)+(32)+(33)	417.4	811.5	12%

7 目前，美国财政部拥有的所有黄金都储存在美国

8 包括将外国债务销售给外国人

9 包括账单、凭单、可销售债券与票据以及不可销售的可转换债券与票据和不可转换的债券与票据

10 由美国财政部和进出口银行债务（未包括在其他地方）以及美国政府社团和机构的债券构成

11 主要包括与军事机构销售合同相关的美国政府负债，以及由外国官方机构安排的交易，参见表 5

12 由在美国公司股票上的投资和在私营公司以及州、地方政府债券上的投资构成

资本账户：8115 亿美元

外国人要求权的净累积

美国在外国拥有资产的增加（-）：-10552

外国人拥有美国资产的增加（+）：18596

金融衍生品，净值：288

统计误差：-178

表 19.1 和表 19.2 证明了“经常账户 = 资本账户”。2006 年，美国居民在国外花的钱比其挣的钱多 8115 亿美元，他们通过借钱和/或卖出资产来弥补这一缺口。最好记住这一事实。这一点很重要，但理解的人并不多。当我们的财政部长斯诺对中国抱怨美国在亚洲国家（特别是中国和日本）存在经常项目逆差（current account deficit）时，他也在抱怨中国和日本对美国的借款。他认识到这一点了吗？他是否认识到，从逻辑上讲，关闭经常账户而不同时关闭资本账户是不可能的？斯诺部长对中国的要求难道不是和找到你的债主并要求支付更高的利率一样吗？（斯诺部长的家庭作业：在外国对美国资产的需求不下降的情况下如何降低美国的对外赤字？我们在后面将给出答案。）

会计等式

经常账户 = 资本账户

如果这一点令你难以理解，神秘的中国幸运饼干（fortune cookie，一种夹层饼，其中夹有写着预言吉凶祸福或格言等的小纸片——译者注）可能会有所帮助：“你可以通过借贷走向幸福。”这比威廉·莎士比亚在《哈姆雷特》（*Hamlet*）第一幕第三场中提供的建议更有吸引力：

> 勿告贷于友也勿贷之于友，
> 因后者常致财友均失。
> 而前者乃豁费之首也。
> 最重要者：万勿自欺，
> 如此，就像夜之将随日，
> 你也不会欺将于他人。

19.2　决定美元价值和对外赤字的因素是什么？

外汇市场是决定美元相对于其他货币的价值的地方。当对美元的需求上升时，意味着以欧元、日元或比索计价的美元价格提高[1]。当卖方带着他们的欧元、日元、比索或人民币来到市场上兑换美元时，对美元的需求就产生了。当外国人到美国观光时，当他们想要购买美国的产品或资产时，这些外国人就购买美元。美元的供给来自于相反的交易，即美国公民到外国去旅游，或者购买外国的产品或服务。

在买卖美元和外汇的过程中，美元的价值就被决定了，商品和服务的交易量以及资产交换的交易量也被决定了。换句话说，通货的价值、贸易差额、经常账户和资本账户也被连带着决定了。我们需要理解这一过程。首先，让我们看一看汇率数据。

19.2.1 汇率

美元对德国马克和加拿大元的汇率如图 19.1 所示。对汇率的讨论令人难以理解，因为有时候汇率表述为 1 美元兑换多少外币（如图 19.1 所示），有时候又表述为每单位外币可以兑换多少美元。当评论员报告说汇率上升时，我们能用美元购买更多还是更少的东西？是什么上升：单位外币兑换美元数，还是 1 美元兑换的外币数？是汇率上升兑换的外币更多，还是汇率上升兑换的外币更少？如果我们讨论的是美国，我喜欢使用 1 美元兑换的外币数，因为这样的话，汇率提高意味着美元坚挺（或升值）（汇率上升兑换的外币更多）。但要特别小心，否则很容易犯错误。

图 19.1 美元对德国马克和加元的汇率

理解了图 19.1 中“汇率上升兑换的外币更多”后，我们就可以看出

① 同样令人难以理解的是，以美元计价的欧元、日元或比索的价格下降。

美元相对于德国马克的长期贬值，这意味着你的美元在德国购买的东西要少一些。这一长期趋势被 20 世纪 80 年代中期美元的短期升值和 20 世纪 90 年代末期的另一次升值所抵消。（德国的数据到 2001 年就中止了。你知道为什么吗？）

加元的故事有些不同。20 世纪 70 年代，美元与加元的汇率是 1:1，但从那时起美元开始长期升值，但绝大部分升值限于两个时期：20 世纪 80 年代中期和 20 世纪 90 年代末期，在这两个时期中，美元相对于许多货币都升值了。2002 年，美元达到顶峰，大约 1.6 加元兑换 1 美元。但从 2002 年起，长期的升值彻底结束了，我们又回到了 1 美元兑换 1 陆尼（loonie，加拿大发行的 1 元硬币）。

美国的其他贸易伙伴又如何呢？为了便于比较，图 19.2 中包含了加元和贸易加权美元（trade-weighted dollar，包括了全球的货币），其权重由各个国家与美国的贸易量决定。在这张图中你可以看出，美元在长期中总体的升值比对加元的升值更显著。

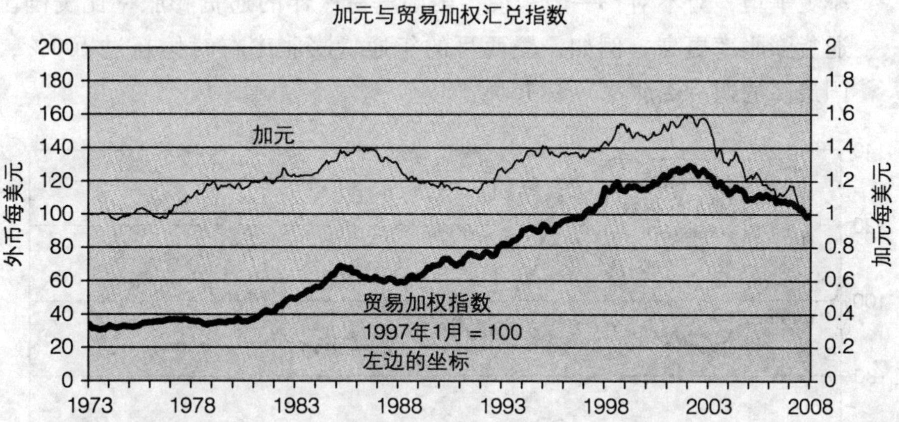

图 19.2　美元汇率

19.2.2　实际汇率

你是不是认为如图 19.2 所示的美元大幅升值意味着你可以用 1 美元购买更多的外国商品？你在墨西哥或其他国家买过东西吗？要搞清楚哪些是便宜货有些困难。你知道在美国购买同样的衬衫需要 40 美元，但在墨西哥城的橱窗里它的标价是 300 比索。买还是不买，这是个问题。如果汇率是 10 比索兑换 1 美元，那么换算成美元，这件墨西哥衬衫的价格就是 300/10 = 30美元。与回家后用 40 美元购买同样的衬衫相比，这笔交易很合算。最好是买下来。

在外国买东西的人需要使用 3 个因素来确定“实际汇率”（real

exchange rate）——在本国购买的价格、外国市场的价格、两种货币之间的兑换率。实际汇率并不仅应用于衬衫，还应用于在国际间进行交易的一篮子商品和资产。实际汇率是美国可贸易商品与外国可贸易商品的相对价格。

美元的实际价值 = **实际汇率** =（汇率：1 美元兑换的外币数）
×（美国价格水平/外国价格水平）
= **美国商品和外国商品的相对价格**

这一关于实际汇率的讨论传递出的信息是：图 19.2 所示的（名义）汇率并不是全球购物机会的良好指南，因为如果外国的通货膨胀率很高，则该图中显示的美元的明显升值实际上就可能是无效的（undone）。图 19.3 显示了名义美元汇率和“实际汇率”，它对美国与其贸易伙伴之间的通货膨胀率差别进行了调整。的确，实际汇率相当稳定，20 世纪 80 年代中期和 20 世纪 90 年代末期则显著提高。你知道为什么实际利率比名义利率更平坦，对不对？一般来说，美国贸易伙伴的通货膨胀率比美国国内的通货膨胀率更高。例如，墨西哥的年通货膨胀率有时候超过 100%，而美国最高的通货膨胀率只有 15%。

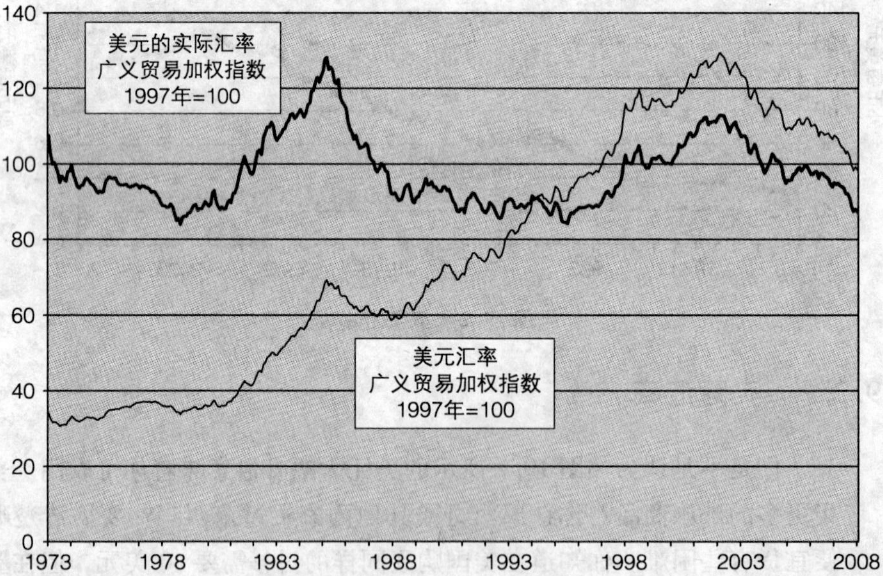

图 19.3 实际汇率与名义汇率

最好记住美元实际价值的两次最高值：1985 年 3 月的 128 和 2002 年 2 月的 113。那是购买进口葡萄酒和到国外旅游的最佳时期。随着美元的实际价值逐渐接近 1995 年的低值，现在不是到国外购物的好时机。我们也需要理解这些贬值和低谷。

19.2.3　美元的供给与需求

美元在 20 世纪 80 年代中期和 20 世纪 90 年代末期坚挺的原因是什么？一定是对美元需求的增加或供给的减少造成的。外国人对美元有需求是因为他们想要购买我们的产品和资产。在掌握了简单的供给与需求模型后，我们就可以开展少量的侦查工作，看一看美元的价值为什么在 20 世纪 80 年代和 90 年代上升。一条线索是美国在这两个时期都拥有经常账户赤字。外国人对美元需求的哪些增加以及美国公民对美元供给的哪些下降造成了经常账户赤字？

美元实际价值波动的原因总结在表 19.3 中，该表显示出了美元的变化方向、造成这种改变的美元供给/需求的变化、这种变化的根源、对经常账户的必然影响：赤字或盈余。表格的左边是造成美元升值的条件：需求较多或供给较少。这可能来自于经常账户一方：购买美国商品的美元需求增加或购买外国商品的美元供给减少。但经常账户的这些变化会因美国出口增加、进口下降而使经常账户出现盈余。如果波动来自资本账户一方（美国存在着重大的新投资机会，外国人需要更多的美元来购买美国资产，美国人需要较少的美元来购买外国资产）会怎么样呢？对美国资产净需求的增加会造成美元的升值，使得我们的出口品更昂贵，而进口品更便宜。没错，这就是我们寻找的赤字。美元价值的强劲上升再加上经常账户的赤字通常表明美国成为了一个具有吸引力的投资场所，或者缺乏外国投资。这是一种有益的赤字（good deficit）。如果你愿意的话，可以称之为“**淘金热**”。

表 19.3　美元的价值发生变化时出现的情况

	美元升值		美元贬值	
美元的供给与需求	需求较多/供给较少		需求较少/供给较多	
变化的来源	商品和服务	资产	商品和服务	资产
经常账户的反映	盈余	赤字	赤字	盈余

在外国人对美国的资产需求较低而美国投资者对外国资产需求强劲——换句话说就是“资本外逃”（capital flight）——导致美元疲软的情况下，资本账户一方的变化同样可以产生盈余。资本外逃会使美元的价值遭到侵蚀，同时，为了回应价格的变化，会造成更多地出口和更少地进口。这是一种有害的盈余（bad surplus）。

根据同样难以理解的逻辑，伴随着美元贬值而产生的赤字来自经常账户而不是资本账户，而且是疲软的症状：与外国的商品相比，美国的商品质量下降，全球的消费者都转向外国生产的产品。需求向外国商品的转移增加了对外国货币的需求，降低了对美元的需求，这造成了美元实际价值的下降。美元实际价值的下降使得美国的资产更便宜，而外国人的购买更多，这就重新建立了美元供给与需求的平衡。

经常账户收入的大量增加也可以造成顺差。如果美国生产了一种每个人都梦寐以求的新工具，那么美国公民就会削减其在进口上的支出，而将更多的钱花在美国的新工具上，外国人也会抢购我们的出口品。这就造成了美元的升值和外部顺差（external surplus）。

19.2.4 美国的赤字：好还是不好？

最重要的是：我们不应该因为称之为“赤字”就抱有偏见。

在我的微软同义词词典中，赤字有 4 个同义词：短缺、不足、缺乏、亏空。显然，这都不是我们所需要的。为了使用“赤字”一词，我们就需要接受重商主义者的观点：出口好，进口不好，就好像赤字是由于出口不足造成的。最好不要称之为“赤字”，而是称之为“贷款”（loan）。如果对收入的使用得当，贷款就是一件好事。

当美元坚挺时，就会出现有益的赤字，而当美元疲软时，就会出现有害的赤字。有益赤字的出现是因为外国人想要投资于美国，而只有当拥有经常账户赤字的时候，他们才能进行这种投资（别忘了：经常账户 = 资本账户）。伴随着美元强劲而出现的赤字是投资者对以美元计价的资产感兴趣的一种表现。当我们无法销售足够多的美国产商品以支付我们购买的商品时，就会出现有害的赤字，而（临时）经常账户逆差必须通过从外国借款进行弥补。当我们无法销售足够多本国产的商品时，伴随着美元疲软而出现的赤字因此就成为我们不得不降价的一个征兆。

拥有盈余还是赤字并不重要。

美元强劲好，而美元疲软不好。

那么美国的赤字又如何呢？是好还是不好？我们在描述美国赤字和美元价值的图 19.4 中可以看到两者的影子。1978 ~ 1985 年间，美元大约升值了 40%。在美元升值的这一期间，美国从外部收支平衡转变为拥有巨额赤字——这是有益的赤字，受到外国投资者对美国资产需求的推动，为动荡的世界中提供了一个避风港。1985 年之后美国资产的收益不断下降，使得实际汇率下跌，到 1992 年，对外赤字降低。但 1992 ~ 1995 年，随着美元价值的下跌，赤字——这是有害的赤字——不断增加，这是美国在全球制造业的领导者地位受到侵蚀的征兆。1995 年后赤字的扩大伴随着美元价值的升高，这再一次表明美国对外国投资者的吸引力，这次是因特网热中的网络公司带来的。

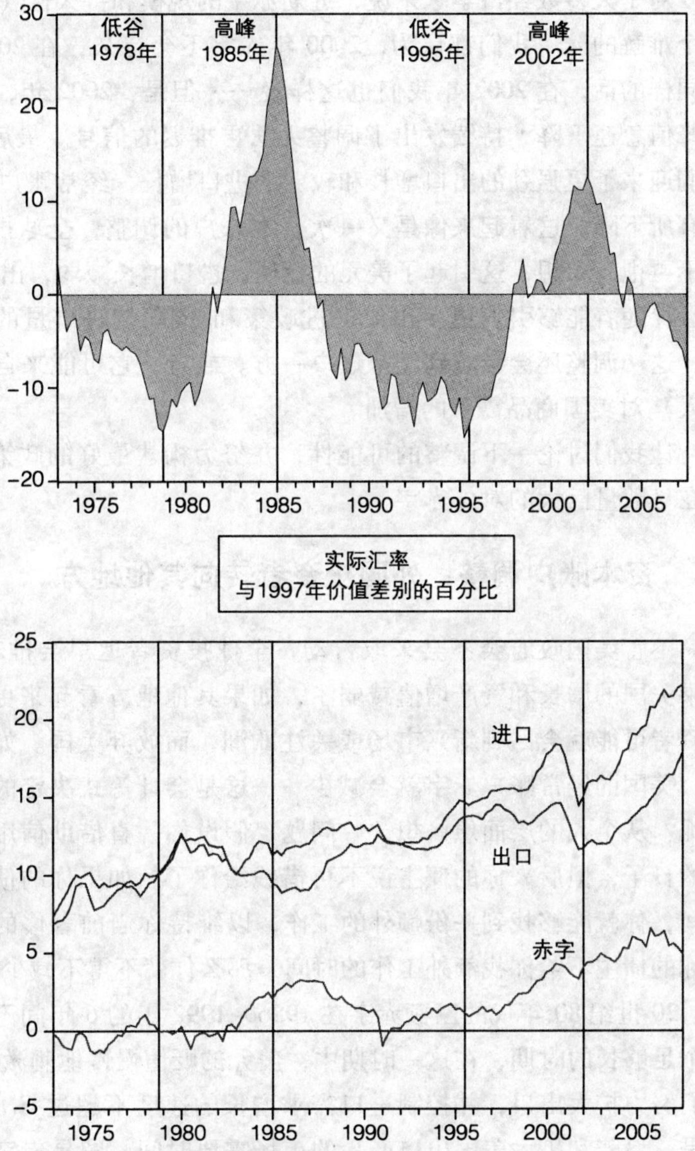

图 19.4　美元与赤字

19.3 如何消除美国的对外赤字？

对于大多数经济学家来说，近期赤字的规模和持久性（persistence）是一个难解的谜。我们都认为，2000 年赤字不会持久，在 2001 年我们也说了同样的话，在 2002 年我们也这样说……但是，2002 年，美元的价值从其峰值急速下降，持续发出了调整无法再推迟的信号。最后，在 2007 年，我们迎来了更强劲的出口增长和较弱的进口增长，经常账户在 GDP 中的比重有所下降。这看起来像是又一次资本账户的调整，全球投资者对美国投资不再抱有幻想，这引起了美元的贬值，进口增长减弱，出口快速增长。

伴随着能够引发更多出口促进政策和/或限制进口量的关税或数量管制，这一调整还会影响到经常账户一方。或者，它可能来自外国人（如中国人）对美国商品需求的增加。

让我们讨论一下调整的可能性，并努力构建最好的政策，以应对长久存在且数量巨大的对外赤字。

19.3.1 资本账户调整：外国投资者转向其他地方

不管美国政府会不会采取行动，全球投资者迟早会推动调整的发生。如果美国的增长和资产增值减弱了，如果其他地方看起来更好，那么全球投资者可能就会回到新兴市场或关注欧洲，而放弃美国。如果发生这一情况，美国的经常账户赤字就会减少——这是会计等式决定的。还会发生什么呢？从个人的层面想一想这一问题。假设你一直借助信用卡过着入不敷出的日子，但后来你的债主说不再借钱给你了。如果你的债主给予足够的时间，你就能够找到一份额外的工作，以维持你当前奢侈的生活方式。如果你的债主不给你找额外工作的时间，那么你就不得不减少这方面的支出。

20 世纪 80 年代的巨额赤字在 1986 ~ 1992 年的 6 年间不断减少。这是一个足够长的时期，在这一时期中，美元的贬值慢慢地刺激着出口的增长。我们努力扩大出口，并控制进口需求增长的速度不超过 GDP 的增长速度。但是，培养和扩大美国出口产品的市场需要时间，贸易赤字的快速调整只能在进口一方完成。在进口一方进行快速修正是一个痛苦的过程。如果我们不是自愿地减少购买沃尔玛超市中的那些进口商品，而且如果全球的债权人坚持，那么全球市场将找到一种方法迫使你做出改变。第一步是因美元的贬值而使这些进口商品更加昂贵。

美元价值的下跌使进口商品更加昂贵，这有助于减少美国的进口，但进口商品价格的响应不足以快速消除美国的赤字。对美元价值下跌的最初反应实际上会使赤字恶化，因为由于美元疲软，我们需要为进口的石油和其他产品支付更多。只有当进口数量的下降超过价格的上升时，经常账户才会减少。

更可能的情况是，如果全球投资者强调快速消除赤字，那么伯南克先生和美联储就会被迫通过收入效应（income effect）减少美国的进口——即借助提高利率的方法来保护美元的价值，但要忍受严重的经济萎缩。较高的利率将使我们面临价格上涨的压力，进口商品的价格更高，这会使美国的债券对于外国投资者来说更有吸引力，但要想在经常账户中造成8000亿美元的变动，利率可能要高到足以造成衰退的水平，到那时收入会下降，就业岗位也会减少。于是，我们就买不起所有这些进口商品。换句话说，在最坏的情况下，美国在2009年或2010年可能会面临1995年墨西哥出现的情况：高利率、增长缓慢或负增长、失业率上升，但贸易赤字减少了。这不是一个好的解决方案。

奇怪的是，看起来那些公费去亚洲旅游的财政部官员想要的正是这种结果。如果斯诺部长如愿以偿，中国停止维持其汇率并不再购买美国的国债，允许人民币围绕美元波动，会出现什么情况？如果突然停止，会发生什么情况？美国会不会出现严重的衰退？中国的增长会不会戛然而止？这是你想要的吗，斯诺部长？

19.3.2　资本账户调整：更多的美国储蓄

现在，我们能够解答前面为斯诺部长布置的家庭作业了：在外国对美国资产的需求不下降的情况下，美国的对外赤字如何能够减少？答案存在于会计等式中：更多的美国储蓄。如果等式中的储蓄一侧增加了，那么储蓄就可以为更多的美国投资提供资金，从而降低对外国借款的依赖。因此，斯诺部长不应该跟中国纠缠不清，而应该找到一些方法鼓励美国居民更加节省。这让我想起了20世纪70年代福特政府通过启动WIN（Whip Inflation Now，即“立即制止通货膨胀”）按钮来对抗通货膨胀。我们现在需要的是按下SAVE（Stop Avarice，Vanity，and Envy，即“不再贪婪、自大、妒忌”）按钮。但不要同时做所有的事情，那会造成衰退。让我们缓慢地增加我们的储蓄，并开始为我们的国内投资提供更多的资金。

19.3.3　经常账户调整：阻碍进口的壁垒

当我们的国会议员读到赤字的时候，他们从来没有想过利用税收的手段来鼓励储蓄，如平衡联邦预算赤字。他们不理解经常账户等于资本账户。

为了消除赤字，他们致力于经常账户，并威胁利用壁垒来阻碍进口，特别是来自中国的进口。这不是一个好主意。美国的商业政策，除了那些不恰当地阻碍储蓄的政策外，应该不是针对贸易赤字的。我知道，在关于贸易和工资的政策辩论中，贸易逆差具有很强大的修辞威力，但是，这是一种十分危险的修辞，因为就算是减少了赤字，收入不平衡（income inequality）的问题仍然会存在。

19.3.3.1 谁为不公平贸易买单？（贸易壁垒不会产生赤字）

美国政府官员通常假设赤字不好，并经常指责那些采纳“透明壁垒”（transparent barrier，如关税）和“不透明壁垒”（nontransparent barrier，如健康与安全法规）的外国政府，因为这些壁垒使美国的产品很难进入其市场进行销售。“我们需要一个‘公平的竞技场’来消除美国的逆差。”我们的政府官员这样认为。

尽管我们需要一个公平的竞技场，但它与对外赤字毫无关系。在此我布置一道微观经济学的家庭作业，我称之为“不公平贸易”（unfair trade）。假设日本位于一座山的顶上，而美国位于山脚下。假设日本的商品可以轻松地进入美国市场——他们只要把其产品放到滑道上，然后重力就会发挥作用。假设将美国产品拖到山上进入日本则非常困难。

问题：

（a）这些壁垒会造成美国的贸易逆差吗？
（b）谁承担将产品拉到山上进入日本市场的成本？

答案：问题（a）的答案是“完全不会”。贸易壁垒不会产生持久的贸易逆差。山顶上理性的日本人不会无限期地免费提供商品。美国将不得不为从山上滑下来的日本产品付费，并把美国产品拉到山上进入日本市场。

问题（b）的答案是“看情况”。它取决于日本需要多少美国产品，以及美国消费者需要多少日本产品。如果美国消费者对日本产品持无所谓的态度，那么日本人就要承担把美国产品拖上山的成本。用微观经济学的行话来说，供给和需求最缺乏弹性的经济体将承担大部分运输成本。

因此，对于那些贸易壁垒所针对的卖方来说，贸易壁垒并不一定不公平。例如，关于长期存在的加拿大向美国出口木材的争论导致美国向加拿大的木材出口征收关税。谁来支付这些关税？加拿大人认为，是他们在支付这笔费用，但我怀疑是美国的大部分住宅购买者正在为其新住宅中的木材支付更高的费用。美国的关税对加拿大木材厂获得的价格很可能没有什么影响，而美国的关税以更高的木材价格这种方式完全转嫁给美国的消费者。因此，赢家将是美国的木材厂和木材砍伐权（timber interest），因为它们的产品价格提高了。输家是美国新住宅的购买者。更糟糕的是，《伯德修正案》（*Byrd amendment*）指示将美国收取的关税交给美国的木材厂，以确保它们获得因美国消费者支付更高的价格而获得的全部利润（《伯德修正案》被 WTO 裁定为非法，但美国政府继续执行这一修正案）。

回到我们的核心问题。美国对加拿大木材设置的长期壁垒并没有造成或促成对加拿大的对外赤字。使得美国产品难以在日本、中国和其他亚洲国家销售的贸易壁垒并没有造成与这些国家之间的双边赤字。使得亚洲市场对美国商品开放的贸易谈判会使美国和亚洲都能受益，但对美国赤字却没有任何可察觉的影响。问题主要是因为美国的储蓄和投资不匹配造成的：我们需要借钱来为我们的投资提供资金，因为我们的储蓄不足。

20
CHAPTER

第20章 不动产价值的波动：你可以靠住宅为退休融资吗?

你拥有住宅吗？那可能是你最有价值的资产（除了你的毕业文凭和你的配偶之外，当然，顺序并不一定是这样的）。如果你拥有一所住宅，那么你可能还拥有抵押贷款。这是一种债务。住宅的市场价值与尚未偿还的抵押债务（mortgage debt）之间的差额就是你的住宅的净值，而这是你的“净值”的一部分①。

我们需要净值来为你的退休提供资金，同时为将来的贫困时期或无法控制的支出做好准备。你有足够的“净值”吗？我们所有人呢？我们是否已经积累了足够的金钱来照顾步入老年的“婴儿潮”时期出生的人？2001～2006年不动产价值增加了10万亿美元，你以为如何？这会有助于照顾我们的老人吗？（先透露一下答案：否。）

20.1 住宅的资产与负债

让我们首先对不动产的资产与负债有多大建立一种感觉。你的住宅的价值是你的收入的4倍还是8倍？抵押贷款是你的收入的2倍吗？你的信用卡中的余额是多少？是你收入的1%吗？你的这些比例可能与其他美国人的比例大不相同。

1995～2005年间，美国家庭（household）的资产和负债与个人收入的对比分别如图20.1和图20.2所示。家庭资产负债表的两侧都受到不动产的极大影响。在明细账的资产一侧，不动产是个人收入的2倍。抵消掉这一资产的是相当于个人收入80%的抵押债务。资产（当前已经超过个人收

① “净”（net）在此处是指“扣除”了债务。你还记得它在国民生产净值中的含义吗？意思不太一样。

入的 6 倍）中，权益资产的净值和不动产占据了很大一部分[①]（个人收入的 3 倍）。其他重要的资产是在银行和其他机构中的存款、耐用消费品和债券。负债（当前相当于个人收入的 120%）主要是住房抵押债务（个人收入的 80%）以及消费信贷（个人收入的 20%）。

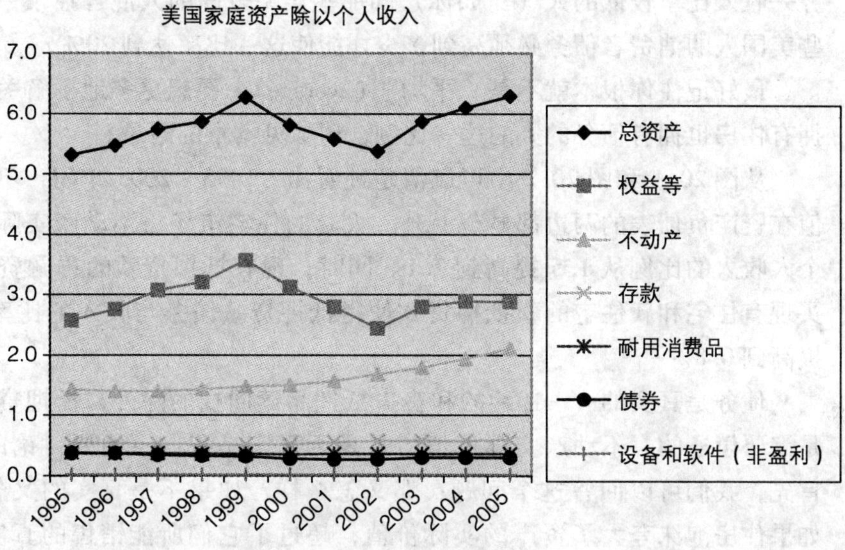

图 20.1　家庭资产

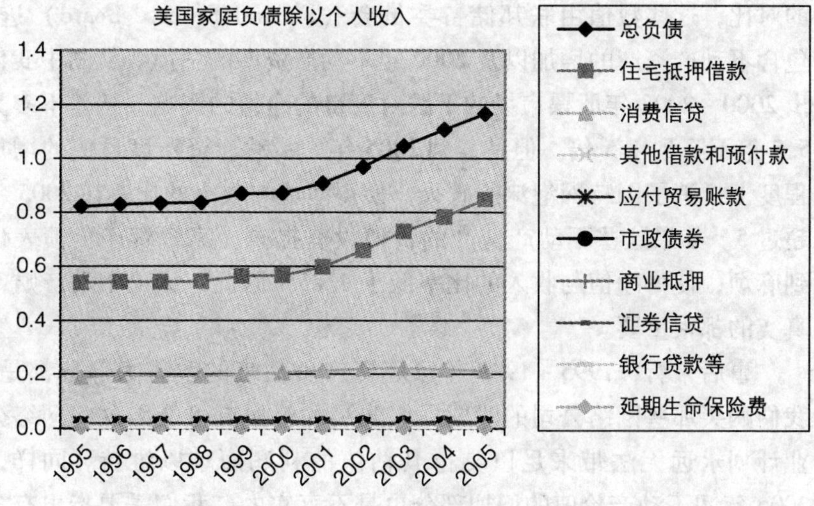

图 20.2　家庭负债

这些数字让你大吃一惊吗？如果你拥有一所住宅，其价值很可能超过你的收入的 2 倍，你的抵押贷款也可能超过你的收入的 80%。总平均值反

① 由个人和养老金基金准备金持有。

映出 30% 的家庭不拥有住宅，而许多拥有住宅的人在他们收入较低的时候就会为其住宅融资。

那么，你的信用卡债务和汽车贷款（消费信贷）又如何呢？它们是否像总平均值一样占你的收入的 20%？但愿不是。这一平均债务将消费者债务—收入比率较低的人（比如你）同那些比率较高的人混合在了一起。某些美国人的消费者债务必须高到多少才能使这一比率达到 20%？

最好记住你根本就不是“平均”（average）。要想更多地了解关于那些拥有住房也拥有债务的人的这一比例，请参见本章的附录。

从图 20.1 和图 20.2 中可以清楚地看出，1995～2005 年间，不动产价值在资产负债表的两边都显著上升。火暴的住宅市场将不动产实际价值占个人收入的比例从 1.5 提高到 2.1。同时，现有抵押贷款的再融资以及购买现有住宅和新住宅的新抵押贷款使得抵押贷款债务与收入的比率从 0.6 提高到 0.8。

债务是真实的——违约的和丧失抵押品赎回权的除外，抵押贷款债务是需要偿还的。不动产实际价值增长是否真实是我们下面要讨论的重点。首先，我们可以回答这个问题：那又怎么样？如果不是真实的又怎么样？如果住房泡沫夸大了资产的实际价值，超过了它们所能销售的真实价格，那又如何呢？图 20.3 显示了家庭净资产价值（household net worth）与收入的对比，这些数值由联邦储备委员会（Federal Reserve Board）进行度量，包含不动产资产的增加以及 2000 年不动产资产的估值。从图中我们可以看出 2000～2002 年股票市场的下跌对度量的净值的影响，从差不多为收入的 5.5 倍下降到 4.5 倍。但是，到 2005 年，不动产资产度量值的增加在很大程度上抵消了因特网泡沫的破灭，使得净值与收入的比率在 2005 年又一次超过 5。如果这些不动产资产的价值没有提高，家庭资产负债表仍然会遇到麻烦，使得净值与收入的比率低于 4.25。因此，无论不动产财富是否是真实的都很重要。

事后来看，1995～1999 年家庭资产负债表的改善大部分都是虚假的。我们购买那些网络公司的股票，但购买的价格有可能因这些网络公司的商业计划永远无法带来足以支撑其估值的利润而难以维持。同样，2000～2005 年间不动产价值的增加部分也是不真实的。我们需要指出有多大部分是虚假的。随着住宅价格的下跌，会有多少纸上财富蒸发掉？

20.2 在兑现之前不是真实的

不动产的价值是真实的吗？

图 20.3　住宅净值与个人收入对比

在住宅价格快速上升的时期，住宅所有者会穿上他们最漂亮的衣服去参加鸡尾酒会，人们的话题会不可避免地转向住宅，而住宅所有者也因他们超凡的智慧而感到自豪。2005 年和 2006 年，在美国和其他许多国家，这类聚会非常多。

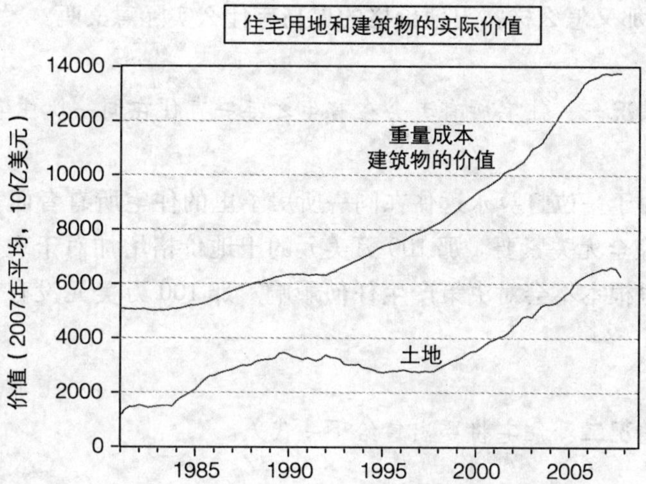

根据联邦储备委员会的资金流量账户①，居住性不动产的价值在 1999～2006年间增长了 1 倍，从 10 万亿美元提高到 20 万亿美元（这一增长大致相当于整整一年的 GDP）。根据同一资料，这一增长的大约一半来自于住宅的重置成本（replacement cost）的增加，另一半来自于建筑用地价值的增加。扣除通货膨胀因素后，土地的价值从 1999 年的 3 万亿美元上升到 2006 年的 6.5 万亿美元。

① 这些数据不太容易找到，但你可以在 http：//www.federalreserve.gov/releases/z1/中找到这些信息。

但是，3 万亿美元和 6.5 万亿美元只不过是计算机硬盘中的数字而已。这些数据准确地反映了实际财富的增长吗？美国 2005 居住性用地的价值“真的”超过 1999 年的 2 倍吗？在你家的院子里走一走，看看能否发现什么差别。你能感受到或嗅到或看到什么改善吗？景观改善了吗？离好学校更近了吗？那是实实在在的改善。但是，如果土地没有什么变化，那么为什么价格高出如此多呢？

有一个很好的问题能够帮助我们确定这一升值是不是真实的，或者只是硬盘中的一个数字：土地价格的提高能否在未来带来 GDP 的增长？真实的财富增加会提高未来的 GDP。这就是“更富有”的含义：未来比过去更好。真实的财富增加包括新设备、新办公大楼、新住宅和新的土地改善，所有这一切都有助于在未来创造更多的 GDP。但在 2001 ~ 2006 年间，绝大部分居住用地根本没有发生变化。这怎么可能增加未来的 GDP 呢？（提示：这可能需要将土地转化为土地提供的服务的“技术”发生改变。这一转变早就应该发生，但没有发生。下面会对这一问题进行更详细的讨论。）

为了说明这一点，我们可以看一看下面 3 种不同的情况。在每一种情况下，住宅所有者都听到她的邻居说：“我们的地块比去年上涨了 100 万美元。”那又怎么样？土地价格的提高有什么实际意义吗？

情况一：住宅所有者会在有生之年一直住在同一所住宅中。

对于一位打算永远住在同一所房子里的住宅所有者而言，住宅的“价格”完全无关紧要。那 100 万美元的土地价格增加对于现金流没有任何影响，也根本不会对决策产生任何影响。那 100 万美元没有带来任何实际的财富。

情况二：住宅将要出售给下一代人。

对于一个打算永远住在同一所房子里并将房子一代代传下去的家庭来说，总体来说，这个家庭没有因为土地价值增长了 100 万美元而获得财富的增加，但存在着两代人之间的转移支付。住宅所有者们应该将这 100 万美元的土地价值增加记在其账本上，但是这一资产应该恰好被年轻租赁者的资产负债表上的 100 万美元债务所抵消，因为他们将不得不更努力地工作赚钱以支付更高的价格。

当我们记录资产而不记录负债时，就会犯会计差错（accounting error）。我们会创造出“幽灵”财富，它会刺激我们花的钱越过我们的收人。美联储的资金流量账户只记录资产而不记录负债结果导致制造了这一错误。对于个体市民来说，情况肯定也是如此。住宅所有者记录下其财富（以居住用地的形式持有）的增长，但现在租房而在未来购买住房的人几乎没有注意到他们不断增加的负债。另一方面，如果这些租房者打算以永不购买住宅的方式规避这一债务，那么错误就会出现在资产方：住宅所有者记录下其住宅价值的增加，而这些价值增加永远也不会兑现。

这是一个 3.5 万亿美元的会计差错，看起来这是一个很大的数字，但与 50 万亿美元没有资金来源的联邦负债（社会保障和医疗保险）相比，这只不过是一个小数字。如果我们假设在我们变老后联邦政府会照顾我们，那么我们就会将它们记为资产，但不会将未来支付这些福利的税收记为负债。（再考虑一下这些资产真实与否这一问题：联邦政府承诺承担社会保障和医疗保险的成本在未来会增加 GDP 吗？）

通过鼓励我们花掉永远也得不到的收入，这些幽灵资产支撑着我们挥霍性的支出，而这很快就会使我们陷入困境。年轻人永远也不可能支付社会保障和医疗保险所需的所有税收，而且他们剩下的钱也不足以在如此高企的价格下购买那些住宅。如果我们摆脱这些呆坏账，那么结果将很明显。老年人得到的社会保障和医疗保险比他们想象的要少，住宅所有者在极高的价格下找不到其住宅的买主。如果这一切成为现实，那么我们将会看到，大批的美国老人居住在停放于公路旁边的陈旧的 SUV 车里。

情况三：住宅所有者打算离开这一地区，准备把其不动产卖给新来的移民。

要记住，实际财富的增加意味着未来会更加光明。为了让土地为光明的未来做出贡献，我们需要改变土地创造 GDP 的方式。一个好的例子就是“淘金热”。当在萨克拉门托的山上发现黄金时，随着勘探者蜂拥而至，城镇土地的价值就提高了，因为人们需要居住的地方。这样，城镇的土地所有者就部分地分享了黄金的价值。你能理解这种将居住用地转化成 GDP 的方式的改变吗？发现黄金后，土地就变成了提炼黄金的一种投入：矿工、淘金用的淘选盘、铁锹和居住地都是必不可少的。

顺便说一句，对于那些没有通过把不动产出售或租赁给勘探者而从淘金热中获利的当地住宅所有者而言，他们的财富没有增加。在兑现之前，它不是真实的财富增加。

现在我们已经拥有了思维的框架，那么在这 3 种情况中，那一种适用于 2000～2006 年居住用地的升值呢？不动产价值的提高属于下面哪种情况呢：（1）会计上的虚构，应该不会改变任何人的行为；（2）财富从租赁者手中转移到所有者手中；（3）美国财富的真实增长（未来的 GDP 更高），因为在未来外国人对美国居住用地的需求会增加①。

答案是：在很大程度上是（2），即财富从未来所有者的手中大量转移到当前所有者的手中，尽管数字不会这样巨大，因为大多数当前所有者永远也不可能以当前的价格（扣除通货膨胀因素）出售其不动产。下面我们将讨论价格是如何决定的，以及哪些因素使价格围绕其真实估值波动。

20.3 哪些因素决定了价格？哪些因素决定了住宅的价值？

20.3.1 租赁市场与所有权市场

在讨论住宅的价格与价值间关系之前，你还需要理解一个被记者和一些职业经济学家混淆的概念。谈到住宅时，有两种截然不同但又相互关联的市场：

- 租赁市场（rental market）：有一个居住场所市场，它决定谁住在每一所现有住宅中。
- 所有权市场（ownership market）：还有一个住宅所有权市场，它决定谁拥有现有的每一所住宅。

当听到“租赁”（rent）一词时，我们中的大多数人会想到公寓大楼，而当我们听到“住宅所有权”时，我们中的大多数人会想到单个家庭的住宅。但是为了理解我在这里提出的观点，你需要放弃这种想法。要时刻牢记这样一个事实：有很多供多家庭使用的建筑物，其中的一些单元或所有单元都由居住者所有（分户出售公寓大厦），还有很多供单个家庭使用的住宅，而其居住者是租用的。居住权（occupancy）和所有权（ownership）具有非常不同的属性。

在租赁市场和所有权市场中，都存在着一个价格和数量。租赁市场决定了住宅单元的市场出清租赁价格，使得对生活场所的需求等于可用居住场所的数量。所有权市场决定了住宅的市场出清价格，使得对住宅所有权/住宅投资的需求等于可获得住宅的数量。当建成一所新住宅时，在这些市场中都会增加一个单位。当一个家庭决定购买他们所居住的住宅时，租赁

① 家庭作业：降低利率会出现什么情况？更低的利率难道不意味着现有耐用资产的价值更高吗？

市场完全不会受到影响，但对住宅所有权的需求上升了。

如果有太多的高收入者争夺少量的生活场所，那么租金就会很高，而一些人将会因为高价格而被迫住在拥挤的寓所中（再想一想淘金热）。或者，如果建成了大量的新建筑，而经济增长不力，那么租金就会较低。当前寻找住所的人与可获得的住宅之间的平衡决定了租赁市场的价格。

与当前状况相比，所有权市场受到预期未来状况的影响更大一些。如果一个区域受到土地附加用途限制（zoning restriction）和法规的阻碍而制约了未来住宅的建设，而且如果当地经济增长预期将十分强劲，那么在租金上涨之前，人们就会争先恐后地拥有住宅，按月付款。既然如此，与当前的租金相比，住宅的价格就会较高。

从原则上讲，租赁市场会首先出清，对于可获得的各种住宅，人们会报出相应的价格。然后，这些住宅可以出售给潜在所有者，而这些潜在所有者在决定其报价时当然会考虑当前的租金，以及谁愿意为这些住宅支付更高的价格，而这些人在未来将会因为区域经济增长和/或缺少可用的建筑空间以及不利于增长的分区布局（antigrowth zoning）而得到较高的租金。

为了帮助你理解租赁市场和所有权市场之间的差别，请试着回答下面的问题：

生活场所的市场出清价格的单位是什么？是“美元”还是“美元/年”？

> 答案：是“美元/年”。这是租赁市场。如果你生活在租来的单元中，那么你会知道为了租这套住房的成本是多少，但如果你拥有自己的住所，那么仍然有一个“业主等价租金”，即你对这一住所收取多少租金。

所有权的市场出清价格的单位是什么？是“美元”还是“美元/年”？

> 答案：是“美元”，而不是“美元/年”。你支付50万美元买下了这所房子。

当你在报纸上看到住宅的供给创下新低时，它指的是哪个市场？

> 答案：所有权市场。报纸上这篇文章的意思是登记出售其住宅的所有者不太多，而不是说某种灾难摧毁了我们大量的住宅存量。

当你在报纸上看到加州修建的住宅不足以赶上人口的增长时，它指的是哪个市场？

答案：租赁市场。它实际上是在说未来的租赁数量预计会增加。

20.3.2 不要混淆租赁市场和所有权市场

我记得有一位房地产经纪人不久前劝我购买海滨的不动产，因为那里的土地是有限的，修建不了太多的房子，而且价格只会上升。同样的观点使很多人得出结论：因为加州“需要”更多的住宅，价格的任何提升都会被供给和需求证明是合理的，而且永远也不会出现投机泡沫。例如，《洛杉矶时报》在 2005 年 5 月 27 日（星期一）曾经报道说：

> “由于存货有限以及对新项目贷款控制严格，即使经济出现波动，该产业也不存在‘崩溃的风险’，Economy. com 的分析师斯蒂芬·柯克雷恩最近说道。”

这些想法反映出人们对资产价值的确定方式缺乏理解。它们揭示出租赁行为的无差异性，以及/或者对租赁和资产价格之间的联系缺乏理解。在因特网热期间，华尔街的分析家们犯了同样的错误，当时他们认为新经济改变了规则，使得公司收入与股票价格完全脱离。现在我们知道事实并非如此。如 2000 年和 2001 年的股票市场拙劣地告诉我们，当我们购买股票（资产）时，我们是在购买一种收入流。我们购买股票的价格应该反映出当前的公司收入以及对未来收入的理性预期。在当前和未来收入无法证明估值的合理性时，就会形成资产泡沫。对于住宅来说也是如此，当住宅的资产价格涨到天上、脱离租赁价值时，就会出现泡沫。但是，我们很快就会发现，住宅价格泡沫不会破裂。尽管在我们正在经历的 2007 ~ 2009 年住宅灾难中情况已经不同了，但名义价格几乎没有下降。

20.3.3 “博傻”会暂时将收入与估值分离

我们很容易忘记公司收入与公司股票估值之间的联系。实际上，许多投资者都是在进行“博傻”（survivor investing）：看谁更有智慧，看谁更有耐心，看谁技术更高。对他们来说，股票的价值就是其他人愿意付多少钱来购买它们。输掉这场游戏的是那些更大的傻瓜和最后进场的人。“博傻”是一种零和博弈，它能够将大量的金钱从输家手中转移到赢家手中。

20.3.4　“博傻”需要有一个好故事

当你打算购买一张没有内在价值的纸（除非其他人将支付更多的钱购买这张纸）时，你肯定不会问自己它的真实价值。你需要讲述一个有说服力的故事，说明为什么其他人愿意为这张纸支付更多的钱，这个故事将会改变你的这种想法。在我的一生中，没有哪个故事比新经济的故事更好了。这个故事令最荒谬可笑的商业计划吸引了数以十亿计的新投资，而且还支撑着一个新的投资类别：只有价格，没有收益。同时，在 1996 ~ 2000 年因特网热期间，令人尊重的标准—普尔 500 指数的市盈率达到了 40（如图 20.4 所示），而从历史上看，20 倍的市盈率就已经算高了。

图 20.4　标准—普尔市盈率

如果预期公司收入的超常增长能够持续，那么它就是解释高市盈率的一个很好的理由。公司的税前收入（以 2007 年不变美元计）如图 20.5 所示，该图采用了对数坐标，在这种坐标体系中，直线代表着不变的增长率。在公司收入曲线上，我画出了两条直线，代表收入增长的标准通道：趋势增长为每年 2.9%，这两条线分别位于其上下 10% 的位置。阴影区域为美国的衰退时期和因特网热时期。一般来说，在扩张期间，收入会快速增长，而在衰退期间收入则会急剧下降，在长期中增长率维持在 2.9% 左右，大致与实际 GDP 的增长率相同。

如果你的投资生涯始于 1992 年，那么在 1996 年你就会看到一幅非常不同的图景（如图 20.6 所示），该图表明“正常的”企业收入增长率为 10.4%，而不是在较长时期中的 2.9%。一个高得多的市盈率很容易被这种增长率证明是合理的，10.5% 的“新”增长率完全支持标准—普尔市盈率从 1982 年的 7.5 倍提高到 1993 年的 24 倍。

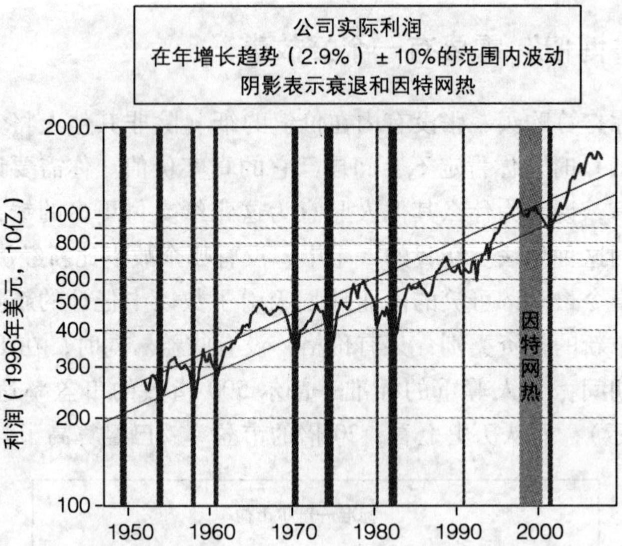

图 20.5　公司实际利润

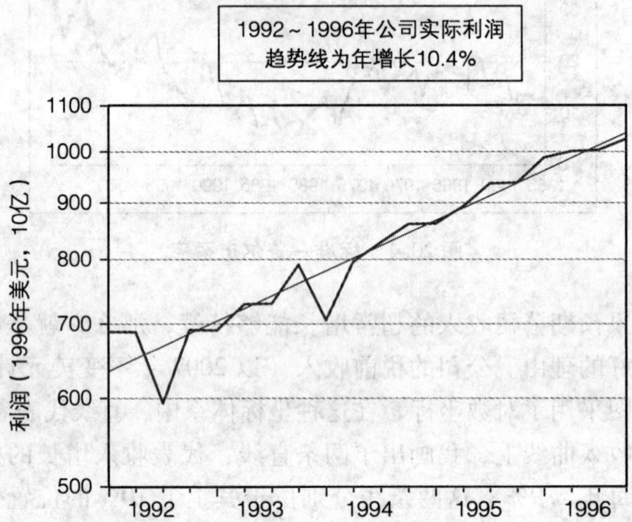

图 20.6　20 世纪 90 年代公司实际利润

但是，当 1997 年公司收入停滞在 8000 亿美元[①]时，新经济的增长惯性仍然使标准—普尔 500 指数上涨了 80%，从 1997 年第三季度的 824 点上涨到 2003 年第三季度的 1475 点。除非这些投资者知道一些有关未来公司收入的事情，而我对这些事情一无所知，否则这就是泡沫。

再看一看图 20.5。由于 2001 年出现了衰退，公司利润猛烈下滑，现

① 以当前美元计。

在，利润已经完全偏离了其正常范围。也许 2000 年的估值并不太糟糕！部分原因是因为公司收入的增长十分强劲，标准—普尔的市盈率开始从其最高值回落，与过去 50 年相比，它处于高位（如图 20.7 所示），但还没有彻底与历史经验相背离。

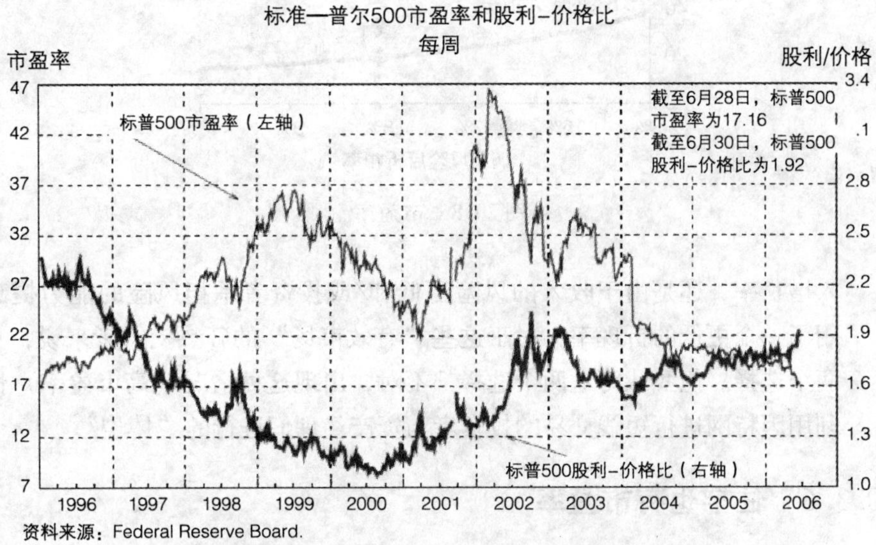

图 20.7　标准—普尔 500 指数表现

20.3.5　基本估值取决于收入的增长和折现率

首先简要介绍一下什么是基本估值（fundamental valuation）：如果你能完美地预测未来，对于一种能够年复一年地为你带来红利的资产，你应该付多少钱？我们需要追踪两个变量：收入的增长率和折现率（discount rate）。未来公司收入流的现值取决于收入的增长率，也取决于扣除风险因素后的折现率，折现率被用来将不确定的未来收入转换成今天的等值美元。图 20.8 显示了不同增长率下两个 100 年收入流的市盈率估值比率。上面一条曲线的收入增长率为 5%，下面一条曲线的收入增长率为 2.5%。20 倍的市盈率（如 20 世纪 60 年代标准—普尔的市盈率）适用于 2.5% 的收入流（在 8% 的折现率下进行估值）。在同一折现率下，5% 的收入流的市盈率为 34，这与 20 世纪 90 年代末期的市盈率大致相当。对于 2.5% 的收入流，如果采用一个较低的折现率（5.5%），你也可以得到 34 倍的市盈率。

许多学者都是“有效市场”（efficient market）学派的成员，这一理论假设：资产价值完全由基本面（fundamental）决定，而不是由“博傻”决定的。20 世纪 90 年代末不断升高的市盈率在这些学问者造成了争论：是收入更多了，还是折现率降低了？是全球化和新经济正在提高美国企业长期的收

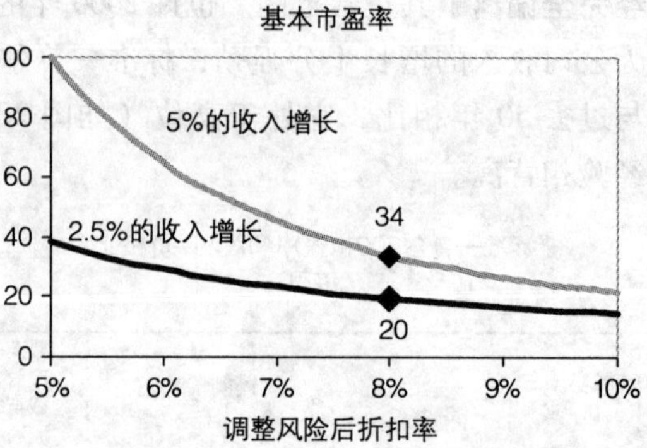

图 20.8　市盈率

入增长率，还是由于收入的风险更低和/或投资者承担风险的能力提高而采用了一个更低的折现率？对于这些“有效市场”的狂热支持者来说，只有这两个选择。但我认为这两个选择都不对，出现这种情况（高市盈率）恰恰是利用因特网进行短线交易的投资者与资产经理们进行的“博傻”。

20.3.6　住宅也有市盈率

在购买住宅时，你可能没有想到这一点，但其原理是一样的。你支付的价格应该反映出未来租金的现值。在购买住宅时，你应该像购买股票时一样在头脑中进行一些计算。问问自己：这一住宅每年可以获得多少租金。从租金中减去维修成本和不动产税，再用住宅销售者的要价除以调整后的租金，就可以得到市盈率，即价格与收入的比值。如果扣除维修与管理费用和不动产税后，价值 50 万美元的住宅每年可以获得 25000 美元的收入，那么其市盈率就是 20。

考虑到为住宅提供的税收优惠，住宅的高市盈率可以被证明是合理的。如果其他资产的价格同样被定高了（如债券收益和按揭利率较低），那么高市盈率也可以被证明是合理的。在预期增长率较高因而租金价值会快速提高的地区，住宅的高市盈率也是合理的，正如技术类企业的股票可以比汽车制造企业的股票具有更高的市盈率一样。但是如果你认为住宅价格与其潜在租金流能够长期分离，那就完全是在自欺欺人。

我知道，用这种方式进行思考很困难。与股票不同，投资于住宅没有季度收入报表。与股票不同，你的住宅的价格也不会每天被列示在《华尔街日报》上，这使得你可以以任何令你满意的价格记录在你的账本上①。

① http：//www. zillow. com 这一网站确实使你能够了解你的住宅的实时价值，但当形势越来越糟糕时，你并不是真的想知道，对不对？

难以理解资产价格与租金价值之间差别的人并不止你一个。1983 年之前，就连联邦政府也没有正确计算消费者价格指数（想一想，为了计算 CPI，我们是需要租赁价格还是需要资产价格？参见本章附录的讨论）。

股票市场的市盈率可以由于我们无法理解的原因而大幅提高，也会长期停留在很低的水平上。住宅也是如此，而且有过之而无不及。就住宅而言，我们得了严重的两极化病（bipolar disease），在疯狂购买和消极等待之间来回转变。在疯狂购买阶段，住宅的市盈率会一飞冲天，而在消极等待阶段，住宅市盈率会非常缓慢地降低下来，等候着下一轮的疯狂。

20.3.7　美国各城市的价格—租金比率

我不知道一直以来住宅和公寓的市盈率是怎样的。有些数据会为我们提供帮助。公寓大楼没有市盈率——它们有“资本化率”（capitalization rate），这让我们有些糊涂了。资本化率是租赁收入扣除成本后除以公寓大楼的市场价值所得到的比率。这只不过是收入—价格比率（E/P ratio）。不管分子和分母是否颠倒（“资本化率”的倒数就是“市盈率”——译者注），它所揭示都是一样的。

图 20.9 显示了 2000 ~ 2004 年间 5 个最热门市场和 5 个最冷门市场中的价格—租金比率。采用的价格为中间销售价格（median sale price），而租金是每平方英尺的平均价格乘以 1500 平方英尺。这可能不是度量市场过剩（market excess）的完美指标，但它们似乎讲述了一个正确的故事。5 个冷门市场价格—租金比率徘徊在 10 左右。热门市场的这一比率从 10 开始，然后翻了一番，达到 20。为什么在某些市场价格—租金比率可以提高 1 倍，而在其他市场又没有变化呢？西棕榈滩（Palm Beach）、橙郡、休斯敦、诺福克和印第安纳波利斯之间有什么差别呢？

我知道你对用一个地区公寓的租金来度量住宅租赁价值感到厌烦，但请记住，公寓租金的快速上升是经济增长超过可用住宅存量的一个症状。这种经济增长应该对所有者居住的住宅的隐含租赁价值产生类似的影响。但是，布丁的好坏只有尝过才知道。

计算这些价格—租金比率的要点是设法搞清楚在即将到来的修正中哪些市场下降幅度最大。因此，让我们看一看表 20.1，该表是根据美国住房企业监督办公室（OFHEO）计算出的这 10 个市场的住宅价格指数编制的。第一列数字显示了自 1999 年第一季度到住宅价格达到顶峰这一期间价格的上升幅度，第二列数字显示了随后出现的下降（到 2007 年第四季度）。最热门的市场的下降幅度非常显著，我们以后再详细讨论这一问题。最冷门

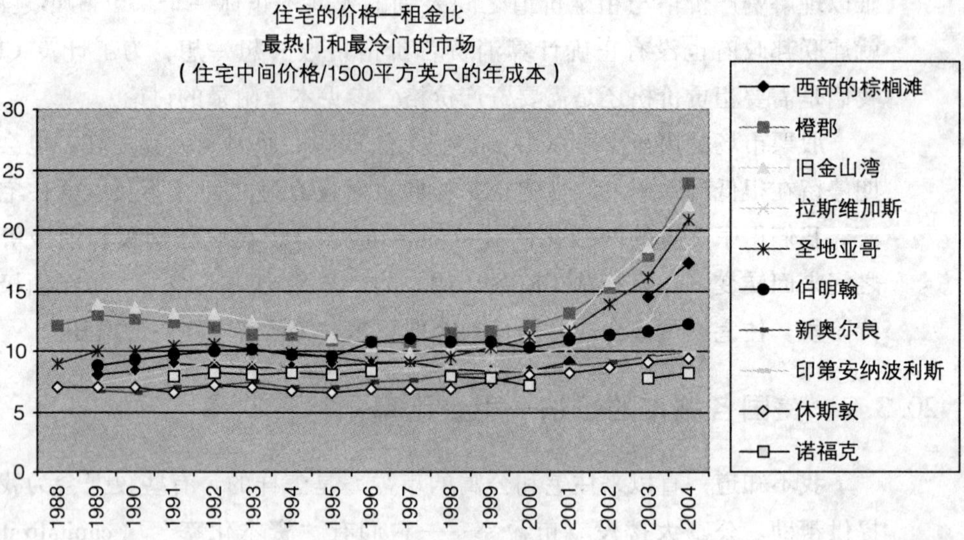

图 20.9　市盈率

的市场几乎没有下降，只有一个城市出现了轻微的下降。因此，价格—租金比率具有预测的价值！

表 20.1　最热门与最冷门市场的价格

	1999 年第一季度至住宅价格达到顶峰期间价格的上升	到 2007 年第四季度价格从最高值下降的幅度
最热门的市场		
佛罗里达州西棕榈滩—伯克莱顿—博因顿海滩地区	163	-10.9
加利福尼亚州圣安娜—阿纳海姆—欧文地区	156	-6.2
加利福尼亚州旧金山—圣马特奥—雷德伍德市	94	-2.2
内华达州拉斯维加斯—天堂地区	126	-6.0
加利福尼亚州圣地亚哥—卡尔斯巴德—圣马科斯地区	137	-8.1
最冷门的市场		
阿拉巴马州伯明翰—胡佛地区	47	0.0
洛杉矶新奥尔良梅泰里—肯纳地区	66	-0.3
印第安纳州印第安纳波利斯—卡梅尔地区	25	0.0
得克萨斯州休斯敦—糖城—贝顿	45	0.0
弗吉尼亚—北卡罗来纳州弗吉尼亚海滩—诺福克—纽波特纽斯	126	0.0

20.4　非常不完美的所有权市场的一些事实：价值与价格之间持久存在的缺口

住宅价值的基本分析是一项非常复杂的工作，制定销售价格的人和进行讨价还价的人几乎对市盈率都一无所知①。那么是什么决定了住宅的价格呢？估价的过程是故事的一部分。买家与卖家的荷尔蒙也发挥着作用。但在长期中，潜在购买者会多考虑一些他们从出租同一所住宅中能获得多少租金，因而市盈率会发挥作用。

20.4.1　住宅价值评估：鲍勃价值 100 万美元的领带

这个故事有助于我们理解为什么住宅市场的势头非常重要。银行里决定你是否能够获得贷款的估价师根本不考虑当前的价格能否持续。他们完全忽视不动产的租赁价值，而是利用“可比”（comparable）销售来评估住宅的价值。听一听这个故事吧。

上周上班的时候，我发现自己非常羡慕鲍勃的领带。我出价 5 美元要买下来，这使鲍勃很生气。于是我将报价提高到 10 美元，然后又提高到 100 美元，最后提高到 100 万美元。在这一价格下，鲍勃终于答应把领带卖给我。拉里一直在听我们的对话，他暗中将自己的领带同鲍勃的领带比较了一下。当然，拉里认为自己的领带比鲍勃的领带值钱得多。太好了，拉里想，现在我拥有了一条价值 100 多万美元的领带。由于需要钱来支付他和朋友去拉斯维加斯的旅费，拉里到他的银行经理那里去贷款 100 万美元。银行经理面带戏弄的神情看着他说：“一般来说，这种贷款需要一些抵押。”“没问题，”拉里答道，“我这条领带值 100 万美元。”银行经理认为他的话太奇怪了，但决定幽拉里一默：“好吧，我们需要对它进行估值。”令银行经理吃惊的是，估价师发现了一笔“可比交易”，因而对这条领带估值 100 万美元。拉里得到了贷款。

当然，除非拉里能够找到另一个像我一样愚蠢至极的人愿意花 100 万美元购买他那条荒唐的领带，否则他很快就会遇到麻烦。

① 要想了解基本估值的繁重工作，请参见 Gary Smith and Margaret Hwang Smith, “Bubble, Bubble, Where's the Housing Bubble,” Brookings Panel on Economic Activity, 30 - 31 March 2006. 作者得出结论：“这些数据指出，在这些城市中，当前的住宅泡沫实际上并不是泡沫，因为在一系列看似正确的假设下，以当前市场价格购买一所住宅仍然是一种非常有吸引力的长期投资。”（实际上是一种非常糟糕的短期投资，价格的崩溃说明了这一点。）

20.4.2 荷尔蒙与住宅：是数量周期而不是价格周期

估值过程是问题的一部分，问题的另一部分是我们与自己的住宅之间密切的个人关系。

与其他投资一样，住宅也有繁荣时期和疲软时期。与其他投资不同的是，住宅的价格很难向下调整。销售量上下波动，但价格几乎总是上涨。估值过程（这必然是一个回顾的过程）是原因的一部分，但最大的问题是“喜爱”和“妒忌”。对自己住宅的喜爱以及对邻居销售价格的妒忌使得住宅所有者极不愿意在市场疲软时出售，这在极长期中维持了不切实际的高价，造成销售量的大幅下降。

图 20.10 描述了 1973 年至 2008 年 3 月间美国 4 个地区的新住宅销售情况，阴影表示美国的衰退。每一张图中都有一条趋势线和位于趋势线上下 20% 的两条边界线，它们可以用来确定销售量何时比正常水平高 20%，何时比正常水平低 20%。请注意，南部（2005 年建成 638000 套住房）建造的住宅最多，紧随其后的是西部（356000 套）和中西部（203000 套）。排在最后的东北部（81000 套），那里可以建造单户家庭住宅（single-family home）的地点非常稀少。

在除东北部之外的所有地区，2000 ~ 2005 年火暴的住宅市场都将新住宅的销售率推到 +20% 趋势线之上。住宅市场的上一次繁荣出现在 20 世纪 70 年代，当时，除东北部（又是东北部）以外所有地区新住宅的销售都超过了 +20% 的趋势线。20 世纪 80 年代初，住宅市场陷入双谷衰退（double dip recession，即首次经济衰退后出现一次短暂的复苏，然后再度出现衰退——译者注）之中，4 个地区的销售量都降到 -20% 趋势线之下。

在图中所示的另外两次衰退中（1990/1991 年和 1975/1975 年的衰退）也出现了显著的销售量下降。图中销售量没有低于正常销售范围的唯一一次衰退是 2001 年的衰退。

从 2005 年末直到 2008 年 3 月（图中显示的最后时期），所有地区的销售量都骤然下降，降到了 -20% 趋势线之下。在我写这部分内容时，官方还没有正式确认衰退，但住宅已经非常明确地发出了衰退的警报。

对新开工住宅的调查为我们提供了一幅不大相同的住宅周期图景，如图 20.11 所示，它采用的时间序列更长，而且还包括了单户住宅和多户家庭寓所。在 4 个地区中，有 3 个地区住宅单元（housing unit）的建设没有明确的趋势，剩下的东北部呈下降的趋势。仔细看一看这些图形。20 世纪 90 年代住宅的增加非常缓慢，更像是一架波音 747 在正常飞行，而不像火箭升空，与以前扩张时期的“火箭发射”有很大差别。但自 2005 年起，

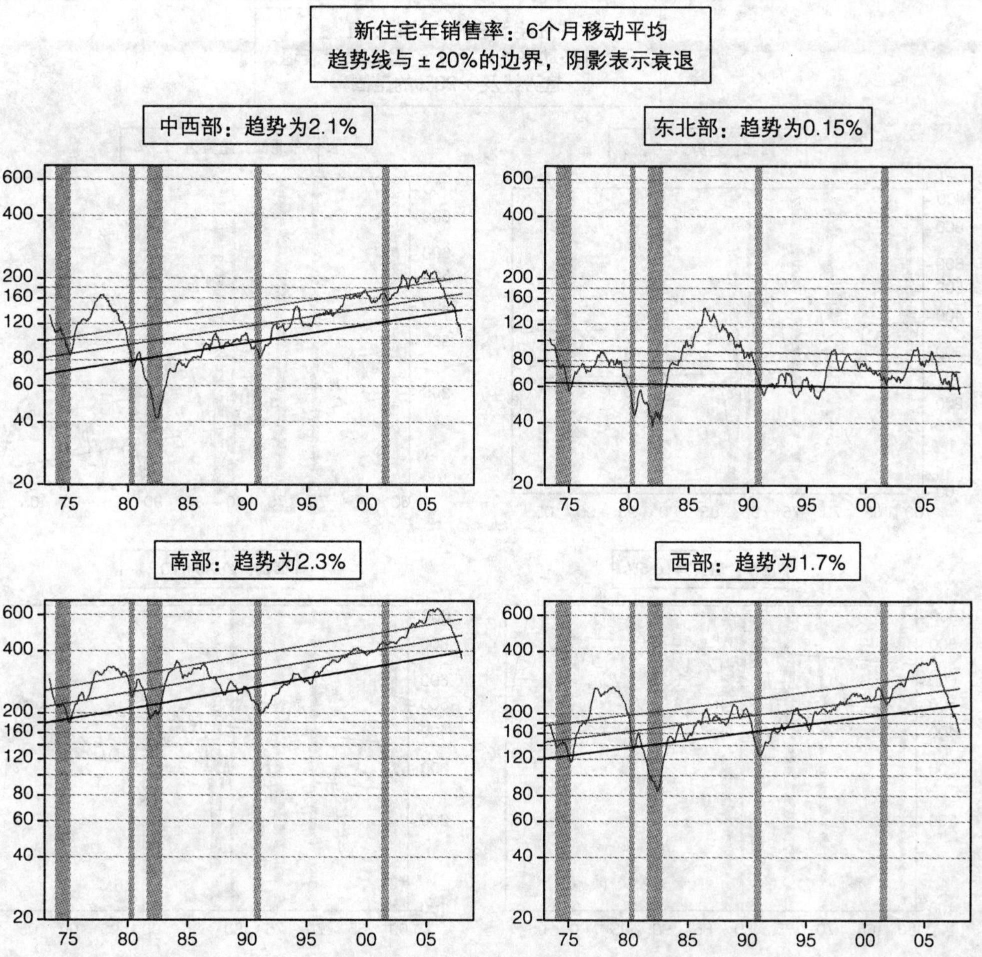

图 20.10　按地区划分的新住宅销量

我们的“波音 747”像一块石头一下掉落下来。除了东北部以外，2008 年初住宅开工率远低于 -20% 的边界线，而且还有可能继续下降。这看起来是 20 世纪 80 年代出现的第二个低谷。太糟糕了。

不用担心，你想道。能否卖掉你的住宅才是最重要的。销售量对你的房地产经纪人和你的产权公司（title company，也称托管公司，交易过程中在买卖双方之间充当中立第三方的服务公司——译者注）来说很重要，但对你来说并不重要。面临风险的是他们的工作和收入。对你来说，重要的是价格。听说价格上涨了 1 倍你肯定很高兴，不妨再买一辆 SUV 车庆祝一下。对不起，最好再考虑一下。住宅的价格也会变化，但与销售量的变化方式不同。价格会随销售量而变化。请记住：“先是数量变化，然后是价格变化。”还要记住：数量周期比价格周期更加极端。如果你希望使问题简化一些，就可以说：“这是一个数量周期，而不是价格周期。”

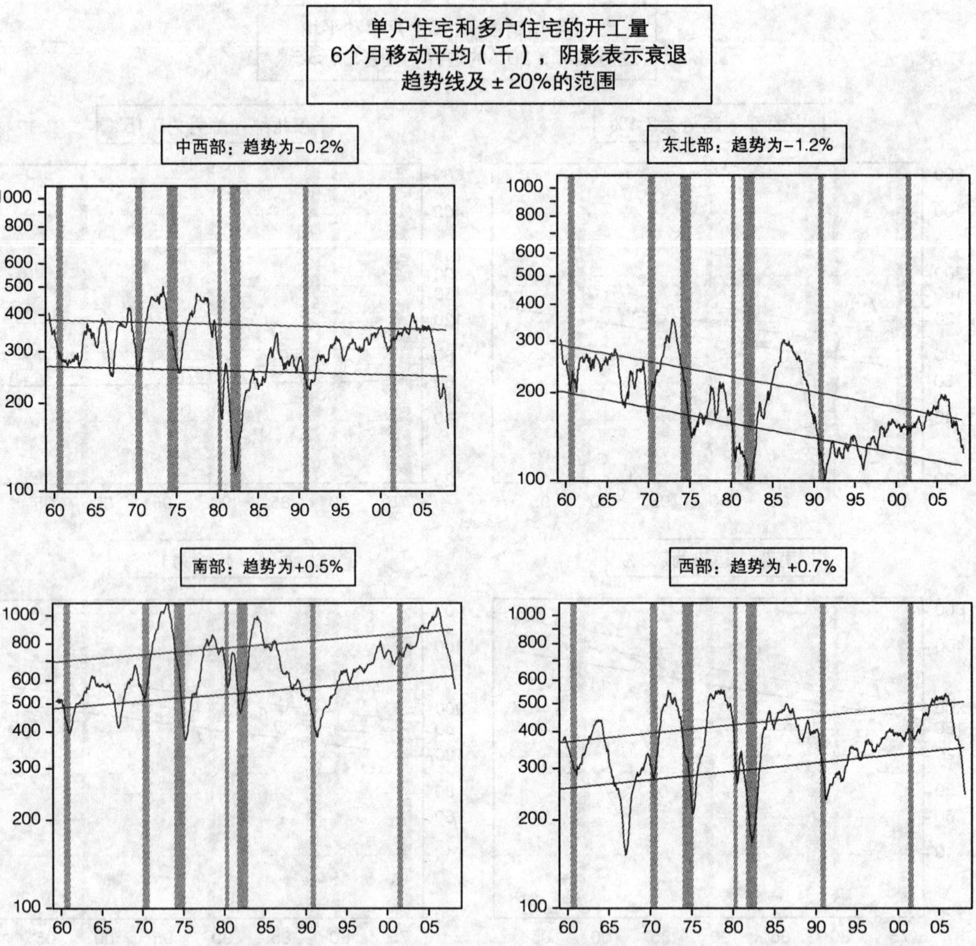

图 20.11　单户住宅和多户住宅的开工量

图 20.12 显示了在相同的 4 个地区新住宅的实际销售价格，以及趋势线和±10%的变动范围。我们需要将变动范围放宽到±20%以正确记录绝大多数销售量的波动。这样，数量周期被放大到扣除通货膨胀因素后价格周期的 2 倍。至 2007 年第四季度，价格的调整一直比数量的调整要温和得多。在西部，我们仍然远远处于正常范围之上，在其他地区也处于正常“走廊”的上部边界之上。

如果“住宅的价值可能会下降”这一念头令你感到困扰，那么就跳过这一讨论，去看一看图 20.13，该图显示了名义住宅价格（没有扣除通货膨胀因素）。在此你可以看出，住宅价格永远都不会下降，这一定会令你感到满意。即使下降，幅度也不会太大。

住宅价格不会大幅度下降有一个原因。我们都热爱自己的住宅。我们不喜欢我们对通用汽车或 IBM 公司的投资，当股票市场传递给我们的

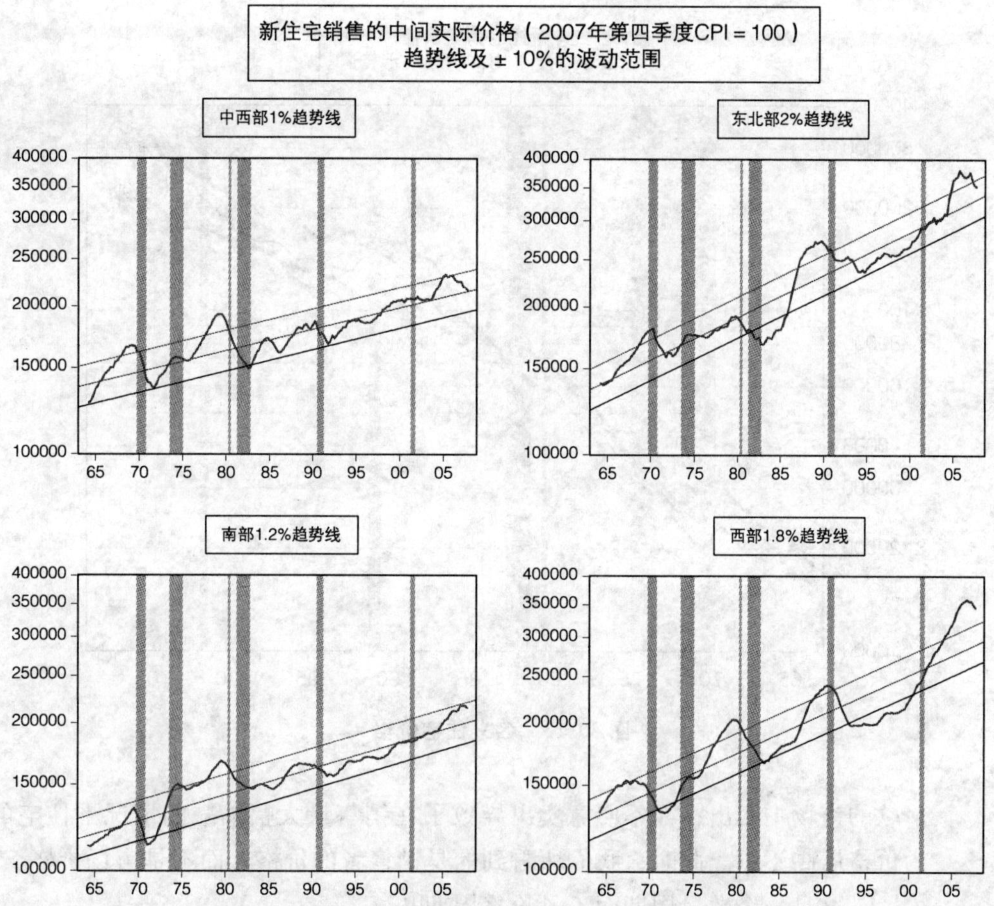

图 20.12　至 2007 年第四季度住宅销售的实际价格

每日信息表明其股价直线下降时，我们会不情愿地接受那种令人失望的现实。住宅则不同。我们与自己的住宅具有亲密的个人关系。当市场火暴时，购买者会一个接一个地登门，并声称他们比我们更喜欢我们的住宅。被这些奉承话迷惑后，我们中的很多人卖掉了自己心爱的住宅，认为我们将自己的住宅转交给了一个能够真心对待它的人。这就抬高了价格和销售量。但当市场非常冷清的时候，只有极少数的潜在购买者会登门，而这些人带来了最令我们不安的消息："我们知道你很爱自己的住宅，但它的价值不像你想的那样高。"对于女性所有者来说，这可能破坏这笔交易，但对男性所有者来说，起决定作用的是这样的事实：他们的白痴邻居去年以 100 万美元卖掉了他的房子。因此，这位男性所有者少一分钱都不会卖出自己的住宅。市场怎样认为不重要。这所房子值 100 万美元，就是这样！

住宅荷尔蒙（无论是雌性激素还是雄性激素）使得所有者不愿意在疲

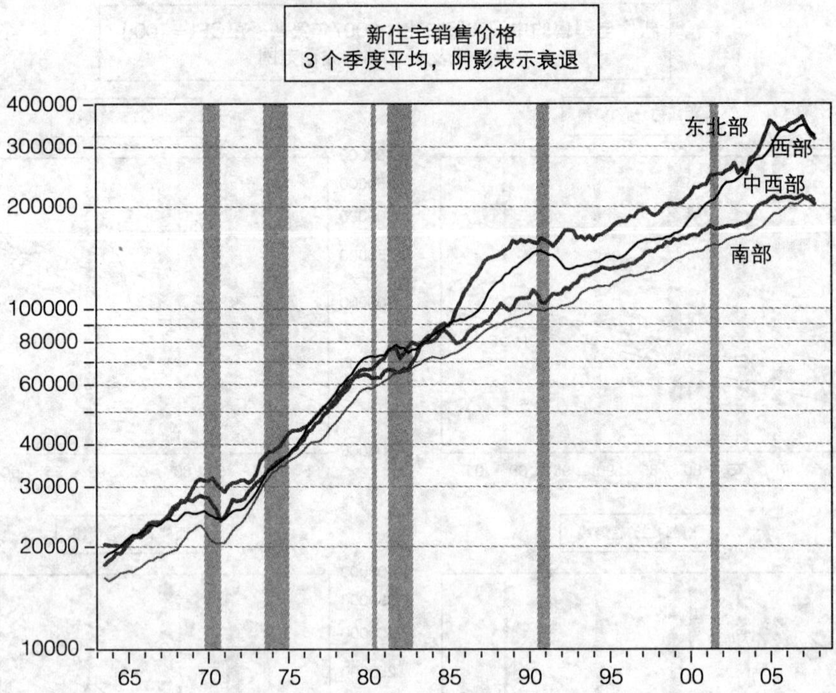

图 20.13　名义住宅价格

软的市场中卖出，而不愿意卖出导致了在销售量大幅缩减的情况下住宅的价格居高不下。此时，我们所看到的是销售者的价格，而不是市场价格。

这是一个数量周期而不是价格周期①。

不愿意在疲软的市场中卖出住宅可以使名义价格保持在高位，但普遍存在的通货膨胀会侵蚀其实际价格。图 20.12 所示的实际价格的波动在很大程度上是由消费者物价指数造成的。

因此，现在你有了一个选择：如果对你来说重要的是你拥有一套 100 万美元的住宅，而完全不考虑你的 100 万美元的住宅只能"购买"50 万美元的"东西"，那么你就可以迷恋图 20.13 所示的名义价格，并幻想你的住宅不会贬值。但是，如果你希望像经济学家那样进行核算，并从"你的住宅能够购买什么"这一角度来衡量它的价值，那么你就应该关注图 20.12 所示的实际价格。如果你选择了实际价格，那么最好记住：住宅实际价格下降的方式是在几年内维持名义价格不变，而通货膨胀使住宅的价值降低。通过名义价格，我们可以看出，这实际上是一个数量周期而不是

① 令我自己和华尔街大吃一惊的是，2007 年和 2008 年，住宅所有者成群结队地离开了他们的住宅，而银行（它们并不喜欢由它们拥有的住宅）则忙着将这些不动产拍卖掉，在那些不动产大甩卖的地区造成了前所未有的名义住宅价格下跌。

价格周期。

如果你的心脏能够承受，那就看一看图 20.12 所示的实际价格。南部（那里正在修建大量住宅）的实际升值率较低（每年 1.1%），价格最稳定。东北部（开工的建筑项目很少）的实际升值率最高（2.0%），价格波动非常剧烈。这为我们提供一个关于住宅市场的暗示：并非建筑物的价格变化莫测，而是土地的价格变化巨大。拥有大量建筑用地的地方，对住宅需求增长的反应大多是建造更多的住宅，而不是提高价格。在那些建筑用地稀少的地方，对住宅需求增长的反应主要是提高价格，这就足以阻止购买者以使供给与需求恢复平衡。

附录：关于洛杉矶市场的家庭作业

图 20.14 显示出洛杉矶现有住宅的中间销售价格和销售量。在这张图中你可以看出，1985 ~ 1989 年间，价格和销售量都急速上升。销售量在 1988 年 11 月达到顶峰，1 年半后下降了一半。在销售量达到顶峰后大约 1 年的时间内，价格仍然持续上涨，直到 1989 年 11 月，随后，尽管销售率只有以前的一半，但价格开始稳定下来。1 年后，1991 年 6 月，价格开始非常缓慢地下降，4 年半后（1996 年 12 月）达到低点，总共下降了 27%。

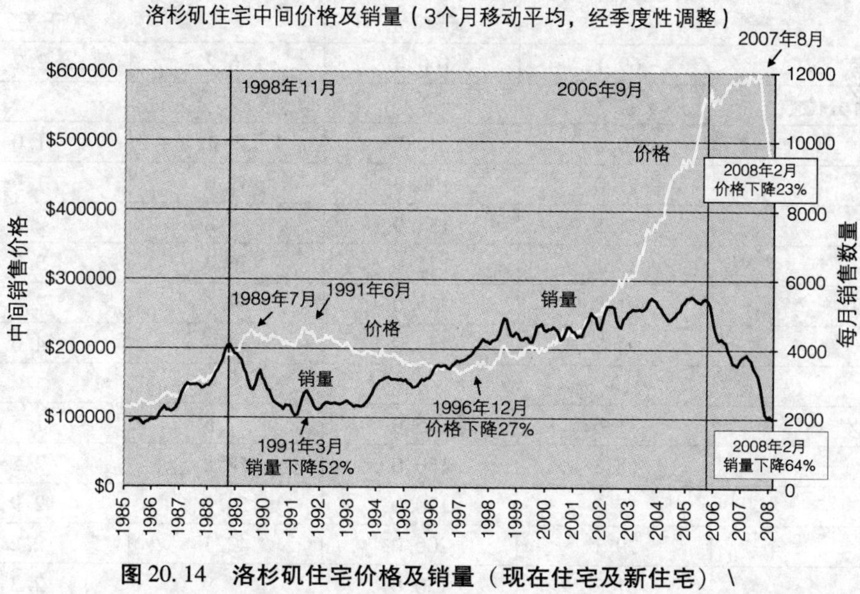

图 20.14　洛杉矶住宅价格及销量（现在住宅及新住宅）

这出现在这样的经济背景之下：由于"和平红利"（peace dividend，因国防费用缩减而可用于其他用途的公共开支——译者注），与国防相关的高工资工作大量减少。

这是一个数量周期，而不是价格周期。

现在又开始了。2008 年 2 月，销售量从 2005 年 9 月的顶峰下降了 64%，而面对销售量的急剧下降，价格却持续上升。但到 2007 年 8 月以后，价格开始骤然下降。

家庭作业：这次有什么不同？为什么价格下降幅度如此巨大？

附录：来自消费者财务状况调查的私人住宅数据

表 20.2 显示了来自 2004 年消费者财务状况调查（Survey of Consumer Finances）的住宅资产价值和未偿还信用卡债务（按收入和年龄进行划分）的数据。私人住宅的百分比随着收入的增加而提高，但住宅的价值在 55 ~ 64 岁年龄组达到最大值。尽管令人吃惊的是未偿还的余额似乎与收入和年龄的关系不大，但拥有信用卡债务的主要是中等收入、中等年龄者。

表 20.2　2004 年消费者财务状况调查中的住宅资产和信用卡余额

	家庭主要居住场所		信用卡余额	
	家庭的百分比	如果是所有者，那么中值是多少（千美元）	家庭的百分比	如果是债务人，那么中值是多少（千美元）
所有家庭	69.1	160.0	46.2	2.2
收入的百分位数				
20 以下	40.3	70.0	29.1	1.0
20 ~ 39.9	57.0	100.0	42.6	1.9
40 ~ 59.9	71.5	135.0	54.8	2.1
60 ~ 79.9	83.1	175.0	56.2	3.0
80 ~ 89.9	91.8	225.0	57.6	2.7
90 ~ 100	94.7	450.0	38.7	4.0
年龄				
小于 35 岁	41.6	135.0	47.5	1.5
35 ~ 44	68.3	160.0	58.8	2.5
45 ~ 54	77.3	170.0	54.0	2.9
55 ~ 64	79.1	200.0	42.1	2.2
65 ~ 74	81.3	150.0	31.9	2.2
75 岁或以上	85.2	125.0	23.5	1.0

附录：CPI 计算中选用租赁价格还是资产价格？

住宅的“两市场概念”［two-markets idea，租赁市场（rental market）和所有权市场（ownership market）］令人难以理解，但非常重要。它不仅对于你决定是否购买一所住宅十分重要，而且对于联邦政府来说也很重要，因为选择资产价格还是租赁价格对于消费者价格指数（CPI）的计算具有巨大的影响，因此对于任何与 CPI 挂钩的合约（包括社会保障和财政部通货膨胀保护债券）具有巨大的影响。

编制 CPI 指数的劳工统计局在这一问题上举棋不定。1951 ~ 1983 年，CPI 衡量的是所有权市场中的价格，而不是租赁市场的价格。在那一期间，CPI 包含与下列因素相关的要素：（1）住宅的购买；（2）抵押贷款利息成本；（3）不动产税；（4）自有住房者的保险费；（5）维修成本。这些是与购买与维护实物资产——也就是一所住宅——相关的成本[①]。1983 年，劳工统计局转向利用租赁市场的价格来度量 CPI，并用“业主等价租金”代替了住宅购买价格和其他项目。这是一个正确的选择，因为我们希望利用本年度消费物品价格的提高来度量通货膨胀。当你购买一所住宅时，你其实是在购买本年度、下一年度以及未来年度该住宅提供的服务，由于预期到下一年或以后年份服务价格会提高，因此住宅的价格也会上升。我们不希望将其包含在 CPI 中。最好等到下一年再考虑它。

业主等价租金

你认为劳工统计局的统计学家们如何找出业主等价租金的价值？他们可能将某些住宅所有者当成样本并问他们：“你认为你的住房的租金是多少?”这不是一个好办法，因为大多数住宅所有者并不知道其住宅的租金是多少。取而代之的是，劳工统计局找到了一些出租的房屋，并用其租金的数值作为业主等价租金。此外，劳工统计局还调整了为改善居住条件而造成的实际租金数据和业主等价租金的变化，以消除来自改善居住条件的租金提高。

图 20. 15 显示了主要居住场所（primary residence，联邦法律规定房产分为三种，其中每个家庭只能有一个主要居住场所，每年要在那里居住半

① “Treatment of Owner-Occupied Housing in the CPI”, Robert Poole, Frank Ptacek, Randal Verbrugge, Bureau of Labor Statistics, Dec 2005.

年以上——译者注）租金增长率和主要居住场所的业主等价租金。例如，在物价增长较低的2003～2005年间，业主等价租金以略高于每年2%的速度增长，而实际租金以接近3%的速度增长。这一差别非常重要，因为实际租金在CPI中的权重为6%，而业主等价租金的权重为23%。业主等价租金的低增长是总体CPI增长率低的重要原因。

图 20.15　租金的增长率

附录：根本不存在住宅短缺的问题

现在，让我们再回到下面的观点：住宅价格只可能上升，因为存在着住宅短缺。这种说法混淆了租赁市场（rental market）和所有权市场（ownership market），而且错误地使用了“短缺”（shortage）一词。在自由发挥作用的市场中不可能出现短缺。市场系统为某些商品确定了高价格，为另一些商品确定了低价格。当价格机制（price mechanism）无法发挥作用时，“短缺”就会出现。如果销售者选择不提高价格以平衡供给与需求，那么在洛杉矶下暴雨时就可能出现雨伞的“短缺”。销售者手中的雨伞会销售一空，尽管我们愿意在恰当的时间支付大笔额外的费用，但你我仍然无法买到雨伞。

但是，住宅和租赁市场以及资产市场高度发达，因而不会因价格固定造成短缺。租赁的价格或高或低，但不会出现短缺。住宅的价格也是或高或低，但不会出现短缺。同汽车、钻石和衬衫一样，住宅不会出现短缺。

供给约束并不保证价格只会上升

与股票一样，住宅的市盈率（p/e ratio）会随着基本面的变化而变化，但仍然会受到“非理性繁荣”（irrational exuberance）的很大影响。这些心理因素可能会对住宅造成很长时期的影响，因为买方和卖方没有将租金流（rental stream）与资产价格联系起来。他们的想法与房地产经纪人对我说的一样：海滨的房地产价格永远也不会下跌，与 Economy. com 的一位经济学家的想法也一样：出于同样的原因——供给约束（supply constraint）——加州的总体价格不会下降。让我们像基本面投资者（fundamental investor）一样分析这些观点。它取决于这些增长限制对租金变化的影响，要记住，价格是未来租金的现值。

对建筑的新限制在一段时期内可能会造成租金以畸高的速度上升，但是，一旦市场意识到供给约束对未来租金的影响，租金较高的增长速度就会迅速“计算”到资产的价格中。这意味着价格的一次上升，以后，价格会同其他资产的价格一样——有时上升，有时下降。

海滨房地产的供给限制很早以前就出现了，而且应该早已计算到海滨房地产的价格当中。因此，我们可以预期海滨房地产的价格会很高，但并不能保证其价格只会上升。相反，决定海滨房地产价格提高的租金价格上涨假设可能比在别的地方采用的未来租金的假设更具有不确定性，而且随着更多新闻报道的出现，在长期中对海滨房地产基本面的修正会造成海滨房地产价值的大幅波动，可能下降，也可能上升。

同样，不论反增长的力量（antigrowth force）会对加州的市盈率产生什么影响，这些影响都早已被市场所吸收，并不是住宅价格持续上涨的原因。因此，Economy. com 的斯蒂芬·柯克雷恩（Steven Cochrane）在《洛杉矶时报》上声称：“由于住房存货有限以及对新项目贷款的严格控制，即使经济出现波动，该产业‘也不存在崩溃的风险’。”但是，他完全错了。即使如海滨的房地产一样存在着绝对的供给约束，资产价格也会下降，而且如果价格下降，必然会伴随着交易与建筑量的急剧下降。

但请记住，幸存的投资者需要一个故事。关于海滨房地产的价格永不下降的故事就是一个不错的故事，足以与新经济的故事相媲美。加州反增长的限制意味着住宅不会崩溃，这也是一个很好的故事。如果足够的买方和卖方都这样想，那么市场就可以在很长时间内证明这一想法是正确的。但在更长的时期中，一定会受到惩罚。同时，我绝不进行两种类型的投资：令 Pets. com 公司复活和对定价过高的加州房地产进行投资（实际上，在写下这些文字之后，加州房地产的中间销售价格已经开始下降了）。

书系代码	书　　名	作　者	定 价
经营管理			
BM001	《并购成长》(Digital Deals)	Geis	29.80
BM002	《绩效！绩效!》(企业培训版)(Coaching for Improved Performance)	Fournie	39.80
BM003	《质量无泪》(Quality Without Tears)	Crosby	39.80
BM004	《海阔天空——我在DELL的岁月》	方国健	20.00
BM005	《心时代——一个情感化的世界及其经济图景》	曹世潮	20.00
BM006	《情境领导者》(The Situational Leader)	保罗·赫塞	18.00
BM007	《EMBA销售管理》(Sales Management)	Calvin	45.00
BM008	《EMBA财务管理》(Finance and Accounting for Non-financing Managers)	Weston	49.80
BM009	《EMBA兼并与收购》(Mergers and Acquisitions)	Weston	38.00
BM010	《EMBA公司战略》(Corporate Strategy)	Colley	39.80
BM011	《EMBA创业管理》(Entrepreneurial Management)	Calvin	49.80
BM012	《EMBA领导艺术》(Managerial Leadership)	Topping	35.00
BM013	《EMBA战略营销管理》(Strategic Marketing Management)	Parry	42.00
BM014	《EMBA公司治理》(Corporate Governance)	Colley等	49.80
BM015	《六西格玛是什么》(What is Six Sigma)	Pande	15.00
BM016	《六西格玛基础教材》(The Six Sigma Basic Training Kit)	Juran	80.00
BM017	《六西格玛团队实战手册》(The Six Sigma Way Team Fieldbook)	Pande, Neuman, Cavanagh	49.80
BM018	《六西格玛团队怎么做》(Six Sigma Team Pocket Guide)	Federico	16.00
BM019	《杰克·韦尔奇领导艺术词典》(Jack Welch Lexicon of Leadership)	Krames	32.00
BM020	《杰克·韦尔奇的29个领导秘诀》(29 Leadership Secrets from Jack Welch)	Slater	29.80
BM021	《通用电气"群策群力"》(GE Work – Out)	Ulrich 等	39.80
BM022	《顶峰》(Million Dollar Consulting)	Weiss	48.00
BM023	《战略计划实务》(Applied Strategic Planning)	Goodstein等	48.00
BM024	《平衡计分卡实用指南》(Balanced Scorecard)	Paul Niven	49.80
BM025	《战略物流管理》(Strategic Logistic Management)	Stock	80.00
BM026	《整合——企业并购成功之道》(M&A Integration)	Schweiger	39.80
BM027	《战略领导》(The Art and Discipline of Strategic Leadership)	Freedman	32.00
BM028	《经理薪酬完全手册》(The Complete Guide to Executive Compensation)	Bruce R. Ellig	65.00

书系代码	书　　名	作　者	定 价
BM029	《突破困境的领导艺术》(Leadership When the Heat's On)	Cox, Hoover	39.80
BM030	《朱兰自传》(Architect of Quality)	Juran	50.00
BM031	《卓越领导》(The Extraordinary Leader)	Zenger 等	39.80
BM032	《精益六西格玛案例》(Learning into Six Sigma)	Wheat 等	18.00
BM033	《领袖魅力》(Executive Charisma)	Benton	39.80
BM034	《西南航空案例》(The Southwest Airlines Way)	Gittell	49.80
BM035	《危机领导》(Leader Shock)	Hicks	29.80
BM036	《应变》(Agile Business for Fragile Times)	麦卡锡 等	35.00
BM037	《绩效导向的领导力》(Results-Based Leadership)	Ulrich 等	49.80
BM038	《企业沟通的威力》(The Power of Corporate Communication)	Argenti 等	39.80
BM039	《贯彻执行 现在就做》(Why Can't We Get Anything Done Around Here?)	李夫顿 等	20.00
BM040	《高效能团队领导智慧》(Leadership Lessons of The Navy Seals)	坎农 等	39.80
BM041	《竞争性销售》(Hope is not a Strategy)	佩吉	39.80
BM042	《丰田汽车案例》(The Toyota Way)	莱克	49.80
BM043	《风险管理》(Risk Management)	科罗赫 等	80.00
BM044	《团队工作》(The Work of Teams)	卡岑巴赫	39.80
BM045	《通用电气案例》(GE Work-out)	Ulrich 等	49.80
BM046	《质量无泪》(修订版)	Crosby	39.80
BM047	《绩效改进 19 讲》(201 Ways to Turn any Employee Into a Star Performer)	霍利	29.80
BM048	《人性管理》(The Uncertain Art of Management)	奥斯曼	39.80
BM049	《透明管理》(The Transparency Edge)	佩格诺	29.80
BM050	《成本改进 181 法》(A Manager's Guide to Creative Cost Cutting)	大卫·杨	29.80
BM051	《直觉》(The Art of What Works)	杜根	39.80
BM052	《劣势者的优势》(The Underdog Advantage)	莫里	39.80
BM053	《精益六西格玛服务》(Lean Six Sigma for Service)	乔治	55.00
BM054	《活学活用博弈论》(Game Theory At Work)	米勒	39.80
BM055	《巅峰绩效》(Peak Performance)	卡岑巴赫	39.80
BM056	《丰田汽车:精益模式的实践》(The Toyota Way Fieldbook)	莱克 等	65.00
BM057	《什么是公司治理》(What is Corporate Govermance)	科利 等	18.00
BM058	《MBA 名校的 10 堂课》(What the Best MBAs Know)	纳瓦洛	49.80
BM059	《现代企业管理教程》(Understanding Business)	尼科尔斯 等	50.00
BM060	《领导艺术》(The Art of Leadership)	曼宁 等	50.00
BM061	《产品生命周期管理》(Product Lifecycle Management)	格里夫斯	49.80
BM062	《创新从头开始》(What customers want)	伍维克	29.80
BM063	《创新引擎》(Fast Innovation)	George	39.80

书系代码	书　　名	作　者	定 价
BM064	《苹果电脑案例》(The Apple Way)	Cruikshank	39.80
BM065	《企业外包实务》(The Manager's Step-by-Step Guide to Outsourcing)	Dominguez	29.80
BM066	《重塑创业精神》(Lead Like an Entrepreneur)	桑伯里	45.00
BM067	《顾客导向》(The Outside-In Corporation)	邦德	39.80
BM068	《定价与收益优化》(Pricing and Revenue Optimization)	菲利普斯	60.00
BM069	《笑梁山》	陈实	35.00
BM070	《价值流管理:面向全局供应链的精益方法》	多尔斯麦思卡罗	43.00
BM071	《新企业所得税法与会计准则比较分析》	张炜	68.00
BM072	《丰田产品开发体系》	摩根,莱克	60.00
BM073	《联想:中国 IT 企业国际化品牌行销之道》	周锡冰	39.80
BM074	《每秒千桶》(A Thousand Barrels a Second)	特扎基安	39.80
BM075	《活学活用丰田生产方式》	田鹏	26.00
BM076	《什么是精益》(Lean Production Simplified)	丹尼斯	35.00
BM077	《纳税会计》	张炜	46.00
BM078	《精益办公价值流》(The Complete Lean Enterprise)	凯特,劳克尔	35.00
BM079	《超越平衡计分卡》(Beyond the Balanced Scorecard)	布朗	39.80
BM080	《超越约束理论》(Beyond the Theory of Constraints)	莱文森	35.00
BM081	《精益企业文化》(Creating a Lean Culture)	曼恩	39.80
经济学			
E-001	《中国经济》(Chinese Economy)	蔡昉,林毅夫	39.80
E-002	《宏观经济学》(Macroeconomics)	Dornbusch	60.00
E-003	《经济学》(Economics)	McConnell,Brue	79.00
E-004	《微观经济学》(Microeconomics and Behavior)	Frank	65.00
E-005	《环境经济学》(Introduction to Environmental Economics)	Field 等	50.00
E-006	《财富的诞生》(The Birth of Plenty)	Bernstein	49.80
E-007	《ArcView GIS® 与 ArcGIS® 地理信息统计分析》(Statistical Analysis of Geographic Information with ArcView GIS® and ArcGIS®)	David Wong 等	58.00
E-008	《MBA 宏观经济学》(Macroeconomic Patterns and Stories: A Guide for MBAs)	里默	55.00
管理学			
MT001	《战略物流管理》(Strategic Logistic Management)	Stock	80.00
MT002	《物流战略咨询》(Supply Chain Strategy)	Frazelle	49.80
MT003	《组织人员配置》(Staffing Organization)	Heneman, Judge	
MT004	《战略管理》(Strategic Management)	Dess 等	40.00
MT005	《数据模型与决策:运用电子表格建模与案例研究》(第1版)(Introduction to Management Science)	Hillier 等	75.00
MT006	《数据模型与决策:运用电子表格建模与案例研究》(第2版)(Introduction to Management Science)	Hillier 等	75.00

书系代码	书　　名	作　者	定 价
MT007	《电子商务导论》(Introduction to E-Commerce)	雷波特　等	58.00
MT008	《供应链设计与管理》(Designing and Managing The Supply Chain)	辛奇—利维　等	40.00
MT009	《管理学基础》(Management)	克尼基　等	48.00
MT010	《定价》(Pricing)	门罗	65.00
MT011	《精通战略》(Mastering Strategy)	雷格斯比　等	39.80
MT012	《战略采购管理》(Harnessing Value in the Supply Chain)	班菲尔德	39.80
MT013	《逆向管理》(Don't Oil the Squeaky Wheel)	Rinke	39.80
MT014	《跨国管理》(Tra..snational Management)	Bartlett 等	79.80
MT015	《运营管理》(Matching Supply with Demand)	Cachon 等	50.00
MT016	《供应链与价值网创新企业案例》	任建标	35.00
MT017	《数据模型与决策:运用电子表格建模与案例研究》(第3版)(Introduction to Management Science)	Hillier 等	79.00
MT018	《供应链管理》(Supply Chain Management)	李令遐	42.00
MT019	《服务运作管理》(Services Management)	范·路易	65.00
MT020	《儒家思想与中国商务》(Confucianism and Business Practices in China)	刘芊	116.00
营销管理			
MM001	《定位》(Positioning)	Ries & Trout	39.80
MM002	《营销战》(修订版)(Marketing Warfare)	Ries & Trout	39.80
MM003	《营销革命》(Bottom-up Marketing)	Ries & Trout	39.80
MM004	《新定位》(The New Positioning)	Trout	39.80
MM005	《颠覆广告》(Disruption)	让—马贺·杜瑞	40.00
MM006	《创意的竞赛》(Which Ad Pulled Best?)	Purvis	39.80
MM007	《广告文案名人堂》(The Art of Writing Advertising)	Higgins	29.80
MM008	《产品经理的第一本书》(The Product Manager's Handbook)	Gorchels	39.80
MM009	《全球整合营销传播》(Communicating Globally)	舒尔茨	39.80
MM010	《整合营销传播:利用广告和促销建树品牌》(IMC: Using Advertising and Promotion to Build Brands)	Duncan	298.00
MM011	《市场战略》(The Market Makers)	Spulber	48.00
MM012	《全球营销》(Global Marketing)	乔尼·约翰逊	60.00
MM013	《网络营销》(Internet Marketing)	默罕默德　等	65.00
MM014	《产品经理的第二本书》(The Product Manager's Field Guide)	Linda Gorchels	39.80
MM015	《营销学基础》(Essentials of Marketing)	佩罗特,麦卡锡	60.00
MM016	《文案发烧》("Hey, Whipple, Squeeze This.": A Guide to Creating Great Ads)	苏立文	39.80
MM017	《小鱼吃大鱼》(Eating the Big Fish)	摩根	45.00
MM018	《什么是战略》(Trout On Strategy)	特劳特	29.80

书系代码	书　　名	作　者	定 价
MM019	《整合营销传播：创造企业价值的五大关键步骤》(IMC：the Next Generation)	唐·舒尔茨　等	39.80
MM020	《促销管理的第一本书》	Schultz	39.80
MM021	《广告箴言》(And Now a Few Words From Me)	加菲尔德	29.80
MM022	《营销计划手册》(The Successful Marketing Plan)	赫宾 等	68.00
MM023	《渠道管理的第一本书》(The Manager's Guide to Distribution Channels)	哥乔斯 等	35.00
MM024	《项目管理的第一本书》(The McGraw-Hill 36 – Hour Project Management)	库克，塔特	
MM025	《细读杰克·韦尔奇》	Krame, Slater	39.80
MM026	《品牌资产管理》(Brand Asset Management)	戴维斯	39.80
MM027	《互愿营销》(Opt-In Marketing)	罗曼 等	39.80
MM028	《小技巧　大销售》(401 Killer Marketing Tactics)	费尔藤斯坦	39.80
MM029	《作业成本管理的第一本书》(Common Cents)	特尼	39.80
MM030	《产品经理手册》(The Product Manager's Handbook)	哥乔斯	55.00
MM031	《商战》(20周年纪念版)(Marketing Warfare)	Ries & Trout	68.00
MM032	《博客营销》(Blog Marketing)	Jeremy Wright	39.80
MM033	《品牌驱动力》(Building the Brand-Driven Business)	戴维斯，邓恩	39.80
MM034	《定价的艺术》(The Art of Pricing)	Mohammed	29.80
MM035	《营销7堂课》(Mastering Marketing)	罗斯金－布朗	39.80
销售管理			
SM001	《成功销售管理的7大秘诀》(7 Secrets to Successful Sales Management)	Wilner	39.80
SM002	《电话行销，轻松成交》	姚能笔	39.80
SM003	《摸透顾客心》(Ten Demandments)	Mooney Bergheim	39.80
SM004	《练就铁齿铜牙》(Secrets of Power Persuasion for Salespeople)	Dawson	39.80
SM005	《轻松收款》(Collections Made Easy)	卡罗尔	39.80
SM006	《打倒墨菲定律　挽救我的销售》(Beating the Deal Killers)	Giglio	39.80
SM007	《增加销售的12种核心技术》(Beyond E)	Diorio	39.80
SM008	《销售管理》(Sales Force Management)	Johnston 等	49.00
SM009	《汽车销售的第一本书》	孙路弘	39.80
SM010	《终极销售力》(Ultimate Selling Power)	莫伊，洛伊德	39.80
SM011	《顶尖销售的25堂课》(Secrets of Top Performing Salespeople)	乔诺　等	29.80
SM012	《引爆销售的10大黄金法则》	Desena	39.80
SM013	《再造销售奇迹》	Eades	39.80
SM014	《攻心式销售》	Bosworth	24.80

书系代码	书　　名	作　　者	定 价
SM015	《百万销售师》	Gardner	24.50
SM016	《成交》	Victor	29.80
SM017	《直销经理的第一本书》(Making Millions in Direct Sales)	马拉汉 等	39.80
SM018	《直销37计》(The Ultimate Guide to Network Marketing)	乔·鲁比诺	39.80
职场发展			
CD001	《外企面试宝典》(More Best Answers to the 201 Most Frequently Asked Interview Questions)	DeLuca	25.00
CD002	《人才心理测评》(Psychological Testing at Work)	Hoffman	25.00
CD003	《演讲的艺术》(Strictly Speaking)	Buckley	29.80
CD004	《五大会计师行》	周年洋　等	24.80
CD005	《职业经理自修手册》(The Manager's Self-development Guide)	Pedler	35.00
CD006	《关键对话》(Crucial Conversations)	Patterson 等	29.80
CD007	《静思录》(Finding Your Strength in Difficult Times)	David Viscott	19.80
CD008	《商务英语书信写作精益求精篇》	康宁汉　等	29.80
CD009	《商务人士日常书信写作》(Great Personal Letters for Busy People)	布赫	48.00
CD010	《销售信函》(Sales Letters Ready to Go)	贝塞尔　等	32.00
CD011	《商务信函》(Business Letters Ready to Go)	Bayse	39.80
CD012	《我爱笨老板》(How to Work for an Idiot)	胡佛	29.80
CD013	《实用英语动词短语》(Basic Phrasal Verbs)	斯皮尔斯	35.00
CD014	《赛马》(Horse Sense)	里斯,特劳特	29.80
CD015	《报刊装帧设计手册》(The Newspaper Designer's Handbook)	哈洛维	128.00
CD016	《君子善言》(Speak Like a CEO)	贝茨	32.00
CD017	《脱颖而出》(Shine)	汤普森	29.80
CD018	《量子飞跃》	谢尔顿,刘芊	29.80
CD019	《纳米说服力》	姚能笔	29.80
CD020	《你就是品牌》(U R a Brand!)	卡普塔	29.80
投资理财			
IF001	《赢得"输家的游戏"》(Winning the Loser's Game)	Ellis	29.80
IF002	《向格雷厄姆学思考,向巴菲特学投资》(How to Think Like Benjamin Graham and Invest Like Warren Buffett)	Cunningham	39.80
IF003	《巴菲特怎样选择成长股》(How to Pick Stocks Like Warren Buffett)	Vick	29.80
IF004	《最后的合伙人》(The Last Partnership)	Geisst	29.80
IF005	《财务报表分析与证券定价》(Financial Statement Analysis and Security Valuation)	Penman	98.00
IF006	《技术分析》(Technical Analysis Explained)	Pring	80.00

书系代码	书　　名	作　者	定 价
IF007	《技术分析 A－Z》(Technical Analysis from A to Z)	Achelis	55.00
IF008	《股票价值评估》(Valuing a Stock)	Gray 等	39.80
IF009	《蜡烛图精解(第3版)》(Candlestick Charting Explained)	Morris	60.00
IF010	《技术分析习题集》(Study Guide for Technical Analysis Explained)	Pring	25.00
IF011	《股票市场的时机选择》(Timing the Stock Market)	亚历山大	48.00
IF012	《最佳卖出点》(It's when You Sell that Counts)	卡西迪	39.80
IF013	《股市名言》(Buy the Rumor, Sell the Fact)	麦洛	29.80
IF014	《向格雷厄姆学思考,向巴菲特学投资》(修订版)	Cunningham	39.80
IF015	《华尔街投资银行史》	Geisst	49.80
IF016	《信用风险:度量与管理》	瑟维吉尼	65.00
IF017	《财务报表分析与证券定价》(第二版)(Financial Statement Analysis and Security Valuation)	Penman	98.00
IF018	《信用评分模型技术与应用》	陈建	60.00
IF019	《现代信用卡管理》	陈建	80.00
IF020	《标准普尔教你做好个人理财》(The Standard & Poor's Guide to Personal Finance)	道尼	25.00
IF021	《标准普尔教你做好第一笔投资》(The Standard & Poor's Guide for the New Investor)	马蒂夫	25.00
IF022	《标准普尔教你做好长期投资》(The Standard & Poor's Guide to Long-Term Investing)	提格	20.00
IF023	《股市法则》(Stock Market Rules)	沙伊莫	29.80
IF024	《股指期货100问》	中国国际期货武汉研究中心	25.00
IF025	《巴菲特选股魔法》	洪瑞泰	25.00
IF026	《发现机会》(Discover the Upside of Down)	科比	39.80

(具体数据以出书为准)

销售服务:010－88191017,88191063(FAX)
E-mail:　webmaster@ewinbook.com
邮购地址:北京市阜成路甲28号新知大厦　中国财政经济出版社邮购部
邮购费用:书价加15%
电　　话:010－88190406　88190488
邮　　编:100036

教师反馈表

McGraw-Hill Education，麦格劳—希尔教育公司，美国著名教育图书出版与教育服务机构，以出版经典、高质量的理工科、经济管理、计算机、生命科学以及人文社科类高校教材享誉全球，更以网络化、数字化的丰富的教学辅助资源深受高校教师的欢迎。

为了更好地服务中国教育界，提升教学质量，2003 年麦格劳—希尔教师服务中心在京成立。在您确认将本书作为指定教材后，请您填好以下表格并经系主任签字盖章后寄回，麦格劳—希尔教师服务中心将免费向您提供相应教学课件，或网络化课程管理资源。如果您需要订购或参阅本书的英文原版，我们也会竭诚为您服务。

书名：			
所需要的教学资料：			
您的姓名：			
系：			
院/校：			
您所讲授的课程名称：			
每学期学生人数：	______人______年级	学时：	
您目前采用的教材：	作者：______ 出版社：______ 书名：______		
您准备何时用此书授课：			
您的联系地址：			
邮政编码：		联系电话：	
E-mail：			
您对本书的建议：		系主任签字 盖章	

购买中文版教材，请联系：

中国财政经济出版社　易文出版中心

联系地址：北京市阜成路甲 28 号新知大厦 1017

邮　　编：100036

服务热线：010－88191017

服务传真：010－88191063

服务信箱：webmaster@ewinbook.com

网　　址：www.ewinbook.com

麦格劳—希尔教育出版公司教师服务中心

清华科技园创业大厦 907

北京　100084

教师服务热线：800－810－1936

教师服务传真：010－6279 0292

教师服务信箱：instructorchina@mcgraw-hill.com

网址：http://www.mcgraw-hill.com.cn